中级
财务会计实务
（第2版）

古华 编著

U0360776

清华大学出版社
北京

内 容 简 介

本书以企业会计准则及应用指南为基础，阐释企业持续经营条件下引起会计要素变动的主要交易和事项的会计处理程序，讲解对企业发生的经济业务进行会计确认、计量、记录和报告的会计方法，力求理论性和实践性相统一，并与其他有关专业课程内容互为补充、互相协调。本书参照2023年最新的企业会计准则及应用指南等汇编及相关税法调整，并借鉴国际、国内的研究成果；在编写过程中结合我国会计工作实际，配合实务图表，注重教材的实用性，便于教学或自学。

本书可作为应用型本科院校、职业技术大学、高职高专院校会计学专业教材，也可作为各类成人教育、在职会计人员中高级岗位培训用书。

图书在版编目（CIP）数据

中级财务会计实务 / 古华编著 . -- 2 版 . -- 北京：

清华大学出版社 , 2024. 10. （2025. 7重印） -- ISBN 978-7-302-67427-6

Ⅰ . F234.4

中国国家版本馆 CIP 数据核字第 20240T1V20 号

责任编辑：施 猛 张 敏
封面设计：常雪影
版式设计：芃博文化
责任校对：马遥遥
责任印制：刘海龙

出版发行：清华大学出版社
　　　　　网　　址：https://www.tup.com.cn, https://www.wqxuetang.com
　　　　　地　　址：北京清华大学学研大厦 A 座　　　　　邮　　编：100084
　　　　　社 总 机：010-83470000　　　　　邮　　购：010-62786544
　　　　　投稿与读者服务：010-62776969，c-service@tup.tsinghua.edu.cn
　　　　　质 量 反 馈：010-62772015，zhiliang@tup.tsinghua.edu.cn
印 装 者：三河市君旺印务有限公司
经　　销：全国新华书店
开　　本：185mm×260mm　　　**印　　张：**22.5　　　**字　　数：**493 千字
版　　次：2019 年 6 月第 1 版　　2024 年 10 月第 2 版　　**印　　次：**2025 年 7 月第 3 次印刷
定　　价：69.00 元

产品编号：103389-01

前言(第2版)

《中级财务会计实务》(第2版)是在《中级财务会计实务》(第1版)的基础上，根据最新会计准则(截至2023年10月)和相关税收政策的变化，加以修订而成的。本书是普通高等(职业)教育"十四五"国家规划教材。本书贯彻国家教学改革任务，满足财经类专业人才培养需要，结合会计行业的发展情况和就业情况，坚持以融入思政元素和素质教育为基础、以能力培养为核心的教学理念精心编写而成。

《中级财务会计实务》(第2版)突出以下特色：

1. 及时反映最新会计准则和财税法规动态。本次修订将企业会计准则的最新修订内容融入所涉及的章节，适当删减了部分内容，及时反映会计学的最新发展。

2. 兼具灵活性和通用性。本书内容全面、系统，既考虑与基础会计的课程衔接，也兼顾与初级财务会计实务内容的衔接，如已系统学习过《初级财务会计实务》的学生，建议从项目三开始学起。

3. 结合会计行业财税发展情况、就业情况。本书针对高等教育财会专业人才培养目标，结合会计行业的发展情况、就业情况、企业岗位要求、岗位职责等因素，与会计职称考试密切联系，内容覆盖初级、中级会计实务考试范围。

4. 实用性强，案例突出。中级财务会计实务是会计专业的核心课程之一，要求学生既能掌握相关业务的账务处理方法，又能正确运用所学方法处理实务。教材内容将会计准则理论融入例题之中，使学生在案例分析过程中进一步巩固所学知识。

5. 注重把思政精神引进教材。课程思政如盐在水，引领学生理想信念，激发内驱力量和学习动机。一是引领学生对国家政策的认同，关心时政、端正思想；二是融入会计数字化，引领学生产生行业自信和使命担当；三是引领学生爱国敬业、诚信友善、提升个人修养。

6. 配套资源丰富。为更好地满足移动学习需要，本书在改版时将配备课件、项目习题等数字教学资源(扫描下方二维码)，帮助学生更好地进行课前预习、课后复习，协助教师开展线上线下混合式教学。

　　本书阐述了财务会计的基本理论和方法，具有较强的理论性、实践性和通用性，既可以作为应用型本科会计学专业及其他经济管理类相关专业开设财务会计、中级财务会计等课程的教材，也可作为各类成人教育、在职会计人员中高级岗位培训用书。

　　本书由沈阳大学古华教授编著，在编写本书过程中参考了大量中级财务会计教材与相关著作，得到有关专家、同行及责任编辑等的支持和帮助，在此深表谢意！

　　限于水平，疏漏在所难免，敬请各位同行和读者不吝指教，以利于我们对中级财务会计课程体系进行不断完善。反馈邮箱：shim@tup.tsinghua.edu.cn。

编者

2024年1月

目　　录

项目一 | 认识中级财务会计

改革开放和社会主义现代化建设深入推进，书写了经济快速发展和社会长期稳定两大奇迹新篇章，我国发展具备了更为坚实的物质基础、更为完善的制度保证，实现中华民族伟大复兴进入了不可逆转的历史进程。科学社会主义在21世纪的中国焕发出新的蓬勃生机，中国式现代化为人类实现现代化提供了新的选择，中国共产党和中国人民为解决人类面临的共同问题提供更多更好的中国智慧、中国方案、中国力量，为人类和平与发展崇高事业作出新的更大的贡献！

摘自2022年10月16日习近平总书记在中国共产党第二十次全国代表大会上的报告

🧑 引导案例

帕玛拉特(Parmalat)是典型的意大利家族式企业集团，在全球30个国家开展业务，共拥有3.6万余名雇员，年收入超过75亿欧元，一度被视为意大利北部成功企业的代表。这个曾在全球食品行业雄踞榜首长达10年之久的乳业帝国，却在2003年末，突然因财务问题"穿帮"而没有迎来新年的曙光。随后，有关帕玛拉特的爆炸性新闻接二连三传来：其资产负债表出现了143亿欧元的黑洞；公司提出破产保护申请；帕玛拉特股票急剧波动直至最终停牌；司法、财政机构迅速介入；债权人公开宣布追讨投资；公司董事长兼首席执行官卡利斯托·坦齐锒铛入狱……短短2周多时间，号称"牛奶帝国"的帕玛拉特就终结了它的神话。

帕玛拉特此前繁荣景象的背后早就潜伏着巨大的财务危机。在新任首席执行官恩里科·邦迪走马上任后，他最先发现一笔巨额资金的欺诈行为甚至可以追溯到10年前。紧接着，检查人员发现了帕玛拉特公司的巨额财务黑洞、金融欺诈、提供假文件、做假账以及卡利斯托·坦齐本人私吞公款等不法行为。

帕玛拉特在Epicurum基金中的投资被列入其子公司Bonlat Finance的资产，而这家子公司称在美洲银行账户中拥有现金39.5亿欧元。但经银行证实，这笔钱根本就不存在。自从Bonlat在1999年成立以来，似乎使用的都是虚假账户。知情人士透露，在1999年以前，帕玛拉特就已经利用其他海外公司来粉饰公司的流动性资产。帕玛拉特10年来经营计划一片混乱，在全球各地投资的10多家子公司共欠下了约100亿欧元的债务。

人们也许会问：一家年实现销售额75亿欧元的全球乳业集团，为何会有巨额的债务和39亿欧元的流动性资产呢？有人认为，帕玛拉特通过快速收购，制造出繁荣的市场景象，打消了市场疑虑。一些全球著名的银行，包括花旗集团、摩根大通公司和德意志银行，都心甘情愿地为帕玛拉特构筑衍生交易，使帕玛拉特这样的公司能够向海外转移资金，并利用这种交易进行投机。

像安然公司一样，帕玛拉特公司过于喜欢复杂的债务和衍生交易，经常使用子公司进行关联交易。许多投资者和银行都难以理解它的资产负债表，也难以对它的债务情况进行准确评估。由于帕玛拉特公司的财务缺乏必要透明度，投资者无法把握股票的真实行情，结果蒙受巨大损失。

资料来源：作者根据网上资料整理。

👤 学习目标

掌握会计要素的内容，明确会计信息质量要求、会计计量属性要求的内容，熟悉财务报告的内容。

任务一　了解中级财务会计

一、会计定义

会计是以货币为主要计量单位，采用专门方法和程序，对企业和行政、事业单位的经济活动及其结果进行准确完整、连续系统的核算和监督，以如实反映受托责任履行情况和提供有用经济信息为主要目的的经济管理活动。会计主要反映企业的财务状况、经营成果和现金流量，并对企业经营活动和财务收支进行监督。会计是随着人类社会生产的发展和经济管理的需要而产生、发展并不断完善起来的。人类文明不断进步，社会经济活动不断革新，生产力不断提高，会计的核算内容、核算方法等也得到了较大发展，会计逐步由简单的计量与记录行为发展成为以货币单位综合地反映和监督经济活动过程的一种经济管理工作，并在参与单位经营管理决策、提高源配置效率、促进经济健康持续发展方面发挥积极作用。

二、会计的作用

会计是现代企业的一项重要的基础性工作，其通过一系列会计程序，提供对决策有用的信息，并积极参与经营管理决策，提高企业经济效益，服务于市场经济的健康有序发展。具体来说，会计在社会主义市场经济中的作用主要包括以下几个方面。

第一，有助于提供对决策有用的信息，提高企业透明度，规范企业行为。

企业会计所提供的有关企业财务状况、经营成果和现金流量方面的信息，是包括投资者和债权人在内的各方面人士进行决策的依据。比如，对于作为企业所有者的投资者来说，他们在选择投资对象、衡量投资风险、做出投资决策时，不仅需要了解企业包括毛利率、总资产收益率、净资产收益率等指标在内的盈利能力和发展趋势方面的信息，也需要了解有关企业经营情况方面的信息及其所处行业的信息；对于作为债权人的银行来说，他们在选择贷款对象、衡量贷款风险、做出贷款决策时，不仅需要了解企业包括流动比率、速动比率、资产负债率等指标在内的短期偿债能力和长期偿债能力，也需要了解企业所处行业的基本情况及其在同行业所处的地位；对于作为社会经济管理者的政府部门来说，他们在制定经济政策、进行宏观调控、配置社会资源时，需要从总体上掌握企业的资产负债结构、损益状况和现金流转情况，从宏观上把握经济运行的状况和发展变化趋势。所有这一切，都需要会计提供有助于他们进行决策的信息，通过提高会计信息透明度来规范企业会计行为。

第二，有助于企业加强经营管理，提高经济效益，促进企业可持续发展。

企业经营管理水平的高低直接影响着企业的经济效益、经营成果、竞争能力和发展前景，在一定程度上决定着企业的前途和命运。为了满足企业内部经营管理对会计信息的需要，现代会计已经渗透到了企业内部经营管理的各个方面。比如，企业会计通过分析和利用有关企业财务状况、经营成果和现金流量方面的信息，可以全面、系统、总括地了解企业生产经营活动情况、财务状况和经营成果，并在此基础上预测和分析未来企业发展前景；可以通过发现过去经营活动中存在的问题，找出差距及其原因，并提出改进措施；可以通过预算的分解和落实，建立起内部经济责任制，从而做到目标明确、责任清晰、考核严格、赏罚分明。总之，会计通过真实地反映企业的财务信息，参与经营决策，为处理企业与各方面的关系、考核企业管理人员的经营业绩、落实企业内部管理责任奠定基础，有助于发挥会计工作在加强企业经营管理、提高经济效益方面的积极作用。

第三，有助于考核企业管理层经济责任的履行情况。

企业接受了包括国家在内的所有投资者和债权人的投资，就有责任按照其预定的发展目标和要求，合理利用资源，加强经营管理，提高经济效益，接受考核和评价。会计信息有助于评价企业的业绩，有助于考核企业管理层经济责任的履行情况。比如，对于作为企业所有者的投资者来说，他们在了解企业当年度经营活动成果和当年度的资产保值和增值情况时，需要将利润表中的净利润与上年度进行对比，以反映企业的盈利发展趋势，也需要将其与同行业进行对比，以反映企业在与同行业竞争时所处的位置，从而考核企业管理层经济责任的履行情况；对于作为社会经济管理者的政府部门来说，他们需要了解企业执行计划的能力，需要将资产负债表、利润表和现金流量表中所反映的实际情况与预算进行对比，反映企业完成预算的情况，表明企业执行预算的能力。所有这一切，都需要会计提供信息。

三、会计法规体系

在我国，制约企业编制会计报表的法规体系包括会计法规体系、证券法规体系以及审计法规体系。本节重点介绍制约我国企业会计报表编制的法规体系中的会计法规体系。

1.《中华人民共和国会计法》(简称《会计法》)

《会计法》是调整我国经济活动中会计关系的法律总规范，是会计法律规范体系的最高层次，是制定其他会计法规的基本依据，也是指导会计工作的最高准则，经由全国人民代表大会常务委员会制定发布。

中华人民共和国成立后的第一部《会计法》是1985年1月21日在第六届全国人民代表大会常务委员会第九次会议上通过，并于1985年5月1日开始实施的；根据1993年12月29日第八届全国人民代表大会常务委员会第五次会议《关于修改〈中华人民共和国会计法〉的决定》第一次修正；于1999年10月31日第九届全国人民代表大会常务委员会第十二次会议进行修订；根据2017年11月4日第十二届全国人民代表大会常务委员会第三十次会议《关于修改〈中华人民共和国会计法〉等十一部法律的决定》第二次修正，自2017年11月5日起施行。

2. 企业会计制度

随着我国市场经济的发展，原有的根据所有制性质和行业类别制定的会计制度越来越不适应企业跨行业多元经营和多种经济成分并存的形势，也滞后于我国进一步参与国际经济一体化的要求。2000年12月29日，财政部发布了统一的《企业会计制度》，对企业会计核算进行了更为系统、详细的规范，该制度于2001年1月1日起实施；2004年4月27日，财政部颁布了《小企业会计制度》，并于2005年1月1日起在小企业范围内执行；2004年8月18日，财政部颁布了《民间非营利组织会计制度》，并于2005年1月1日起在民间非营利组织实施；等等。

3. 企业会计准则

根据《会计法》的规定，中国企业会计准则由财政部制定。多年来，尤其是改革开放以来，我国一直与时俱进，顺应时势，积极推进会计改革和会计制度(会计准则是会计制度的一部分)建设。中国企业会计准则体系中的具体准则包括《企业会计准则》《小企业会计准则》《事业单位会计准则》和《政府会计准则》。2006年2月15日，财政部发布了《企业会计准则》，自2007年1月1日起在上市公司范围内施行，并鼓励其他企业执行。2011年10月18日，财政部发布了《小企业会计准则》，要求符合适用条件的小企业自2013年1月1日起执行。2012年12月6日，财政部修订发布了《事业单位会计准则》，自2013年1月1日起在各级各类事业单位施行，该准则对我国事业单位的会计工作予以规范。2015年10月23日，财政部发布了《政府会计准则——基本准则》，自2017年1月1日起，在各级政府、各部门、各单位施行。

目前中国企业会计准则体系由1项基本准则、42项具体准则和多个应用指南，以及17项企业会计准则解释构成。其中，基本会计准则和38项具体会计准则于2006年2月15日正式发布。2014年以来，财政部陆续修订或制定了基本准则和长期股权投资、合并财务报表、收入、金融工具、租赁等十余项具体会计准则。基本会计准则为财政部部门规章，42项具体会计准则和陆续发布的应用指南属于财政部规范性文件。

(1) 基本准则。我国基本准则主要规范了以下内容。

① 财务报告目标。基本准则明确了我国财务报告的目标是向财务报告使用者提供有用的信息，并反映企业管理层受托责任的履行情况。

② 会计基本假设。基本准则强调了企业会计确认、计量和报告应当以会计主体、持续经营、会计分期和货币计量为会计基本假设。

③ 会计基础。基本准则要求企业会计确认、计量和报告应当以权责发生制为基础。

④ 会计信息质量要求。基本准则建立了企业会计信息质量要求体系，规定企业财务报告中提供的会计信息应当满足会计信息质量要求。

⑤ 会计要素分类及其确认、计量原则。基本准则将会计要素分为资产、负债、所有者权益、收入、费用和利润6个要素，同时对各要素进行了严格定义。会计要素在计量时以历史成本为基础，可供选择的计量属性包括历史成本、重置成本、可变现净值、现值和公允价值等。

⑥ 财务报告。基本准则明确了财务报告的基本概念、应当包括的主要内容和应反映信息的基本要求等。

(2) 具体准则。具体准则是在基本准则的指导下，对企业各项资产、负债、所有者权益、收入、费用、利润及相关交易事项的确认、计量和报告进行规范的会计准则。

(3) 应用指南。应用指南是对具体准则相关条款的细化和对有关重点难点问题提供操作性规定，以利于会计准则的贯彻落实和指导实务操作。

(4) 解释。解释是对具体准则实施过程中出现的问题、具体准则条款规定不清楚或者尚未规定的问题做出的补充说明。

随着经济环境的不断发展变化，会计准则仍在不断修正与调整。会计准则体系的建立能提高会计信息质量，报告企业财务状况、经营成果和现金流量，有助于财务报告使用者做出决策，对于规范企业会计行为，完善资本市场和市场经济起着积极作用。

任务二 会计假设与会计信息质量要求

一、会计假设

会计假设也称会计核算的基本前提，是据以进行会计核算的基础性假定，是对会计核算所处的时、空、量所作的合理设定。由于经济活动的复杂性，会计工作面临的是一个充满不确定因素的环境，如果不对这些不确定因素加以合乎逻辑的规定，会计核算方法就无法制定和使用。为此，人们经过长期的会计实践，对各种不确定因素做出了合乎客观规律的科学判断与假设，从而消除了不确定因素对会计工作的影响，使会计核算建立在一个稳定的基础之上。我国的《企业会计准则——基本准则》规定，会计假设包括会计主体、持续经营、会计分期和货币计量。

1. 会计主体

会计主体又称会计实体、会计个体，是指会计信息所反映的特定单位或组织。这是四个会计假设中需要最先明确的，也是最重要的，回答的是会计为谁服务的问题，它为会计工作划定了一个空间范围。将会计所要反映的对象与其他经济实体区别开来，才能保证会计核算工作的正常进行，最终实现会计的目标。

会计主体反映了会计工作为其服务的特定单位或组织。这个单位或组织可以是法人，也可以不是法人，但必须独立核算。会计是为某个主体服务的，只能核算该主体的经济活动，而不能去核算任何别的主体，或是该主体所有者个人的经济活动。第一，明确会计主体，才能划定会计所要处理的经济业务事项的范围和立场。只有影响会计主体经济利益的经济业务事项才能加以确认和计量。与会计主体无关的经济业务，会计主体都不能予以反映。第二，明确会计主体，才能将会计主体的经济活动与会计主体所有者的经济活动区分开来。实际上，会计主体的经济活动与会计主体所有者的经济活动，最终都会影响所有者的经济利益，但为了真实反映会计主体的财务状况、经营成果和现金流量，必须将两者区分开来。

值得注意的是，会计主体和法律主体不是同一概念。一般来说，法律主体往往是会计主体。一个企业或单位作为一个法律主体，应当建立会计核算体系，反映其财务状况、经营成果和现金流量。但会计主体不一定是法律主体，会计主体不仅可以是一个有法人资格的企业，也可以是若干家企业通过控股关系组织起来的集团公司，又可以是企业下属的二级核算单位(如分公司、车间等)，还包括企业管理的证券投资基金等。

我国《企业会计准则——基本准则》第5条规定："会计核算应当以企业发生的各项交易或事项为对象，记录和反映企业本身的各项生产经营活动。"

2. 持续经营

持续经营是指会计主体将在可以预见的未来，生产经营活动将无限延续下去，不会停业、清算、解散，也不会大规模削减业务。它明确了会计工作的时间范围。企业是否持续经营对会计政策的选择、正确确定和计量财产及收益影响很大。只有设定企业是持续经营的，才能进行正常的会计处理，使会计核算所运用的程序和方法及提供的会计信息具有稳定性与可靠性。企业会计核算的前提是持续经营，意味着企业将按照既定的用途去使用资产、负债将按照既定的合约条件到期偿还、债权到期时将及时收回、收入和费用也会按期正常地计量和记录等。在此基础上，企业所采用的会计原则、会计方法才能保持稳定，最终才能形成反映企业财务状况、经营成果和现金流量的信息，保持会计信息的一致性和稳定性。

当然，企业在生产经营过程中缩减经营规模甚至停业的可能性总是存在的。如果有可靠的理由证明企业不能持续经营，就应当改变会计核算的原则和处理方法，并在企业财务会计报告中做出相应的披露。

我国《企业会计准则——基本准则》第6条规定："企业会计确认、计量和报告应当以持续经营为前提。"

3. 会计分期

会计分期是指把企业连续不断的生产经营过程，划分为首尾相连、间距相等的会计期间。这一假设是从第二个基本假设引申出来的，是持续经营的客观要求，是对会计工作时间范围的具体划分。

会计主体的经营活动在时间上是连续不断的，有必要将此持续不断的过程人为地划分为一定的期间，以便定期结算盈亏、编制财务报告、反映会计主体的财务状况和经营成果，及时向有关方面提供有用的会计信息。会计分期为会计工作划分出一个个具体的时间范围。由于会计分期，产生了当期与其他期间的差别，从而出现权责发生制和收付实现制的区别，进而出现了应收、应付、递延等会计方法。

最常见的会计期间是一年，以一年确定的会计期间称为会计年度，按年度编制的财务会计报表称为年报。在我国，会计年度自公历每年的1月1日至12月31日止。会计中期是指短于一个完整会计年度的报告期间，包括半年度、季度和月份。

我国《企业会计准则——基本准则》第7条规定："会计核算应当划分会计期间，分期结算账目和编制会计报告。会计期间分为年度和中期。中期是指短于一个完整的会计年度的报告期间。"

4. 货币计量

货币计量是指在会计核算中应采用货币为统一计量单位，记录和反映会计主体的生产经营活动和财务状况等会计信息。会计是对企业财务状况和经营成果全面系统的反映，需要一个统一的量度，而货币是商品交易中的一般等价物，于是选择了货币对经济业务进行计量。在企业会计核算中，日常用来登记账簿和编制会计报表的货币，称为记账本位币。我国《企业会计准则——基本准则》第8条规定："企业应当以货币计量。"《企业会计准则——外币折算》规定："企业通常应选择人民币作为记账本位币。业务收支以人民币以外的货币为主的企业，也可以选定某种外币作为记账本位币，但编制的财务报表应当折算为人民币反映。"

货币计量假设包含两层含义：货币是衡量价值量的共同尺度，所以会计核算一定要以货币为计量单位，而且应采用统一的货币计量；既然用货币作为计量单位，就隐含着一个币值稳定的假设，即假定货币本身的价值稳定不变，在核算过程中对货币购买力的波动不予考虑。物价变动时，除国家另有法规制度规定者外，不得调整其账面价值。

会计的四个假设是相互依存、相互补充的关系。会计主体确定了会计核算的空间范围，持续经营确定了会计核算的时间范围，而会计分期又是经营期间的具体化，货币计量则为会计核算提供了必要的计量手段。它们共同构成了企业单位开展会计工作、组织会计核算的前提条件和理论基础。

二、会计信息质量要求

会计信息质量要求是对企业财务报告中所提供会计信息质量的基本要求，也是使财务报告中所提供的会计信息对投资者等信息使用者做出有用决策应具备的基本特征，它主要包括可靠性、相关性、可理解性、可比性、实质重于形式、重要性、谨慎性和及时性。

1. 可靠性

可靠性要求企业应当以实际发生的交易或者事项为依据进行确认、计量和报告，如实反映符合确认和计量要求的会计要素及其他相关信息，保证会计信息真实可靠、内容完整。会计信息要有用，必须以可靠为基础，如果财务报告所提供的会计信息是不可靠的，就会对投资者等使用者的决策产生误导，甚至带来损失。为了贯彻可靠性要求，企业应当做到以下三点。

(1) 以实际发生的交易或者事项为依据进行确认、计量，将符合会计要素定义及其确认条件的资产负债、所有者权益、收入、费用和利润等如实反映在财务报表中。

(2) 在符合重要性和成本效益原则的前提下，保证会计信息的完整性，其中应当编制的报表及其附注内容等要保持完整，不能随意遗漏或者减少应予披露的信息。

(3) 财务报告中的会计信息应当是中立的、无偏的。如果企业在财务报告中为了达到事先设定的结果或效果，通过选择或列示有关会计信息以影响决策和判断的，这样的财务报告信息就不是中立的。

2. 相关性

相关性要求企业提供的会计信息应当与投资者等财务报告使用者的经济决策需要相关，有助于投资者等财务报告使用者对企业过去、现在或未来的情况做出评价或者预测。

会计信息是否有用，是否具有价值，关键看其与使用者的决策需要是否相关，是否有助于使用者做出决策或者提高决策水平。相关的会计信息具有反馈价值，应当有助于使用者评价企业过去的决策，证实或者修正过去的有关预测。相关的会计信息还应当具有预测价值，有助于使用者根据财务报告所提供的会计信息预测企业未来的财务状况、经营成果和现金流量。例如，区分收入和利得、费用和损失，区分流动资产和非流动资产、流动负债和非流动负债以及适度引入公允价值等，都可以提高会计信息的预测价值，进而提升会计信息的相关性。

会计信息质量的相关性要求企业在确认、计量和报告会计信息的过程中，充分考虑使用者的决策模式和信息需要。但是，相关性是以可靠性为基础的，两者之间并不矛盾，不应将两者对立起来。也就是说，会计信息在可靠性前提下，应尽可能地做到相关，以满足投资者等财务报告使用者的决策需要。

3. 可理解性

可理解性要求企业提供的会计信息应当清晰明了，便于投资者等财务报告使用者理解和使用。

企业编制财务报告、提供会计信息的目的在于使用，而要想让使用者有效使用会计信息，就应当让其了解会计信息的内涵，弄懂会计信息的内容，这就要求财务报告所提供的会计信息清晰明了，易于理解。只有这样，才能提高会计信息的有用性，实现编制财务报告的目的，满足向投资者等财务报告使用者提供有用信息的要求。

会计信息是一种专业性较强的信息，在强调会计信息的可理解性要求的同时，还应假定使用者具有一定的有关企业经营活动和会计方面的知识，并且愿意付出努力去研究这些信息。对于某些复杂的信息，如交易本身较为复杂或者会计处理较为复杂，但若其与使用者的经济决策相关，企业就应当在财务报告中将其充分披露。

4. 可比性

可比性要求企业提供的会计信息应当相互可比，这种可比性主要包括两层含义。

(1) 同一企业不同时期可比。为了便于投资者等财务报告使用者了解企业财务状况、经营成果和现金流量的变化趋势，比较企业在不同时期的财务报告信息，全面、客观地评价过去、预测未来，从而做出决策，要求同一企业不同时期发生的相同或者相似的交易或者事项，应当采用一致的会计政策，不得随意变更。但是，满足会计信息可比性要求，并非表明企业不得变更会计政策，如果按照规定或者在会计政策变更后可以提供更可靠、更相关的会计信息，可以变更会计政策。有关会计政策变更的情况应当在附注中予以说明。

(2) 不同企业相同会计期间可比。为了便于投资者等财务报告使用者评价不同企业的财务状况、经营成果和现金流量及其变动情况，要求不同企业同一会计期间发生的相同或者相似的交易或者事项，应当采用规定的会计政策，确保会计信息口径一致、相互可比，以使不同企业按照一致的确认、计量和报告要求提供有关会计信息。

5. 实质重于形式

实质重于形式要求企业应当按照交易或者事项的经济实质进行会计确认、计量和报告，而不仅仅以交易或者事项的法律形式为依据。

在实际工作中，交易或者事项的外在法律形式并不是总能完全反映其实质内容，企业发生的交易或者事项在多数情况下，其经济实质和法律形式是一致的。但在有些情况下，其经济实质和法律形式会出现不一致，例如以融资租赁方式租入的资产，虽然从法律形式来讲企业并不拥有其所有权，但是由于租赁合同中规定的租赁期相当长，往往接近于该资产的使用寿命；租赁期结束时，承租企业有优先购买该资产的选择权；在租赁期内，承租企业有权支配资产并从中受益等。因此，从其经济实质来看，企业能够控制融资租入资产所创造的未来经济利益，在会计确认、计量和报告上就应当将以融资租赁方式租入的资产视为企业的资产，列入企业的资产负债表。

如果企业的会计核算仅按照交易或事项的法律形式进行，而这些形式又没有反映其经济实质和经济现实，那么，其最终结果不仅不会有利于会计信息使用者的决策制定，反而会对会计信息使用者的决策产生误导。

6. 重要性

重要性要求企业提供的会计信息应当反映与企业财务状况、经营成果和现金流量有关的所有重要交易或者事项。在实务中，如果某会计信息的省略或者错报会影响投资者等财务报告使用者做出决策，该信息就具有重要性。某会计信息是否重要，企业应当根据其所处环境和实际情况，从项目的性质和金额两方面加以判断。

7. 谨慎性

谨慎性要求企业对交易或者事项进行会计确认、计量和报告时应当保持应有的谨慎，不应高估资产或者收益、低估负债或者费用。

在市场经济环境下，企业的生产经营活动面临许多风险和不确定性，如应收款项的可收回性、固定资产的使用寿命、无形资产的使用寿命、售出存货可能发生的退货或者返修等。会计信息质量的谨慎性要求企业在面临不确定性因素的情况下做出职业判断时，应当保持应有的谨慎，充分估计到各种风险和损失，既不高估资产或者收益，也不低估负债或者费用。例如，要求企业对可能发生的资产减值损失计提资产减值准备、对售出商品可能发生的保修义务等确认预计负债等，都体现了会计信息质量的谨慎性要求。

8. 及时性

及时性要求企业对于已经发生的交易或者事项应当及时进行确认、计量和报告，不得提前或延后。会计信息的价值在于帮助所有者或者其他使用者及时做出经济决策。即使会计信息是可靠、相关的，如果没有及时提供给使用者，就失去了时效性，对于使用者的效用就大大降低，甚至不再具有实际意义。

在会计确认、计量和报告过程中贯彻及时性有三个要求：一是要求及时收集会计信息，即在经济交易或者事项发生后，及时收集整理各种原始单据或者凭证；二是要求及时处理会计信息，即按照会计准则的规定，及时对经济交易或者事项进行确认或者计量，并编制财务报告；三是要求及时传递会计信息，即按照国家规定的有关时限，及时地将编制的财务报告传递给财务报告使用者，便于其及时使用和做出决策。

在实务中，为了及时提供会计信息，可能需要在有关交易或者事项的信息全部获得之前即进行会计处理，从而满足会计信息的及时性要求，但这样做可能会影响会计信息的可靠性；反之，如果企业等到与交易或者事项有关的全部信息获得之后再进行会计处理，这样的信息披露可能会由于时效性问题，对于投资者等财务报告使用者做出决策的有用性大大降低。这就需要在及时性和可靠性之间做出权衡，以最好地满足投资者等财务报告使用者的经济决策需要作为判断标准。

任务三　会计核算基础和会计计量属性

一、会计核算基础

权责发生制又称应收应付制，该核算基础要求，凡是属于当期已经实现的收入和已经发生或应当负担的费用，不论款项是否收付，都应当作为当期的收入和费用；凡是不属于当期的收入和费用，即使款项在当期收付，也不应作为当期的收入和费用。与权责发生制相对应的会计核算基础是收付实现制，是指以实际收到或付出款项作为确认收入和费用的依据。由于会计分期假设，产生了两种会计核算基础，采用不同的会计核算基础会影响各期的损益。

例如，某企业12月25日销售商品30万元，款项在第二年1月15日收到。如果采用权责发生制，该项收入应作为12月份实现的收入；如果采用收付实现制，该项收入应作为第二年1月份实现的收入。

权责发生制更符合经济业务的经济实质，使企业的各期收入与费用配比起来，有利于准确反映企业经营成果和财务状况，我国《企业会计准则——基本准则》第9条规定，企业应当以权责发生制为基础进行会计确认、计量和报告。

我国的政府会计由预算会计和财务会计构成，其中，预算会计采用收付实现制，国务院另有规定的，依照其规定；财务会计采用权责发生制。

二、会计计量属性

会计计量是指企业将符合确认条件的会计要素登记入账并列报于会计报表及其附注而确定其金额的过程。会计计量属性反映的是会计要素金额的确定基础，即按照什么标准入账。会计计量应选择合理的计量属性确定会计要素的金额。我国《企业会计准则——基本准则》第41条规定会计计量属性主要包括历史成本、重置成本、可变现净值、现值和公允价值。

1. 历史成本

历史成本又称实际成本。在历史成本计量下，资产按照购置时支付的现金或者现金等价物的金额，或者按照购置资产时所付出的对价的公允价值计量。负债按照因承担现时义务而实际收到的款项或者资产的金额，或者承担现时义务的合同金额，或者按照日常活动中为偿还负债预期需要支付的现金或者现金等价物的金额计量。

历史成本计量有以下优点：①历史成本是在财产物资取得时确实发生的成本支出，具有客观性、真实性；②采用历史成本有合法的原始凭证，便于日后查证，具有可验证性；③历史成本的数据比较容易取得，便于核算。但是，在物价变动较大、通货膨胀指数很高的情况下，历史成本难以准确反映企业的资产和负债的真实价值。

2. 重置成本

重置成本又称现行成本。在重置成本计量下，资产按照现在购买相同或者相似资产所需支付的现金或者现金等价物的金额计量。负债按现在偿付该项债务所需支付的现金或者现金等价物的金额计量。

重置成本有以市场价格反映现时价值的特点。与历史成本相比，重置成本具有以下优点：①可避免物价上涨时虚增利润；②作为现时成本，增强了会计信息的有用性；③现行成本与现行收入相匹配，能准确反映企业经营状况。但重置成本的数据难以确定，在计算上缺乏足够可信的证据，不便于核算。

3. 可变现净值

在可变现净值计量下，资产按照其正常对外销售所能收到的现金或者现金等价物的金 额扣减该资产至完工时估计将要发生的成本、估计的销售费用以及相关税费后的金额计量。该计量属性是基于未来的销售价值或其他事项，仅限于计算将来销售的资产或未来清偿既定的债务。

4. 现值

在现值计量下，资产按照预计从其持续使用和最终处置中所产生的未来净现金流入量的折现金额计量。负债按照预计期限内需要偿还的未来净现金流出量的折现金额计量。现值计量属性的依据是资产的预期经济利益流入的现时价值和负债的预期经济利益流出形成的现时义务。

5. 公允价值

2014年，财政部对《企业会计准则——基本准则》第42条第5项"公允价值"进行了修订，并发布了《企业会计准则第39号——公允价值计量》。按照新修订的准则，在公允价值计量下，资产和负债按照市场参与者在计量日发生的有序交易中，出售资产所能收到或者转移负债所需支付的价格计量。因此，公允价值是一种脱手价格。

按照我国现行会计准则的规定，企业在对会计要素进行计量时，一般应当采用历史成本。如果需要采用重置成本、可变现净值、现值或公允价值进行计量，应当保证相关金额能够可靠地取得。

项目小结

本项目叙述了与会计核算相关的一些基本概念，包括会计的概念和作用、会计核算基本前提、会计信息质量要求、会计核算基础及会计计量属性等内容。

练习题

客观题

项目二 货币资金

中国共产党人深刻认识到，只有把马克思主义基本原理同中国具体实际相结合、同中华优秀传统文化相结合，坚持运用辩证唯物主义和历史唯物主义，才能正确回答时代和实践提出的重大问题，才能始终保持马克思主义的蓬勃生机和旺盛活力。

摘自2022年10月16日习近平总书记在中国共产党第二十次全国代表大会上的报告

😀 引导案例

2019年1月15日，上市公司康得新(退市前代码为002450)发布公告称，由于公司流动资金紧张，本应于该日兑付的"18康得新SCP001"和1月21日到期的"康得新SCP002"兑付存在不确定性。康得新刚发布公告就引起一片哗然，这是因为曾作为业绩优良的白马股，康得新在2018年的三个季度财报显示其货币资金额超过150亿元。手持巨额现金，却兑付不出10多亿的公司债券本息，引起资本市场投资者对其财报真实性产生巨大怀疑。而通过对公司历年报表的分析，我们也发现该公司的货币资金连续几年呈现大幅增长态势，即该公司货币资金从2010年的6.64亿元人民币增长到2017年的185亿元人民币，营业收入也从2010年的5.24亿元人民币增长到2017年的117.89亿元人民币。从连续几年的财报数据看，公司的货币资金的增长幅度明显大于营业收入的增长幅度。一般来说，公司的货币资金金额应该小于营业收入，而康得新货币资金的金额增速明显快于营业收入，从现金流量表显示公司的一部分货币资金由外部筹资而来，而经营活动产生的现金流量对应年份的波动较为异常，这也就找到了公司后续不能如期兑付公司债券本息的原因。

😀 学习目标

掌握货币资金的构成和有关使用规定；掌握库存现金的管理及备用金的账务处理；掌握银行存款的核算和银行对账方法；熟悉其他货币资金的内容及会计处理方法。

任务一　库存现金

库存现金是流动性最强的一种货币性资产，可以随时用其购买所需的物资，支付有关费用，偿还债务，也可以随时存入银行。库存现金有狭义和广义之分。狭义的现金是指企业的库存现金；广义的现金除库存现金外，还包括银行存款和其他符合现金定义的票证。这里的现金是指狭义的现金，即库存现金，包括人民币和外币现金。

一、库存现金管理制度

1. 库存现金管理规定

企业应当按照中国人民银行规定的现金管理办法和财政部关于各单位货币资金管理和控制的规定，办理有关现金收支业务。办理现金收支业务时，应当遵守以下几项规定。

(1) 企业现金收入应于当日送存开户银行。当日送存有困难的，由开户银行确定送存时间。

(2) 企业支付现金，可以从本企业库存现金限额中支付或者从开户银行提取，不得从本企业的现金收入中直接支付(即坐支)。因特殊情况需要坐支现金的，应当事先报经开户银行审查批准，由开户银行核定坐支范围和现额。企业应定期向银行报送坐支金额和使用情况。

(3) 企业从开户银行提取现金，应当写明用途，由本单位财会部门负责人签字盖章，经开户银行审核后，予以支付现金。

(4) 企业因采购地点不固定、交通不便以及其他特殊情况必须使用现金的，应向开户银行提出申请，经开户银行审核后，予以支付现金。

(5) 不准用不符合制度的凭证顶替库存现金，即不得"白条顶库"；不准谎报用途套取现金；不准用银行账户代其他单位和个人存入或支取现金；不准用单位收入的现金以个人名义存储；不准保留账外公款；不得设置"小金库"等。

2. 库存现金的使用范围

企业收支的各种款项必须按照国务院颁发的《现金管理暂行条例》的规定办理，在规定的范围内使用现金。允许企业使用现金结算的范围如下所述。

(1) 职工工资、津贴。

(2) 个人劳务报酬。

(3) 根据国家规定颁发给个人的科学技术、文化艺术、体育等各种奖金。

(4) 各种劳保、福利费用以及国家规定的对个人的其他支出。

(5) 向个人收购农副产品和其他物资的款项。

(6) 出差人员随身携带的必需差旅费。

(7) 结算起点以下的零星支出。

(8) 中国人民银行确定需要支付现金的其他支出。

属于上述现金结算范围的支出，企业可以根据需要向银行提取现金支付，不属于上述现金结算范围的款项支付一律通过银行转账结算。

3. 库存现金限额

库存现金的限额，是指为了保证企业日常零星开支按照规定允许留存的现金的最高数额。库存现金的限额由开户银行根据开户单位的实际需要和距离银行远近等情况核定。库存现金的限额一般按照单位3~5天日常零星开支的需要确定，偏远地区和交通不便地区开户单位的库存现金限额可按多于5天但不超过15天的日常零星开支的需要确定。正常开支需要不包括企业每月发放工资和不定期差旅费等大额现金支出。库存限额一经确定，要求企业必须严格遵守，不能任意超过，超过限额的现金应及时存入银行。库存现金低于限额时，可以签发现金支票从银行提取现金，补足限额。

核定后的现金限额，开户单位必须严格遵守，超过部分应于当日终了前存入银行。需要增加或减少现金限额的单位，应向开户银行提出申请，由开户银行核定。

4. 不准坐支现金

企业在经营活动中，经常会发生一些现金收入，如收取不足转账起点的小额销售收入、销售给不能转账的集体或个人的销货款、职工交回的差旅费剩余款等。企业的现金收入应及时送存银行，不得直接用于支付自己的支出。用收入的现金直接支付支出的叫"坐支"。企业如因特殊情况需要坐支现金的，应当事先报经开户银行审查批准，由开户银行核定坐支范围和限额。企业应定期向开户银行报送坐支金额和使用情况。未经银行批准，企业不得擅自坐支现金。为了加强银行的监督，企业向银行送存现金时，应在送款簿上注明款项的来源。从开户银行提取现金时，应当在现金支票上写明用途，由本单位财务部门负责人签字盖章，经开户银行审核后，予以支付现金。

二、库存现金的核算

为了总括地反映企业库存现金的收入、支出和结存情况，企业应当设置"库存现金"科目，借方登记库存现金的增加，贷方登记库存现金的减少，期末余额在借方，反映企业实际持有的库存现金的金额。对于企业内部各部门周转使用的备用金，可以单独设置"备用金"科目进行核算。

企业应当设置库存现金总账和库存现金日记账，分别进行企业库存现金的总分类核算和明细分类核算。

库存现金日记账由出纳人员根据收付款凭证，按照业务发生顺序逐笔登记。每日终了，应当在库存现金日记账上计算出当日的库存现金收入合计额、库存现金支出合计额和结余额，并将现金日记账的账面结余额与实际库存现金额相核对，保证账款相符；月度终了，库存现金日记账的余额应当与库存现金总账的余额核对，做到账账相符。

【例2-1】企业行政管理部门王红报销因公外出市内交通费180元，出纳员审核后付现金，应编制的会计分录为：

借：管理费用　　　　　　　　　　　　　　　　　　　　180
　　贷：库存现金　　　　　　　　　　　　　　　　　　　　180
职工张某经批准报销采购的办公用品费用300元，应编制的会计分录为：

借：管理费用　　　　　　　　　　　　　　　　　　　　300
　　贷：库存现金　　　　　　　　　　　　　　　　　　　　300

职工王红外出采购，借支差旅费3 000元，应编制的会计分录为：

借：其他应收款——王红　　　　　　　　　　　　　3 000

　　贷：库存现金　　　　　　　　　　　　　　　　　　　3 000

王红出差归来，经审核，报销差旅费2 640元，借款余额360元交回现金，应编制的会计分录为：

借：库存现金　　　　　　　　　　　　　　　　　　360

　　管理费用　　　　　　　　　　　　　　　　　　2 640

　　贷：其他应收款——王红　　　　　　　　　　　　　　3 000

三、库存现金的清查

为了加强库存现金管理，企业应定期或不定期地进行库存现金的清查。每日终了结算库存现金收支，清查库存现金，如果发现库存现金短缺或溢余，应根据盘盈盘亏情况填制"库存现金盘点报告单"，并通过"待处理财产损溢"科目核算：属于库存现金短缺，按实际短缺的金额，借记"待处理财产损溢——待处理流动资产损溢"科目，贷记"库存现金"科目；属于库存现金溢余，按实际溢余的金额，借记"库存现金"科目，贷记"待处理财产损溢——待处理流动资产损溢"科目。待查明库存现金短缺或溢余原因后，做如下处理。

(1) 当库存现金短缺时，属于应由责任人赔偿的部分，借记"其他应收款——应收现金短缺款(××个人)"或"库存现金"等科目，贷记"待处理财产损溢——待处理流动资产损溢"科目；属于应由保险公司赔偿的部分，借记"其他应收款——应收保险赔偿款"科目，贷记"待处理财产损溢——待处理流动资产损溢"科目；属于无法查明原因的库存现金短缺，根据管理权限，经批准后处理，借记"管理费用——现金短缺"科目，贷记"待处理财产损溢——待处理流动资产损溢"科目。

(2) 当库存现金溢余时，属于应支付给有关人员或单位的，借记"待处理财产损溢——待处理流动资产损溢"科目，贷记"其他应付款——应付现金溢余(××个人或单位)"科目；属于无法查明原因的库存现金溢余，经批准后，借记"待处理财产损溢——待处理流动资产损溢"科目，贷记"营业外收入——现金溢余"科目。

【例2-2】库存现金清查中，库存现金溢余200元，应编制的会计分录为：

借：库存现金　　　　　　　　　　　　　　　　　　200

　　贷：待处理财产损溢——待处理流动资产损溢　　　　　200

经核查，溢余原因无法查明，经批准可作营业外收入，应编制的会计分录为：

借：待处理财产损溢——待处理流动资产损溢　　　　200

　　贷：营业外收入——现金溢余　　　　　　　　　　　　200

库存现金清查中，发现库存现金短缺180元，应编制的会计分录为：

借：待处理财产损溢——待处理流动资产损溢　　　　180

　　贷：库存现金　　　　　　　　　　　　　　　　　　　180

经调查，库存现金短缺系出纳员王菲的责任，由其负责赔偿，应编制的会计分录为：

借：其他应收款——王菲　　　　　　　　　　　　　　　　　180

　　贷：待处理财产损溢——待处理流动资产损溢　　　　　　　180

四、备用金的核算

企业拨付给内部各车间、各部门作零星采购、零星开支供周转使用的库存现金，称为备用金。备用金一般都是定额拨付，先拨后用，用后报销。

为了使企业内部各部门频繁发生的日常性的小额零星开支，能摆脱常规的繁杂手续，根据重要性原则，对为数较少必须使用现金的各项零星支出，建立定额备用金制度加以控制。

企业备用金的会计处理，可以通过"其他应收款——备用金"科目核算，也可以单独设置"备用金"科目反映备用金的使用情况。实行定额备用金制度的企业，由企业财务部门单独拨付给企业内部各单位周转使用的备用金，借记"其他应收款——备用金"或"备用金"科目，贷记"库存现金"科目或"银行存款"科目。从备用金中支付零星支出，应根据有关的支出凭单，定期编制备用金报销清单，财务部门根据内部各单位提供的备用金报销清单，定期补足备用金，借记"管理费用"等科目，贷记"库存现金"科目或"银行存款"科目。除了增加或减少拨入的备用金外，使用或报销有关备用金支出时不再通过"其他应收款——备用金"或"备用金"科目核算。企业根据各车间、部门定额备用金的实际使用情况，在既不使之过多也不使之经常报销、补足的原则下，需要增减变动备用金定额时，借记或贷记"其他应收款——备用金"科目或"备用金"科目，贷记或借记"库存现金"科目或"银行存款"科目，以反映调整后的备用金定额。

【例2-3】中华公司在2023年1月1日拨付总务部门备用金定额5 000元，会计部门建立这一定额备用金拨付总务部门款项，应编制的会计分录为：

借：其他应收款——备用金(总务部门)　　　　　　　　　　5 000

　　贷：银行存款　　　　　　　　　　　　　　　　　　　　5 000

或借：备用金(总务部门)　　　　　　　　　　　　　　　　5 000

　　贷：银行存款　　　　　　　　　　　　　　　　　　　　5 000

总务部门凭已支用的金额及有关收据、付款凭证等报销清单，向会计部门报销4 930元；会计部门在审核备用金关单据凭证和报销清单后，办理报销、补足手续，编制的会计分录为：

借：管理费用　　　　　　　　　　　　　　　　　　　　　4 930

　　贷：银行存款　　　　　　　　　　　　　　　　　　　　4 930

企业决定为总务部门增加备用金定额1 000元，即从原来的5 000元增加为6 000元，编制的会计分录为：

借：其他应收款——备用金(总务部门)　　　　　　　　　　1 000

　　贷：库存现金　　　　　　　　　　　　　　　　　　　　1 000

企业决定取消并收回总务部门的备用金6 000元，编制的会计分录为：

借：库存现金 6 000

　　贷：其他应收款——备用金(总务部门) 6 000

需要注意的是，在会计期末，不论备用金是否到规定的报销日期或能否周转，都必须办理报销、补足手续，以确保已支出的费用都在本会计期内记入账册。

任务二　银行存款

银行存款是企业存入银行或其他金融机构的货币资金。

一、银行存款的管理

银行存款是企业除现金之外流动性最强的资产，企业应当根据日常经营业务和管理活动的需要合理确定银行存款规模。企业加强银行存款管理，有利于加速企业资金周转，提高企业资金效益。企业应当严格遵守国家金融监管机构的支付结算法律法规和企业有关银行存款的管理制度，正确进行银行存款收支的核算，监督银行存款使用的合法性与合理性。企业应当根据业务需要，按照规定在其所在地银行开设账户，运用所开设的账户，进行存款、取款以及各种收支转账业务的结算。银行存款的收付应严格执行银行结算制度的规定。

二、银行存款的会计处理

为了加强对银行存款的管理，及时掌握银行存款收付的动态和结存的余额，企业必须设置"银行存款日记账"，按照银行存款收付业务发生的先后顺序逐笔序时登记，每日终了应结出余额。"银行存款日记账"应按开户银行和其他金融机构、存款种类等，分别设置，由出纳人员根据收付款凭证，按照业务的发生顺序逐笔登记，每日终了应结出余额。企业将款项存入银行或其他金融机构，借记"银行存款"科目，贷记"库存现金"等有关科目；提取和支出存款时，借记"库存现金"等有关科目，贷记"银行存款"科目。

【例2-4】2023年12月16日，企业接到银行收账通知，收到采用异地托收承付结算方式的客户的商品价款6 357元，编制的会计分录为：

借：银行存款 6 357

　　贷：应收账款 6 357

企业开出转账支票支付企业所得税12 222元，编制的会计分录为：

借：应交税费——应交所得税 12 222

　　贷：银行存款 12 222

为了总括核算和反映企业存入银行或其他金融机构的各种存款，企业会计准则(制度)规定，应设置"银行存款"总账，该账户的借方反映企业存款的增加，贷方反映企业存款的减少，期末借方余额反映企业期末银行存款的余额。

三、银行存款的核对

银行存款日记账应定期与银行对账单核对，至少每月核对一次。企业银行存款账面余额与银行对账单余额之间如有差额，应编制"银行存款余额调节表"对此予以调节，如没有记账错误，调节后的双方余额应相等。

银行对账单与企业账目不一致的原因主要包括两个：一是双方在记录时发生的差错；二是双方的账户处理和记账日期不同，而存在一些未达账项。记录上出现的差错主要是金额或账户记载有错。例如，企业有几个以上往来银行时，企业可能将签发甲银行的支票错记在乙银行的账上，银行也可能将丙往来户的账错记在丁往来户账上；金额的错记也会使双方账上的余额不一致。未达账项是造成银行对账单上余额与企业账面余额不一致的主要原因。常见的未达账项有以下几种情况：①企业已经收款入账，而银行尚未入账的款项；②企业已经付款入账，而银行尚未入账的款项；③银行已经收款入账，而企业尚未入账的款项；④银行已经付款入账，而企业尚未入账的款项。

企业收到银行对账单后，应与银行存款日记账收支数逐笔核对，发现未达账项，应编制银行存款余额调节表。

例如，长江公司2023年4月30日银行存款日记账账面余额24 400元，银行对账单上该企业存款余额为25 880元，经过核对，存在以下未达账项：

(1) 4月29日，企业送存银行的转账支票1 300元，银行尚未入账。

(2) 4月29日，企业开出转账支票1 500元，持票人尚未到银行办理转账手续。

(3) 4月30日，企业委托银行托收款项2 000元，银行已收妥入账，但收款通知尚未到达企业。

(4) 4月30日，邮电局委托银行向该企业收取电话费720元，银行已办理付款手续，但付款通知尚未到达企业。

根据以上未达账项，编制银行存款余额调节表，如表2-1所示。

表2-1 银行存款余额调节表

2023年4月30日
单位：元

项目	金额	项目	金额
企业银行存款日记账余额	24 400	银行对账单余额	25 880
加：银行已收，企业未收的款项	2 000	加：企业已收，银行未收的款项	1 300
减：银行已付，企业未付的款项	720	减：企业已付，银行未付的款项	1 500
调节后的存款余额	25 680	调节后的存款余额	25 680

表2-1中，调节后存款余额25 680元是该公司4月30日银行存款应有数。经过上述调整，如果余额仍不相符，表明账目有差错，应进一步查明原因，加以更正。

对于银行已经入账而企业尚未入账的项目，一般规定等到结算凭证到达后再进行账务处理，这主要是出于简化会计核算工作的需要。但这部分款项如果期末有很大出入，势必影响企业财务状况的正确反映。

任务三　其他货币资金

在企业的经营资金中，有些货币资金的存款地点和用途与库存现金和银行存款不同，如外埠存款、银行汇票存款、银行本票存款、信用证保证金存款、信用卡存款、存出投资款、在途货币资金等。这些资金在会计核算上统称为"其他货币资金"。

为了反映和监督其他货币资金的收支和结余情况，企业应设置"其他货币资金"总账科目，借方登记其他货币资金的增加数，贷方登记其他货币资金的减少数，余额在借方，表示其他货币资金的结存数额。为了分别反映其他货币资金的详细收支情况，应按其他货币资金的种类分设"外埠存款""银行汇票存款""银行本票存款""信用证保证金存款""信用卡存款""存出投资款""在途货币资金"等明细科目。

一、外埠存款

外埠存款是指企业到外地进行临时或零星采购时，汇往采购地银行开立采购专户的款项。企业将款项委托当地银行汇往采购地开立专户时，根据汇出款项凭证，编制付款凭证，进行账务处理，借记"其他货币资金——外埠存款"科目，贷记"银行存款"科目。

二、银行汇票存款

银行汇票存款是指企业为取得银行汇票，按照规定存入银行的款项。企业向银行提交"银行汇票委托书"并将款项交存开户银行，取得汇票后，根据银行盖章的委托书存根联，编制付款凭证，借记"其他货币资金——银行汇票存款"科目，贷记"银行存款"科目。

三、银行本票存款

银行本票存款是指企业为取得银行本票，按照规定存入银行的款项。企业向银行提交"银行本票申请书"并将款项交存银行，取得银行本票时，应根据银行盖章返回的申请书存根联，编制付款凭证。借记"其他货币资金——银行本票存款"科目，贷记"银行存款"科目。

四、信用证保证金存款

信用证保证金存款是指企业为取得信用证按规定而存入银行的信用证保证金专户的款项。企业向银行申请开出信用证用于支付供货单位购货款项时，根据开户银行盖章退回的"信用证委托书"回单，借记"其他货币资金——信用证保证金存款"科目，贷记"银行存款"科目。

五、信用卡存款

信用卡存款是指企业为取得信用卡而存入银行信用卡专户的款项。企业申领信用卡，按照有关规定填制申请表，并按银行要求交存备用金，银行开立信用卡存款账户，发给信用卡。企业根据银行签章退回的交存备用金的进账单，借记"其他货币资金——信用卡存款"科目，贷记"银行存款"科目。

六、存出投资款

存出投资款是指企业已存入证券公司但尚未进行短期投资的现金。企业向证券公司划出资金时，应按实际划出的金额，借记"其他货币资金——存出投资款"科目，贷记"银行存款"科目；购买股票、债券等时，按实际发生的金额，借记"交易性金融资产"等会计科目，贷记本科目。

七、在途货币资金

在途货币资金是指企业同所属单位之间和上下级之间的汇、解款项业务中，到月终时尚未到达的汇入款项。企业收到所属单位或上级汇出款项的通知，根据汇出金额，借记"其他货币资金——在途资金"科目，贷记"其他应收款"等科目。收到款项时，根据银行通知，借记"银行存款"科目，贷记"其他货币资金——在途资金"科目。

【例2-5】长江公司到外市采购物资，汇往外市某银行办事处采购资金80 000元，编制的会计分录为：

借：其他货币资金——外埠存款　　　　　　　　　　　　　80 000
　　贷：银行存款　　　　　　　　　　　　　　　　　　　　　80 000

企业收到采购人员赴外市采购各种物资的发票56 500元，其中增值税6 500元，编制的会计分录为：

借：在途物资　　　　　　　　　　　　　　　　　　　　　50 000
　　应交税费——应交增值税(进项税额)　　　　　　　　　　6 500
　　贷：其他货币资金——外埠存款　　　　　　　　　　　　　56 500

采购完毕，企业将余款23 500元转回汇款单位开户银行，企业收到银行余款转回通知时，编制的会计分录为：

借：银行存款　　　　　　　　　　　　　　　　　　　　　23 500
　　贷：其他货币资金——外埠存款　　　　　　　　　　　　　23 500

申请人填制"银行汇票申请书"，并将20 000元票款专户交存银行，银行签发银行汇票和解讫通知后，根据银行汇票申请书存根联，编制的会计分录为：

借：其他货币资金——银行汇票存款　　　　　　　　　　　20 000
　　贷：银行存款　　　　　　　　　　　　　　　　　　　　　20 000

持票企业以银行汇票支付购货款16 000元，增值税2 080元，根据发票账单等凭证，编制的会计分录为：

借：在途物资	16 000
应交税费——应交增值税(进项税额)	2 080
贷：其他货币资金——银行汇票存款	18 080

企业收到开户银行转来银行汇票余款划回的通知，编制的会计分录为：

|借：银行存款|1 920|
|贷：其他货币资金——银行汇票存款|1 920|

销货企业接受该银行汇票，填列实际结算金额18 080元，加盖预留银行签章后，连同解讫通知和进账单交开户银行提示付款，编制的会计分录为：

借：银行存款	18 080
贷：主营业务收入	16 000
应交税费——应交增值税(销项税额)	2 080

项目小结

本项目讲述了货币资金的管理及核算方法。库存现金是货币资金的一种形式。库存现金管理包括使用范围、库存限额等内容。库存现金核算的主要业务环节包括库存现金增加的核算、库存现金减少的核算、库存现金溢缺的核算。银行存款有多种结算方式，每种结算方式有其一定的使用规定。其他货币资金的核算可以归为三类：第一类包括外埠存款、银行本票存款、银行汇票存款、信用证保证金存款，这一类其他货币资金主要是用物资采购结算；第二类是信用卡存款，主要用于单位集体消费的结算；第三类是存出投资款，主要用于企业支付投资款的结算。另外，随着结算方式的不断发展变化，企业在途货币资金情况越来越少，企业对在途货币资金的核算也越来越少。

👤 练习题

客观题

👤 业务题

1. 某企业20××年6月份发生下列与货币资金收付有关的经济业务：

(1) 6月2日，购进一批材料，增值税专用发票注明材料价款30 000元，增值税5 100元，签发转账支票付讫。

(2) 6月3日，签发库存现金支票，从银行提取库存现金800元备用。

(3) 6月3日，张建报销差旅费1 200元，原借库存现金1 000元。

(4) 6月4日，销售一批产品，售价200 000元，增值税34 000元，开具专用发票，已办妥托收手续，货款尚未收回。

(5) 6月4日，将超限额库存现金5 000元送存银行。

(6) 6月5日，收到车间交来出售废旧物资款200元。

(7) 6月6日，企业汇往上海采购地银行50 000元，设立采购专户。

(8) 6月7日，企业销售一批产品，价值80 000元，增值税13 600元，收到购货方交来面值93 600元的一张银行承兑汇票。

(9) 6月8日，支付银行承兑手续费400元。

(10) 6月9日，委托银行签发一份银行汇票，面值为40 000元，交采购员持往外地采购材料。

(11) 6月10日，接银行付款通知，支付水电费共计30 000元。

(12) 6月11日，企业将过期未用的一张银行本票，价值5 000元，退给原签发银行。

(13) 6月12日，上海采购站报账，采购材料价款40 000元，增值税6 800元，运杂费800元，材料已验收入库。

(14) 6月15日，持银行汇票外出采购的采购员归来报账，采购材料价款30 000元，增值税5 100元，材料未到。

(15) 6月16日，企业购入一批材料，价款10 000元，增值税1 700元，开出一张商业承兑汇票，材料已验收入库。

(16) 6月18日，上述银行汇票余款4 900元收回入账。

(17) 6月20日，向银行申请签发定额银行本票20张，每张定额500元。

(18) 6月24日，用库存现金100元购买办公用品，直接交付使用。

(19) 6月25日，将当日销货款库存现金80 000元送存银行。

(20) 6月28日，李红报销医药费260元。

要求：根据以上经济业务编制会计分录。

2. 某企业20××年5月31日银行存款日记账余额为898 507.33元，银行对账单的企业存款余为898 631.36元。经查对，发现以下未达账项：

(1) 5月28日，企业委托银行收取的货款361.20元，银行已经入账，企业尚未入账。

(2) 5月29日，企业送存支票236.76元，银行尚未登记入账。

(3) 5月30日，银行已代付水费125.75元，但转账付款通知尚未送达企业。

(4) 5月30日，企业开出转账支票125.34元，银行尚未收到支票办理转账。

要求：根据上述资料，编制银行存款余额调节表。

3. 光明公司发生如下经济业务，请编制相关会计分录。

(1) 1月6日，委托当地银行将50 000元汇往采购地银行设立专户。

(2) 1月15日，收到采购员交来发票等单据，共采购各种材料物资30 000元，增值税5 100元。余额转回。

(3) 1月31日，公司进行库存现金盘点，发现库存现金长款30元，原因待查。

(4) 2月8日，公司在库存现金清查中发现库存现金短款50元，原因待查。

(5) 2月10日，经查公司长款原因不明，经批准转入营业外收入；短款系出纳员责任，由其赔付。

(6) 公司下属购销部门经核定定额备用金为2 000元。购销部门向财会部门报销，实际开支1 200元，经核定无误，报销并补足备用金。

要求：根据上述资料，列出拨付款项及报销的分录。

项目三 存货

坚持和发展马克思主义，必须同中国具体实际相结合。我们坚持以马克思主义为指导，是要运用其科学的世界观和方法论解决中国的问题，而不是要背诵和重复其具体结论和词句，更不能把马克思主义当成一成不变的教条。

摘自2022年10月16日习近平总书记在中国共产党第二十次全国代表大会上的报告

👤 引导案例

李小军大学毕业后，被分配到光明有限责任公司担任会计工作，他刚入职不久，公司财务部就发生被盗事件。被盗前夕，公司为了全面提升公司管理水平，提高工作效率，要求财务部全部业务操作由手工改为财务软件。为此，公司分两批购买了不同型号的电脑设备，本年1月份第1批购入3台，每台单价为6 700元；4月份第2批购入4台，每台单价为5 640元。被盗电脑是第2次购买的2台。由于公司在上年末对公司财产进行投保，现保险公司正在办理理赔手续。财务部主管责成李小军去查询第2批购买电脑设备的发票金额，以便来确定2台电脑的实际成本。因为不同成本选择，会导致保险公司不同的赔付。

👤 学习目标

本项目主要阐述存货的确认及范围、存货取得时的初始计量、存货的期末计价会计核算问题。要求依据《企业会计准则第1号——存货》的规定，学生能熟练掌握企业存货初始计量、存货期末的会计处理。

任务一 存货的确认与初始计量

一、存货概述

(一) 存货的定义

《企业会计准则第1号——存货》规定，存货是指企业在日常活动中持有以备出售的产成品或商品、处在生产过程中的在产品、在生产过程或提供劳务过程中耗用的材料和物料等。

(二) 存货的分类

存货属于企业的流动资产，包括以下六类。

1. 原材料

原材料是指企业在生产过程中经加工改变其形态或性质并构成产品主要实体的各种原料以及主要材料、辅助材料、外购半成品(外购件)、修理用备件(备品备件)、包装材料、燃料等。

原材料按其存放地点不同可以分为：在途材料、库存材料、委托加工材料三大类。

2. 在产品

在产品是指企业正在制造且尚未加工完的生产物资，包括正在各个生产工序加工的产品和已加工完毕但尚未检验或已经检验但尚未办理入库手续的产品。

3. 半成品

半成品是指经过一定生产过程并已检验合格交付半成品仓库保管，但尚未制造为产成品，仍需进一步加工的中间产品，但不包括从一个生产车间转到另一个生产车间继续加工的自制半成品和不能单独计算成本的自制半成品。

4. 产成品

产成品是指企业已经完成全部生产过程并已验收入库，可以按照合同规定的条件送交订货单位，或者可以作为商品对外销售的成品。企业接受外单位委托加工制造的代制品和为外单位加工修理的代修品，制造和修理完成验收入库后，视同企业的产成品。

5. 商品

商品是指流通企业外购或委托加工完成验收入库用于销售的各种商品。

6. 周转材料

周转材料是指企业能够多次使用、逐渐转移其价值但仍保持原有形态且不符合固定资产定义的材料，如包装物、低值易耗品等。

(1) 包装物是指企业为了包装本企业商品而储备的各种包装容器，如桶、箱、瓶、坛、袋等。包装物按其具体用途可分为以下4种：①生产过程中用于包装产品作为产品组成部分的包装物；②随同商品出售不单独计价的包装物；③随同商品出售单独计价的包装物；④出租或出借给购买单位使用的包装物。

需要注意的是，下列各项不属于包装物核算的范围：①各种包装材料，如纸、绳、铁丝、铁皮等，应作为原材料进行核算；②用于储存和保管产品、材料而不对外出售的包装物，这类包装物应按其价值的高低和使用年限的长短，分别作为固定资产或低值易耗品管理和核算；③单独列作企业商品产品的自制包装物，应作为库存商品进行管理和核算。

(2) 低值易耗品是指不能作为固定资产管理的各种用具物品，如工具、管理用具、玻璃器皿，以及在经营过程中周转使用的包装容器等。低值易耗品的特点是单位价值较低；相对于固定资产来说，使用期限较短；在使用过程中基本保持其原有实物形态不变。

二、存货的确认条件

某个项目要确认为存货，首先要符合存货的定义，其次要符合存货确认的两个条件。《企业会计准则第1号——存货》规定，存货同时满足下列条件的，才能予以确认。

(一) 与该存货有关的经济利益很可能流入企业

存货是企业一项重要的流动资产，对存货的确认，关键判断该项存货是否很可能给企业带来经济利益或所包含的经济利益是否很可能流入企业。

通常，存货的所有权是存货包含的经济利益很可能流入企业的一个重要标志。一般情况下，根据销售合同已经售出(取得现金或收取现金的权利)、所有权已经转移的存货，用其所含经济利益已不能流入本企业，因而不能再作为企业的存货进行核算，即使该存货尚未远离企业。例如，委托代销商品的所有权并未转移至受托方，因而该商品只是委托企业存货的一部分。

总之，企业在判断存货所含经济利益能否流入企业时，通常应考虑该项存货所有权的归属。

(二) 该存货的成本能够可靠地计量

成本能够可靠地计量是资产确认的一项基本条件。存货作为企业资产的组成部分，要予以确认的条件也必须是能够对其成本进行可靠计量。存货的成本能够可靠地计量必须以取得的确凿、可靠的证据为依据，并且具有可验证性。如果存货成本不能可靠地计量，则不能确认为一项存货。例如，企业承诺的订货合同，由于并未实际发生，不能可靠确定订货的成本，就不能将此笔订货认为购买企业的存货。

三、存货的范围

(一) 存货范围的确认原则

只有存货的产权属于企业，才可以将存货纳入企业的核算范围。企业的存货一般包括下列三类有形资产。

(1) 在日常生产经营过程中持有以备出售的存货，是指企业在日常生产经营过程中处于待销状态的各种物品，如工业企业的库存产成品、商品流通企业的库存商品等。

(2) 为了最终出售目前尚处于生产过程中的存货，是指为了最终出售但目前尚处于生产加工过程中的各种物品，如委托加工物资、工业企业的在产品和自制半成品等。

(3) 为了生产供销售的商品或提供劳务以备消耗的存货，即企业为产品生产或提供劳务耗用而储存的各种物品，如工业企业为生产产品而储存的原材料、燃料、包装物、低值易耗品等。

(二) 特殊案例

(1) 受托代销商品。产权虽然不属于企业，但由于该存货受代销方的实质控制，按实质重于形式的原则，应将其作为企业的存货处理。但在列示资产负债表中的存货项目时，受托代销商品却与"代销商品款"对抵后再填列，所以虽然在账务处理上受托代销商品被当作企业的一项存货，但在报告中却不列示。

(2) 在途物资。在途物资是否属于企业的存货，关键看此项交易是否完成，如实质完成，则该项存货属于购买方，就应将其作为购买方的存货处理，否则就应将其作为销售方的存货处理。

(3) 关于购货约定问题。对于约定未来购入的商品，由于企业并没有实际的购货行为发生，不作为企业的存货处理。

四、存货成本的构成

《企业会计准则第1号——存货》第五条规定，存货应当按照成本进行初始计量。存货成本包括采购成本、加工成本和其他成本。

(一) 采购成本

存货的采购成本包括购买价款、相关税费、运输费、装卸费、保险费以及其他可归属于存货采购的费用。需要说明的是，对于采购过程中发生的物资毁损、短缺等，除合理的途中损耗应当作为"其他可归属于存货采购的费用"计入采购成本外，还应区别不同情况进行会计处理。

(1) 从供应单位、外部运输机构等收回的物资短缺或其他赔款，应冲减物资的采购成本。

(2) 因遭受意外灾害发生的损失和尚待查明原因的途中损耗，不得增加物资的采购成本，应暂作为待处理财产损溢进行核算，查明原因后再作处理。

(二) 加工成本

存货的加工成本，包括直接人工以及按照一定方法分配的制造费用。制造费用，是指企业为生产产品和提供劳务而发生的各项间接费用。企业应当根据制造费用的性质，合理地选择制造费用分配方法。

在同一生产过程中，同时生产两种或两种以上的产品，并且每种产品的加工成本不能直接区分的，其加工成本应当按照合理的方法在各种产品之间进行分配。

(三) 其他成本

存货的其他成本，是指除采购成本、加工成本以外的，使存货达到目前场所和状态所发生的其他支出。

例如，为特定客户设计产品所发生的设计费用等。企业设计产品发生的设计费用通常应计入当期损益，但是，为特定客户设计产品所发生的、可直接确定的设计费用应计入存货的成本。

五、存货的初始计量

具体来讲，存货的初始计量应按如下方法确定。

(一) 外购存货

外购存货的成本主要包括存货的购买价款、相关税费和其他可归属于存货采购成本的费用。

(1) 购买价款，是指企业购入材料或商品的发票账单上列明的价款，但不包括按规定可以抵扣的增值税额。

(2) 相关税费，是指企业购买、自制或委托加工存货所发生的消费税、资源税和不能从增值税销项税额中抵扣的进项税额等。

(3) 其他可归属于存货采购成本的费用，即采购成本中除上述各项外的可归属于存货采购成本的费用，如在存货采购过程中发生的仓储费、包装费、运输途中的合理损耗、入库前的整理挑选费等。这些费用能分清负担对象的，应直接计入存货的采购成本；不能分清负担对象的，应选择合理的分配方法，分配计入有关存货的采购成本。分配方法通常包括按所购存货的重量或采购价格的比例进行分配。

(二) 自制存货

自制存货，按照制造过程中的各项加工成本，作为实际成本。

(三) 委托外单位加工存货

委托外单位加工完成的存货，以实际耗用的原材料或者半成品、加工费、运输费、装卸费、保险费等费用以及按规定应计入成本的税金，作为实际成本。

(四) 投资者投入的存货

投资者投入的存货，按照投资各方确认的价值确定成本，但合同或协议约定价值不公允的除外。

(五) 接受捐赠取得的存货

接受捐赠取得的存货，按以下规定确定其实际成本。

第一，捐赠方提供了有关凭据(如发票、报关单、有关协议)的，按凭据上标明的金额加上应支付的相关税费，作为实际成本。

第二，捐赠方没有提供有关凭据的，按如下顺序确定其实际成本：同类或类似存货存在活跃市场的，按同类或类似存货的市场价格估计的金额，加上应支付的相关税费，作为实际成本；同类或类似存货不存在活跃市场的，按该接受捐赠的存货的预计未来现金流量现值，作为实际成本。

(六) 接受抵债取得的存货

通过债务重组取得的存货的成本，应当按照《企业会计准则第12号——债务重组》

的规定确定，即按照换入存货的公允价值入账。

(七) 以非货币性交易换入的存货

企业通过非货币性交易取得存货的成本，应当按照《企业会计准则第7号——非货币性交易》的规定确定。

(八) 企业盘盈的存货

企业盘盈的存货应按其重置成本作为入账价值，并通过"待处理财产损溢"科目进行会计处理，按管理权限报经批准后，冲减当期管理费用。

(九) 通过提供劳务取得的存货

通过提供劳务取得的存货，其成本按从事劳务提供人员的直接人工和其他直接费用以及可归属于该存货的间接费用确定。

在确定存货成本的过程中，下列费用不应当计入存货成本，而应当在其发生时计入当期损益：①非正常消耗的直接材料、直接人工及制造费用，应计入当期损益，不得计入存货成本。例如，企业超定额的废品损失以及由自然灾害而发生的直接材料、直接人工及制造费用，由于这些费用的发生无助于使该存货达到目前场所和状态，不应计入存货成本，而应计入当期损益。②仓储费用，指企业在采购入库后发生的储存费用，应计入当期损益。但是，在生产过程中为达到下一个生产阶段所必需的仓储费用则应计入存货成本。例如，某种酒类产品生产企业为使生产的酒达到规定的产品质量标准，而必须发生的仓储费用，就应计入酒的成本，而不是计入当期损益。③不能归属于使存货达到目前场所和状态的其他支出，不符合存货的定义和确认条件，应在发生时计入当期损益，不得计入存货成本。④企业采购用于广告营销活动的特定商品，向客户预付货款未取得商品时，应作为预付账款进行会计处理，待取得相关商品时计入当期损益(销售费用)。企业取得广告营销性质的服务比照该原则进行处理。

六、存货的初始计量的核算

存货应当按照成本进行初始计量。企业会计准则规定，存货日常核算可以按实际成本核算，也可以按计划成本核算。

(一) 采用实际成本核算

存货按实际成本核算的特点是：从存货收发凭证到明细分类账和总分类账全部按实际成本计价。实际成本法一般适用于规模较小、存货品种简单、采购业务不多的企业。

1. 科目的设置

(1) "原材料"科目。本科目用于核算库存各种材料的收发与结存情况。在原材料按实际成本核算时，本科目的借方登记入库材料的实际成本，贷方登记发出材料的实际成本，期末余额在借方，反映企业库存材料的实际成本。

(2)"在途物资"科目。本科目用于核算企业采用实际成本(进价)进行材料、商品等物资的日常核算、货款已付尚未验收入库的各种物资(即在途物资)的采购成本,本科目应按供应单位和物资品种进行明细核算。本科目的借方登记企业购入的在途物资的实际成本,贷方登记验收入库的在途物资的实际成本,期末余额在借方,反映企业在途物资的采购成本。

(3)"应付账款"科目。本科目用于核算企业因购买材料、商品和接受劳务等经营活动应支付的款项。本科目的贷方登记企业因购入材料、商品和接受劳务等尚未支付的款项,借方登记偿还的应付账款,期末余额一般在贷方,反映企业尚未支付的应付账款。

(4)"预付账款"科目。本科目用于核算企业按照合同规定预付的款项。本科目的借方登记预付的款项及补付款项,贷方登记收到所购物资时根据有关发票账单记入"原材料"等科目的金额及收回多付款项的金额,期末余额在借方,反映企业实际预付的款项;期末余额在贷方,则反映企业尚未预付的款项。预付款项情况不多的企业,可以不设置"预付账款"科目,而将此业务在"应付账款"科目中核算。

2. 实际成本法下取得存货的核算

1) 购入材料的核算

企业外购材料时,由于结算方式和采购地点的不同,材料入库和货款的支付在时间上不一定完全同步,相应地,其账务处理也有所不同。

(1) 对于发票账单与材料同时到达的采购业务,企业在支付货款或开出、承兑商业汇票,材料验收入库后,应根据发票账单等结算凭证确定的材料成本,借记"原材料"科目,根据取得的增值税专用发票上注明的(不计入材料采购成本的)税额,借记"应交税费——应交增值税(进项税额)"(一般纳税人,下同)科目,按照实际支付的款项或应付票据面值,贷记"银行存款"或"应付票据"等科目。

(2) 对于已经付款或已开出、承兑商业汇票,但材料尚未到达或尚未验收入库的采购业务,应根据发票账单等结算凭证,借记"在途物资""应交税费——应交增值税(进项税额)"科目,贷记"银行存款"或"应付票据"等科目;待材料到达、验收入库后,再根据收料单,借记"原材料"科目、贷记"在途物资"科目。

(3) 对于材料已到达并已验收入库,但发票账单等结算凭证未到,货款尚未支付的采购业务,应于月末,按材料的暂估价值,借记"原材料"科目,贷记"应付账款——暂估应付账款"科目。下月初用红字作同样的记账凭证予以冲回,以便下月付款或开出、承兑商业汇票后,按正常程序。借记"原材料""应交税费——应交增值税(进项税额)"等科目,贷记"银行存款"或"应付票据"等科目。

【例3-1】甲公司经有关部门核定为一般纳税人,某日该公司购入乙原材料5 000吨,收到增值税专用发票上注明的售价每吨1 200元,货款6 000 000元,增值税额为780 000元。

① 假定发票等结算凭证已经收到,货款已通过银行转账支付,材料已运到并已验收入库。甲公司的账务处理如下:

借：原材料	6 000 000	
应交税费——应交增值税(进项税额)	780 000	
贷：银行存款		6 780 000

② 假定购入的材料发票等结算凭证已收到，货款已经银行转账支付，但材料尚未运到，则甲公司应于收到发票等结算凭证时进行如下账务处理：

借：在途物资	6 000 000	
应交税费——应交增值税(进项税额)	780 000	
贷：银行存款		6 780 000

在上述材料到达入库时，进行如下的账务处理：

| 借：原材料 | 6 000 000 | |
| 贷：在途物资 | | 6 000 000 |

③ 假定购入的材料已经运到，并已经验收入库，但发票等结算凭证尚未收到，货款尚未支付。月末甲公司应按暂估价入账，假定其暂估价为5 800 000元，应进行如下账务处理：

| 借：原材料 | 5 800 000 | |
| 贷：应付账款 | | 5 800 000 |

下个月月初，将上述会计分录原账冲回。

| 借：原材料 | (5 800 000) | |
| 贷：应付账款 | | (5 800 000) |

在收到发票等结算凭证，并支付货款时，进行如下账务处理：

借：原材料	6 000 000	
应交税费——应交增值税(进项税额)	780 000	
贷：银行存款		6 780 000

(4) 采用预付货款的方式采购材料，应在预付材料价款时，按照实际预付金额，借记"预付账款"科目，贷记"银行存款"科目；已经预付货款的材料验收入库。根据发票账单等所列的价款、税额等，借记"原材料"科目和"应交税费——应交增值税(进项税额)"科目，贷记"预付账款"科目；预付的款项不足、凡补付上项货款，按补付金额，借记"预付账款"科目，贷记"银行存款"科目；退回上项多付的款项，借记"银行存款"科目，贷记"预付账款"科目。

【例3-2】甲公司根据与长治钢厂的购销合同规定，甲公司为购买J材料向该钢厂预付100 000元货款的80%，计80 000元，已通过汇兑方式汇出，甲公司会计分录如下：

| 借：预付账款——长治钢厂 | 80 000 | |
| 贷：银行存款 | | 80 000 |

甲公司收到长治钢厂发运来的J材料，已验收入库。有关发票账单记载，该批货物的货款100 000元，增值税额13 000元，对方代垫包装费3 000元，所欠款项以银行存款付讫，甲公司会计分录如下：

① 材料入库时，

借：原材料——J材料 103 000

应交税费——应交增值税(进项税额) 13 000

贷：预付账款—长治钢厂 116 000

② 补付货款时，

借：预付账款——长治钢厂 36 000

贷：银行存款 36 000

(5) 材料短缺与损耗。企业外购原材料可能会发生短缺与损耗，必须认真查明原因，分清经济责任，分别不同情况进行处理(见表3-1)。对于尚待查明原因和需要报经批准才能转销的损失，应先通过资产类的"待处理财产损溢——待处理流动资产损溢"账户进行核算。

表3-1 材料短缺与损耗的原因及处理

原材料短缺和损耗的原因	会计处理
原材料运输过程中的合理途耗	通过提高原材料实际单价而由原材料采购成本负担原材料的短缺和损耗
付款前发现应由过失单位或个人负责	办理拒付手续，从货款中扣减
付款后发现应由过失单位或个人负责	转入"其他应收款"账户，向对方索赔
自然灾害等非常原因	将扣除残料价值和过失单位或个人、保险公司赔款后的净损失，列入营业外支出——非常损失；属于无法收回的其他损失，经批准后，列入管理费用

【例3-3】甲公司采购的一批原料已经运到，专用发票列明原料价款(含运杂费)6 000元、增值税额780元，共计6 780元，经验收发现数量短缺，系对方少发，经办理部分拒付手续，按实收原料付款5 650元(其中原料价款5 000元、增值税额650元)。

甲公司的会计分录如下：

借：原材料——原料及主要材料 5 000

应交税费——应交增值税(进项税额) 650

贷：银行存款 5 650

如上例外购原料短缺原因尚待查明，货款承付期已过，已按专用发票付款，会计分录如下：

借：原材料——原料及主要材料 5 000

应交税费——应交增值税(进项税额) 650

待处理财产损溢——待处理流动资产损溢 1 130

贷：银行存款 6 780

如查明短缺应由承运该批原料的运输公司负责，应填制赔偿请求单，向对方索赔，会计分录如下：

借：其他应收款——应收赔偿(运输公司)   1 130
　　贷：待处理财产损溢——待处理流动资产损溢   1 130

(6) 购入材料溢余。企业购进原材料发生溢余时，未查明原因的溢余材料一般只作为代保管物资在备查簿中登记，不作为进货业务入账核算。

2) 自制、投资者投入、接受捐赠原材料的核算

自制并已验收入库的原材料，按照实际成本，借记"原材料"科目，贷记"生产成本"科目。

投资者投入的原材料，按投资各方确认的价值，借记"原材料"科目，按专用发票上注明的增值税额，借记"应交税费——应交增值税(进项税额)"科目，按确定的出资额，贷记"实收资本"(或股本)科目，按其差额，贷记"资本公积"科目。

企业接受捐赠的原材料，按《企业会计准则第1号——存货》规定，企业(含外商投资企业)按规定确定的实际成本，借记"原材料"科目，一般纳税企业如涉及可抵扣的增值税进项税额，按可抵扣的增值税进项税额，借记"应交税费——应交增值税(进项税额)"，按接受捐赠原材料按照税法规定将来应交的所得税金额贷记"递延所得税负债"科目，按实际支付的相关税费，贷记"银行存款"科目，将借贷方差额"倒挤"，计入"营业外收入"科目。

【例3-4】甲公司接受投资者乙公司投入的原材料一批，投资双方确认的价值为100 000元，增值税专用发票上注明的增值税为13 000元。甲公司的会计处理为：

借：原材料   100 000
　　应交税费——应交增值税(进项税额)   13 000
　　贷：实收资本(股本)   113 000

【例3-5】甲公司收到乙公司投入的原材料一批，收到的专用发票上注明的增值税额为58 500元，双方确认的价值为450 000元；甲公司实收资本总额为3 000 000元，乙公司占10%。甲公司会计分录为：

借：原材料   450 000
　　应交税费——应交增值税(进项税额)   58 500
　　贷：实收资本(股本)   300 000
　　　　资本公积   208 500

【例3-6】甲公司接受乙公司捐赠的一批材料，乙公司开具的发票上注明的原材料价款1 000 000元，增值税130 000元，甲公司用银行存款支付途中运费和保险费30 000元(假定运费不作为进项税额抵扣)。甲公司适用的所得税税率为25%。

甲公司接受捐赠的会计分录为：

借：原材料   1 030 000
　　应交税费——应交增值税(进项税额)   130 000
　　贷：递延所得税负债   282 500
　　　　银行存款   30 000
　　　　营业外收入   847 500

3) 自行生产的存货

自行生产的存货的初始成本包括投入的原材料实际成本、直接人工和按照一定方法分配的制造费用。

企业购入、自制、委托外单位加工完成验收入库的包装物、低值易耗品等周转材料，通过"周转材料"等科目核算，核算方法比照原材料的核算。

4) 其他方式取得的存货

(1) 通过非货币性资产交换、债务重组和企业合并等取得的存货的成本，应当分别按照"非货币性资产交换""债务重组"和"企业合并"等有关会计准则规定确定。

(2) 通过提供劳务取得的存货，其成本按照从事劳动提供人员的直接人工和其他直接费用以及可属于该存货的间接费用确定。

(二) 采用计划成本核算

在实务工作中，材料收发业务较多并且计划成本资料较为健全、准确的企业，一般可以采用计划成本法进行材料收发的核算。

按照《企业会计准则第1号——存货》规定，原材料收发、结存的总分类核算和明细分类核算均可以按照计划成本登记，原材料的实际成本与计划成本的差异通过"材料成本差异"科目核算。月份终了，通过"材料成本差异"科目，将发出原材料的计划成本调整为实际成本。

1. 科目的设置

企业应设置"原材料""材料采购""材料成本差异"等科目进行原材料计划成本核算。

(1) "原材料"科目。在计划成本法下，本科目完全采用计划成本入账，其借方登记入库材料的采购成本，贷方登记发出材料的计划成本；余额在借方，表示期末库存材料的计划成本。

(2) "材料采购"科目。本科目借方登记材料的实际采购成本，贷方登记入库材料的计划成本。借方大于贷方，表示超支，从本科目的贷方转入"材料成本差异"科目的借方；贷方大于借方表示节约，从本科目的借方转入"材料成本差异"科目的贷方；月末余额在借方，表示未入库的在途材料的实际成本。

(3) "材料成本差异"科目。本科目用来反映已入库材料的实际成本与计划成本的差异的形成和结转，借方登记超支差异及发出材料应负担的节约差异，贷方登记节约差异及发出材料应负担的超支差异。期末如为借方余额，反映企业库存材料的实际成本大于计划成本的差异(即超支差异)；如为贷方余额，反映企业库存材料的实际成本小于计划成本的差异(即节约差异)。

2. 计划成本法下取得存货的核算

在计划成本法下，取得的原材料先要通过"材料采购"科目进行核算，材料的实际成本与计划成本的差异，通过"材料成本差异"科目核算。

【例3-7】甲公司经税务部门核定为一般纳税人，某月份公司发生的A材料采购如下业务。

(1) 2日，购入一批A材料，取得增值税专业发票上注明的价款为8 000元，增值税额为1 040元，发票等结算凭证已经收到，货款已经过银行存款转账支付，A材料已验收入库。该批材料的计划成本为7 000元。甲公司会计分录为：

借：材料采购   8 000

  应交税费——应交增值税(进项税额) 1 040

   贷：银行存款   9 040

(2) 3日，购入一批A材料，取得的增值税专用发票上注明的价款为4 000元，增值税额为520元，发票等结算凭证已经收到，货款已经过银行存款转账支付，A材料已验收入库。该批材料的计划成本为3 600元。甲公司会计分录为：

借：材料采购   4 000

  应交税费——应交增值税(进项税额) 520

   贷：银行存款   4 520

(3) 18日，购入一批A材料，A材料已经运到，并已经验收入库，但发票等结算凭证尚未收到，货款尚未支付，该批材料的计划成本为5 000元，企业应于月末按照计划成本估价入账。甲公司会计分录为：

借：原材料   5 000

   贷：应付账款——暂估应付款   5 000

下月初用红字将上述分录予以冲回，会计分录为：

借：原材料   (5 000)

   贷：应付账款——暂估应付款   (5 000)

待收到有关发票账单等结算凭证并支付货款时，按照正常程序入账，取得的增值税发票上注明的价款为6 000元，增值税额为1 020元，会计分录为：

借：材料采购   6 000

  应交税费——应交增值税(进项税额) 780

   贷：银行存款   6 780

(4) 23日，购进一批A材料，取得的增值税专用发票上注明的价款为10 000元，增值税额为1 300元，双方商定采用商业承兑汇票结算方式支付货款，付款期限为三个月。A材料已经到达并验收入库，已经开出商业承兑汇票，该批材料的计划成本为9 000元。甲公司会计分录为：

借：材料采购   10 000

  应交税费——应交增值税(进项税额) 1 300

   贷：应付票据   11 300

(5) 月末，汇总本月已经付款或已开出承兑商业汇票的入库材料的计划成本为196 000元。甲公司会计分录为：

借：原材料 196 000

　　贷：材料采购 196 000

月末结转本月已经付款或已开出承兑商业汇票的入库材料的材料成本差异，其实际成本为22 000元，材料成本差异额为2 400元，(22 000－19 600)(超支额)。甲公司会计分录为：

借：材料成本差异 2 400

　　贷：材料采购 2 400

(6) 企业自制材料完工验收入库应在月末根据"材料交库单"所列计划成本和有关生产成本计算资料所确定的实际成本。甲公司会计分录为：

借：原材料 计划成本

　　材料成本差异——原材料 超支差

　　贷：生产成本——基本生产成本 实际成本

　　　　材料成本差异——原材料 节约差

或贷记"生产成本——辅助生产成本"账户。

在计划成本法下，包装物、低值易耗品、委托加工物资等存货产生的材料成本差异，也通过"材料成本差异"科目核算。

任务二 存货的后续计量

企业发出的存货可以按照实际成本核算，也可以按照计划成本核算，但在资产负债表日均应调整为按照实际成本核算。

一、存货成本流转假设

企业的存货是不断流动的，有流入也有流出，流入和流出相抵后的结余即为企业的存货，本期期末的存货结转到下期，即为下期的起初存货，下期继续流动，就形成了生产经营过程中的存货流转。

存货的流转包括实物流转和成本流转两个方面。在理论上，存货的成本流转与其实物流转应当一致，也就是说，购置存货时所确定的成本应当随着该项存货的销售或耗用而结转。但在实际工作中，一致的情况很少，这是因为企业的存货进出量很大，存货的品种繁多，存货的单位成本多变，难以保证各种存货的成本流转与实物流转相一致。同一种存货尽管单价不同，但均能满足销售或生产的需要，在存货被销售或耗用后，不需要逐一辨别哪一批实物被发出，哪一批实物留作库存，因此，成本的流转和实物的流转顺序可以分离，只要按照不同的成本流转程序确定已发出存货的成本和库存存货成本即可，即出现了存货成本的流转假设。

采用某种存货成本流转的假定，在期末存货与发出存货之间分配成本，就产生了不同的存货成本分配方法，即发出存货的计价方法。

二、实际成本法下发出存货的计价和核算

(一) 实际成本法下发出存货的计价

发出存货的计价方法不同，对企业的财务状况、盈亏情况会产生不同的影响，按照《企业会计准则第1号——存货》的规定，企业可以采用先进先出法、加权平均法(包括月末一次加权平均法和移动加权平均法)等，对于不能替代的存货，以及为特定项目专门购入或制造的存货，一般应当采用个别计价法确定发出存货的实际成本。下面分别介绍这些方法。

1. 先进先出法

先进先出法是以先购入的存货先发出(用于销售或耗用)这样一种存货实物流转假定为前提，对发出存货进行计价的一种方法。采用这种方法时，先购入的存货成本在后购入的存货成本之前转出，据此确定发出存货和期末存货的成本。

【例3-8】以例3-7甲公司2023年1月A种存货发生的业务为例，该存货采用先进先出法进行核算。

甲公司2023年1月A种存货采用先进先出法计算发出存货和期末存货的成本，其明细账如表3-2所示。

表3-2　存货明细账

存货类别：　　　　　　　　　　　　　计量单位：千克
存货编号：　　　　　　　　　　　　　最高存量：
存货名称及规格：A　　　　　　　　　最低存量：

| 2023年 | | 凭证编号 | 摘要 | 收入 | | | 发出 | | | 结存 | | |
月	日			数量	单价/元	金额/元	数量	单价/元	金额/元	数量	单价/元	金额/元
1	1		期初余额							300	50	15 000
	10	略	购入	900	60	54 000				300 900	50 60	15 000 54 000
	11		发出				300 500	50 60	15 000 30 000	400	60	24 000
	18		购入	600	70	42 000				400 600	60 70	24 000 42 000
	20		发出				400 400	60 70	24 000 28 000	200	70	14 000
	23		购入	200	80	16 000				200 200	70 80	14 000 16 000
	31		本月发生额及月末余额	1700	—	112 000	1 600	—	97 000	200 200	70 80	14 000 16 000

采用先进先出法时，存货的成本是按最近购货确定的，期末存货成本比较接近现行的市场价值，其优点是使企业不能随意挑选存货计价以调整当期利润。但是这项工作比较繁杂，特别是对于存货进出量频繁的企业。而且当物价上涨时，这样做会高估企业的当期利润和库存存货价值；反之，会低估企业存货价值和当期利润。

2. 月末一次加权平均法

月末一次加权平均，是指以本月全部进货数量加月初存货数量作为权数，去除本月全部进货成本加上月初存货成本，计算存货的加权平均单位成本，从而确定存货的发出和库存成本。计算公式为

存货单位成本=[月初库存存货的实际成本+∑(本月某批进货的实际单位成本×本月某批进货的数量)]/(月初库存存货数量+本月各批进货数量之和)

本月发出存货成本=本月发出存货数量×存货单位成本

月末库存存货成本=月末库存存货数量×存货单位成本

【例3-9】 仍以例3-7甲公司2023年1月A种存货发生的业务为例，该存货采用加权平均法进行核算。

甲公司2023年1月A种存货采用加权平均法计算发出存货和期末存货的成本，其明细账如表3-3所示。

表3-3　存货明细账

存货类别：　　　　　　　　　　　　　　　　　计量单位：千克
存货编号：　　　　　　　　　　　　　　　　　最高存量：
存货名称及规格：A　　　　　　　　　　　　　最低存量：

| 2023年 | | 凭证编号 | 摘要 | 收入 | | | 发出 | | | 结存 | | |
月	日			数量	单价/元	金额/元	数量	单价/元	金额/元	数量	单价/元	金额/元
1	1		期初余额							300	50	15 000
	10	略	购入	900	60	54 000				1 200		
	11		发出				800			400		
	18		购入	600	70	42 000				1 000		
	20		发出				800			200		
	23		购入	200	80	16 000				400		
	31		本月发生额及月末余额	1 700	—	112 000	1 600	63.5	101 600	400	63.5	25 400

A存货平均单位成本=(15 000+54 000+42 000+16 000)/(300+900+600+200)=63.5(元)

A存货本月发出存货成本=1 600×63.5=101 600(元)

月末库存存货成本=400×63.5=25 400(元)

采用月末一次加权平均法时，月末一次性计算加权平均单价，比较简单，而且在市场价格上涨或下跌时所计算出来的单位成本平均化，对存货成本的分摊较为折中。但是，该种方法由于平时无法从账上提供发出和结存存货的单价和金额，不利于加强企业对存货的管理。

3. 移动加权平均法

移动加权平均法是指在企业本次进货的成本加上原有库存的成本，除以本次进货数量加上原有存货数量，据以计算加权单价，并对发出存货进行计价的一种方法。计算公式为

存货单位成本=(原有库存存货实际成本+本次进货的实际成本)/(原有库存存货数量+本次进货数量)

本次发货成本=本次发货数量×本次发货前存货的单位成本

本月月末库存存货成本=月末库存存货的数量×本月月末存货单位成本

【例3-10】仍以例3-7甲公司2023年1月A种存货发生的业务为例，该存货采用移动加权平均法进行核算。

甲公司2023年1月A种存货采用移动加权平均法计算发出存货和期末存货的成本，其明细账如表3-4所示。

表3-4　存货明细账

存货类别：　　　　　　　　　　　　　计量单位：千克
存货编号：　　　　　　　　　　　　　最高存量：
存货名称及规格：A　　　　　　　　　最低存量：

| 2023年 | | 凭证编号 | 摘要 | 收入 | | | 发出 | | | 结存 | | |
月	日			数量	单价/元	金额/元	数量	单价/元	金额/元	数量	单价/元	金额/元
1	1		期初余额							300	50	15 000
	10	略	购入	900	60	54 000				1200	57.5	69 000
	11		发出				800	57.5	46 000	400	57.5	23 000
	18		购入	600	70	42 000				1000	65	65 000
	20		发出				800	65	52 000	200	65	13 000
	23		购入	200	80	16 000				400	72.5	29 000
	31		本月发生额及月末余额	1700	—	112 000	1 600		98 000	400	72.5	29 000

第一批收货后的平均单位成本=(15 000+54 000)/(300+900)=57.5(元)

第一批发货的存货成本=800×57.5=46 000(元)

当时结存的存货成本=400×57.5=23 000(元)

第二批收货后的平均单位成本=(23 000+42 000)/(400+600)=65(元)

第二批发货的存货成本=800×65=52 000(元)

当时结存的存货成本=200×65=13 000(元)

第三批收货后的平均单位成本=(13 000+16 000)/(200+200)=72.5(元)

该种存货月末结存400件，月末存货成本为29 000元(400×72.5)；本月发出存货成本合计为98 000元(46 000+52 000)。

企业采用移动加权平均法计算企业存货成本的优点在于能使管理当局及时了解存货的结存情况，而且计算的平均单位成本以及发出和结存的存货成本比较客观。但是采用这种方法时，每次收货都要计算一次平均单价，计算的工作量较大，对收发频繁的企业不适用。

4.个别计价法

个别计价法，又称个别认定法、具体辨认法、分批实际法。采用这一方法是假定存货的成本流转与事物的流转相一致，按照各种存货，逐一辨认各批发出存货和期末存货所属的购进批次或生产批别，分别按其购入或生产时所确定的单位成本作为计算各批发出存货和期末存货成本的方法。

采用这种方法时，计算发出存货的成本和期末存货的成本比较合理、准确，但使用这种方法的前提是对发出和结存存货的批次进行具体认定，以辨别其所属的收入批次，所以实务操作的工作量繁重，困难较大。

个别计价法适用于一般不能替代使用的存货以及为特定项目专门购入或制造的存货，如珠宝、名画等贵重物品。

(二) 实际成本法下发出存货的核算

1.领用原材料和出售原材料的核算

企业生产经营领用原材料，按照实际成本，借记"生产成本""制造费用""销售费用""管理费用"等科目，贷记"原材料"科目；企业发出委托外单位加工的原材料，借记"委托加工物质"科目，贷记"原材料"科目。

【例3-11】甲公司2023年5月根据领、发料凭证，汇总编制"发料凭证汇总表"(见表3-5)。

表3-5 发料凭证汇总

2023年5月 单位：元

用　途	应 借 科 目			原料及主要材料	辅助材料	其他材料	合计
	总账科目	明细科目	成本费用项目				
基本生产车间领用	生产成本	A产品	原材料	60 000	20 000		80 000
		B产品	原材料	8 000	40 000		48 000
车间一般性消耗	制造费用	劳动保护费		10 000		5 500	15 500
厂部管理部门领用	管理费用	物料		—	5 000	—	5 000
对外销售	销售费用	原材料		30 000			30 000
合　计				108 000	65 000	5 500	178 500

甲公司会计分录为：

借：生产成本——基本生产成本——A产品　　　　　　　80 000

　　　　　　　——基本生产成本——B产品　　　　　　　48 000

　　制造费用——劳动保护费　　　　　　　　　　　　　15 500

　　管理费用——物料　　　　　　　　　　　　　　　　5 000

　　其他业务成本——原材料　　　　　　　　　　　　　30 000

　　贷：原材料　　　　　　　　　　　　　　　　　　　178 500

对于出售的原材料，企业应当按照已收或应收的价款，借记"银行存款""应收账款"等科目，按照实际的营业收入，贷记"其他业务收入"等科目，按应交的增值税额，贷记"应交税费——应交增值税(销项税额)"科目。月度终了，按照出售的原材料的实际成本，借记"其他业务成本"科目，贷记"原材料"科目。

2. 发出包装物的核算

企业发出包装物的核算，应当按照发出包装物的不同用途进行处理。

(1) 生产领用包装物。企业生产领用的用于包装产品的包装物，构成产品的组成部分，因此应将包装物的成本计入产品生产成本。生产领用包装物，借记"生产成本"等科目，贷记"周转材料——包装物"科目。

(2) 随同商品出售的包装物。

随同商品出售但不单独计价的包装物，应于包装物发出时，按其实际成本计入"销售费用"中，贷记"周转材料——包装物"科目。

随同商品出售且单独计价的包装物，要单独反映其销售收入，相应地，要单独反映其销售成本，因此，应于商品销售时，视同材料销售处理，借记"其他业务成本"科目，贷记"周转材料——包装物"科目。

(3) 出租、出借包装物。企业多余或闲置未用的包装物可以出租、出借给外单位使用。在第一次领用新包装物时，按照出租、出借包装物的实际成本，借记"其他业务成本"(出租包装物)"销售费用"(出借包装物)科目，贷记"周转材料——包装物"科目。

在企业收到出租、出借包装物的租金时，借记"库存现金""银行存款"等科目，贷记"其他业务收入"等科目。

在收到出租、出借包装物的押金时，借记"库存现金""银行存款"等科目，贷记"其他应付款"科目，退回押金作相反的分录。对于逾期未退的包装物的押金，借记"其他应付款"科目，按照应交的增值税，贷记"应交税费——应交增值税(销项税额)"科目，按其差额，贷记"其他业务收入"科目，这部分没收的押金收入应交的消费税等税费，计入"其他业务成本"，借记"其他业务成本"，贷记"应交税费——应交消费税"等科目。

出租、出借包装物不能使用而报废时，按其残料价值，借记"原材料"等科目，贷记"其他业务成本"(出租包装物)、"销售费用"(出借包装物)等科目。

【例3-12】甲公司某车间向仓库领用一批新的包装物，实际成本10 000元，用于出租和出借的各占50%。出租包装物的期限为1个月，应收租金400元；出借包装物的期限为3个月。包装物采用一次摊销法。出租、出借的押金各为6 000元已收存银行。

甲公司会计分录为：

(1) 结转发出包装物的成本时，

借：其他业务成本——包装物出租　　　　　　　　　　　　　　　　5 000

销售费用　　　　　　　　　　　　　　　　　　　　　　　　5 000

贷：周转材料——包装物　　　　　　　　　　　　　　　　　　10 000

(2) 收到押金时，

借：银行存款　　　　　　　　　　　　　　　　　　　　　　　　12 000

贷：其他应付款——存入保证金——某单位　　　　　　　　　　12 000

(3) 1个月后，按期如数收回出租的包装物，在6 000元的押金中扣除应收取的租金400元和按规定应交的增值税68元后，余额5 532元已通过银行转账退回时，

借：其他应付款——存入保证金——某单位　　　　　　　　　　　6 000

贷：其他业务收入——包装物出租　　　　　　　　　　　　　　400

应交税费——应交增值税(销项税额)　　　　　　　　　　　68

银行存款　　　　　　　　　　　　　　　　　　　　　　5 532

(4) 3个月后，按期如数收回出借的包装物，押金6 000元已通过银行转账退回时，

借：其他应付款——存入保证金——某单位　　　　　　　　　　　6 000

贷：银行存款　　　　　　　　　　　　　　　　　　　　　　6 000

出租、出借收回的包装物，如发现有损坏不能使用而报废的，按其残料价值，借记"原材料"等科目，贷记"其他业务成本"(出租包装物)、"销售费用"(出借包装物)等科目。

对于逾期未退包装物没收的押金，应按扣除应交增值税后的差额，记入"其他业务收入"科目。这部分没收的押金收入应交的消费税等税费，记入"其他业务成本"。对于逾期未退包装物没收的加收的押金，应转为"营业外收入"科目处理。企业应按加收的押金，借记"其他应付款"科目；按应交的增值税、消费税等税费，贷记"应交税费"等科目；按其差额，贷记"营业外收入——逾期包装物押金没收收入"科目。

3. 领用低值易耗品的核算

为了反映和监督低值易耗品的增减变动及其结存情况，企业应当设置"周转材料——低值易耗品"科目，借方登记低值易耗品的增加，贷方登记低值易耗品的减少，期末余额在借方，通常反映企业期末结存低值易耗品的金额。

低值易耗品应当根据使用次数(一次或分次)进行摊销。

(1) 一次摊销法。采用一次转销法摊销低值易耗品，在领用低值易耗品时，将其价值一次、全部计入有关资产成本或者当期损益。一次摊销法适用于价值较低或极易损坏的低值易耗品的摊销。

【例3-13】甲公司某基本生产车间领用一批一般工具，实际成本为3 000元，全部计入当期制造费用。

甲公司应进行如下会计处理：

借：制造费用   3 000

  贷：周转材料——低值易耗品   3 000

(2) 分次摊销法。采用分次摊销法摊销低值易耗品，低值易耗品在领用时摊销其账面价值的单次平均摊销额。分次摊销法适用于可供多次反复使用的低值易耗品的摊销。在采用分次摊销法的情况下，需要单独设置"周转材料——低值易耗品——在用""周转材料——低值易耗品——在库""周转材料——低值易耗品——摊销"等明细科目。

【例3-14】甲公司某基本生产车间领用一批一般工具，实际成本为60 000元，不符合固定资产定义，采用分次摊销法进行摊销。该专用工具的估计使用次数为2次。

甲公司应作如下会计处理：

① 领用专用工具时，

借：周转材料——低值易耗品——在用   60 000

  贷：周转材料——低值易耗品——在库   60 000

② 第一次领用，摊销其价值的一半，

借：制造费用   30 000

  贷：周转材料——低值易耗品——摊销   30 000

③ 第二次领用，摊销其价值的一半，

借：制造费用   30 000

  贷：周转材料——低值易耗品——摊销   30 000

同时，

借：周转材料——低值易耗品——摊销   60 000

  贷：周转材料——低值易耗品——在用   60 000

低值易耗品报废时，将其残料价值冲减当月低值易耗品的摊销额，借记"原材料"等科目，贷记"制造费用""管理费用"等科目。

如果低值易耗品的价值较高、使用时间较长，企业也可以采用五五摊销等方法进行核算。

4. 委托加工物资的核算

委托外单位加工的存货，以实际耗用的原材料或者半成品、加工费、运输费等费用以及按照规定应计入成本的税金，作为实际成本，其在会计处理上主要包括拨付加工物资，支付加工费用和税金、收回加工物资和剩余物资等环节。

【例3-15】甲公司委托乙公司加工一批材料(属于应税消费品)，原材料成本为10 000元，支付的加工费为8 000元(不含增值税)，消费税税率为10%，材料加工完成验收入库，价格费用等已经支付。双方适用的增值税税率为13%。甲公司按实际成本对原材料进行日常核算。

甲公司的会计分录为：

(1) 发出委托加工物资时，

借：委托加工物质   10 000

  贷：原材料   10 000

(2) 支付加工费用时，

消费税组成计税价格＝(10 000＋8 000)/(1－10%)＝20 000(元)

(受托方)代收代缴的消费税＝20 000×10%＝2 000(元)

应交增值税＝8 000×13%＝1 040(元)

① 甲公司收回加工材料并用于连续生产应税消费品时，

借：委托加工物资   8 000

  应交税费——应交增值税(进项税额) 1 040

     ——应交消费税   2 000

  贷：银行存款   11 040

② 甲公司收回加工后的材料直接用于销售时，

借：委托加工物资   10 000

  应交税费——应交增值税(进项税额) 1 360

  贷：银行存款   11 360

(3) 加工完成收回委托加工材料时，

① 甲公司收回加工材料并用于连续生产应税消费品时，

借：原材料   18 000

  贷：委托加工物资   18 000

② 甲公司收回加工后的材料直接用于销售时，

借：原材料   20 000

  贷：委托加工物资   20 000

三、计划成本法下发出存货的计价和核算

(一) 计划成本法下发出存货的计价

在计划成本法下，对于存货的收发及结存，无论是总分类核算还是明细分类核算，均按照计划成本计价。

在计划成本法下，存货的收入、发出和结存均采用计划成本进行日常核算，计划成本和实际成本的差异反映在"材料成本差异"科目，月末先计算发出存货和结存存货应分摊的成本差异，再将发出存货和结存存货的计划成本调整为实际成本(实际成本＝计划成本±成本差异)。

在取得材料时，形成了材料成本差异；在领用材料、出售材料、消耗材料时分摊差异，企业应该计算成本差异率，将期初和当期形成的材料成本差异在当期已经发出材料

和期末库存材料之间进行分配，并将属于已经消耗材料应分摊的成本差异，从"材料成本差异"科目转入相关的成本费用项目；发出材料应负担的成本差异，必须按月分摊，不得在季末或年末一次计算。发出材料负担的成本差异，除委托外部加工发出材料可按上月差异率计算外，都应使用当月的实际差异率；如果上月的成本差异率与本月成本差异率相差不大，也可按上月的成本差异率计算。计算方法一经确定，不得随意变动。相关的计算公式为

期末材料成本差异率=(月初结存材料的成本差异+本月收入材料成本差异)/(月初结存材料的计划成本+本月收入材料的计划成本)

上月材料成本差异率=月初结存材料的成本差异/月初结存材料的计划成本

本月发出材料应负担的差异=发出材料的计划成本×材料成本差异率

发出材料的实际成本=发出材料的计划成本+发出材料应负担的成本差异

结存材料的实际成本=结存材料的计划成本+结存材料应负担的成本差异

需要说明的是，在计算材料成本差异率时，本月收入材料的计划成本中应剔除发票账单未到、实际成本不能确定但已验收入库的那部分材料的计划成本，因为其未产生成本差异，在实际工作中为简化核算工作往往不作剔除。只有在这类材料数额十分巨大，对材料成本差异的分摊产生重大影响的情况下，才考虑将其剔除。

原材料按计划成本计价，能较有效地避免按实际成本计价的不足。但因为材料成本差异一般按材料大类计算，所以会影响材料成本计算的准确性。材料成本差异率的计算方法已经确定，不得随意改变，如果需要变更，应在会计报表附注中予以说明。企业应按照存货的类别，如原材料、包装物、低值易耗品等，对材料成本差异进行明细核算，但不能用一个综合的差异率来分摊发出存货和结存存货应负担的成本差异。

这种计划成本计价方法适用于材料收发业务频繁且具备材料计划成本资料的大型企业。

(二) 计划成本法下发出存货的核算

计划成本法下，发出存货的核算主要包括材料、材料采购、材料成本差异的明细及总分类核算。

1. 材料的明细分类核算

在计划成本法下，库存原材料的明细分类核算与按实际成本计价的明细分类核算基本相同，区别在于前者的材料明细分类账和材料二级分类账都是按计划成本计价的。

2. 材料采购明细分类核算

材料采购明细账采用横线登记法，即同一批外购材料的付款和收料业务在同一行中登记。登记的依据是审核后的发票账单和收料单等有关凭证。月终，将已在借方栏和贷方栏登记的材料的成本差异结转到"材料成本差异"科目。

3. 材料成本差异的明细分类核算

材料成本差异明细账与材料采购明细账的设置应该一致，一般是按材料大类设置。

【例3-16】甲公司原材料采用计划成本核算，2023年1月份"原材料——甲材料"科目期初余额60 000元，"材料成本差异"科目期初借方余额3 685元，甲材料单位计划成本12元，本月10日购进甲材料1 500千克，进价10元；20日购进甲材料2 000千克，进价13元，本月15日和25日车间分别领用甲材料2 000千克。

甲公司会计处理为：

(1) 1月10日，购进甲材料，支付材料价款15 000元，运输费465元，进项税额合计为1 985元。

借：材料采购——甲材料	15 465
应交税费——应交增值税(进项税额)	1 985
贷：银行存款	17 450

(2) 1月11日，第一批甲材料验收入库。

借：原材料——甲材料	18 000
贷：材料采购	15 465
材料成本差异	2 535

(3) 1月15日，车间领用甲材料2 000千克。

借：生产成本	24 000
贷：原材料——甲材料	24 000

(4) 1月20日，购进甲材料，支付材料货款26 000元，运输费930元，进项税额合计为3 463元。

借：材料采购——甲材料	26 930
应交税费——应交增值税(进项税额)	3 463
贷：银行存款	30 393

(5) 1月22日，材料验收入库。

借：原材料——甲材料	24 000
材料成本差异	2 930
贷：材料采购——甲材料	26 930

(6) 1月25日，车间第二次领料2 000千克。

借：生产成本	24 000
贷：原材料——甲材料	24 000

(7) 1月31日，计算分摊本月领用的材料成本差异。

期末材料成本差异率=(3 685−2 535+2 930)/(60 000+18 000+24 000)×100%=4%

本月领用材料应负担的差异=(24 000+24 000)×4%=1920(元)

借：生产成本	1 920
贷：材料成本差异	1 920

将上述会计分录归入"原材料""材料采购"和"材料成本差异"账户(见表3-6~表3-8),"原材料""材料成本差异"T形账户如表3-9、表3-10所示。

表3-6　材料明细分类账

名称及规格：甲材料　　　　计量单位：千克　　　　　　　　计划单位成本：元

2023年		凭证号	摘要	收入数量	发出数量	结存	
月	日					数量	金额
1	1		期初余额			5 000	60 000
	11	略	购入	1 500		6 500	78 000
	15		发出		2 000	4 500	54 000
	22		购入	2 000		6 500	78 000
	25		发出		2 000	4 500	54 000
	31		本月合计	3 500	4 000	4 500	54 000

表3-7　材料采购明细账

明细科目：原材料　　　　　　　　　　　　　　　　　　　　　　　　单位：元

2023年		记账凭证号	发票账单号	供应单位	摘要	借方(实际成本)				2023年		记账凭证号	收料凭证号	摘要	贷方(计划成本)			材料成本差异
月	日					买价	运杂费	其他	合计	月	日				计划成本	其他	合计	
1	10	略	略	略	购进甲	15 000	465		15 465	1	11	略	略	入库	18 000		18 000	-2535
1	20	略	略	略	购进甲	26 000	930		26 930	1	22	略	略	入库	24 000		24 000	2930
					小计	61 000	1895		62 895						42 000		42 000	395
	31				结转差异												395	
					月计				62 895								42 395	
					余额				20 500									

表3-8　材料成本差异明细账

明细科目：原材料　　　　　　　　　　　　　　　　　　　　　　　　单位：元

2023年		凭证号	摘要	收入			差异率	发出			结存		
月	日			计划成本	借方差额	贷方差额		计划成本	借方差额	贷方差额	计划成本	借方差额	贷方差额
1	1		期初余额								60 000	3 685	
			本月收入	42 000	395						102 000	4 080	
			本月发出				4%	48 000	1 920		54 000	2 160	
			合计	42 000	395		4%	48 000	1 920		54 000	2 160	

表3-9 原材料

月初余额60 000	
(2) 18 000	(3) 24 000
(5) 24 000	(6) 24 000
月末余额54 000	

表3-10 材料成本差异

月初余额3 685	
(5) 2 930	(2) 2 535
	(7) 1 920
月末余额2160	

月末编制资产负债表时，存货项目中的原材料存货应当根据"原材料"科目的余额54 000元加上"材料成本差异"科目的借方余额2 160元，以56 160元列示。

【例3-17】甲公司对包装物采用计划成本核算，材料成本差异率为5%。甲公司适用的增值税税率为13%。2023年6月，发生以下有关业务。

(1) 在产品生产过程中领用一批构成甲产品实体的A包装物，计划成本为8 000元。

(2) 随同商品出售，企业销售产品领用一批不单独计价的B包装物，计划成本为4 000元。

(3) 企业销售产品领用一批单独计价的C包装物，销售收入为7 000元，已存入银行。该包装物的计划成本为5 000元。

发出包装物时，甲公司编制会计分录如下：

(1) 借：生产成本　　　　　　　　　　　　　　　　　　8 400
　　　贷：周转材料——包装物A　　　　　　　　　　　　　8 000
　　　　　材料成本差异　　　　　　　　　　　　　　　　　400

(2) 借：销售费用　　　　　　　　　　　　　　　　　　4 200
　　　贷：周转材料——包装物B　　　　　　　　　　　　　4 000
　　　　　材料成本差异　　　　　　　　　　　　　　　　　200

(3) 借：银行存款　　　　　　　　　　　　　　　　　　7 910
　　　贷：其他业务收入　　　　　　　　　　　　　　　　7 000
　　　　　应交税费——应交增值税(销项税额)　　　　　　　910
　　借：其他业务成本　　　　　　　　　　　　　　　　5 250
　　　贷：周转材料——包装物C　　　　　　　　　　　　　5 000
　　　　　材料成本差异　　　　　　　　　　　　　　　　　250

企业领用低值易耗品，在领用时将其全部价值转入有关的成本费用，借记有关科目，贷记"周转材料——低值易耗品"科目。报废时，将报废的低值易耗品的残料价值作为当月低值易耗品的耗费的减少，冲减有关成本费用，借记"原材料"等科目，贷记"制造费用""管理费用"等科目。

【例3-18】甲公司某生产车间领用专用工具一批，计划成本1 300元；厂部管理部门领用办公用品一批，计划成本1 100元。当月材料成本差异率为2%。

甲公司会计处理为：

借：制造费用	1 300	
管理费用	1 100	
贷：周转材料——低值易耗品		2 400

分摊材料成本差异，

借：制造费用	26	
管理费用	22	
贷：材料成本差异——低值易耗品		48

四、库存商品的计价与核算

(一) 库存商品的内容

库存商品是指企业已完成全部生产过程并已验收入库、合乎标准和技术条件，可以按照合同规定的条件送交订货单位，或可以作为商品对外销售的产品以及外购或委托加工完成验收入库用于销售的各种商品。

为了反映和监督库存商品的增减变动及其结存情况，企业应当设置"库存商品"科目，借方登记验收入库的库存商品成本，贷方登记发出的库存商品成本，期末余额在借方，反映各种库存商品的实际成本或计划成本。

(二) 库存商品的核算

1. 验收入库商品

对于库存商品采用实际成本核算的企业，当库存商品生产完成并验收入库时，应按实际成本，借记"库存商品"科目，贷记"生产成本——基本生产成本"科目。

【例3-19】甲公司"商品入库汇总表"记载，2024年1月已验收入库Y产品1000台，实际单位成本5 000元，计5 000 000元；Z产品2 000台，实际单位成本1 000元，计2 000 000元。

甲公司会计处理为：

借：库存商品——Y产品	5 000 000	
——Z产品	2 000 000	
贷：生产成本——基本生产成本(Y产品)		5 000 000
——基本生产成本(Z产品)		2 000 000

2. 销售商品

企业销售商品、确认收入时，应结转其销售成本，借记"主营业务成本"科目，贷记"库存商品"科目。

【例3-20】甲公司月末汇总的发出商品中，当月已实现销售的Y产品有500台，Z产品有1 500台。该月Y产品实际单位成本5 000元，Z产品实际单位成本1 000元。

甲公司在结转其销售成本时，应进行如下会计处理：

借：主营业务成本　　　　　　　　　　　　　　　　　　4 000 000
　　贷：库存商品——Y产品　　　　　　　　　　　　　　2 500 000
　　　　　　　　——Z产品　　　　　　　　　　　　　　1 500 000

企业购入的商品可以采用进价或售价核算。采用售价核算的，商品售价和进价的差额，可通过"商品进销差价"科目核算。月末，应分摊已销商品的进销差价，将已销商品的销售成本调整为实际成本，借记"商品进销差价"科目，贷记"主营业务成本"科目。

五、存货盘亏或毁损的核算

企业的存货应当定期进行盘点，每年至少盘点一次，在实地盘点前，应先把有关存货明细账登记齐全，算出结存数量和金额，以备核对。企业进行存货清查盘点，应当编制"存货盘存报告单"，并将其作为存货清查的原始凭证。经过存货盘存记录的实存数与存货的账面记录核对，若账面存货小于实际存货，为存货盘盈；反之，为存货盘亏。盘盈、盘亏的存货要记入"待处理财产损溢"科目，查明原因再进行处理。

1. 存货盘盈

发生盘盈的存货，经查明是由于收发计量或核算上的误差等原因造成的，应及时办理存货入账的手续，调整存货账的实存数，按盘盈存货的计划成本或估计成本记入"待处理财产损溢——待处理流动资产损溢"科目，期末再冲减管理费用。

2. 存货盘亏和毁损

发生盘亏和毁损的存货，应按其成本(计划成本或实际成本)转入"待处理财产损溢——待处理流动资产损溢"科目，期末再根据造成盘亏和毁损的原因分别处理：属于自然损耗产生的定额内损耗，计入管理费用；属于计量收发差错和管理不善等原因造成的存货短缺或毁损，应先扣除残料价值、可以收回的保险赔偿和过失人的赔偿，然后将净损失计入管理费用；属于自然灾害或意外事故等非常原因造成的存货毁损，应先扣除残料价值、可以收回的保险赔偿和过失人的赔偿，然后将净损失计入营业外支出。

如果有关部门批准处理的金额与已处理的存货的盘盈、盘亏和毁损的金额不一致，应当调整当期会计报表相关项目的年初数。

【例3-21】甲公司2023年12月31日对企业存货进行清查，发生存货盘盈、盘亏情况如表3-11所示。

表3-11　存货盘存报告单

2023年12月31日

存货类别	名称规格	计量单位	数量		单价	盘盈		盘亏		盈亏原因
			账存	实存		数量	金额	数量	金额	
库存商品	甲产品	件	180	185	500	5	2 500			记账差错
原材料	A材料	千克	2 300	2 250	40			50	2 000	管理不善
原材料	B材料	千克	4 750	2 100	15			2 650	39 750	自然灾害

注：B料毁损应收保险公司赔偿25 000元。

(1) 盘盈、盘亏的存货转入"待处理财产损溢——待处理流动资产损溢"科目，对甲产品、A材料、B材料的会计处理为：

借：库存商品——甲产品　　　　　　　　　　　　　　　　　2 500

　　贷：待处理财产损溢——待处理流动资产损溢　　　　　　　　　2 500

借：待处理财产损溢——待处理流动资产损溢　　　　　　　41 750

　　贷：原材料——A材料　　　　　　　　　　　　　　　　　　2 000

　　　　　　　——B材料　　　　　　　　　　　　　　　　　39 750

(2) 批准转销时，

甲产品：

借：待处理财产损溢——待处理流动资产损溢　　　　　　　　2 500

　　贷：管理费用　　　　　　　　　　　　　　　　　　　　　　2 500

A材料：

经查A材料盘亏是属管理不善造成的，管理不善属于存货的非正常损失，按照规定，该材料的购进时的进项税额不得从销项税额中抵扣。批准时，对A材料的会计处理为：

借：管理费用　　　　　　　　　　　　　　　　　　　　　2 260

　　贷：待处理财产损溢——待处理流动资产损溢　　　　　　　　　2 000

　　　　应交税费——应交增值税(进项税额转出)　　　　　　　　　260

B材料：

经查B材料盘亏是属自然灾害造成的，自然灾害属于存货的非正常损失，按照规定，该材料的购进时的进项税额不得从销项税额中抵扣。批准时，对B材料的会计处理为：

借：其他应收款——应收保险公司赔款　　　　　　　　　　25 000

　　营业外支出——非常损失　　　　　　　　　　　　　19 917.50

　　贷：待处理财产损溢——待处理流动资产损溢　　　　　　　　39 750

　　　　应交税费——应交增值税(进项税额转出)　　　　　　　5 167.50

任务三 存货的期末计量

一、存货期末计量原则

《企业会计准则第1号——存货》规定，资产负债表日，存货应当按照成本与可变现净值孰低计量。存货成本高于其可变现净值的，应当计提存货跌价准备，计入当期损益。其中，存货成本是指期末存货的实际成本。可变现净值是指企业在正常经营过程中，以存货的估计售价减去至完工估计将要发生的成本、估计的销售费用以及相关税金后的金额。其计算公式为

可变现净值=存货的估计售价-至完工估计将要发生的成本-估计的销售费用以及相关税金

(一) 确定材料的可变现净值的原则

确定材料的可变现净值应该遵循以下三个原则。

(1) 对于用于生产而持有的材料等(如原材料、在产品、委托加工材料等)，如果用其生产的产成品的可变现净值预计高于成本，则该材料应当按照成本计量。

(2) 对于用于生产而持有的材料等，如果材料的价格下降，表明产成品的可变现净值低于成本，则该材料应当按照可变现净值计量。

(3) 对于出售的材料，应以该材料的市场售价作为计量基础。这里的市场价格是指材料等的市场销售价格。

(二) 确定存货的估计售价的原则

对于企业持有的各类存货，在确定其可变现净值时，应区别以下情况确定其估计售价。在运用以上公式时，确定存货的估计售价是计算的关键。根据会计准则的规定，确定存货可变现净值中估计售价应当遵循以下三个原则。

(1) 为执行销售合同或者劳务合同而持有的存货，通常应当以产成品或商品的合同价格作为其可变现净值的计量基础。

(2) 如果企业持有存货的数量多于销售合同订购的数量，超出部分的存货可变现净值应当以产成品或商品的一般销售价格作为计量基础。

(3) 没有销售合同约定的存货，但不包括用于出售的材料，其可变现净值应当以产成品或商品一般销售价格(即市场销售价格)作为计量基础。

二、存货的期末计量方法

(一) 存货减值迹象的判断

1. 存货存在下列情况之一的，表明存货的可变现净值低于成本

(1) 该存货的市场价格持续下跌，并且在可预见的未来无回升的希望。

(2) 企业使用该项原材料生产的产品的成本大于产品的销售价格。

(3) 企业因产品更新换代, 原有库存原材料已不适应新产品需要, 而该原材料的市场价格又低于其账面成本。

(4) 因企业所提供的商品或劳务过时或消费者偏好改变而使市场的需求发生变化, 导致市场价格逐渐下跌。

(5) 其他足以证明该项存货实质上已经发生减值的情形。

2. 存货存在下列情形之一的, 表明存货的可变现净值为零

(1) 已霉烂变质的存货。

(2) 已过期且无转让价值的存货。

(3) 生产中已不再需要, 并且已无使用价值和转让价值的存货。

(4) 其他足以证明已无使用价值和转让价值的存货。

(二) 期末存货可变现净值的确定

1. 企业确定存货的可变现净值时应考虑的因素

企业确定存货的可变现净值, 应当以取得的确凿证据为基础, 并且考虑持有存货的目的、资产负债表日后事项的影响等因素。

(1) 存货可变现净值的确凿证据。存货的采购成本、加工成本和其他成本以及其他方式取得存货的成本, 应当以取得外来原始凭证、生产成本资料、生产成本账簿记录等作为确凿证据; 产成品或商品的市场销售价格、与产品或商品相同或类似商品的市场销售价格、销售方提供的有关资料等。

(2) 持有存货的目的。企业持有存货的目的不同, 确定存货可变现净值的计算方法也不同。通常企业持有存货的目的有两种: 一是持有以备出售, 如商品、产成品, 其中又分为有合同约定的存货和没有合同约定的存货; 二是将在生产过程或提供劳务过程中耗用, 如材料等。

(3) 资产负债表日后事项的影响。在确定资产负债表日存货的可变现净值时, 不仅要考虑资产负债表日与该存货相关的价格与成本的波动, 还要考虑未来的相关事项。即不仅限于资产负债表批准报出日之前发生的相关价格与成本波动, 还应考虑以后期间发生的相关事项。

2. 可变现净值的确定情况

下面介绍4种可变现净值的确定情况。

(1) 产成品、商品等直接用于出售的商品存货, 没有销售合同约定的, 其可变现净值应当为: 在正常生产经营过程中, 产成品或商品的一般销售价格(即市场销售价格)减去估计的销售费用和相关税费后的金额。

(2) 用于出售的材料等, 应当以市场销售价格减去估计的销售费用和相关税费后的金额作为其可变现净值。这时的市场销售价格指材料等的市场销售价格。

(3) 需要经过加工的材料存货，如原材料、在产品、委托加工材料等，由于持有该材料的目的是用于生产产成品，而不是出售，该材料存货的价值将体现在用其生产的产成品上。因此，在确定需要经过加工的材料存货的可变现净值时，需要以其生产的产成品的可变现净值与该产品的成本进行比较。

第一，如果该产品的可变现净值高于其成本，则该材料的价值应当按照其成本计量。

第二，如果其生产的产成品的可变现净值低于成本，则该材料的价值应当按可变现净值确定，其可变现净值为：在正常生产经营过程中，以该材料所生产的产成品的估计售价减去至完工时估计将要发生的成本、估计的销售费用以及相关税费后的金额。

(4) 为执行销售合同或劳务合同而持有的存货，其可变现净值应当为：合同价格(不是估计售价)减去估计的销售费用和相关税费等后的金额，这里又分为两种情况。

第一，企业与购买方签订的销售合同(或劳务合同，下同)，并且销售合同的数量大于或等于企业持有的存货的数量，在这种情况下，与该合同相关的存货的可变现净值，应当以合同价格为计量基础。

第二，如果企业持有的同一项存货数量多于销售合同或劳务合同订购的数量的，应当分别确定其可变现净值，并与其相对应的成本进行比较，分别确定存货跌价准备的计提或转回金额。超出合同部分的存货的可变现净值，应当以一般销售价格为基础计算。

三、存货跌价准备的核算

(一) 存货跌价准备的计提

企业要定期检查，期末重新确定存货的可变现净值。当成本低于可变现净值时，不需要进行账务处理，资产负债表中的存货仍按照存货期末账面成本列示；当可变现净值低于成本时，应在当期确认存货跌价准备，计入"存货跌价准备"账户。期末对"存货跌价准备"账户的金额进行调整，使其贷方余额反映期末存货可变现净值低于其成本的差额，其对应的账户为"资产减值损失"。

存货跌价准备计提方法主要包括以下三种。

(1) 存货跌价准备应当按照单个存货项目计提，即将每个存货项目的成本与其可变现净值逐一进行比较，按较低者计量存货，并且按成本高于可变现净值的差额，计提存货跌价准备。

(2) 在某些情况下，比如具有类似目的或最终用途并在同一地区生产和销售的产品系列相关，并且难以将其与该产品系列的其他项目区别开来进行估价的存货，可以合并计提存货跌价准备。

(3) 对于数量繁多、单价较低的存货，可以按存货类别计提存货跌价准备。如果某一类存货的数量繁多且单价较低，企业可以按存货类别计量成本与可变现净值，即按存货类别的成本的总额与可变现净值的总额进行比较，每个存货类别均取较低者确定存货期末价值。

【例3-22】光明公司采用成本与可变现净值孰低法对期末存货进行计量，存货成本与可变现净值采用单项比较法。2023年12月31日，A、B两种存货的成本分别为30万元、21万元，可变现净值分别为28万元、25万元。试分析A、B两种存货是否需要计提，若计提，计算存货跌价准备。

本例中，对于A存货，其成本30万元高于可变现净值28万元，应计提存货跌价准备为：30−28=2万元。对于B存货，其成本21万元低于可变现净值25万元，不需要计提存货跌价准备。因此，该企业对A、B两种存货计提的跌价准备共计2万元，在当日资产负债表中列示的存货金额为：28+21=49(万元)。

【例3-23】B公司期末存货采用成本与可变现净值孰低法计价。2023年9月26日B公司与M公司签订销售合同：由B公司于2024年3月6日向M公司销售笔记本电脑10 000台，每台1.5万元。2023年12月31日B公司库存笔记本电脑13 000台，单位成本1.4万元，账面成本为18 200万元。2023年12月31日市场销售价格为每台1.3万元，预计销售税费均为每台0.05万元。则2023年12月31日笔记本电脑的账面价值为(　　　)万元。

    A. 18 250　　　　　B. 18 700　　　　　C. 18 200　　　　　D. 17 750

本例中，由于B公司持有的笔记本电脑数量13 000台多于已经签订销售合同的数量10 000台。因此，销售合同约定数量10 000台，其可变现净值=10 000×1.5−10 000×0.05=14 500(万元)，成本为14 000万元，账面价值为14 000万元；超过部分的可变现净值=3 000×1.3−3 000×0.05=3 750(万元)，其成本为4 200万元，账面价值为3 750万元。该批笔记本电脑账面价值=14 000+3 750=17 750(万元)，所以应该选择D。

(二) 存货跌价准备的转回

企业应在每一资产负债表日，比较存货成本与可变现净值，计算出应计提的存货跌价准备，再与已提数进行比较，若应提数大于已提数，应予补提。企业计提的存货跌价准备，应计入当期损益(资产减值损失)。

当以前减记存货价值的影响因素已经消失，减记的金额应当予以恢复，并在原已计提的存货跌价准备金额内转回，转回的金额计入当期损益(资产减值损失)。

【例3-24】丙公司采用成本与可变现净值孰低法对A存货进行期末计量。丙公司2023年年末，A存货的账面成本为100 000元，由于本年以来A存货的市场价格持续下跌，根据资产负债表日状况确定的A存货的可变现净值为95 000元，"存货跌价准备"期初余额为零，应计提的存货跌价准备为5 000元(100 000−95 000)。

相关账务处理如下：

借：资产减值损失——A存货　　　　　　　　　　　　　　　　　　5 000

    贷：存货跌价准备——A存货　　　　　　　　　　　　　　　　　　5 000

假定2024年年末，A存货的种类和数量、账面成本和已计提的存货跌价准备均未发生变化，2023年年末，A存货的可变现净值为97 000元，计算出应计提的存货跌价准备为3 000元(100 000−97 000)。由于A存货已经计提存货跌价准备5 000元，应冲减已计提的存货跌价准备2 000元(5 000-3 000)。

相关账务处理如下：

借：存货跌价准备 2 000
　　贷：资产减值损失 2 000

假设2024年年末，丙公司存货的种类和数量、账面成本和已计提的存货跌价准备均未发生变化，但是2024年以来A存货市场价格持续上升，市场前景明显好转，至2024年年末根据当时状态确定的A存货的可变现净值为110 000元。

由于A存货市场价格上涨，2024年年末A存货的可变现净值(110 000元)高于其账面成本(100 000元)，可以判断以前造成减记存货价值的影响因素(价格下跌)已经消失。A存货减记的金额应当在原已计提的存货跌价准备金额5 000元内予以恢复。

相关账务处理如下：

借：存货跌价准备——A存货 5 000
　　贷：资产减值损失——A存货 5 000

需要注意的是，导致存货跌价准备转回的是以前减记存货价值的影响因素的消失，而不是在当前造成存货可变现净值高于其成本的其他因素。如果本期导致存货可变现净值高于其成本的影响因素不是以前减记该存货价值的影响因素，则不允许将该存货跌价准备转回。

再次强调，关于存货跌价准备计提，是将期末成本和可变现净值比较。

(三) 存货跌价准备的结转

企业计提了存货跌价准备，如果其中有部分存货已经销售，则企业在结转销售成本时，应同时结转对其已计提的存货跌价准备。

【例3-25】A公司某项库存商品2023年12月31日账面余额为100万元，已计提存货跌价准备20万元。2024年1月20日，A公司将上述商品对外出售，售价为90万元，增值税销项税额为11.7万元，收到款项存入银行。

A公司编制的会计分录为：

借：银行存款 101.7
　　贷：主营业务收入 90
　　　　应交税费——应交增值税(销项税额) 11.7
借：主营业务成本 100
　　贷：库存商品 100
借：存货跌价准备 20
　　贷：主营业务成本 20

【例3-26】2023年，甲公司库存A机器5台，每台成本为5 000元，已经计提的存货跌价准备合计为6 000元。2024年，甲公司将库存的5台A机器全部以每台6 000元的价格售出，适用的增值税税率为13%，货款未收到。

甲公司的相关账务处理如下：

借：应收账款   33 900

    贷：主营业务收入——A机器   30 000

        应交税费——应交增值税(销项税额)   3 900

借：主营业务成本——A机器   19 000

    存货跌价准备——A机器   6 000

    贷：库存商品——A机器   25 000

【例3-27·多选】 下列关于存货会计处理的表述中，正确的有(   )。

A. 存货采购过程中发生的合理损耗计入存货采购成本

B. 存货跌价准备通常应当按照单个存货项目计提，也可分类计提

C. 债务人因债务重组转出存货时不结转已计提的相关存货跌价准备

D. 发出原材料采用计划成本核算的应于资产负债表日调整为实际成本

本例中，债务人因债务重组转出存货，视同销售存货，其持有期间对应的存货跌价准备要相应结转，所以应该选择ABD。

四、存货的披露

按照存货准则的规定，企业应该在会计报表中披露下列与存货有关的信息。

(1) 材料、在产品、产成品等存货的当期期初和期末账面价值。

(2) 确定发出存货成本所采用的方法。

(3) 确定存货可变现净值的依据、存货跌价准备的计提方法、当期计提的存货跌价准备的金额、当期转回的存货跌价准备的金额以及计提和转回的有关情况。

(4) 用于担保的存货的账面价值。

项目小结

存货作为企业生产制造及销售过程中关键的基础物料，在企业具有非常重要的地位。在会计核算上，存货对应的会计业务很多，这些业务中最重要的就是存货的确认、初始计量和存货的期末计量，只有正确的核算才能如实反映企业的资产情况，尤其是对流动资产情况的反映。

练习题

客观题

业务题

1. 甲公司是一般纳税人，2024年5月、6月发生如下经济业务：

(1) 2024年5月1日，甲公司自乙公司以银行存款方式购入A材料，总量为100吨，每吨单位为12万元，增值税税率为13%，另支付运费5万元(假设不考虑相关税费)，装卸费3万元，保险费6万元，运输途中共损耗40吨，其中，5吨为合理损耗，35吨是运输单位丙公司责任所致，为简化核算，运杂费全部由合格品来负担，不再分配认定非合理损耗部分所承担的份额。

(2) 5月5日，甲公司将A材料全部发给丙公司用于加工制造B材料，加工费用为106.35万元，增值税率为13%，消费税税率为10%。相关款项均以银行存款方式结算完毕。B材料于5月15日验收入库。

(3) 5月31日，经过对B材料的再加工，在垫付了60万元后，完工产出C商品40件。此时，该商品的市场售价为单件25万元，消费税率15%，增值税率13%，预计每件C商品的销售需垫付0.9万元的销售费用。假定C商品未提取过减值准备。

(4) 6月10日甲公司将所有完工的C商品用于对丁公司的投资。

要求：(1) 计算应交消费税额。

(2) 根据以上资料进行相应的账务处理。

2. 大华公司期末存货采用成本与可变现净值孰低法计价。2023年9月26日，大华公司与M公司签订销售合同：由大华公司于2024年3月6日向M公司销售笔记本电脑10 000台，每台1.5万元。2023年12月31日，大华公司库存笔记本电脑13 000台，单位成本1.41万元。2023年12月31日，市场销售价格为每台1.3万元，预计销售税费均为每台0.05万元。大华公司于2024年3月6日向M公司销售笔记本电脑10 000台，每台1.5万元。大华公司于2024年4月6日销售笔记本电脑100台，市场销售价格为每台1.2万元。货款均已收到。大华公司是一般纳税企业，适用的增值税税率为13%。

要求：(1) 编制计提存货跌价准备会计分录，并列示计算过程。

(2) 编制有关销售业务的会计分录。

3. 甲企业委托乙企业加工用于连续生产的应税消费品的A材料，甲、乙两企业均为增值税一般纳税人，适用的增值税税率均为13%，适用的消费税税率为10%，甲企业对原材料按实际成本进行核算，收回加工后的A材料用于继续生产应税消费品(B产品)。有关资料如下：

2023年11月2日，甲企业发出一批加工材料A材料，实际成本为620 000元。2023年12月20日，甲企业以银行存款支付乙企业加工费100 000元(不含增值税)以及相应的增值税和消费税；12月25日，甲企业以银行存款支付往返运杂费20 000元(假设不考虑其中的运费进项税额等因素)；12月31日，A材料加工完成，已收回并验收入库，甲企业收回的A材料用于生产合同所需的B产品1 000件，B产品合同价格1 200元/件。2023年12月31日，库存的A材料预计市场销售价格为700 000元，加工成B产品估计至完工尚需发生加工成本500 000元，预计销售B产品所需的税金及费用为50 000元，预计销售库存A材料所需的销售税金及费用为20 000元。

要求：根据上述资料，回答下列问题。

(1) 甲企业应计提的存货跌价准备为(   )元。

A. 70 000 　　　　B. 74 000 　　　　C. 65 000 　　　　D. 90 000

(2) 甲公司收回委托加工物资的入账价值为(   )元。

A. 620 000 　　　B. 740 000 　　　C. 20 000 　　　　D. 100 000

(3) 甲公司因该委托加工应支付的消费税为(   )元。

A. 80 000 　　　　B. 17 000 　　　　C. 160 000 　　　D. 13 600

(4) 甲公司因该委托加工应支付的增值税为(   )元。

A. 13 000 　　　　B. 13 600 　　　　C. 26 000 　　　　D. 80 000

4. 甲股份有限公司(以下称为"甲公司")是一家生产电子产品的上市公司，为增值税一般纳税企业。

2023年12月31日，甲公司期末存货有关资料如表3-12所示。

表3-12　甲公司期末存货资料

存货品种	数　量	单位成本/万元	账面余额/万元	备　注
A产品	280台	15	4 200	
B产品	500台	3	1 500	
C产品	1 000台	1.7	1 700	
W配件	400件	1.5	600	用于生产C产品
合　计			8 000	

2023年12月31日，A产品市场销售价格为每台13万元，预计销售费用及税金为每台0.5万元。

2023年12月31日，B产品市场销售价格为每台3万元。甲公司已经与某企业签订一份不可撤销的销售合同，约定在2007年2月10日向该企业销售B产品300台，合同价格为每台3.2万元。B产品预计销售费用及税金为每台0.2万元。

2023年12月31日，C产品市场销售价格为每台2万元，预计销售费用及税金为每台0.15万元。

2023年12月31日，W配件的市场销售价格为每件1.2万元。现有W配件可用于生产400台C产品，用W配件加工成C产品后预计C产品单位成本为1.75万元。

2023年12月31日，A产品和C产品的存货跌价准备余额分别为800万元和150万元，对其他存货未计提存货跌价准备；2023年销售A产品和C产品分别结转存货跌价准备200万元和100万元。

甲公司按单项存货、按年计提跌价准备。

要求：计算甲公司2023年12月31日应计提或转回的存货跌价准备，并编制相关的会

计分录。(答案中金额单位用"万元"表示)

5. 甲公司系增值税一般纳税人,适用的增值税税率为13%,2023—2024年,该公司发生经济业务的有关资料如下:

资料一:2023年9月26日,甲公司与乙公司签订销售合同,由甲公司于2024年3月6日向乙公司销售某商品10 000台,每台售价为1.5万元。2023年12月31日,甲公司库存该商品13 000台,单位成本为1.41万元(该商品存货跌价准备期初余额为零)。

2023年12月31日,该商品的市场销售价格为每台1.3万元,预计有合同和无合同部分每台销售税费均为0.05万元。

资料二:2024年3月6日,甲公司向乙公司销售该商品10 000台,每台售价为1.5万元;3月10日,销售未签订销售合同的该商品100台,销售价格为每台1.2万元。货款均已收存银行。假定销售时均未发生销售费用。不考虑其他因素。(答案中的金额单位用"万元"表示)

要求:

(1) 根据资料一,计算甲公司2023年年末应计提的存货跌价准备金额,并编制相关会计分录。

(2) 根据资料二,编制甲公司2024年有关销售业务的会计分录。

项目四 | 金融资产

实践没有止境，理论创新也没有止境。不断谱写马克思主义中国化时代化新篇章，是当代中国共产党人的庄严历史责任。继续推进实践基础上的理论创新，首先要把握好新时代中国特色社会主义思想的世界观和方法论，坚持好、运用好贯穿其中的立场观点方法。

摘自2022年10月16日习近平总书记在中国共产党第二十次全国代表大会上的报告

引导案例

案例1：四川长虹电器股份有限公司(以下简称"四川长虹"，股票代码：600839.SH)，创建于1958年，1994年3月在上海证券交易所挂牌上市交易。2001年公司相关人员数次赴美考察后，四川长虹自2001年7月开始将彩色电视发向海外，由Apex公司在美国直接提货。然而彩电发出去了，货款却未收回。按照出口合同，提货后90天内Apex公司就应该付款，否则四川长虹方面有权拒绝发货。四川长虹一方面提出对账的要求，一方面继续发货。2004年初，四川长虹又发出了3000多万美元的货物。而且，在四川长虹的海外销售额中，Apex公司作为四川长虹对美出口的最大经销商，一直占有较高的比例。截至2003年底，应收账款的期末余额高达50.84亿元，其中仅Apex公司一家就占44.51亿元。在长虹公司2002年年报时，Apex公司拖欠货款金额38.29亿元，当时已经受到市场很大的质疑，而公司2003年年报应收Apex公司的货款不仅比年初时增加了6.22亿元，同时还出现了9.34亿元账龄一年以上的欠款，四川长虹虽已经为此计提了9338万元的坏账准备，但应收账款给公司带来的风险已经开始显现。同时在2004年12月14日，四川长虹以一组与Apex公司签订的一系列协议为依据，向美国加利福尼亚州洛杉矶高等法院申请临时禁止令，要求禁止Apex公司转移资产及修改账目，四川长虹在上报法院的资料中称，按照协议，Apex公司共欠长虹4.72亿美元的货款，自此四川长虹开始了漫长的追讨历程。Apex公司事件也让四川长虹经历了上市以来的36.81亿元的巨大亏损。

案例2：2023年1月19日，常××股份有限公司公布2022年度业绩报告，多家媒体以"常××公司2023年业绩将扭亏为盈，金融资产助业绩提升"或"投资收益添彩，常××公司2023年将扭亏为盈"等显著标题加以报道。该公司预计2023年度净利润2.1亿元，每股收益0.374元。而2022年净利润亏损8 539万元，每股收益−0.228元。两年业绩的大起大落与公司的金融资产分类与处理有很大的关系。常××公司将持有的北汽福田汽车股票按照持有目的分别作为两类不同的金融资产进行会计处理。同一股票投资，两种分类造成不同的经济后果，其差别极其显著。企业对投资的金融资产的不同分类和会计处理，将对企业财务状况和经营成果产生非常大的影响。

学习目标

掌握应收票据、应收账款、预付账款及其他应收款的形成与核算；掌握相关金融资产即对外投资形成的金融资产的分类及会计处理；熟悉交易性金融资产、债权投资、其他债券投资、其他权益工具投资的含义；重点掌握应收票据贴现的计算及其账务处理；坏账损失核算的备抵法、交易性金融资产、债权投资、其他债券投资、其他权益工具投资的特点及其取得、期末计价和处置等的会计处理。

任务一　认识金融资产

一、金融资产的概念

金融资产是指在金融市场中可交易的资产，是用来证明贷者与借者之间融通货币余缺的书面证明，其基本要素为支付的金额与支付条件。

金融资产(如股票、期货、黄金、外汇、保单等)也叫金融产品、金融工具、有价证券。因为它们是在金融市场可以买卖的产品，故称金融产品；因为它们有不同的功能，能达到不同的目的，如融资、避险等，故称金融工具；因为它们是产权和债权债务关系的法律凭证，故称有价证券。绝大多数的金融资产(或称产品、工具、有价证券)具有不同程度的风险。

二、金融资产的分类

金融资产主要包括库存现金、应收账款、应收票据、贷款、垫款、其他应收款、应收利息、债权投资、股权投资、基金投资、衍生金融资产等。

对金融资产的理解，需要注意以下几点。

第一，企业放弃金融资产所获得的经济利益可能是非现金金融资产。例如，政府债券赋予持有人收取政府债券而非现金的合同权利，这一政府债券就是金融资产。

第二，永续债券工具通常赋予持有人一种合同权利，即在无权收回本金的情况下，或是在有权收回本金但其条款使得收回本金不大可能或在极其遥远的未来的情况下，按固定的日期在未来无期限收取利息的权利。例如，企业可能发行一项金融资产，该资产按照固定的面值或本金并以固定的利率按年永久支付利息，则该金融资产的持有人即拥有一项金融资产。

第三，存货、固定资产、无形资产等都不是金融资产。控制这些有形和无形资产能够制造产生现金或其他金融资产流入的机会，但并不会引起收取现金或其他金融资产的现时权利。类似地，预付账款产生的未来经济利益是收取商品或劳务，而不是收取现金或其他金融资产，因此也不属于金融资产。

任务二 应收及预付款项

应收及预付款项属于企业金融资产,主要包括应收票据、应收账款、预付账款及其他应收款等。

一、应收票据

(一) 应收票据的特点及其分类

在我国,除商业汇票外,大部分票据都是即期票据,可以即刻收款或存入银行成为货币资金,不需要作为应收票据核算。因此,我国的应收票据即指商业汇票。

商业汇票按承兑人不同,分为商业承兑汇票和银行承兑汇票。商业汇票按是否计息可分为不带息商业汇票和带息商业汇票。不带息商业汇票,是指商业汇票到期时,承兑人只按票面金额(即面值)向收款人或被背书人支付款项的汇票。带息商业汇票是指商业汇票到期时,承兑人必须按票面金额加上应计利息向收款人或被背书人支付票款的票据。

(二) 应收票据会计科目及主要账务处理

1. 会计科目

本科目核算企业因销售商品、提供劳务等而收到的商业汇票,包括银行承兑汇票和商业承兑汇票。本科目期末借方余额,反映企业持有的商业汇票的票面金额。

2. 明细核算

本科目可按开出、承兑商业汇票的单位进行明细核算。

3. 应收票据的主要账务处理

(1) 企业因销售商品、提供劳务等而收到开出、承兑的商业汇票,按商业汇票的票面金额,借记本科目,按确认的营业收入,贷记"主营业务收入"等科目。涉及增值税销项税额的,还应进行相应的处理。

(2) 持未到期的商业汇票向银行贴现,应按实际收到的金额(即减去贴现息后的净额),借记"银行存款"等科目,按贴现息部分,借记"财务费用"等科目,按商业汇票的票面金额,贷记本科目或"短期借款"科目。

(3) 将持有的商业汇票背书转让以取得所需物资,按应计入取得物资成本的金额,借记"材料采购"或"原材料""库存商品"等科目,按商业汇票的票面金额,贷记本科目,如有差额,借记或贷记"银行存款"等科目涉及增值税进项税额的,还应进行相应的处理。

(4) 商业汇票到期,应按实际收到的金额,借记"银行存款'科目,按商业汇票的票面金额,贷记本科目。

4. 应收票据备查簿

企业应当设置"应收票据备查簿",逐笔登记商业汇票的种类、号数和出票日、票面金额、交易合同号和付款人、承兑人、背书人的姓名或单位名称、到期日、背书转让日、贴现日、贴现率和贴现净额以及收款日和收回金额、退票情况等资料。商业汇票到期结清票款或退票后，在备查簿中应予注销。

(三) 不带息应收票据核算

不带息票据的到期价值等于应收票据的面值。企业应当设立"应收票据"科目核算应收票据的票面金额，收到应收票据时，借记"应收票据"科目，贷记"应收账款""主营业务收入"等科目。应收票据到期收回的票面金额，借记"银行存款"科目，贷记"应收票据"科目。商业承兑汇票到期，承兑人违约拒付或无力偿还票款，收款企业应将到期票据的票面金额转入"应收账款"科目。

【例4-1】乙公司向甲公司销售一批产品，货款为100 000元，尚未收到，已办妥托收手续，适用增值税税率为13%。乙公司编制的会计分录为：

借：应收账款　　　　　　　　　　　　　　　　　113 000
　　贷：主营业务收入　　　　　　　　　　　　　　100 000
　　　　应交税费——应交增值税(销项税额)　　　　　13 000

10日后，乙公司收到甲公司寄来一份3个月的商业承兑汇票，面值为113 000元，抵付产品货款。乙公司编制的会计分录为：

借：应收票据　　　　　　　　　　　　　　　　　113 000
　　贷：应收账款　　　　　　　　　　　　　　　　113 000

3个月后，应收票据到期收回票面金额113 000元存入银行，乙公司编制的会计分录为：

借：银行存款　　　　　　　　　　　　　　　　　113 000
　　贷：应收票据　　　　　　　　　　　　　　　　113 000

如果该票据到期，甲公司无力偿还票款，乙公司应将到期票据的票面金额转入"应收账款"科目。乙公司编制的会计分录为：

借：应收账款　　　　　　　　　　　　　　　　　113 000
　　贷：应收票据　　　　　　　　　　　　　　　　113 000

(四) 带息应收票据核算

对于带息应收票据到期，应当计算票据利息。企业应于中期期末和年度终了，按规定计算票据利息，并增加应收票据的账面价值，同时冲减财务费用，其计算公式为

$$应收票据利息 = 应收票据票面金额 \times 利率 \times 期限$$

公式中，利率一般以年利率表示；"期限"指签发日至到期日的时间间隔(有效期)。票据的期限则用月或日表示，在实际业务中，为了计算方便，常把一年定为360天。票据期限按月表示时，应以到期月份中与出票日相同的那一天为到期日。如4月15日签发的一个月票据，到期日应为5月15日。月末签发的票据，不论月份大小，以到

期月份的月末那一天为到期日。与此同时，计算利息使用的利率要换算成月利率(年利率÷12)。

票据期限按日表示时，应从出票日起按实际经历天数计算。通常出票日和到期日，只能计算其中的一天，即"算头不算尾"或"算尾不算头"。例如，4月15日签发的90天票据，其到期日应为7月14日[90天−4月份剩余天数−5月份实有天数−6月份实有天数＝90−(30−15)−31−30＝14]。同时，计算利息使用的利率，要换算成日利率(年利率÷360)。

带息的应收票据到期收回款项时，应按收到的本息，借记"银行存款"科目，按账面价值，贷记"应收票据"科目，按其差额，贷记"财务费用"科目。

【例4-2】乙公司2023年9月1日销售一批产品给甲公司，货已发出，发票上注明的销售收入为100 000元，增值税额为13 000元。收到甲公司交来的商业承兑汇票一张，期限为6个月，票面利率为9%。

乙公司编制的会计分录为：

(1) 收到票据时，

借：应收票据　　　　　　　　　　　　　　　　　　　　113 000

　　贷：主营业务收入　　　　　　　　　　　　　　　　　　100 000

　　　　应交税费——应交增值税(销项税额)　　　　　　　　 13 000

(2) 年度终了(2023年12月31日)，计提票据利息，票据利息＝113 000×9%÷12×4＝3390(元)

借：应收票据　　　　　　　　　　　　　　　　　　　　　3 390

　　贷：财务费用　　　　　　　　　　　　　　　　　　　　　3 390

(3) 票据到期收回货款，收款金额＝113 000×(1+9%÷12×6)＝118 085(元)

2024年计提的票据利息＝113 000×9%÷12×2＝1 695(元)

借：银行存款　　　　　　　　　　　　　　　　　　　　118 085

　　贷：应收票据　　　　　　　　　　　　　　　　　　　　116 390

　　　　财务费用　　　　　　　　　　　　　　　　　　　　　1 695

(五) 应收票据贴现

应收票据的贴现是指票据持有人将未到期的票据在背书后送交银行，银行受理后，从票据到期值中扣除按银行贴现率计算确定的贴现利息，然后将贴现额付给票据持有人的一种融资行为。

1. 应收票据贴现的计算

应收票据贴现中，贴现日至票据到期日的期间称为贴现期，贴现银行所使用的利率称为贴现率，贴现银行扣除的利息称为贴现利息，贴现银行将票据到期值扣除贴现息后支付给企业的金额称为贴现净额或贴现实得款。有关计算公式如下：

$$票据到期值＝票据面值×(1+票据利率×票据期限)$$

$$贴现利息=票据到期值×贴现利率×贴现期$$
$$贴现实得款=票据到期值-贴现利息$$

带息票据的到期价值为票据到期日的面值与利息之和，不带息票据的到期价值为票据面值。而贴现期的计算与票据到期日的计算方法一样，如果承兑人在异地，按照中国人民银行《支付结算办法》的规定，贴现期的计算另加3天划款日期。

【例4-3】乙公司将1张为期6个月、票面利率为9%、面值为120 000元的商业承兑汇票，在票据到期前的两个月向银行贴现，银行贴现率为12%。

则，票据到期值=票据面值×(1+票据利率×票据期限)
$$=120\,000×(1+9\%×6/12)$$
$$=125\,400(元)$$

票据贴现利息=到期价值×贴现利率×贴现期
$$=125\,400×12\%×2/12$$
$$=2\,508(元)$$

贴现净额=到期价值-贴现利息
$$=125\,400-2\,508=122\,892(元)$$

2. 应收票据贴现的会计处理

应收票据的贴现根据票据的风险是否转移分为两种情况：一种是带追索权，贴现企业在法律上负连带责任；另一种是不带追索权，企业将应收票据上的风险和未来经济利益全部转让给银行。

(1) 带追索权的票据贴现。企业在销售商品、提供劳务以后，以取得的应收账款等应收债权向银行等金融机构申请贴现，如企业与银行等金融机构签订的协议中规定，在贴现的应收债权到期，债务人未按期偿还时，申请贴现的企业负有向银行等金融机构还款的责任。

财政部《关于执行〈企业会计制度〉和相关会计准则有关问题解答(四)》很好地体现了会计核算的实质重于形式的原则。按照《关于执行〈企业会计制度〉和相关会计准则有关问题解答(四)》，带追索权的票据贴现，企业并未将应收票据上的风险和未来经济利益全部转让给银行，应按照以应收债权为质押取得借款的规定进行会计处理。

在会计处理上发生附追索权应收票据贴现时，可设置"短期借款"科目，等票据到期，当付款人向贴现银行付清票款后，再将"短期借款"账户转销。如果是用银行承兑汇票贴现，由于票据到期应由银行负责承兑，企业不会发生或有负债，在会计处理上可直接冲转"应收票据"账户。带息应收票据应于期末(即中期期末和年度终了)按应收票据的面值和票面利率计提利息，增加应收票据的账面余额。

若票据到期，承兑人无力支付款项，银行将支款通知随同汇票、付款人未付票款通知书送交申请贴现的企业，贴现企业有义务将有关款项按票据的到期值支付给银行。

【例4-4】乙公司收到购货单位甲公司交来2023年12月31日签发的一张不带息商

业票据，金额900 000元，承兑期限5个月。2024年1月31日，企业持汇票向银行申请贴现，带追索权，年贴现率为5%。

则，票据到期值=900 000(元)

贴现利息=900 000×5%×4/12=15 000(元)

贴现实得款=900 000-15 000=885 000(元)

贴现时，乙公司的会计分录为：

借：银行存款   885 000

  财务费用   15 000

  贷：短期借款   900 000

【例4-5】若签发的是带息票据，票面利率为4%。其余条件与例4-4相同。

2024年1月31日，期末计提利息，乙公司的会计分录为：

借：应收票据   3 000

  贷：财务费用(15 000÷5)   3 000

票据到期值=900 000×(1+4%×5/12)=915 000(元)

贴现利息=915 000×5%×4/12=15 250(元)

贴现实得款=915 000-15 250=899 750(元)

借：银行存款   899 750

  财务费用   15 250

  贷：短期借款   915 000

2024年2—4月，已计提应收票据利息。2024年5月31日，尚未计提应收票据利息，每月计提利息3 000元冲减财务费用。

若票据到期，承兑人按期付款的会计处理应为：

借：短期借款   915 000

  贷：应收票据(应收票据账面价值)   912 000

    财务费用(未结算入账的利息)   3 000

若票据到期，承兑人无力支付款项的会计处理应为：

借：应收账款(面值与票据利息之和)   915 000

  贷：应收票据(应收票据账面价值)   915 000

同时不再计提应收票据利息。

借：短期借款   915 000

  贷：银行存款(银行扣款金额)   915 000

若票据到期，承兑人无力支付款项，如果该企业"银行存款"账户余额仅为500 000元，其会计处理为：

借：短期借款   500 000

  贷：银行存款   500 000

(2) 不带追索权的票据贴现。财政部《关于执行〈企业会计制度〉和相关会计准则有关问题解答(四)》规定，如果企业与银行等金融机构签订的协议中规定，在贴现的应收债权到期，债务人未按期偿还，申请贴现的企业不负有任何偿还责任时，应视同应收债权的出售。

① 协议中没有约定预计将发生的销售退回和销售折让(包括现金折扣，下同)的金额，贴现时的基本会计处理应为：

借：银行存款(贴现所得金额）

借或贷：财务费用(贴现所得金额与账面价值之差额，可能在借方，也可能在贷方)

　　贷：应收票据(应收票据的账面价值)

【例4-6】乙公司收到购货单位甲公司交来2023年12月31日签发的一张带息商业票据，票面利率4%，金额900 000元，承兑期限5个月。2024年1月31日乙公司持汇票向银行申请贴现，不带追索权，年贴现率5%。

2024年1月31日，期末计提利息3000元(900 000×4%÷12)，乙公司的会计处理为：

借：应收票据 　　　　　　　　　　　　　　　　　　　　　　　　　3 000

　　贷：财务费用 　　　　　　　　　　　　　　　　　　　　　　　　3 000

应收票据账面价值＝900 000＋3 000＝903 000(元)

到期值＝900 000×(1+4%×5/12)＝915 000(元)

贴现息＝915 000×5%×4/12＝15 250(元)

贴现净额＝915 000－15250＝899 750(元)

财务费用＝903 000－899 750＝3250(元)

贴现时，乙公司的会计处理为：

借：银行存款 　　　　　　　　　　　　　　　　　　　　　　　　899 750

　　财务费用 　　　　　　　　　　　　　　　　　　　　　　　　3 250

　　贷：应收票据 　　　　　　　　　　　　　　　　　　　　　　903 000

② 协议中约定预计将发生的销售退回和销售折让(包括现金折扣，下同)的金额，贴现时的基本会计处理应为：

借：银行存款(贴现所得金额)

　　其他应收款(协议中约定预计将发生的销售退回和销售折让，包括现金折扣)

借或贷：财务费用(贴现所得金额加上预计将发生的销售退回和销售折让与账面价值之差额。可能在借方，也可能在贷方)

　　贷：应收票据(应收票据的账面价值)

③ 对已贴现的不带追索权的商业汇票到期，因贴现企业不承担连带偿付责任，不进行任何会计处理。

总之，对于应收票据的贴现，应该根据《关于执行〈企业会计制度〉和相关会计准则有关问题解答(四)》和《关于企业与银行等金融机构之间从事应收债权融资等有关业务会计处理的暂行规定》的要求，按照实质重于形式的原则区别不同情况进行相应的会计处理。

(六) 应收票据的背书转让

应收票据转让是指持票人因偿还前欠货款等原因，将未到期的商业汇票背书后转让给其他单位或个人的业务活动。

企业可以将自己持有的商业汇票背书转让。背书是指持票人在票据背面签字，签字人称为背书人，背书人对票据的到期付款负连带责任。

【例4-7】假定乙公司于2023年9月1日将持有的面值为117 000元的应收票据背书转让，以取得生产经营所需的A材料，该材料金额为100 000元，已办理验收入库手续，适用增值税税率为13%。

乙公司的账务处理为：

借：原材料 100 000

　　应交税费——应交增值税(销项税额) 13 000

　　贷：应收票据 113 000

二、应收账款

(一) 应收账款概述

应收账款是指企业因销售商品、产品、提供劳务等业务而形成的债权。具体来说，应收账款是指企业因销售商品、产品或提供劳务等原因，应向购货客户或接受劳务的客户收取的款项或代垫的运杂费等。

应收账款应于收入实现时予以确认。应收账款通常应按实际发生额计价入账，计价时还需要考虑商业折扣和现金折扣等因素。

1. 商业折扣

商业折扣是指企业根据市场供需情况或针对不同的顾客，在商品标价上给予的扣除。商业折扣是企业最常用的促销手段。企业为了扩大销售、占领市场，对批发商往往给予商业折扣，采用销量越多、价格越低的促销策略，即通常所说的"薄利多销"。商业折扣一般在交易发生时即已确定，它仅仅是确定实际销售价格的一种手段，不需要在买卖双方任何一方的账上反映，所以商业折扣对应收账款的入账价值没有什么实质性的影响。在存在商业折扣的情况下，企业应收账款入账金额应按扣除商业折扣以后的实际售价确认。

2. 现金折扣

现金折扣是指债权人为鼓励债务人在规定的期限内付款，而向债务人提供的债务扣除。现金折扣通常发生在以赊销方式销售商品及提供劳务的交易中。企业为了鼓励客户提前偿付货款，通常与债务人达成协议，债务人在不同期限内付款可享受不同比例的折扣。现金折扣一般用"折扣/付款期限"表示。例如买方在10天内付款可按售价给予2%的折扣，用"2/10"表示；在20天内付款按售价给予1%的折扣，用"1/20"表示；在30

天内付款，则不给折扣，用"n/30"表示。

按照企业会计准则规定，在存在现金折扣的情况下，应收账款应以未减去现金折扣的金额作为入账价值。实际发生的现金折扣，作为一种理财费用，计入发生当期的损益。

(二) 应收账款的核算

1. 第1种情况

企业发生的应收账款，在没有商业折扣的情况下，按应收的全部金额入账。

【例4-8】长江公司销售给黄河公司一批服装，价值总计58 000元，适用的增值税税率为13%，代购货单位垫付运杂费2 000元，已办妥委托银行收款手续。

长江公司编制会计分录如下：

借：应收账款——黄河公司　　　　　　　　　　　　　　　67 540
　　贷：主营业务收入　　　　　　　　　　　　　　　　　58 000
　　　　应交税费——应交增值税(销项税额)　　　　　　　 7 540
　　　　银行存款　　　　　　　　　　　　　　　　　　　 2 000

收到货款时，

借：银行存款　　　　　　　　　　　　　　　　　　　　　67 540
　　贷：应收账款——黄河公司　　　　　　　　　　　　　67 540

2. 第2种情况

企业发生的应收账款，在有商业折扣的情况下，应按扣除商业折扣后的金额入账。

【例4-9】长江公司销售一批产品给黄河公司，按价目表标明的价格计算，金额为20 000元。由于是成批销售，长江公司给黄河公司10%的商业折扣，金额为2 000元，销货方应收账款的入账金额为18 000元，适用增值税税率为13%。

长江公司编制会计分录如下：

借：应收账款——黄河公司　　　　　　　　　　　　　　　20 340
　　贷：主营业务收入　　　　　　　　　　　　　　　　　18 000
　　　　应交税费——应交增值税(销项税额)　　　　　　　 2 340

收到货款时，

借：银行存款　　　　　　　　　　　　　　　　　　　　　20 340
　　贷：应收账款——黄河公司　　　　　　　　　　　　　20 340

3. 第3种情况

企业发生的应收账款在有现金折扣的情况下，采用总价法入账，发生的现金折扣作为财务费用处理。

【例4-10】长江公司销售一批产品给黄河公司，产品销售10 000元，长江公司规定的现金折扣条件为2/10，n/30，适用的增值税税率为13%，产品交付并办妥托收手续。

长江公司编制会计分录如下：

借：应收账款——黄河公司   11 300

  贷：主营业务收入   10 000

    应交税费——应交增值税(销项税额)   1 300

收到货款时，根据购货企业是否得到现金折扣的情况入账。如果上述货款在10天内收到，长江公司编制会计分录如下：

借：银行存款   11 074

  财务费用   226

  贷：应收账款——黄河公司   11 300

如果超过了现金折扣的最后期限，长江公司则编制会计分录如下：

借：银行存款   11 300

  贷：应收账款——黄河公司   11 300

(三) 坏账及其确认

坏账是指企业无法收回或收回的可能性极小的应收款项。由于发生坏账而产生的损失，称为坏账损失。

1. 坏账损失的确认

企业确认坏账时，应遵循财务报告的目标和会计核算的基本原则，具体分析各项应收款项的特性、金额的大小、信用期限、债务人的信誉和当时的经营情况等因素。一般来讲，企业的应收款项符合下列条件之一的，应确认为坏账：债务人死亡，以其遗产清偿后仍然无法收回；债务人破产，以其破产财产清偿后仍然无法收回；债务人较长时期内未履行其偿债义务，并有足够的证据表明无法收回或收回的可能性极小。

企业应当在期末对应收款项进行检查，并预计可能产生的坏账损失。对预计可能发生的坏账损失，计提坏账准备。企业计提坏账准备的方法由企业自行确定。

坏账准备的计提方法通常有账龄分析法、余额百分比法、赊销百分比法、个别认定法等。企业无论采用何种方法，或者根据情况分别采用不同的方法，都应当在制定的有关会计政策和会计估计中明确，不得随意变更。如需变更，应当按会计政策、会计估计变更的程序和方法进行处理说明。

通常来讲，对于如债务单位已撤销、破产、资不抵债、现金流量严重不足等有确凿证据表明确实无法收回的应收款项，企业可以根据企业管理权限，经股东大会或董事会，或经理(厂长)办公会或类似机构批准作为坏账损失。

2. 会计科目的设置

企业为了核算坏账损失，需要设置"坏账准备"会计科目。坏账准备是应收账款的备抵科目，企业当期计提的坏账准备应计入资产减值损失。"坏账准备"科目的贷方登记当期计提的坏账准备金额，借方登记实际发生的坏账损失金额和冲减的坏账准备金额，期末余额一般在贷方。会计期末，企业应按一定方法估计当期坏账损失数，并与现有"坏账准备"科目余额相比较。若估计坏账损失数额大于"坏账准备"科目贷方余额的，按其差额提取；若估计的坏账损失小于"坏账准备"科目贷方余额的，按其差额冲回坏账准备；若"坏账准备"科目为借方余额，则应将其借方余额加上估计坏账损失数作为当期坏账准备提取数。调整后的"坏账准备"科目贷方余额，即为当期估计的坏账损失数额。

3. 坏账损失的核算

坏账损失的核算方法有直接转销法和备抵法两种。依据企业会计准则规定，企业只能采用备抵法核算坏账损失。

备抵法是按期估计坏账损失，形成坏账准备，当某一应收款项全部或者部分被确认为坏账时，应根据其金额冲减坏账准备，同时转销相应的应收款项金额。采用这种方法时，一方面按期估计坏账损失计入资产减值损失；一方面设置"坏账准备"科目，待实际发生坏账时冲销坏账准备和应收款项金额。这样可使资产负债表上的应收款项反映减估计坏账后的净值。

估计坏账损失主要有4种方法，包括应收账款余额百分比法、账龄分析法、赊销百分比法和个别认定法。

(1) 应收账款余额百分比法。应收账款余额百分比法是计提坏账准备金的一种常见方法，根据会计期末应收账款的余额乘以估计坏账率据此提取坏账准备。会计期末，企业应提的坏账准备大于其账面余额的，按其差额提取企业应提取的；坏账准备小于其账面余额的，按其差额冲回坏账准备。

【例4-11】长江公司从2022年开始计提应收账款坏账准备，2022年年末应收账款余额为1 200 000元。该企业坏账准备的提取比例为5‰。

坏账准备提取额=1 200 000×5‰=6 000(元)

借：资产减值损失   6 000

    贷：坏账准备   6 000

2023年11月，该企业发现有1 600元的应收账款无法收回，按有关规定确认为坏账损失。

借：坏账准备   1 600

    贷：应收账款   1 600

2023年12月31日，该企业应收账款余额为1 440 000元。按本年年末应收账款余额应保持的坏账准备金额(即坏账准备的余额)=1 440 000×5‰=7 200(元)

年末计提坏账准备前，"坏账准备"科目的贷方余额=6 000-1 600=4 400(元)

本年度应补提的坏账准备金额=7 200-4 400=2 800 (元)

有关账务处理如下：

借：资产减值损失   2 800

    贷：坏账准备   2 800

2024年5月20日，按银行通知，企业上年度已冲销的1 600元坏账又收回，款项已存入银行，有关账务处理如下：

借：应收账款   1 600

  贷：坏账准备   1 600

借：银行存款   1 600

  贷：应收账款   1 600

2024年12月31日，企业应收账款余额为1 000 000元，本年末坏账准备余额＝1 000 000×5‰＝5 000(元)

至年末，计提坏账准备前的"坏账准备"科目的贷方余额＝7 200＋1 600＝8 800(元)

本年度应冲销多提的坏账准备金额＝8800－5000＝3 800(元)

有关账务处理如下：

借：坏账准备   3 800

  贷：资产减值损失   3 800

(2) 账龄分析法。账龄分析法是根据应收账款账龄的长短来估计坏账的方法。账龄指的是顾客所欠账款的时间。在这种方法下，企业利用账龄分析表所提供的信息，确定坏账准备金额。确定的方法按各类账龄分别估计其可能成为坏账的部分。

【例4-12】长江公司2023年12月31日应收账款账龄及估计坏账损失如表4-1所示。

表4-1 长江公司2023年12月31日应收账款账龄

单位：元

应收账款账龄	应收账款金额	估计损失/%	估计损失金额
未到期	60 000	0.5	300
过期1个月	40 000	1	400
过期1个月	30 000	2	600
过期1个月	20 000	3	600
过期1个月	10 000	5	500
合计	160 000		2 400

该企业2023年12月31日估计的坏账损失为2 400元，所以，"坏账准备"科目的账面余额应为2 400元。

假设在估计坏账损失前，"坏账准备"科目有贷方余额1 000元，则该企业还应补提1 400元(2 400－1 000)。有关账务处理如下：

借：资产减值损失   1 400

  贷：坏账准备   1 400

再假设在估计坏账损失前，"坏账准备"科目有贷方余额2600元，则该企业应冲减200元(2600－2400)。有关账务处理如下：

借：坏账准备   200

  贷：资产减值损失   200

(3) 赊销百分比法。销货百分比法是以赊销金额的一定百分比作为估计坏账的方法。企业可以根据过去的经验和有关资料，估计坏账损失与赊销金额之间的比率，也可用其他合理的方法进行估计。

【例4-13】中华公司2023年全年赊销金额为300 000元，根据以往资料和经验估计坏账损失率为1.5%。

那么，则年末估计坏账损失=300 000×1.5%=4 500(元)

会计分录为：

借：资产减值损失 4 500

　　贷：坏账准备 4 500

在采用赊销百分比法的情况下，估计坏账损失百分比可能由于企业生产经营情况的不断变化而不相适应，因此，需要经常检查百分比是否能足以反映企业坏账损失的实际情况；倘若发现过高或过低的情况，应及时调整估计坏账损失百分比。

(4) 个别认定法。个别认定法就是根据每一应收款项的情况来估计坏账损失的方法。

需要特别说明的是，在采用账龄分析法、余额百分比法等方法的同时，能否采用个别认定法，应当视具体情况而定。如果某项应收账款的可收回性与其他各项应收账款存在明显的差别(如债务单位所处的特定地区)，导致该项应收账款如果按照与其他各项应收账款同样的方法计提坏账准备，将无法真实地反映其可收回金额的，可对该项应收账款采用个别认定法计提坏账准备。企业应根据应收账款的实际可收回情况，合理计提坏账准备，不得多提或少提，否则应视为滥用会计估计，按照重大会计差错更正的方法进行会计处理。在同一会计期间内运用个别认定法的应收账款应从用其他方法计提坏账准备的应收账款中剔除。

三、预付账款

预付账款是企业按照购货合同的规定，预先支付给供货单位的货款而形成的企业短期债权，如预付商品、材料的采购款，支付的农副产品预购定金等。为了反映预付账款的支付和结算情况企业应设置"预付账款"账户进行核算。该账户是资产类账户，借方登记企业向供货方预付的货款，贷方登记企业收到所购货物时结转的预付款项，期末余额一般在借方，反映企业已经预付尚未结算的款项。如果该账户出现贷方余额，则是企业所购货物价款大于预付款项的差额，属于应付账款性质。该账户应按供货单位或个人的名称设置明细账。

预付账款不多的企业，也可以将预付的货款记入"应付账款"科目的借方。

【例4-14】2023年 4月8日，长江公司根据合同规定向黄河公司预付甲商品的货款30 000元；5月12日，收到甲商品，其专用发票中注明价款为40 000元，增值税额为5 200元；5月15日，向黄河公司补付货款。

长江公司应编制会计分录如下：

4月8日，预付货款，

借：预付账款——黄河公司   30 000

 贷：银行存款   30 000

5月12日，收到商品时，

借：原材料   40 000

 应交税费——应交增值税(进项税额)   5 200

 贷：预付账款——黄河公司   45 200

5月15日，补付货款时，

借：预付货款——黄河公司   15 200

 贷：银行存款   15 200

四、其他应收款

其他应收款是指除应收票据、应收账款和预付账款以外的其他各种应收、暂付款项，主要包括应收的各种赔款、罚款；应收出租包装物的租金；应向职工收取的各种垫付款项；备用金(向企业各职能科室、车间等拨出的备用金)；存出的保证金，如租入包装物支付的押金；预付账款转入；其他各种应收、暂付款项。

为了反映和监督其他应收款的发生和结算情况，企业应当设置"其他应收款"科目，并按其他应收款的项目分类，按不同的债务人设置明细账。

企业发生其他应收款时，按应收金额借记"其他应收款"科目，贷记有关科目。收回各种款项时，借记有关科目，贷记"其他应收款"科目。

企业应当定期或者至少于每年年度终了对其他应收款进行检查，预计其可能发生的坏账损失，并计提坏账准备。对于不能收回的其他应收款应查明原因，追究责任。对确实无法收回的，按照企业的管理权限，经股东大会或董事会，或经理(厂长)会议或类似机构批准作为坏账损失，冲减提取的坏账准备。

五、应收债权出售和融资

企业将其按照销售商品、提供劳务的销售合同所产生的应收债权出售给银行等金融机构，在进行会计核算时，应按照实质重于形式的原则，充分考虑交易的经济实质。对于有明确的证据表明有关交易事项满足销售确认条件的(如与应收债权有关的风险和报酬实质上已经发生转移等)，应按照出售应收债权处理，并确认相关损益；否则，应作为以应收债权为质押取得借款进行会计处理。

(一) 以应收债权为质押取得借款

企业将其按照销售商品、提供劳务的销售合同所产生的应收债权提供给银行作为其向银行借款的质押的，应将从银行等金融机构获得的款项确认为对银行等金融机构的一项负债，作为短期借款等核算。

企业发生的借款利息及向银行等金融机构偿付借入款项的本息时的会计处理，应按有关借款核算的规定进行处理。

会计期末，企业应根据债务单位的情况，按企业会计准则的规定合理计提用于质押的应收债权的坏账准备。对于发生的与用于质押的应收债权相关的销售退回、销售折让及坏账等，应按照企业会计准则的相关规定处理。

企业应设置备查簿，详细记录质押的应收债权的账面余额、质押期限及回款情况等。

【例4-15】 2023年2月5日，甲公司销售一批商品给乙公司，开出的增值税专用发票上注明的销售价款为200 000元，增值税销项税额为26 000元，款项尚未收到。双方约定，乙公司应于2023年9月30日付款。2023年4月1日，甲公司因急需流动资金，经与中国银行协商，以应收乙公司货款为质押取得5个月期流动资金借款180 000元，年利率为6%，每月末偿付利息。假定不考虑其他因素，甲公司与应收债权质押有关的账务处理如下：

(1) 4月1日取得短期借款时，

借：银行存款	180 000
贷：短期借款	180 000

(2) 4月30日偿付利息时，

借：财务费用	900
贷：银行存款	900

(3) 8月31日偿付短期借款本金及最后一期利息时，

借：财务费用	900
短期借款	180 000
贷：银行存款	180 900

(二) 应收债权出售

1. 不附追索权的应收债权出售

企业将其按照销售商品、提供劳务的销售合同所产生的应收债权出售给银行等金融机构，根据企业、债权人及银行等金融机构之间的协议，在所售应收债权到期无法收回时，银行等金融机构不能够向出售应收债权的企业进行追偿的，企业应将所售应收债权予以转销，结转计提的相关坏账准备，确认按协议约定预计将发生的销售退回、销售折让、现金折扣等，确认出售损益。

【例4-16】 2023年3月15日，甲公司销售一批商品给乙公司，开出的增值税专用发票上注明的销售价款300 000元、增值税销项税额为39 000元，款项尚未收到。双方约定，乙公司应于2023年10月31日付款。2023年6月4日，经与中国银行协商后约定：甲公司将应收乙公司的货款出售给中国银行，价款为263 250元；在应收乙公司货款到期无法收回时，中国银行不能向甲公司追偿。甲公司根据以往经验，预计该批商品将发生的销售退回金额为22 600元，其中，增值税销项税额为2 600元，成本为13 000元，实际发生的销售退回由甲公司承担。2023年8月3日，甲公司收到乙公司退回的商品，价款为23 400元。假定不考虑其他因素。甲公司与应收债权出售有关的账务处理如下：

(1) 2023年6月4日，出售应收债权时，

借：银行存款   263 250

营业外支出   53 150

其他应收款   22 600

贷：应收账款   339 000

(2) 2023年8月3日，收到退回的商品时，

借：主营业务收入   20 000

应交税费——应交增值税(销项税额)   2 600

贷：其他应收款   22 600

借：库存商品   13 000

贷：主营业务成本   13 000

2. 附追索权的应收债权出售

企业在出售应收债权的过程中，如应收债权附有追索权，可在有关应收债权到期无法从债务人处收回时，银行等金融机构有权向出售应收债权的企业追偿或按照协议约定，企业有义务按照约定金额自银行等金融机构回购部分应收债权，应收债权的坏账风险由售出应收债权的企业负担，企业按照以应收债权为质押取得借款的核算原则进行会计处理。

3. 应收债权贴现

(1) 企业将应收账款等应收债权向银行等金融机构申请贴现，如企业与银行等金融机构签订的协议中规定，在贴现的应收债权到期，债务人未按期偿还时，申请贴现的企业负有向银行等金融机构还款的责任，申请贴现的企业应按照以应收债权为质押取得借款的核算原则进行会计处理。

会计期末，申请贴现的企业应根据债务单位的情况，按照企业会计准则的规定合理计提与用于贴现的应收债权相关的坏账准备。对于发生的与用于贴现的应收债权相关的销售退回、销售折让及坏账等，应按照企业会计制度和相关会计准则的规定处理。

(2) 如果企业与银行等金融机构签订的协议中规定，在贴现的应收债权到期时，债务人未按期偿还，申请贴现的企业不负有任何还款责任时，应视同应收债权的出售，并按相关核算规定进行处理。

企业以应收票据向银行等金融机构贴现，应比照应收债权贴现的核算原则进行处理。

任务三　交易性金融资产

一、交易性金融资产概述

(一) 交易性金融资产概念

交易性金融资产主要是指企业为了近期内出售或回购而取得并持有的衍生金融资产，如企业以赚取差价为目的从二级市场购入的股票、债券、基金等。

(二) 交易性金融资产的特点

1. 投资的变现能力强

交易性金融资产在活跃市场中有报价，具有很强的变现能力，其流动性仅次于货币资金，当企业急需资金时可以立即将其兑现。

活跃市场是指同时具有下列特征的市场：①市场内交易的对象具有同质性；②可随时找到自愿交易的买方和卖方；③市场价格信息是公开的。

2. 投资目的是利用生产经营过程的暂时闲置资金获得一定的收益

在企业正常的生产经营过程中，有时会形成一笔暂时闲置的资金，这在季节性的生产企业中尤为明显。企业可以在充分考虑风险的前提下，用这笔资金购买随时可以变现的投资，以期获得高于银行存款利息的投资收益。

3. 近期内出售，不以控制被投资单位等为目的，回收金额不固定或不可确定

企业用于交易性投资的资金是暂时闲置的，一旦企业生产经营需要资金或者出现较好的获利机会，企业可能随时将交易性投资转为货币资金，但是由于投资具有一定的风险性，交易性投资的回收金额不固定或不可确定，投资也可能发生亏损。

二、交易性金融资产核算

(一) 交易性金融资产的入账时间及初始成本的确定

企业取得交易性金融资产同取得其他资产一样，必须明确入账时间和入账金额。

交易性金融资产的入账时间，应以付款或投出资产的时间作为投资确立的入账时间。

企业取得交易性金融资产时，应当以取得时的公允价值作为初始确认金额，相关的交易费用在发生时计入当期损益。支付的价款中包含已宣告但尚未发放的现金股利或已到付息期但尚未领取的债券利息，应当单独确认为应收项目。

(二) 交易性金融资产的会计处理

1. 交易性金融资产核算会计科目的设置

为了核算交易性金融资产的取得、收取现金股利或利息、处置等业务，企业应当设置以下账户。

(1) "交易性金融资产"账户。该科目属于资产类账户，核算企业为交易目的所持有的债券、股票、基金等交易性金融资产的公允价值。企业持有的直接指定为以公允价值计量且其变动计入当期损益的金融资产也在"交易性金融资产"账户核算。本账户的借方登记交易性金融资产的取得成本、资产负债表日其公允价值高于账面余额的差额等；贷方登记资产负债表日其公允价值低于账面余额的差额、企业出售交易性金融资产时结转的成本和公允价值变动损益等。本账户按交易性金融资产的类别和品种，分别通过"成本""公允价值变动"等账户进行明细核算。

(2) "公允价值变动损益"账户。该账户属于损益类账户，核算交易性金融资产等因公允价值变动而形成的应计入当期损益的利得或损失，贷方登记资产负债表日企业持有的交易性金融资产等的公允价值高于账面余额的差额；借方登记资产负债表日企业持有的交易性金融资产等的公允价值低于账面余额的差额。公允价值是指在公平交易中，熟悉情况的交易双方自愿进行资产交换或者债务清偿的金额。

(3) "应收股利"账户，核算因股权投资而产生的现金股利。

(4) "应收利息"账户，核算因债权投资而产生利息收益。

(5) "投资收益"账户，核算企业投资所发生的损益。

2. 交易性金融资产的账务处理

(1) 交易性金融资产的取得。企业取得交易性金融资产时，应当按其公允价值，借记"交易性金融资产——成本"账户，按发生的交易费用，借记"投资收益"账户，按已宣告但尚未发放的现金股利或已到付息期但尚未领取的债券利息，借记"应收股利"或"应收利息"账户，按实际支付的金额，贷记"银行存款"等账户。

交易费用是指可直接归属于购买、发行或处置金融工具时新增的外部费用，包括支付给代理机构、咨询公司、券商等的手续费和佣金及其他必要支出，在发生时计入当期损益，作为投资收益进行会计处理。发生交易费用取得增值税专用发票的，进项税额经认证后可从当月销项税额中扣除。

【例4-17】光明公司2023年2月1日以存出投资款购入东方公司发行在外的普通股股票10 000股，作为交易性金融资产投资。每股买入价为7.5元，另支付税金和手续费400元，取得增值税专用发票上注明的增值税额24元。

光明公司编制会计分录为：

借：交易性金融资产——东方公司股票(成本)   75 000

  投资收益——交易费用   400

  应交税费——应交增值税(进项税额)   24

贷：其他货币资金——存出投资款(或银行存款) 75 424

【例4-18】光明公司于2023年3月16日以存出投资款购入新华公司发行在外的普通股股票20 000股，作为交易性金融资产投资。每股买入价为9.5元，其中0.4元为新华公司于3月1日宣告但尚未分派的现金股利，登记日为3月20日，股利发放日为4月5日。光明公司另付税金和手续费1 500元，取得增值税专用发票上注明的增值税税额90元。

光明公司编制会计分录为：

借：交易性金融资产——新华公司股票(成本) 182 000

应收股利——新华公司 8 000

投资收益——交易费用 1 500

应交税费——应交增值税(进项税额) 90

贷：货币资金——存出投资款 191 590

【例4-19】光明公司于2023年4月6日以存出投资款90 000元购入长治公司于2023年1月1日发行的3年期债券，作为交易性金融资产投资。该债券年利率为6%，到期一次还本付息，另支付手续费600元，取得增值税专用发票上注明的增值税税额36元。

光明公司编制会计分录为：

借：交易性金融资产——长治公司债券(成本) 90 000

投资收益——交易费用 600

应交税费——应交增值税(进项税额) 36

贷：其他货币资金——存出投资款 90 636

【例4-20】光明公司2024年1月5日以银行存款108 000元买入长江公司于2023年1月1日发行的3年期债券，作为交易性金融资产投资，其中已到期但尚未领取的债券利息为4 000元。该债券按年付息，到期还本，利息发放日为1月10日，年利率为4%，票面金额为100 000元。光明公司购买该债券时另支付相关税费500元，取得增值税专用发票上注明的增值税税额30元。

光明公司编制会计分录为：

借：交易性金融资产——长江公司债券(成本) 104 000

应收利息 4 000

投资收益——交易费用 500

应交税费——应交增值税(进项税额) 30

贷：其他货币资金——存出投资款 108 530

(2) 交易性金融资产持有期间收到现金股利或债券利息的核算。根据《企业会计准则第22号——金融工具的确认与计量》的规定，交易性金融资产持有期间收到的现金股利或债券利息，应在股利宣告日或计息日确认为投资收益，同时记入"应收股利"或"应收利息"科目，实际收到时，借记"其他货币资金"或"银行存款"科目，贷记"应收股利"或"应收利息"科目。

【例4-21】承例4-17，假设2023年4月8日，东方公司宣告将于5月10日按每10股3元发放现金股利。股权截止日为5月25日。

光明公司应编制会计分录如下：

2023年4月8日，

借：应收股利——东方公司   3 000

    贷：投资收益   3 000

2023年5月10日，

借：其他货币资金——存出投资款   3 000

    贷：应收股利——东方公司   3000

【例4-22】承例4-18，光明公司于2023年4月5日收到新华公司的现金股利8 000元。

光明公司应编制会计分录如下：

借：其他货币资金——存出投资款   8 000

    贷：应收股利——新华公司   8 000

【例4-23】承例4-20，2024年1月10日，光明公司收到未领取的债券利息4 000元。

光明公司应编制会计分录如下：

借：其他货币资金——存出投资款   4 000

    贷：应收利息   4 000

2023年12月31日计息时，光明公司应编制会计分录如下：

借：应收利息——长江公司   4 000

    贷：投资收益   4 000

2024年1月10日，光明公司收到上述购入债券一年的利息，光明公司应编制会计分录如下：

借：其他货币资金——存出投资款   4 000

    贷：应收利息——长江公司   4 000

【例4-24】2024年1月8日，甲公司购入丙公司发行的公司债券，该笔债券于2023年7月1日发行，面值为2 500万元，票面利率为4%，债券利息按年支付。甲公司将其划分为交易性金融资产，支付价款为2 600万元(其中已过付息期但尚未发放的债券利息50万元)，另支付交易费用30万元，取得增值税专用发票上注明的增值税税额1.8万元。2024年2月5日，甲公司收到该笔债券利息50万元。2024年2月10日，甲公司收到债券利息100万元。

①2023年1月8日，购入丙公司的公司债券时，

借：交易性金融资产——成本   25 500 000

    应收利息   500 000

    投资收益   300 000

    应交税费——应交增值税(进项税额)   18 000

    贷：其他货币资金——存出投资款   26 318 000

②2023年2月5日，收到购买价款中包含的已宣告发放的债券利息时，

借：其他货币资金——存出投资款   500 000

　　　　贷：应收利息　　　　　　　　　　　　　　　　　　　　　　　500 000

③2023年12月31日，确认丙公司的公司债券利息收入时，

　　借：应收利息　　　　　　　　　　　　　　　　　　　　　1 000 000

　　　　贷：投资收益　　　　　　　　　　　　　　　　　　　　　1 000 000

④2024年2月10日，收到持有丙公司的公司债券利息时，

　　借：其他货币资金——存出投资款　　　　　　　　　　　　1 000 000

　　　　贷：应收利息　　　　　　　　　　　　　　　　　　　　　1 000 000

　　(3) 交易性金融资产的期末计价。根据《企业会计准则第22号——金融工具的确认与计量》的规定，在资产负债表日，应编制调整分录，将公允价值的变动计入当期损益。交易性金融资产期末以公允价值计价，能够公允地反映企业财务状况和经营成果，满足会计报表使用者对会计信息的需求。

　　资产负债表日按照公允价值计量，公允价值与账面余额间的差额计入当期损益。

　　【例4-25】承例4-24，假定2023年6月30日，甲公司购买的该笔债券的市价为2 580万元；2023年12月31日，甲公司购买的该笔债券的市价为2 560万元。

　　甲公司应作如下会计处理：

①2023年6月30日，确认该笔债券的公允价值变动损益时，

　　借：交易性金融资产——公允价值变动　　　　　　　　　　　300 000

　　　　贷：公允价值变动损益　　　　　　　　　　　　　　　　　300 000

②2023年12月31日，确认该笔债券的公允价值变动损益时，

　　借：公允价值变动损益　　　　　　　　　　　　　　　　　　200 000

　　　　贷：交易性金融资产——公允价值变动　　　　　　　　　　200 000

　　在本例中，2023年6月30日，该笔债券的公允价值为2 580元，账面余额为2 550元，公允价值大于账面余额30万元，应记入"公允价值变动损益"科目的贷方；2023年12月31日，该笔债券的公允价值为2 560元，账面余额为2 580万元，公允价值小于账面余额20万元，应记入"公允价值变动损益"科目的借方。

　　(4) 交易性金融资产的处置。企业在需要周转资金或决定投资于更有利的机会时，可以随时将持有的交易性金融资产在证券市场上出售。企业处置交易性金融资产时，其公允价值与初始入账金额之间的差额应确认为投资收益，同时调整公允价值变动损益。

　　企业出售交易性金融资产时应按实际收到的金额，借记"银行存款""其他货币资金"等科目，按其账面余额，贷记"交易性金融资产——成本、公允价值变动"科目，按借贷方的差额贷记或借记"投资收益"科目。

　　另外，企业处置交易性金融资产时，其账面余额应根据不同情况予以结转：①全部处置某项交易性投资时，其账面余额全部结转；②部分处置某项投资时，应按出售的比例和该项投资的总平均成本确定处置部分的成本。

　　【例4-26】光明公司将3个月前购入的新华公司股票全部出售，扣除相关税费后实际收到价款110 000元。该股票"交易性金融资产—新华公司股票(成本)"的借方余额为

105 000元，"交易性金融资产——新华公司股票(公允价值变动)"的贷方余额为3 000元。光明公司编制会计分录如下：

借：其他货币资金——存出投资款　　　　　　　　　　　　　110 000
　　交易性金融资产——新华公司股票(公允价值变动)　　　　　3 000
　　　贷：交易性金融资产——新华公司股票(成本)　　　　　　　105 000
　　　　　投资收益　　　　　　　　　　　　　　　　　　　　　8 000

【例4-27】 2023年6月25日，甲公司以每股1.3元购进某股票200万股，划分为交易性金融资产；6月30日，该股票市价为每股1.1元；11月2日，以每股1.4元的价格全部出售该股票。假定不考虑相关税费，甲公司出售该金融资产形成的投资收益为(　　)万元。

A. −20　　　　　　B. 60　　　　　　C. 10　　　　　　D. -10

本例中，出售交易性金融资产时，应将出售时的公允价值与其初始入账金额之间的差额确认为当期投资收益。故出售形成的投资收益$=(1.4-1.1)×200=60$(万元)，所以选择B。

【例4-28】 2023年3月1日，甲公司购入A公司股票，市场价值为1 500万元，甲公司将其划分为交易性金融资产，支付价款为1 550万元，其中，包含A公司已宣告但尚未发放的现金股利50万元，另支付交易费用10万元，取得增值税专用发票上注明增值税税额0.6万元。2023年3月15日，甲公司收到该现金股利50万元；2023年6月30日，该股票的市价为1 520万元；2023年9月15日，甲公司出售了所持有的A公司的股票，售价1 600万元。

甲公司的相关会计处理如下：

① 2023年3月1日，购入股票时，

借：交易性金融资产——成本　　　　　　　　　　　　　　15 000 000
　　应收股利　　　　　　　　　　　　　　　　　　　　　　500 000
　　投资收益　　　　　　　　　　　　　　　　　　　　　　100 000
　　应交税费——应交增值税(进项税额)　　　　　　　　　　　6 000
　　　贷：其他货币资金——存出投资款　　　　　　　　　　15 606 000

② 2023年3月15日，收到现金股利，

借：其他货币资金——存出投资款　　　　　　　　　　　　　500 000
　　　贷：应收股利　　　　　　　　　　　　　　　　　　　　500 000

③ 2023年6月30日，确认该股票的公允价值变动损益，

借：交易性金融资产——公允价值变动　　　　　　　　　　　200 000
　　　贷：公允价值变动损益　　　　　　　　　　　　　　　　200 000

④ 2023年9月15日，出售该股票时，

借：其他货币资金——存出投资款　　　　　　　　　　　　16 000 000
　　　贷：交易性金融资产——成本　　　　　　　　　　　　15 000 000
　　　　　　　　　　　——公允价值变动　　　　　　　　　　200 000
　　　　　投资收益　　　　　　　　　　　　　　　　　　　800 000

任务四 债权投资核算

一、债权投资的初始计量

企业初始确认债权投资，应当按照公允价值计量。对于债权投资相关交易费用应当计入初始确认金额。

交易费用，是指可直接归属于购买、发行或处置金融工具的增量费用。增量费用是指，企业没有发生购买、发行或处置相关金融工具的情形就不会发生的费用，包括支付给代理机构、券商、证券交易所、政府有关部门等的手续费、佣金、相关税费以及其他必要支出，不包括债券溢价、折价、融资费用、内部管理成本和持有成本等与交易不直接相关的费用。

企业取得金融资产所支付的价款中包含的已到付息期但尚未领取的利息，应当单独确认为应收项目处理。

二、债权投资的后续计量

债权投资以摊余成本计量，且其变动计入当期损益进行后续计量。

1. 实际利率法

实际利率法，是指计算金融资产的摊余成本以及将利息收入或利息费用分摊计入各会计期间的方法。

实际利率，是指将金融资产或金融负债在预计存续期的估计未来现金流量折现为该金融资产账面余额(不考虑减值)或该金融负债摊余成本所使用的利率。在确定实际利率时，应当在考虑金融资产或金融负债所有合同条款(如提前还款、展期、看涨期权或其他类似期权等)的基础上估计预期现金流量，但不应当考虑预期信用损失。

合同各方之间支付或收取的、属于实际利率组成部分的各项费用、交易费用及溢价或折价等，应当在确定实际利率时予以考虑。

2. 摊余成本

债权投资的摊余成本，应当以债权投资的初始确认金额经下列调整后的结果确定：扣除已偿还的本金；加上或减去采用实际利率法将该初始确认金额与到期日金额之间的差额进行摊销形成的累计摊销额；扣除计提的累计信用减值准备(仅适用于金融资产)。

企业对以摊余成本计量的债权投资和以公允价值计量且其变动计入其他综合收益的其他债权投资计提信用减值准备时，应当采用"预期信用损失法"。在预期信用损失法下，减值准备的计提不以减值的实际发生为前提，而是以未来可能的违约事件造成的损失的期望值来计量当前(资产负债表日)应当确认的减值准备。

3. 债权投资具体会计处理

债权投资具体会计处理主要包括债权投资实际利率的计算、摊余成本的确定、持有期间的收益确认及将其处置时损益的处理。以摊余成本计量的债权投资所产生的利得或损失，应当在终止确认、按照规定重分类、按照实际利率法摊销或确认减值时，计入当期损益。

以摊余成本计量的债权投资相关的账务处理有以下几个要点。

(1) 企业取得的以摊余成本计量的债权投资，应按该投资的面值，借记"债权投资——成本"科目；按支付的价款中包含的已到付息期但尚未领取的利息，借记"应收利息"科目；按实际支付的金额，贷记"银行存款"等科目；按其差额，借记或贷记"债权投资——利息调整"科目。

(2) 资产负债表日，以摊余成本计量的债权投资为分期付息、一次还本债券投资的，应按票面利率计算确定的应收未收利息，借记"应收利息"科目；按该债权投资摊余成本和实际利率计算确定的利息收入，贷记"投资收益"等科目；按其差额，借记或贷记"债权投资——利息调整"科目。

以摊余成本计量的债权投资为一次还本付息债券投资的，应按票面利率计算确定的应收未收利息，借记"债权投资——应计利息"科目；按该债权投资摊余成本和实际利率计算确定的利息收入，贷记"投资收益"等科目；按其差额，借记或贷记"债权投资——利息调整"科目。

(3) 出售以摊余成本计量的债权投资，应按实际收到的金额，借记"银行存款"等科目；按其账面余额，贷记"债权投资——成本""债权投资——应计利息"科目，贷记或借记"债权投资——利息调整"科目；按其差额，贷记或借记"投资收益"科目。已计提信用减值准备的，还应同时结转信用减值准备。

企业持有的以摊余成本计量的应收款项、贷款等的账务处理原则，与债权投资大致相同，企业可使用"应收账款""贷款"等科目进行核算。

【例4-29】2022年1月1日，光明公司支付价款1 000元(含交易费用)从活跃市场上购入新华公司5年期债券，面值1 250元，票面利率4.72%。按年支付利息(即每年利息为59元)，本金最后一次支付。合同约定，该债券的发行方在遇到特定情况时可以将债券赎回，且不需要为提前赎回支付额外款项。光明公司在购买该债券时，预计发行方不会提前赎回。不考虑所得税、减值损失等因素。

采用插值法，计算实际利率r：$59 \times (1+r)^{-1} + 59 \times (1+r)^{-2} + 59 \times (1+r)^{-3} + 59 \times (1+r)^{-4} + (59+1\ 250) \times (1+r)^{-5} = 1\ 000$(元)，$r=10\%$。

各年溢折价摊销情况如表4-2所示。

表4-2 各年溢折价摊销情况

单位：元

年份	期初摊余成本(a)	实际利率(b) (按10%计算)	应收利息(c)	期末摊余成本(d) ($d=a+b-c$)
2022	1 000	100	59	1 041
2023	1 041	104	59	1 086
2024	1 086	109	59	1 136
2025	1 136	113	59	1 190
2026	1 190	119	59	0

根据上述数据，光明公司的有关会计处理如下：

① 2022年1月1日，购入债券时，

借：债权投资——成本 1 250

　　贷：银行存款 1 000

　　　　债权投资——利息调整 250

② 2022年12月31日，确认实际利息收入、收到票面利息时，

借：应收利息 59

　　债权投资——利息调整 41

　　贷：投资收益 100

借：银行存款 59

　　贷：应收利息 59

③ 2023年12月31日，确认实际利息收入、收到票面利息时，

借：应收利息 59

　　债权投资——利息调整 45

　　贷：投资收益 104

借：银行存款 59

　　贷：应收利息 59

④ 2024年12月31日，确认实际利息收入、收到票面利息时，

借：应收利息 59

　　债权投资——利息调整 50

　　贷：投资收益 109

借：银行存款 59

　　贷：应收利息 59

⑤ 2025年12月31日，确认实际利息收入、收到票面利息时，

借：应收利息 59

　　债权投资——利息调整 54

　　贷：投资收益 113

借：银行存款 59

　　贷：应收利息 59

⑥ 2026年12月31日，确认实际利息收入、收到票面利息和本金时，

借：应收利息 59

　　债权投资——利息调整 60

　　贷：投资收益 119

借：银行存款 59

　　贷：应收利息 59

借：银行存款   1 250

  贷：债权投资——成本   1 250

【例4-30】承例4-29，假定光明公司购买的债券不是分次付息，而是到期一次还本付息，且利息不以复利计算。此时，计算光明公司所购买债券的实际利率r：$(59+59+59+59+59+1250)\times(1+r)^{-5}=1\,000$，得出$r=9.05\%$。

调整上述表4-2中相关数据，如表4-3所示。

表4-3 各年溢折价摊销情况

单位：元

年份	期初摊余成本(a)	实际利率(b) (按9.05%计算)	应收利息(c)	期末摊余成本(d) ($d=a+b-c$)
2022	1 000	90.5	0	1 090.5
2023	1 090.5	98.69	0	1 189.19
2024	1 189.19	107.62	0	1 296.81
2025	1 296.81	117.36	0	1 414.17
2026	1 414.17	130.83	295	0

根据上述资料，光明公司的有关账务处理如下：

① 2022年1月1日，购入债券时，

借：债权投资——成本   1 250

  贷：银行存款   1 000

    债权投资——利息调整   250

② 2022年12月31日，确认实际利息收入时，

借：债权投资——应计利息   59

    ——利息调整   31.5

  贷：投资收益   90.5

③ 2023年12月31日，确认实际利息收入时，

借：债权投资——应计利息   59

    ——利息调整   39.69

  贷：投资收益   98.69

④ 2024年12月31日，确认实际利息收入时，

借：债权投资——应计利息   59

    ——利息调整   48.62

  贷：投资收益   107.62

⑤ 2025年12月31日，确认实际利息收入时，

借：债权投资——应计利息   59

    ——利息调整   58.36

  贷：投资收益   117.36

⑥ 2026年12月31日，确认实际利息收入、收到本金和名义利息时，

借：债权投资——应计利息　　　　　　　　　　　　　　　59

　　　　　——利息调整　　　　　　　　　　　　　　　71.83

　　贷：投资收益　　　　　　　　　　　　　　　　　　　　　　130.83

借：银行存款　　　　　　　　　　　　　　　　　　　1 545

　　贷：债权投资——成本　　　　　　　　　　　　　　　　　　1 250

　　　　　——应计利息(1 250×4.72%×5)　　　　　　　　　　295

【例4-31】光明公司2022年1月1日购入新华公司同日发行的5年一次还本付息债券，票面年利率8%，债券面值600 000元，实际支付价款650 000元，不考虑其他相关税费。假定发行时的市场利率为6%，年末计息一次。各年溢价摊销情况如表4-4所示。

表4-4　各年溢价摊销情况

单位：元

年份	期初摊余成本(a)	实际利率(b)(按6%计算)	应收利息(c)	期末摊余成本(d)(d=a+b-c)
2022	650 000	39 000	48 000	641 000
2023	641 000	38 460	48 000	631 460
2024	631 460	37 888	48 000	621 348
2025	621 348	37 281	48 000	610 629
2026	610 629	37 371	48 000	600 000
合计		190 000	240 000	

根据上述资料，光明公司编制会计分录如下：

① 2022年1月1日，购入债券时，

借：债权投资——成本　　　　　　　　　　　　　　600 000

　　　　　——利息调整　　　　　　　　　　　　　　50 000

　　贷：银行存款　　　　　　　　　　　　　　　　　　　　　650 000

② 2022年12月31日，计算应计利息及投资收益时，

借：债权投资——应计利息　　　　　　　　　　　　48 000

　　贷：债权投资——利息调整　　　　　　　　　　　　　　　9 000

　　　　投资收益　　　　　　　　　　　　　　　　　　　　　39 000

③ 2023年12月31日，计算应计利息及投资收益时，

借：债权投资——应计利息　　　　　　　　　　　　48 000

　　贷：债权投资——利息调整　　　　　　　　　　　　　　　9 540

　　　　投资收益　　　　　　　　　　　　　　　　　　　　　38 460

④ 2024年12月31日，计算应计利息及投资收益时，

借：债权投资——应计利息　　　　　　　　　　　　48 000

　　贷：债权投资——利息调整　　　　　　　　　　　　　　10 112

　　　　投资收益　　　　　　　　　　　　　　　　　　　　　37 888

⑤ 2025年12月31日，计算应计利息及投资收益时，

借：债权投资——应计利息　　　　　　　　　　　　　48 000

　　贷：债权投资——利息调整　　　　　　　　　　　　　　10 719

　　　　投资收益　　　　　　　　　　　　　　　　　　　　37 281

⑥ 2026年12月31日，计算应计利息及投资收益时，

借：债权投资——应计利息　　　　　　　　　　　　　48 000

　　贷：债权投资——利息调整　　　　　　　　　　　　　　10 629

　　　　投资收益　　　　　　　　　　　　　　　　　　　　37 371

⑦ 到期收回本金时，

借：银行存款　　　　　　　　　　　　　　　　　　840 000

　　贷：债权投资——成本　　　　　　　　　　　　　　　600 000

　　　　债权投资——应计利息　　　　　　　　　　　　　240 000

4. 债权投资转换

企业因债权投资部分出售或重分类的金额较大，且不属于企业会计准则所允许的例外情况，使该投资的剩余部分不再适合划分为债权投资的，企业应当将该投资的剩余部分重分类为其他债权投资，并以公允价值进行后续计量。重分类日，该投资剩余部分的账面价值与其公允价值之间的差额计入其他综合收益，在该其他债权投资发生减值或终止确认时转出，计入当期损益。

【例4-32】 2024年3月，由于贷款基准利率的变动和其他市场因素的影响，乙公司持有的、原划分为债权投资的某公司债券价格持续下跌。为此，乙公司于4月1日对外出售该其他债权投资的10%，收取价款1 200 000元(即所出售债券的公允价值)。

假定4月1日该债券出售前的账面余额(成本)为10 000 000元。

不考虑债券出售等其他相关因素的影响，乙公司相关的账务处理如下：

借：银行存款　　　　　　　　　　　　　　　　　1 200 000

　　贷：债权投资　　　　　　　　　　　　　　　　　1 000 000

　　　　投资收益　　　　　　　　　　　　　　　　　　200 000

借：其他债权投资　　　　　　　　　　　　　　　10 800 000

　　贷：债权投资——成本　　　　　　　　　　　　　9 000 000

　　　　其他综合收益　　　　　　　　　　　　　　　1 800 000

假定4月23日，乙公司将该债券全部出售，收取价款11 800 000元，则乙公司相关账务处理如下：

借：银行存款　　　　　　　　　　　　　　　　　11 800 000

　　贷：其他债权投资　　　　　　　　　　　　　　10 800 000

　　　　投资收益　　　　　　　　　　　　　　　　1 000 000

借：其他综合收益   1 800 000

    贷：投资收益   1 800 000

分类为贷款和应收款的金融资产，其会计处理与持有至到期投资基本相同。

任务五　其他债权、其他权益工具投资

会计准则规定，企业其他债权投资、其他权益工具投资是以公允价值计量且其变动计入其他综合收益的金融资产。

一、其他债权投资、其他权益工具投资的初始计量

企业初始确认其他债权、其他权益工具投资，应当按照公允价值计量，对于投资相关交易费用应当计入初始确认金额。

企业取得其他债权、其他权益工具投资所支付的价款中包含的已宣告但尚未发放的现金股利或已到付息期但尚未领取的利息，应当单独确认为应收项目处理。

二、其他债权投资的后续计量

企业持有的普通债券的合同现金流量是到期收回本金及按约定利率在合同期间按时收取固定或浮动利息的权利。在没有其他特殊安排的情况下，普通债券的合同现金流量一般情况下可能符合"本金和以未偿付本金金额为基础的利息支付"的要求，即采用债权投资进行核算。如果企业管理该债券的业务模式既以收取合同现金流量为目标又以出售该债券为目标，则该债券应当分类为以公允价值计量且其变动计入其他综合收益的金融资产，采用其他债权投资进行核算。

以公允价值计量且其变动计入其他综合收益的其他债权投资的会计处理，与以公允价值计量且其变动计入当期损益的金融资产的会计处理存在类似之处，如均要求按公允价值进行后续计量。但是，也有一些不同之处，以公允价值计量且其变动计入其他综合收益的金融资产所产生的利得或损失，除减值损失或利得和汇兑损益外，均应当计入其他综合收益，直至该金融资产终止确认或被重分类。但是，采用实际利率法计算的该金融资产的利息应当计入当期损益。终止确认时，之前计入其他综合收益的累计利得或损失应当从其他综合收益中转出，计入当期损益。

相关的账务处理如下所述。

(1) 企业取得以公允价值计量且其变动计入其他综合收益的其他债权投资，应按该金融资产投资的面值，借记"其他债权投资——成本"科目；按支付的价款中包含的已到付息期但尚未领取的利息，借记"应收利息"科目；按实际支付的金额，贷记"银行存款"等科目；按其差额，借记或贷记"其他债权投资——利息调整"科目。

(2) 资产负债表日，以公允价值计量且其变动计入其他综合收益的金融资产为分期付息、一次还本债券投资的，应按票面利率计算确定的应收未收利息，借记"应收利

息"科目；按债券的摊余成本和实际利率计算确定的利息收入，贷记"投资收益"等科目；按其差额，借记或贷记"其他债权投资——利息调整"科目。

以公允价值计量且其变动计入其他综合收益的其他债权投资为一次还本付息债券投资的，应按票面利率计算确定的应收未收利息，借记"其他债权投资——应计利息"科目；按债券的摊余成本和实际利率计算确定的利息收入，贷记"投资收益"等科目；按其差额，借记或贷记"其他债权投资——利息调整"科目。

(3) 资产负债表日，以公允价值计量且其变动计入其他综合收益的其他债权投资公允价值高于其账面余额的差额，借记"其他债权投资——公允价值变动"科目，贷记"其他综合收益——其他债权投资公允价值变动"科目。公允价值低于其账面余额的差额作相反的会计分录。

确定以公允价值计量且其变动计入其他综合收益的金融资产发生减值的，应按减记的金额，借记"信用减值损失"科目，贷记"其他综合收益——信用减值准备"科目。

(4) 出售以公允价值计量且其变动计入其他综合收益的其他债权投资，应按实际收到的金额，借记"银行存款"等科目；按其账面余额，贷记"其他债权投资——成本""其他债权投资——应计利息"科目，贷记或借记"其他债权投资——公允价值变动""其他债权投资——利息调整"，借记或贷记"其他综合收益——其他债权投资公允价值变动"科目，借记"其他综合收益——信用减值准备"科目；按其差额，贷记或借记"投资收益"科目。

【例4-33】2020年1月1日，甲公司(制造业企业)支付价款1 000万元(含交易费用)从公开市场购入乙公司同日发行的5年期公司债券12 500份，债券票面价值总额为1 250万元，票面年利率为4.72%，于年末支付本年度债券利息(即每年利息为59万元)，本金在债券到期时一次性偿还。合同约定，该债券的发行方在遇到特定情况时可以将债券赎回，且不需要为提前赎回支付额外款项。甲公司在购买该债券时，预计发行方不会提前赎回。甲公司根据其管理该债券的业务模式和该债券的合同现金流量特征，将该债券分类为以公允价值计量且其变动计入其他综合收益的金融资产。其他资料如下：

(1) 2020年12月31日，乙公司债券的公允价值为1 200万元(不含利息)。

(2) 2021年12月31日，乙公司债券的公允价值为1 300万元(不含利息)。

(3) 2022年12月31日，乙公司债券的公允价值为1 250万元(不含利息)。

(4) 2023年12月31日，乙公司债券的公允价值为1 200万元(不含利息)。

(5) 2024年1月20日，通过公开市场出售了乙公司债券12 500份，取得价款1 260万元。

采用插值法，计算实际利息 r：$59 \times (1+r)^{-1}+59 \times (1+r)^{-2}+59 \times (1+r)^{-3}+59 \times (1+r)^{-4}+(59+1 250) \times (1+r)^{-5}=1 000$（万元），$r=10\%$。

根据表4-5中的数据，不考虑所得税、减值等因素，甲公司的有关账务处理如下。

表4-5 实际利率法计算表

单位：万元

日期	现金流入	实际利息收入(B=D×10%)	已收回的本金(C=A−B)	摊余成本余额(D=期初D−C)	公允价值(E)	公允价值变动额(F=E−D−期初G)	公允价值变动累计金额=期初G+F
2020年1月1日				1 000	1 000	0	0
2020年12月31日	59	100	−41	1 041	1 200	159	159
2021年12月31日	59	104	−45	1 086	1 300	55	214
2022年12月31日	59	109	−50	1 136	1 250	−100	114
2023年12月31日	59	113	−54	1 190	1 200	−104	10

① 2020年1月1日，购入乙公司债券。

借：其他债权投资——成本 12 500 000
　　贷：银行存款 10 000 000
　　　　其他债权投资——利息调整 2 500 000

② 2020年12月31日，确认乙公司债券实际利息收入、公允价值变动，收到债券利息。

借：应收利息 590 000
　　其他债权投资——利息调整 410 000
　　贷：投资收益 1 000 000
借：银行存款 590 000
　　贷：应收利息 590 000
借：其他债权投资——公允价值变动 1 590 000
　　贷：其他综合收益——其他债权投资公允价值变动 1590 000

③ 2021年12月31日，确认乙公司债券实际利息收入、公允价值变动，收到债券利息。

借：应收利息 590 000
　　其他债权投资——利息调整 450 000
　　贷：投资收益 1 040 000
借：银行存款 590 000
　　贷：应收利息 590 000
借：其他债权投资——公允价值变动 550 000
　　贷：其他综合收益——其他债权投资公允价值变动 550 000

④ 2022年12月31日，确认乙公司债券实际利息收入、公允价值变动，收到债券利息。

借：应收利息 590 000
　　其他债权投资——利息调整 500 000
　　贷：投资收益 1 090 000

借：银行存款	590 000
贷：应收利息	590 000
借：其他综合收益——其他债权投资公允价值变动	1 000 000
贷：其他债权投资——公允价值变动	1000 000

⑤2023年12月31日，确认乙公司债券实际利息收入、公允价值变动，收到债券利息。

借：应收利息	590 000
其他债权投资——利息调整	540 000
贷：投资收益	1130 000
借：银行存款	590 000
贷：应收利息	590 000
借：其他综合收益——其他债权投资公允价值变动	1 040 000
贷：其他债权投资——公允价值变动	1 040 000

⑥2024年1月20日，确认出售乙公司债券实现的损益。

借：银行存款	12 600 000
其他综合收益——其他债权投资公允价值变动	100 000
其他债权投资——利息调整	600 000
贷：其他债权投资——成本	12 500 000
——公允价值变动	100 000
投资收益	700 000

【例4-34】甲公司于2022年12月15日购入一项公允价值为1 000万元的债务工具，分类为以公允价值计量且其变动计入其他综合收益的金融资产。该工具合同期限为10年，年利率为5%，实际利率也为5%。2022年12月31日，由于市场利率变动，该债务工具的公允价值跌至950万元，甲公司计提信用减值损失30万元。为简化起见，本例不考虑利息。

2023年1月1日，甲公司决定以当日的公允价值950万元出售该债务工具。假定不考虑其他因素，甲公司的相关账务处理如下：

①购入该工具时，

| 借：其他债权投资——成本 | 10 000 000 |
| 贷：银行存款 | 10 000 000 |

②2022年12月31日，

借：信用减值损失	300 000
其他综合收益——其他债权投资公允价值变动	500 000
贷：其他债权投资——公允价值变动	500 000
其他综合收益——信用减值准备	300 000

③2023年1月1日，

| 借：银行存款 | 9 500 000 |

投资收益	200 000
其他债权投资——公允价值变动	500 000
其他综合收益——信用减值准备	300 000
贷：其他综合收益——其他债权投资公允价值变动	500 000
其他债权投资——成本	10 000 000

三、其他权益工具投资的后续计量

指定为以公允价值计量且其变动计入其他综合收益的非交易性权益工具投资的会计处理，与分类为以公允价值计量其变动计入其他综合收益的金融资产的会计处理有相同之处，但也有明显不同。相同之处在于两者公允价值的后续变动均计入其他综合收益。不同之处在于，指定为以公允价值计量且其变动计入其他综合收益的非交易性权益工具投资不需计提减值准备，除了获得的股利收入(作为投资成本部分收回的股利收入除外)计入当期损益外，其他相关的利得和损失(包括汇兑损益)均应当计入其他综合收益，且后续不得转入损益；当终止确认时，之前计入其他综合收益的累计利得或损失应当从其他综合收益中转出，计入留存收益。

相关的账务处理如下所述。

(1) 企业取得指定为以公允价值计量且其变动计入其他综合收益的非交易性权益工具投资，应按该投资的公允价值与交易费用之和，借记"其他权益工具投资——成本"科目；按支付的价款中包含的已宣告但尚未发放的现金股利，借记"应收股利"科目；按实际支付的金额，贷记"银行存款"等科目。

(2) 资产负债表日，指定为以公允价值计量且其变动计入其他综合收益的非交易性权益工具投资的公允价值高于其账面余额的差额，借记"其他权益工具投资——公允价值变动"科目，贷记"其他综合收益——其他权益工具投资公允价值变动"科目；公允价值低于其账面余额的差额作相反的会计分录。

(3) 出售指定为以公允价值计量且其变动计入其他综合收益的非交易性权益工具投资，应按实际收到的金额，借记"银行存款"等科目；按其账面余额，贷记"其他权益工具投资——成本"科目，借记或贷记"其他权益工具投资——公允价值变动"科目；按应从其他综合收益中转出的公允价值累计变动额，借记或贷记"其他综合收益——其他权益工具投资公允价值变动"科目，将其差额转入留存收益。

【例4-35】2023年5月6日，甲公司支付价款1 016万元(含交易费用1万元和已宣告但尚未发放现金股利15万元)，购入乙公司发行的股票200万股，占乙公司有表决权股份的0.5%。甲公司将其指定为以公允价值计量且其变动计入其他综合收益的非交易性权益工具投资。

2023年5月10日，甲公司收到乙公司发放的现金股利15万元。

2023年6月30日，该股票市价为每股5.2元。

2023年12月31日，甲公司仍持有该股票；当日，该股票市价为每股5元。

2024年5月9日，乙公司宣告发放股利4 000万元。

2024年5月13日，甲公司收到乙公司发放的现金股利。

2024年5月20日，甲公司由于某特殊原因，以每股4.9元的价格将股票全部转让，假定不考虑其他因素，终止确认时其他综合收益转入留存收益中的"利润分配"科目。

甲公司的相关账务处理如下：

① 2023年5月6日，购入股票时，

借：应收股利		150 000
其他权益工具投资——成本		10 010 000
贷：银行存款		10 160 000

② 2023年5月10日，收到现金股利时，

借：银行存款		150 000
贷：应收股利		150 000

③ 2023年6月30日，确认股票价格变动时，

借：其他权益工具投资——公允价值变动		390 000
贷：其他综合收益——其他权益工具投资公允价值变动		390 000

④ 2023年12月31日，确认股票价格变动时，

借：其他综合收益——其他权益工具投资公允价值变动		400 000
贷：其他权益工具投资——公允价值变动		400 000

⑤ 2024年5月9日，确认应收现金股利时，

借：应收股利		200 000
贷：投资收益		200 000

⑥ 2024年5月13日，收到现金股利时，

借：银行存款		200 000
贷：应收股利		200 000

⑦ 2024年5月20日，出售股票时，

借：利润分配——未分配利润		10 000
贷：其他综合收益——其他权益工具投资公允价值变动		10 000
借：银行存款		9 800 000
其他权益工具投资——公允价值变动		10 000
利润分配——未分配利润		200 000
贷：其他权益工具投资——成本		10 010 000

四、金融资产之间重分类的会计处理

1. 以摊余成本计量的金融资产的重分类

(1) 企业将一项以摊余成本计量的金融资产重分类为以公允价值计量且其变动计入

当期损益的金融资产的，应当按照该金融资产在重分类日的公允价值进行计量。原账面价值与公允价值之间的差额计入当期损益。

(2) 企业将一项以摊余成本计量的金融资产重分类为以公允价值计量且其变动计入其他综合收益的金融资产的，应当按照该金融资产在重分类日的公允价值进行计量。原账面价值与公允价值之间的差额计入其他综合收益。该金融资产重分类不影响其实际利率和预期信用损失的计量。

2. 以公允价值计量且其变动计入其他综合收益的金融资产的重分类

(1) 企业将一项以公允价值计量且其变动计入其他综合收益的金融资产重分类为以摊余成本计量的金融资产的，应当将之前计入其他综合收益的累计利得或损失转出，调整该金融资产在重分类日的公允价值，并以调整后的金额作为新的账面价值，即视同该金融资产一直以摊余成本计量。该金融资产重分类不影响其实际利率和预期信用损失的计量。

(2) 企业将一项以公允价值计量且其变动计入其他综合收益的金融资产重分类为以公允价值计量且其变动计入当期损益的金融资产的，应当继续以公允价值计量该金融资产，同时企业应当将之前计入其他综合收益的累计利得或损失从其他综合收益转入当期损益。

3. 以公允价值计量且其变动计入当期损益的金融资产的重分类

(1) 企业将一项以公允价值计量且其变动计入当期损益的金融资产重分类为以摊余成本计量的金融资产的，应当以其在重分类日的公允价值作为新的账面余额。

(2) 企业将一项以公允价值计量且其变动计入当期损益的金融资产重分类为以公允价值计量且其变动计入其他综合收益的金融资产的，应当继续以公允价值计量该金融资产。

对以公允价值计量且其变动计入当期损益的金融资产进行重分类的，企业应当根据该金融资产在重分类日的公允价值确定其实际利率。同时，企业应当自重分类日起对该金融资产适用金融工具减值的相关规定，并将重分类日视为初始确认日。

项目小结

本项目阐述了金融资产的分类及各类金融资产的特征及界定条件，对应收及预付账款一般包括应收账款、预付账款等内容。一般情况下，应收及预付账款应按实际发生的金额入账，应收票据不管是否带息，均按票面价值入账。带息应收票据应于期末按票面价值和确定的利率计提利息。应收票据可以背书转让和贴现。企业的应收账款和其他应收款，应采用备抵法计提坏账准备。在资产负债表上，应收款项的项目按照减去已提取的坏账准备后的净额反映。同时，本项目对交易性金融资产、债权投资、其他债券投资、其他权益工具投资等金融资产的会计计量、记录作了案例说明，对于金融资产的重分类作了理论阐述。

练习题

客观题

业务题

1. 甲公司2024年7月1日向C公司销售一批商品，货款为60 000元，增值税额为10 200元。甲公司为了尽快收回货款而在合同中规定符合现金折扣的条件为：2/10，1/20，n/30。假设C公司分别于7月9日、7月17日和7月30日付清货款(在计算现金折扣时不考虑增值税因素)。

要求：根据上述资料，编制甲公司在不同时间收回货款的会计分录。

2. 甲企业2023年年末应收账款余额为5 000万元；2024年确认坏账损失50万元，年末应收账款余额为4 000万元；2023年收回已转销的坏账30万元，年末应收账款余额为4 500万元。坏账准备提取比率为5‰。

要求：计算各年坏账准备提取数，并编制有关会计分录。

3. 甲企业为增值税一般纳税人，增值税税率为17%。2023年12月1日，甲企业"应收账款"科目借方余额为500万元，"坏账准备"科目贷方余额为25万元，企业通过对应收款项的信用风险特征进行分析，确定计提坏账准备的比例为期末应收账款余额的5%。

12月份，甲企业发生如下相关业务：

(1) 12月5日，向乙企业赊销一批商品，按商品价目表标明的价格计算的金额为1 000万元(不含增值税)，由于是成批销售，甲企业给予乙企业10%的商业折扣。

(2) 12月9日，一客户破产，根据清算程序，有应收账款40万元不能收回，确认为坏账。

(3) 12月11日，收到乙企业的货款500万元，存入银行。

(4) 12月21日，收到2006年已转销为坏账的应收账款10万元，存入银行。

(5) 12月30日，向丙企业销售商品一批，增值税专用发票上注明的售价为100万元，增值税额为17万元。甲企业为了尽早收回货款而在合同中规定的现金折扣条件为2/10，1/20，n/30。假定现金折扣不考虑增值税。

要求：(1) 编制甲企业上述业务的会计分录。

(2) 计算甲企业本期应计提的坏账准备并编制会计分录。("应交税费"科目要求写出明细科目和专栏名称，答案中的金额单位为"万元")

4. 星海公司从2023年开始采用备抵法核算坏账损失，按照应收账款余额的1%计提坏账准备。2023年年末，公司应收账款账面余额为30万元；2024年6月，确认应收A单位的账款2600元已无法收回；2024年年末，应收账款账面余额为32万元。

要求：根据上述资料编制该公司有关坏账准备的会计分录。

5. 星海公司从2020年开始采用备抵法核算坏账损失，按照应收账款余额的1%计提坏账准备。2023年年末，公司应收账款账面余额为30万元；2024年6月，确认应收A单位的账款3500元已无法收回；2024年年末，应收账款账面余额为32万元。

要求：根据上述资料编制该公司有关坏账准备的会计分录。

6. 星海公司从2023年开始采用备抵法核算坏账损失，按照应收账款余额的1%计提坏账准备。2023年年末，公司应收账款账面余额为30万元；2024年6月，确认应收A单位的账款3200元已无法收回；2024年10月，收回以前期间已作为坏账核销的应收账款，5 000元。2024年年末，应收账款账面余额为36万元。

要求：根据上述资料编制该公司有关坏账准备的会计分录。

7. 2023年9月1日，星海公司收到B公司开出的一张面值20 000元、期限6个月的商业汇票，用以抵偿以前所欠账款；2024年3月1日，收到票据款。

要求：编制有关应收票据的会计分录。

8. 星海公司销售一批商品，售价为50 000元，增值税款为8 500元，收到商业汇票，面值58 500元，期限5个月。商业汇票到期，星海公司未收到票据款。

要求：编制有关应收票据的会计分录。

9. 2023年7月20日，星海公司将持有的6月10日开出的面值80 000元、期限120天的商业汇票向银行申请贴现，收到贴现额78 000元(无追索权贴现)。

要求：编制票据贴现的会计分录。

10. 2023年9月10日，星海公司将持有的8月10日开出的面值为6万元、期限为5个月的商业汇票向银行申请贴现，收到贴现金额58 800元(有追索权)。

要求：编制有关票据贴现的下列会计分录。

(1) 贴现商业汇票。

(2) 贴现票据到期，假定债务人如期付款。

(3) 贴现票据到期，假定债务人未能如期付款，星海公司代债务人付款。

(4) 贴现票据到期，假定债务人和星海公司均无力付款，银行作为逾期贷款处理。

11. 2024年2月1日，星海公司将持有的一张2010年12月1日开出的面值为5万元、期限为6个月的商业汇票背书转让，取得一批价值45 000元、增值税额7 650元的材料，并向供货单位补付差价2650元。

要求：编制票据转让的会计分录。

12. 2024年6月20日，星海公司赊销给C公司一批商品，售价80 000元，增值税税额13 600元，代垫运杂费1 000元，合同约定，C公司于2024年7月20日付款。

要求：编制有关应收账款的会计分录。

13. A公司对债券投资按年计提利息，有关债券投资业务如下：

(1) 2021年1月1日，A公司购入B公司当日发行的一批5年期债券，面值5 000万元，实际支付价款4 639.52万元(含交易费用9.52万元)，票面年利率为10%，每年年末支付利息，到期一次归还本金。A公司根据合同现金流量特征及管理该项金融资产的业务模式，将其假定划分为两类资产：以摊余成本计量的金融资产；以公允价值计量且其变动计入其他综合收益的金融资产。初始确认时确定的实际年利率为12%。

(2) 该债券2021年年末、2022年年末公允价值分别为5 000万元、4 900万元。

(3) 2023年12月31日，由于市场利率变动，该债务工具的公允价值跌至4 800万元。A公司认为，该工具的信用风险自初始确认后并无显著增加，应按12个月内预期信用损失计量损失准备，损失准备金额为200万元。

(4) 2024年1月6日，A公司决定以当日的公允价值4 730.99万元，出售该债务工具。

假定上述款项均以银行存款收付。(计算结果保留两位小数，答案中的金额单位用"万元"表示)

要求：(1) 根据前项任务，编制分类为债权投资和其他债权投资相关会计分录；
(2) 根据第4项任务，计算分类为其他债权投资出售时应确认的投资收益，并编制会计分录。

14. A公司有关股票投资业务如下：

(1) 2020年7月10日，购买B公司发行的股票300万股，成交价为每股14.8元，其中包含已宣告但尚未发放的现金股利每股0.2元，另付交易费用10万元，占B公司表决权资本的5%。2020年7月20日，收到现金股利。2020年12月31日，该股票每股市价为15元。

(2) 2021年4月3日，B公司宣告发放现金股利每股0.3元；4月30日，A公司收到现金股利。2021年12月31日，该股票每股市价为13元。

(3) 2022年，B公司因违反相关证券法规，受到证券监管部门查处。受此影响，2022年12月31日，股票收盘价格为每股市价6元。A公司经评估认定该项金融资产出现了预期信用损失。

(4) 至2023年12月31日，B公司整改完成，加之市场宏观面好转，2023年12月31日收盘价格为每股市价15元。

(5) 2024年1月6日，A公司出售B公司全部股票，出售价格为每股市价18元，另支付交易费用12万元。

假定不考虑所得税等其他因素。A公司按净利润的10%计提法定盈余公积。上述款项均以银行存款收付。

要求：根据两项假定(假定划分为其他权益工具投资和交易性金融资产)，分别按已知资料时间先后顺序编制相关会计分录，并说明2020年至2023年各年年末金融资产的列报金额、影响各年营业利润的金额和其他综合收益的金额，计算2022年处置金融资产影响投资收益和营业利润的金额。(答案中的金额单位为"万元")

15. A公司为集团公司，其子公司(甲公司、乙公司、丙公司)2023年1月1日因变更了债券管理的业务模式，对一系列债务工具的金融资产进行重分类，发生以下经济业务。(假设不考虑该债券的利息收入)

(1) 2022年1月6日，甲公司以银行存款1 000万元购入一项债务工具投资组合，面值总额为1 000万元，分类为以摊余成本计量的金融资产。2022年6月30日，由于市场利率变动，该债务工具的信用风险自初始确认后已经显著增加，按照预期信用损失计量损失准备的金额为90万元。2022年10月6日，甲公司变更了其管理债券投资组合的业务模式，其变更符合重分类的要求。2023年1月1日重分类日，该债券组合的公允价值为1 100万元。

假定：①将该债券从以摊余成本计量的金融资产重分类为以公允价值计量且其变动计入当期损益的金融资产；② 将该债券从以摊余成本计量的金融资产重分类为以公允价值计量且其变动计入其他综合收益的金融资产。

(2) 2022年3月1日，乙公司以银行存款3 000万元购入一项债券投资组合，面值总额为3 000万元，分类为以公允价值计量且其变动计入其他综合收益的金融资产。2022年6月30日，由于市场利率变动，信用风险自初始确认后已经显著增加，按照预期信用损失计量损失准备的金额为290万元。2022年10月6日，乙公司变更了其管理债券投资组合的业务模式，其变更符合重分类的要求。2022年年末，债务工具公允价值下跌至2 900万元。2023年1月1日重分类日，该债券组合的公允价值为2 900万元。

假定：①将以公允价值计量且其变动计入其他综合收益的金融资产重分类为以摊余成本计量的金融资产；②将以公允价值计量且其变动计入其他综合收益的金融资产重分类为以公允价值计量且其变动计入当期损益的金融资产。

(3) 2022年5月1日，丙公司以银行存款5 000万元购入一项债券投资组合，面值总额为5 000万元，分类为以公允价值计量且其变动计入当期损益的金融资产。2022年11月6日，丙公司变更了其管理债券投资组合的业务模式，其变更符合重分类的要求。2022年12月31日，债务工具公允价值为5 500万元。2023年1月1日重分类日，该债券组合的公允价值为5 500万元。

假定：①将以公允价值计量且其变动计入当期损益的金融资产重分类为以摊余成本计量的金融资产；②将以公允价值计量且其变动计入当期损益的金融资产重分类为以公允价值计量且其变动计入其他综合收益的金融资产。

要求：根据以上资料编制金融资产相关会计分录。(答案中的金额单位为"万元")

项目五 长期股权投资

问题是时代的声音，回答并指导解决问题是理论的根本任务。今天我们所面临问题的复杂程度、解决问题的艰巨程度明显加大，给理论创新提出了全新要求。我们要增强问题意识，聚焦实践遇到的新问题、改革发展稳定存在的深层次问题、人民群众急难愁盼问题、国际变局中的重大问题、党的建设面临的突出问题，不断提出真正解决问题的新理念新思路新办法。

摘自2022年10月16日习近平总书记在中国共产党第二十次全国代表大会会上的报告

引导案例

某电器股份公司2022年会计报表中与长期投资有关的信息如下：利润表中的投资收益约为5.42亿元，占当年利润总额的84%；资产负债表中长期投资的账面价值约为17.35亿元，占资产总额的27.86%；现金流量表中与投资收益对应的现金流量约为1 970万元。从上述3组数据中可以看出，在企业总资产27.86%的对外长期投资取得了占利润84%的投资收益，而这些投资收益只产生了不足2 000万元的现金流量。透过这样的信息，我们应如何对该电器公司当年长期投资的质量进行判断？3张会计报表中有关长期投资的项目是如何核算的？为什么如此高的投资收益只带来2 000万元的现金流入？这样的投资收益反映了什么信息？本项目将详细介绍被越来越多的企业所重视的长期投资的会计核算。

资料来源：根据某股份有限公司2022年年报数据整理而成。

学习目标

熟悉长期股权投资的概念；掌握长期股权投资的成本法和权益法的内容及其账务处理。

任务一　认识长期股权投资的范围和初始计量

一、长期股权投资的范围

企业应当以对被投资单位的影响程度为判断基础，根据《企业会计准则第2号——长期股权投资》《企业会计准则第22号——金融工具确认和计量》所规定的适用范围，对其取得的权益性投资选择适当的会计准则进行会计处理。这里涉及的长期股权投资是指按照《企业会计准则第2号——反期股权投资》进行核算的权益性投资，主要包括三个方面。

(1) 投资方能够对被投资单位实施控制的权益性投资，即对子公司投资。控制，是指投资方拥有对被投资单位的权力，通过参与被投资单位的相关活动而享有可变回报，并且有能力运用对被投资单位的权力影响其回报金额。

(2) 投资方与其他合营方一同对被投资单位实施共同控制且对被投资单位净资产享有权利的权益性投资，即对合营企业投资。共同控制，是指按照相关约定对某项安排所共有的控制，并且该安排的相关活动必须经过分享控制权的参与方一致同意后才能决策。

(3) 投资方对被投资单位具有重大影响的权益性投资，即对联营企业投资。重大影响，是指对一个企业的财务和经营政策有参与决策的权力，但并不能够控制或者与其他方一起共同控制这些政策的制定。实务中，较为常见的重大影响体现为在被投资单位的董事会或类似权力机构中派有代表，通过在被投资单位财务和经营决策制定过程中的发言权实施重大影响。投资方直接或通过子公司间接持有被投资单位20%以上但低于50%的表决权时，一般认为对被投资单位具有重大影响，除非有明确的证据表明该种情况下不能参与被投资单位的生产经营决策，不形成重大影响。在确定能否对被投资单位施加重大影响时，一方面应考虑投资方直接或间接持有被投资单位的表决权股份，另一方面要考虑投资方及其他方持有的当期可执行潜在表决权在假定转换为对被投资单位的股权后产生的影响，如被投资单位发行的当期可转换的认股权证、股份期权及可转换公司债券等的影响。

除上述以外的权益性投资，包括风险投资机构、共同基金，以及类似主体持有的、在初始确认时按照《企业会计准则第22号——金融工具确认和计量》的规定以公允价值计量且其变动计入当期损益的金融资产，投资性主体对不纳入合并财务报表的子公司的权益性投资，以及其他权益性投资，不属于本项目核算范围。

二、长期股权投资初始计量

(一) 长期股权投资核算设置的会计科目

为了总括地核算和监督长期股权投资的增减变动和结存情况，企业应设置"长期股权投资"科目。它属于资产类科目，用来核算企业投出的期限在1年以上(不含1年)的各种股权性质的投资，包括购入的股票和其他股权投资等。其借方登记长期股权投资的增加数；贷方登记长期股权投资的减少数；期末借方余额反映企业持有的长期股权投资的价值。本科目应按被投资单位进行明细核算。长期股权投资核算采用权益法的，应当分"成本""损益调整""其他权益变动"进行明细核算。

(二) 企业合并形成的长期股权投资

企业合并形成的长期股权投资，应与区分其为同一控制下企业合并或非同一控制下企业合并，分别确定其初始成本。

1. 同一控制下的企业合并取得的长期股权投资

1) 初始成本的确定

同一控制下的企业合并是指参与合并的企业在合并前后均受同一方或相同的多方最终控制且该控制并非暂时性的。

同一方，是指对参与合并企业在合并前后均实施最终控制的投资者，如企业集团的母公司等。相同的多方，通常是指根据投资者之间的协议约定，在对被投资单位的生产经营决策行使表决权时发表一致意见的两个或两个以上的投资者。控制并非暂时性，是指参与合并各方在合并前后较长的时间内受同一方或相同的多方最终控制，控制时间通常在1年以上(含1年)。

例如，合并前母公司A有两个子公司B和C，C又有一子公司D，合并后D公司成为B公司的子公司，这种合并就属于同一控制下的合并。

不管哪种形式的同一控制下的合并，从最终控制方的角度看，合并前和合并后其拥有的资源并没有发生变化，变化的只是集团的布局、结构与资本链条，而且合并的交易价格往往不公允，所以同一控制下的企业合并取得的长期股权投资不以公允价值作为初始投资成本。

根据《企业会计准则第2号——长期股权投资》的规定，同一控制下的企业合并，合并方以支付现金、转让非现金资产或承担债务方式作为合并对价的，应当在合并日按照取得被合并方所有者权益账面价值的份额作为长期股权投资的初始投资成本。长期股权投资初始投资成本与支付的现金、转让的非现金资产以及所承担债务账面价值之间的差额，应当调整资本公积；资本公积不足冲减的，依次冲减盈余公积和未分配利润。

合并方以发行权益性证券作为合并对价的，应当在合并日按照取得被合并方所有者权益账面价值的份额作为长期股权投资的初始投资成本。按照发行股份的面值总额作为股本，长期股权投资初始投资成本与所发行股份面值总额之间的差额，应当调整资本公积；资本公积不足冲减的，依次冲减盈余公积和未分配利润。

在按照合并日应享有被合并方在最终控制方合并财务报表中的净资产的账面价值的份额确定长期股权投资的初始投资成本时，前提是合并前合并方与被合并方采用的会计政策应当一致。企业合并前合并方与被合并方采用的会计政策不同的，应基于重要性原则，统一合并方与被合并方的会计政策。在按照合并方的会计政策对被合并方在最终控制方合并财务报表中的净资产的账面价值进行调整的基础上，计算确定长期股权投资的初始投资成本。如果被合并方编制合并财务报表，则应当以合并日被合并方的合并财务报表为基础确认长期股权投资的初始投资成本。

2) 账务处理

同一控制下企业合并形成的长期股权投资，应在合并日按取得被合并方所有者权益账面价值的份额，借记"长期股权投资(成本)"科目，按享有被投资单位已宣告但尚未收取的现金股利或利润，借记"应收股利"科目，按支付的合并对价的账面价值，贷记有关资产或借记有关负债科目，按其差额的，贷记"资本公积——资本溢价或股本溢价"科目；如果为借方差额，则借记"资本公积——资本溢价或股本溢价"科目，资本公积(资本溢价或股本溢价)不足冲减的，应依次借记"盈余公积""利润分配——未分配利润"科目。

【例5-1】光明公司和新华公司同为兴华集团的子公司，2024年1月2日，光明公司和新华公司达成合并协议，光明公司以银行存款5 000万元作为对价，取得新华公司60%的股权。合并日新华公司的账面所有者权益总额为8 000万元。假定光明公司合并时"资本公积——股本溢价"科目的余额为500万元。

光明公司编制的会计分录如下：

借：长期股权投资——新华公司(成本)　　　　　　　　48 000 000

　　资本公积——股本溢价　　　　　　　　　　　　　 2 000 000

　　贷：银行存款　　　　　　　　　　　　　　　　　　　　 50 000 000

若光明公司以每股面值为1元的普通股1000万股作为合并对价，则在取得长期股权投资时，光明公司应作以下会计分录：

借：长期股权投资——新华公司(成本)　　　　　　　　48 000 000

　　贷：股本　　　　　　　　　　　　　　　　　　　　　　 10 000 000

　　　　资本公积——股本溢价　　　　　　　　　　　　　 38 000 000

【例5-2】2023年6月30日，A公司向其母公司P发行10 000 000股普通股(每股面值为1元，每股公允价值为4.34元)，取得母公司P拥有的S公司100%的股权，并于当日起能够对S公司实施控制。S公司与A公司合并后，S公司仍维持其独立法人地位继续经营。2023年6月30日，P公司合并财务报表中的S公司净资产账面价值40 000 000元。假定A公司和S公司都受P公司最终同一控制，在企业合并前采用的会计政策相同。

A公司在合并日应确认对S公司的长期股权投资，初始投资成本为应享有S公司在P公司合并财务报表中的净资产账面价值的份额，其账务处理为：

借：长期股权投资——S公司(成本)　　　　　　　　　 40 000 000

　　贷：股本　　　　　　　　　　　　　　　　　　　　　　 10 000 000

　　　　资本公积——股本溢价　　　　　　　　　　　　　 30 000 000

企业通过多次交易分步取得同一控制下被投资企业的股权，最终形成企业合并的，应当判断多次交易是否属于"一揽子交易"。多次交易的条款、条件以及经济影响符合以下一种或多种情况，通常表明应将多次交易事项作为一揽子交易进行会计处理：①这些交易是同时或者在考虑了彼此影响的情况下订立的；②这些交易整体才能达成一项完整的商业结果；③一项交易的发生取决于其他至少一项交易的发生；④一项交易单独看是不经济的，但是和其他交易一并考虑时，是经济的。

属于一揽子交易的，合并方应当将各项交易作为一项取得控制权的交易进行会计处理。不属于"一揽子交易"的，取得控制权日，应按照以下步骤进行会计处理。

(1) 确定同一控制下企业合并形成的长期股权投资的初始投资成本。在合并日，根据合并后应享有被合并方净资产在最终控制方合并财务报表中的账面价值的份额，确定长期股权投资的初始投资成本。

(2) 长期股权投资初始投资成本与合并对价账面价值之间的差额的处理。合并日，长期股权投资的初始投资成本与达到合并前的长期股权投资账面价值加上合并日进一步取得股份新支付对价的账面价值之和存在差额的，根据这一差额调整资本公积(资本溢价或股本溢价)，资本公积不足冲减的，冲减留存收益。

(3) 合并日之前持有的股权投资，因采用权益法核算或金融、工具确认和计量准则核算而确认的其他综合收益，暂不进行会计处理，直至处置该项投资时采用与被投资单位直接处置相关资产或负债相同的基础进行会计处理；因采用权益法核算而确认的被投资单位净资产中除净损益、其他综合收益和利润分配以外的所有者权益其他变动，暂不进行会计处理，直至处置该项投资时转入当期损益。其中，处置后的剩余股权采用成本法或权益法核算的，其他综合收益和其他所有者权益应按比例结转，处置后的剩余股权改按金融工具确认和计量准则进行会计处理的，其他综合收益和其他所有者权益应全部结转。

【例5-3】 2023年1月1日，A公司取得同一控制下的B公司25%的股份，实际支付款项90 000 000元，能够对B公司施加重大影响。相关手续于当日办理完毕。当日，B公司可辨认净资产账面价值为330 000 000元(假定与公允价值相等)。2023 年度及2024年度，B公司共实现净利润15 000 000元，无其他所有者权益变动。2023年1月1日，公司以定向增发30 000 000股普通股(每股面值为1元，每股公允价值为4.5元)的方式取得同一控制下另一企业所持有的B公司35%股权，相关手续于当日完成。进一步取得投资后，A公司能够对B公司实施控制。当日，B公司在最终控制方合并财务报表中的净资产的账面价值为345 000 000元。假定A公司和B公司采用的会计政策和会计期间相同，均按照10%的比例提取法定盈余公积。A公司和B公司一直受同一最终控制方控制。上述交易不属于一揽子交易。不考虑相关税费等其他因素影响。

(1) 确定合并日长期股权投资的初始投资成本。

合并日追加投资后A公司持有B公司股权比例为60%(25%+35%)。

合并日A公司享有B公司在最终控制方合并财务报表中净资产的账面价值份额为207 000 000元(345 000 000×60%)。

(2) 长期股权投资初始投资成本与合并对价账面价值之间的差额的处理。

原25%的股权投资采用权益法核算，在合并日的原账面价值为93 750 000元(90 000 000+15 000 000×25%)。

追加投资(35%)所支付对价的账面价值为30 000 000元。

合并对价账面价值为123 750 000元(93 750 000+30 000 000)。

长期股权投资初始投资成本与合并对价账面价值之间的差额为83 250 000元(207 000 000−123 750 000)。

合并日，A公司应进行的账务处理为：

借：长期股权投资——B公司　　　　　　　　　　　　　　　　207 000 0000

贷：长期股权投资——B公司——投资成本	90 000 000	
——损益调整	3 750 000	
股本	30 000 000	
资本公积——股本溢价	83 250 000	

2. 非同一控制下的企业合并形成的长期股权投资

1) 初始投资成本的确定

非同一控制下的企业合并是指参与合并的各方在合并前后不属于同一方或相同的多方最终控制的情况下进行的合并。非同一控制下的合并一般以市价为基础，交易作价相对公平合理，因此，非同一控制下企业合并取得的长期股权投资以公允价值为基础计价。

非同一控制下的控股合并中，购买方应当按照确定的企业合并成本作为长期股权投资的初始投资成本。企业合并成本包括购买方付出的资产、发生或承担的负债、发行的权益性工具或债务性工具的公允价值之和。购买方为企业合并发生的审计、法律服务、评估咨询等中介费用以及其他相关管理费用，应于发生时计入当期损益；购买方作为合并对价发行的权益性工具或债务性工具的交易费用，应当计入权益性工具或债务性工具的初始确认金额。

2) 账务处理

非同一控制下企业合并形成的长期股权投资，购买方应在购买日按企业合并成本(不含应向被投资单位收取的现金股利或利润)，借记"长期股权投资——成本"科目，按享有被投资单位已宣告但尚未发放的现金股利或利润，借记"应收股利"科目，按支付合并对价的账面价值，贷记有关资产或借记有关负债科目，按发生的直接相关费用，贷记"银行存款"等科目，按其差额，贷记"营业外收入"或借记"营业外支出"等科目。非同一控制下涉及以库存商品等作为合并对价的，应按库存商品的公允价值，贷记"主营业务收入"科目，并同时结转相关的成本。涉及增值税的，还应进行相应的处理。

【例5-4】 甲公司2023年1月20日购买乙公司发行的股票5 000 000股准备长期持有，占乙公司股份的30%。每股买入价6元，另外，购买该股票时发生有关税费500 000元，款项已由银行存款支付。2022年12月31日，乙公司的所有者权益的账面价值(与其公允价值不存在差异)100 000 000元。

甲公司的会计处理如下：

借：长期股权投资——成本	30 500 000	
贷：银行存款		30 500 000

该例中，长期股权投资的初始投资成本30 500 000元大于投资时应享有被投资单位可辨认净资产公允价值份额30 000 000(100 000 000×30%)元，其差额500 000元不调整为已确认的初始投资成本。但是，如果长期股权投资的初始投资成本小于投资时应享有被投资单位可辨认净资产公允价值份额时，应借记："长期股权投资——成本"科目，贷记"银行存款"等科目，按其差额，贷记"营业外收入"科目。

【例5-5】2023年4月1日，甲公司与乙公司达成合并协议，约定甲公司以一批产品向乙公司投资，占乙公司股份总额的60%。该产品的成本为350万元，公允价值为500万元，该产品适用的增值税税率为17%。假定甲公司与丙公司在此之前不存在任何投资关系，不考虑其他相关税费。根据以上资料，甲公司应作如下会计分录：

借：长期股权投资——丙公司(成本)   5 850 000

    贷：主营业务收入   5 000 000

        应交税费——应交增值税(销项税额)   850 000

同时结转该批产品的成本，

借：主营业务成本   350 000

    贷：库存商品   350 000

【例5-6】2023年3月20日，甲公司与乙公司达成合并协议，约定甲公司以一项专利权向乙公司投资，占乙公司股份总额的60%。该专利权的账面原价为1000万元，已累计摊销200万元，已计提无形资产减值准备50万元，公允价值为900万元。假定甲公司和乙公司在此之前不存在任何投资关系。根据以上资料，A公司应作如下会计分录：

借：长期股权投资——乙公司(成本)   9 450 000

    累计摊销——专利权   2 000 000

    资产减值准备——无形资产减值准备   500 000

    贷：无形资产——专利权   10 000 000

        营业外收入   1 950 000

【例5-7】2024年3月31日，A公司取得B公司70%的股权，并于当日起能够对B公司实施控制。合并中A公司支付的有关资产在购买日的账面价值与公允价如表5-1所示。合并中，A公司为核实B公司的资产价值，聘请专业资产评估机构对B公司的资产进行评估，支付评估费用1 000 000元。假定合并前A公司与B公司不存在任何关联方关系。不考虑相关税费等其他因素影响。

表5-1　A公司支付的有关资产购买日的账面价值与公允价值

2024年3月31日　　　　　　　　　　　　　　　单位：元

项　目	账面价值	公允价值
土地使用权(自用)	20 000 000 (成本为30 000 000，累计摊销10 000 000)	32 000 000
专利技术	8 000 000 (成本为10 000 000，累计摊销2 000 000)	10 000 000
银行存款	8 000 000	8 000 000
合　计	36 000 000	50 000 000

本例中因A公司与B公司在合并前不存在任何关联方关系，应作为非同一控制下的企业合并处理。A公司对于合并形成的对B公司的长期股权投资，应按支付对价的公允价值确定其初始投资成本。

A公司应进行的账务处理为：

借：长期股权投资——B公司　　　　　　　　　　　50 000 000

　　累计摊销　　　　　　　　　　　　　　　　　　12 000 000

　　管理费用　　　　　　　　　　　　　　　　　　 1 000 000

　　贷：无形资产　　　　　　　　　　　　　　　　　　40 000 000

　　　　银行存款　　　　　　　　　　　　　　　　　　 9 000 000

　　　　营业外收入　　　　　　　　　　　　　　　　　14 000 000

企业通过多次交易分步实现非同一控制下企业合并的，应当区分个别财务报表和合并财务报表进行会计处理。在编制个别财务报表时，应将原持有的股权投资的账面价值加上新增投资成本之和，作为改按成本法核算的初始投资成本。

(三) 企业合并以外的其他方式取得的长期股权投资

除企业合并形成的长期股权投资以外，其他方式取得的长期股权投资，应当按照下列规定确定其初始投资成本。

(1) 以支付现金取得的长期股权投资，应当按照实际支付的购买价款作为初始投资成本。初始投资成本包括与取得长期股权投资直接相关的费用、税金及其他必要支出。

(2) 以发行权益性证券取得的长期股权投资，应当按照发行权益性证券的公允价值作为初始投资成本。

(3) 投资者投入的长期股权投资，应当按照投资合同或协议约定的价值作为初始投资成本，但合同或协议约定价值不公允的除外。

(4) 通过非货币性资产交换取得的长期股权投资，其初始投资成本应当按照《企业会计准则第7号——非货币性资产交换》确定。

(5) 通过债务重组取得的长期股权投资，其初始投资成本应当按照《企业会计准则第12号——债务重组》确定。

【例5-8】2023年4月2日，光明公司在公开交易的股票市场上购买新华公司5%的股票100万股，每股12.2元，其中0.2元为已宣告但尚未收取的现金股利，另支付相关税费24 000元，所有款项已通过银行存款支付。

长期股权投资的初始投资成本＝1 000 000×(12.2−0.2)＋24 000＝12 024 000(元)

光明公司应作如下会计分录：

借：长期股权投资——新华公司(成本)　　　　　　12 024 000

　　应收股利　　　　　　　　　　　　　　　　　　 200 000

　　贷：银行存款　　　　　　　　　　　　　　　　　12 224 000

【例5-9】2023年4月30日，光明公司接受新华公司所持有的对兴华公司的长期股权投资。新华公司对兴华公司长期股权投资的账面价值为2 400万元，未计提长期股权投资减值准备。光明公司和新华公司约定，对兴华公司的长期股权投资的价值为3 600万元，占光明公司所有者权益的25%，在2023年4月30日，光明公司的所有者权益总额为

12 000万元。假定不考虑其他相关税费。根据以上资料，光明公司应作如下会计分录：

借：长期股权投资——兴华公司(成本)   36 000 000

    贷：实收资本(股本)   30 000 000

        资本公积   6 000 000

任务二　长期股权投资的后续计量

长期股权投资的后续计量，应根据不同情况采用不同方法，有成本法和权益法两种核算方式。对子公司的长期股权投资应当按照成本法核算，对合营企业、联营企业的长期股权投资应当采用权益法核算。

一、长期股权投资成本法核算

(一) 成本法的含义

成本法是指长期股权投资按投资成本计价核算的方法。在成本法下，长期股权投资以取得股权时的初始投资成本计价，其后，除了投资企业追加投资，收到被投资单位分派的盈余分配额或收回投资外，长期股权投资的账面价值一般应当保持不变。也就是说，长期股权投资的价值一经入账，无论被投资单位的生产经营情况如何，是实现利润还是发生亏损，是净资产增加还是减少，投资企业均不改变其长期股权投资的账面价值，仍以初始投资成本反映企业的长期股权投资。

(二) 成本法的适用范围

根据《企业会计准则第2号——长期股权投资》的规定，投资企业能够对被投资单位实施控制的长期股权投资，应采用成本法核算。

(三) 成本法的核算方法

采用成本法核算长期股权投资的一般程序如下。

(1) 企业初始投资或追加投资时，以支付现金取得的长期股权投资，应将实际支付的购买价款作为初始投资成本。企业所发生的与取得长期股权投资直接相关的费用、税金及其他必要支出应计入长期股权投资的初始投资成本。如果实际支付的价款中包含已宣告但尚未领取的现金股利，这部分应作为应收股利单独核算，不计入初始投资成本。

(2) 根据财政部下发的《企业会计准则解释第3号》规定采用成本法核算的长期股权投资，除取得投资时实际支付的价款或对价中包含的已宣告但尚未发放的现金股利或利润外，投资企业应当按照享有被投资单位宣告发放的现金股利或利润确认投资收益，不再划分是否属于投资前和投资后被投资单位实现的净利润，即被投资企业宣告分派的利润或现金股利，投资企业按应享有的部分，确认为当期投资收益。

【例5-10】光明公司2023年1月10日购买新华股份有限公司发行的股票50 000股，准备长期持有，从而拥有新华股份有限公司5%的股份，每股买入价为6元。另外，企业购买该股票时发生有关税费5 000元，款项已由银行存款支付。

长期股权投资的初始投资成本＝50 000×6＋5 000＝305 000(元)

光明公司应作如下会计处理：

借：长期股权投资 305 000
　　贷：银行存款 305 000

光明公司于2023年6月20日收到新华股份有限公司宣告发放2022年度现金股利的通知，应分得现金股利5 000元。光明公司应作如下会计处理：

借：应收股利 5 000
　　贷：投资收益 5 000

光明公司将其作为长期投资持有的远洋股份有限公司15 000股股票，以每股10元的价格卖出，支付相关税费1 000元，取得价款149 000元，款项已由银行收妥。该长期股权投资账面价值为140 000元，假定没有计提减值准备。光明公司应作如下会计处理：

借：银行存款 149 000
　　贷：长期股权投资 140 000
　　　　投资收益 9 000

二、长期股权投资权益法的核算

(一) 权益法的含义

长期股权投资的权益法是指投资最初以初始投资成本计价，以后根据投资企业享有被投资单位所有者权益份额的变动对投资的账面价值进行调整的方法。在权益法下，长期股权投资的账面价值反映的不是企业的初始投资成本，而是企业占被投资企业所有者权益的份额。

(二) 权益法的适用范围

根据《企业会计准则第2号——长期股权投资》的规定，投资企业对被投资单位具有共同控制或重大影响的长期股权投资，应当采用权益法核算。

投资方在判断对被投资单位是否具有共同控制、重大影响时，应综合考虑直接持有的股权和通过子公司间接持有的股权。在综合考虑直接持有的股权和通过子公司间接持有的股权后，如果认定投资方在被投资单位拥有共同控制或重大影响，在个别财务报表中，投资方进行权益法核算时，应仅考虑直接持有的股权份额；在合并财务报表中，投资方进行权益法核算时，应同时考虑直接持有和间接持有的份额。

(三) 权益法的核算方法

(1) 企业初始投资或追加投资时,按照初始投资成本或追加投资的投资成本,增加长期股权投资的账面价值。

(2) 比较初始投资成本与投资时应享有被投资单位可辨认净资产公允价值的份额,前者大于后者的,不调整长期股权投资账面价值;前者小于后者的,应当按照两者之间的差额调增长期股权投资的账面价值,同时将其计入取得投资当期损益(营业外收入)。

(3) 持有投资期间,随着被投资单位所有者权益的变动相应调整增加或减少长期股权投资的账面价值,并分情况处理:对于因被投资单位实现净损益和其他综合收益而产生的所有者权益的变动,投资方应当按照应享有的份额,增加或减少长期股权投资的账面价值,同时确认投资损益和其他综合收益;对于被投资单位宣告分派的利润或现金股利计算应分得的部分,相应减少长期股权投资的账面价值;对于被投资单位除净损益、其他综合收益以及利润分配以外的因素导致的其他所有者权益变动,相应调整长期股权投资的账面价值,同时确认资本公积(其他资本公积)。

值得注意的是,尽管在评估投资方对被投资单位是否具有重大影响时,应当考虑潜在表决权的影响,但在确定应享有的被投资单位实现的净损益、其他综合收益和其他所有者权益变动的份额时,潜在表决权所对应的权益份额不应予以考虑。

在持有投资期间,被投资单位编制合并财务报表的,应当以合并财务报表中净利润、其他综合收益和其他所有者权益变动中归属于被投资单位的金额为基础进行会计处理。

此外,如果被投资单位发行了分类为权益的可累积优先股等类似的权益工具,无论被投资单位是否宣告分配优先股股利,投资方计算应享有被投资单位的净利润时,均应将归属于其他投资方的累积优先股股利予以扣除。

1. 初始投资成本的调整

投资方取得对联营企业或合营企业的投资以后,对于取得投资时初始投资成本与应享有被投资单位可辨认净资产公允价值份额之间的差额,应分情况处理。

(1) 初始投资成本大于取得投资时应享有被投资单位可辨认净资产公允价值份额的,该部分差额是投资方在取得投资过程中通过作价体现出的与所取得股权份额相对应的商誉价值,这种情况下不要求对长期股权投资的成本进行调整。

(2) 初始投资成本小于取得投资时应享有被投资单位可辨认净资产公允价值份额的,两者之间的差额体现为双方在交易作价过程中转让方的让步,该部分经济利益应计入取得投资当期的营业外收入,同时调整长期股权投资的账面价值。

【例5-11】A公司于2024年1月2日取得B公司30%的股权,支付价款30 000 000元。取得投资时被投资单位账面所有者权益的构成如下所示(假定该时点被投资单位各项可辨认资产、负债的公允价值与其账面价值相同,单位:元)。

实收资本	30 000 000
资本公积	24 000 000

盈余公积	6 000 000
未分配利润	15 000 000
所有者权益总额	75 000 000

假定在B公司的董事会中，所有股东均以其持股比例行使表决权。A公司在取得对B公司的股权后，派人参与了B公司的财务和生产经营决策能够对B公司的生产经营决策施加重大影响，A公司对该项投资采用权益法核算。

取得投资时，A公司应进行的会计处理为：

借：长期股权投资——B公司——投资成本　　　　　　　　30 000 000
　　贷：银行存款　　　　　　　　　　　　　　　　　　　　　30 000 000

长期股权投资的成本30 000 000元大于取得投资时应享有B公司可辨认净资产公允价值的份额22 500 000元(75 000 000×30%)，不对其初始投资成本进行调整。

假定取得投资时B公司可辨认净资产公允价值为120 000 000元，A公司按持股比例30%计算确定应享有36 000 000元，则初始投资成本与应享有B公司可辨认净资产公允价值份额之间的差额6 000 000元应计入取得投资当期的损益。

则取得投资时，A公司应进行的会计处理为

借：长期股权投资——B公司——投资成本　　　　　　　　36 000 000
　　贷：银行存款　　　　　　　　　　　　　　　　　　　　　30 000 000
　　　　营业外收入　　　　　　　　　　　　　　　　　　　　　6 000 000

2. 投资损益的确认

投资企业取得长期股权投资后，按照应享有的被投资单位实现的净收益的份额，确认投资收益并调整长期股权投资的账面价值。投资企业按照被投资单位宣告分派的利润或现金股利计算应分得的部分，相应减少长期股权投资的账面价值。

投资企业确认被投资单位发生的净亏损，应以长期股权投资的账面价值以及其他实质上构成对被投资单位净投资的长期权益减记至零为限，投资企业负有承担额外损失义务的除外。

采用权益法核算的长期股权投资，在确认应享有(或分担)被投资单位的净利润(或净亏损)时，应在被投资单位账面净利润的基础上进行调整，调整时应考虑以下两种因素。

(1) 被投资单位采用的会计政策和会计期间与投资方不一致的，应按投资方的会计政策和会计期间对被投资单位的财务报表进行调整，在此基础上确定被投资单位的损益。

(2) 以取得投资时被投资单位固定资产、无形资产等的公允价值为基础计提的折旧额或摊销额，以及有关资产减值准备金额等对被投资单位净利润的影响。投资方取得投资时被投资单位有关资产、负债的公允价值与其账面价值不同的，未来期间，在计算归属投资方应享有的净利润或应承担的净亏损时，应考虑对被投资单位计提的折旧额、摊销额以及资产减值准备金额等进行调整。

投资方在对被投资单位的净利润进行调整时，应考虑重要性原则，不具有重要性的项目可不予调整。投资企业无法合理确定取得投资时被投资单位各项可辨认资产、负债等公允价值的，或者投资时被投资单位可辨认资产、负债的公允价值与账面价值之间的差额不具有重要性的，或者其他原因导致无法取得对被投资单位净利润进行调整所需资料的，可以按照被投资单位的账面净利润为基础，经调整未实现内部交易损益后，计算确认投资收益。

【例5-12】2023年，新华股份有限公司实现净利润10 000 000元。光明公司按照持股比例确认投资收益3 000 000元。2024年5月15日，新华股份有限公司已宣告发放现金股利，每10股分派3元，光明公司可分派到1 500 000元。2024年6月15日，光明公司收到新华股份有限公司分派的现金股利。

光明公司应作如下会计处理：

(1) 确认从新华股份有限公司实现的投资收益时，

借：长期股权投资——损益调整　　　　　　　　　　3 000 000

　　贷：投资收益　　　　　　　　　　　　　　　　　　3 000 000

(3) 新华股份有限公司宣告发放现金股利时，

借：应收股利　　　　　　　　　　　　　　　　　　1 500 000

　　贷：长期股权投资——损益调整　　　　　　　　　　1 500 000

(3) 收到新华股份有限公司宣告发放的现金股利时，

借：银行存款　　　　　　　　　　　　　　　　　　1 500 000

　　贷：应收股利　　　　　　　　　　　　　　　　　　1 500 000

【例5-13】假定A公司长期股权投资的成本大于取得投资时B公司可辨认净资产公允价值份额的情况下，2024年B公司实现净利润8 000 000元。A公司、B公司均以公历年度作为会计年度，采用相同的会计政策。

由于投资时B公司各项资产、负债的账面价值与其公允价值相同，不需要对B公司的净利润进行调整，A公司应确认的投资收益为2 400 000元(8 000 000×30%)，一方面增加长期股权投资的账面价值，另一方面作为利润表中的投资收益确认。

A公司的会计处理如下：

借：长期股权投资——B公司——损益调整　　　　　　2 400 000

　　贷：投资收益　　　　　　　　　　　　　　　　　　2 400 000

【例5-14】甲公司于2024年1月2日购入乙公司30%的股份，购买价款为20 000 000元，自取得股份之日起派人参与乙公司的生产经营决策。取得投资日，乙公司可辨认净资产公允价值为60 000 000元，除下列项目外，其他资产、负债的公允价值与账面价值相同，如表5-2所示。

表5-2　资产、负债的公允价值与账面价值

单位：元

项目	账面原价	已提折旧	公允价值	原预计使用年限	剩余使用年限
存货	5 000 000		7 000 000		
固定资产	10 000 000	2 000 000	12 00 000	20	16
无形资产	6 000 000	1 200 000	8 000 000	10	8
小计	21 000 000	3 200 000	27 000 000		

假定乙公司2024年实现净利润6 000 000元，其中在甲公司取得投资时的账面存货5 000 000元中有80%对外出售。甲公司与乙公司的会计年度和采用的会计政策相同。固定资产、无形资产等均按直线法提取折旧或摊销，预计净残值均为0。假定甲、乙公司间未发生其他任何内部交易。

甲公司在确定其应享有乙公司2024年的投资收益时，应在乙公司实现净利润的基础上，根据取得投资时乙公司有关资产的账面价值与其公允价值差额的影响进行调整，调整后的净利润=6 000 000-(7 000 000-5 000 000)×80%-(12 000 000÷16-10 000 000÷20)-(8 000 000÷8-6 000 000÷10)=3 750 000元，甲公司应享有份额=3 750 000×30%=1 125 000元。

甲公司的账务处理如下：

借：长期股权投资——乙公司——损益调整　　　　　　1 125 000

　　贷：投资收益　　　　　　　　　　　　　　　　　　　1 125 000

(3) 对于投资方或纳入投资方合并财务报表范围的子公司与其联营企业及合营企业之间发生的未实现内部交易损益应予抵销。也就是说，投资方与联营企业之间发生的未实现内部交易损益，按照应享有的比例计算归属于投资方的部分，应当予以抵销，在此基础上确认投资损益。投资方与被投资单位发生的内部交易损失，按照资产减值准则等规定属于资产减值损失的，应当全额确认。

未实现内部交易损益的抵制销，应当分别顺流交易和逆流交易进行会计处理。顺流交易是指投资方向其联营企业或合营企业投出或出售资产。逆流交易是指联营企业或合营企业向投资方出售资产。未实现内部交易损益体现在投资方或其联营企业、合营企业持有的资产账面价值中的，在计算确认投资损益时应予抵销。

第一，对于投资方向联营企业或合营企业投出或出售资产的顺流交易，在该交易存在未实现内部交易损益的情况下 (即有关资产未向外部独立第三方出售或未被消耗)，投资方在采用权益法计算确认应享有联营企业或合营企业的投资损益时，应抵销该未实现内部交易损益的影响，同时调整对联营企业或合营企业长期股权投资的账面价值。投资方因投出或出售资产给其联营企业或合营企业而产生的损益中，应仅限于确认归属于联营企业或合营企业其他投资方的部分。

【例5-14】甲公司持有乙公司20%的有表决权的股份，能够对乙公司施加重大影响。2023年9月，甲公司将其账面价值为8 000 000元的商品以12 000 000元的价格出售给乙公司，乙公司将取得的商品作为管理用固定资产，预计使用寿命为10年，净残值

为0。假定甲公司取得该项投资时，乙公司各项可辨认资产、负债的公允价值与其账面价值相同。两者在以前期间未发生过内部交易。乙公司2023年实现净利润为20 000 000元。不考虑相关税费等其他因素影响。

甲公司在该项交易中实现利润4 000 000元(12 000 000-8 000 000)元，其中的800 000元(4 000 000×20%)是针对本公司持有的对联营企业的权益份额，在采用权益法计算确认投资损益时应予以抵销，同时应考虑相关固定资产折旧对损益的影响，甲公司2023年应确认的投资收益=[(20 000 000-4 000 000+4 000 000÷10×3/12)×20%]=3 220 000元。

甲公司应当进行以下账务处理：

借：长期股权投资——乙公司——损益调整　　　　　　　　3 220 000
　　贷：投资收益　　　　　　　　　　　　　　　　　　　　　　3 220 000

第二，对于联营企业或合营企业向投资方投出或售资产的逆流交易，比照上述顺流交易处理。

【例5-15】甲公司持有乙公司20%有表决权股份，能够对乙公司施加重大影响。2023年8月，乙公司将其成本为9 000 000元的某商品以15 000 000元的价格出售给甲公司，甲公司取得的商品作为存货。至2023年12月31日，甲公司仍未对外出售该存货。乙公司2023年实现净利润48 000 000元。假定甲公司取得该项投资时，乙公司各项可辨认资产、负债的公允价值与其账面价值相同，两者在以前期间未发生过内部交易。假定不考虑相关税费等其他因素影响。

甲公司在按照权益法确认应享有乙公司2023年净损益时，账务处理如下：

借：长期股权投资——乙公司——损益调整　　　　　　　　8 400 000
　　[(48 000 000-6 000 000)×20%]
　　贷：投资收益　　　　　　　　　　　　　　　　　　　　　　8 400 000

假定2024年，甲公司将该商品以18 000 000元的价格出售给外部独立第三方，乙公司2024年实现的净利润为30 000 000元。甲公司应作如下账务处理：

借：长期股权投资——乙公司——损益调整　　　　　　　　7 200 000
　　[(30 000 000+6 000 000)×20%]
　　贷：投资收益　　　　　　　　　　　　　　　　　　　　　　7 200 000

应该说明的是，投资方与其联营企业及合营企业之间发生的无论是顺流交易还是逆流交易产生的未实现内部交易损失，其中属于所转让资产发生减值损失的，有关未实现内部交易损失不应予以抵销。

【例5-16】甲公司持有乙公司20%的有表决权的股份，能够对乙公司施加重大影响。2023年，甲公司将其账面价值为2 000 000元的商品以1 600 000元的价格出售给乙公司。至2023年12月31日，该批商品尚未对外部第三方出售。假定甲公司取得该项投资时，乙公司各项可辨认资产、负债的公允价值与其账面价值相同。两者在以前期间未发生过内部交易。乙公司2023年实现净利润为15 000 000元。不考虑相关税费等其他因素影响。

甲公司在确认应享有乙公司2023年净损益时，如果有证据表明该商品交易价格1 600 000元与其账面价值2 000 000元之间的差额为减值损失的，不应予以抵销。

甲公司应作如下会计处理：

借：长期股权投资——乙公司——损益调整　　　　　　　　　　　3 000 000

　　（5 000 000×20%）

　　贷：投资收益　　　　　　　　　　　　　　　　　　　　　　　　　3 000 000

应该注意的是，投资方与联营、合营企业之间发生投出或出售资产的交易，该资产构成业务的，应当按照《企业会计准则第20号——企业合并》《企业会计准则第33号——合并财务报表》的有关规定进行会计处理。有关会计处理如下：①联营、合营企业向投资方出售业务的，投资方应按《企业会计准则第20号——企业合并》的规定进行会计处理，投资方应全额确认与交易相关的利得或损失。②投资方向联营、合营企业投出业务，投资方因此取得长期股权投资但未取得控制权的，应以投出业务的公允价值作为新增长期股权投资的初始投资成本，初始投资成本与投出业务的账面价值之差，全额计入当期损益。③投资方向联营、合营企业出售业务，取得的对价与业务的账面价值之间的差额，全额计入当期损益。

3. 被投资单位其他综合收益变动的处理

被投资单位其他综合收益发生变动的，投资方应当按照归属于本企业的部分，相应调整长期股权投资的账面价值，同时增加或减少其他综合收益。

【例5-17】2023年，新华股份有限责任公司可供出售金融资产的公允价值增加了4 000 000元。光明公司按照持有股份比例确认相应的其他综合收益为1 200 000元。

光明公司应作如下会计处理：

借：长期股权投资——其他权益变动　　　　　　　　　　　　　1 200 000

　　贷：其他综合收益　　　　　　　　　　　　　　　　　　　　　　1 200 000

【例5-18】甲公司持有乙公司30%的股份，能够对乙公司施加重大影响，当期乙公司因持有的可供出售金融资产公允价值的变动计入其他结合收益的金额为20 000 000元，除该事项外，B企业当期实现的净利润为80 000 000元。假定甲公司与乙公司适用的会计政策、会计期间相同，两者在当期及以前期间未发生任何内部交易，投资时乙公司各项可辨认资产、负债的公允价值与其账面价值相同。不考虑相关税费等其他因素影响。

甲公司应进行以下账务处理：

借：长期股权投资——乙公司——损益调整　　　　　　　　　24 000 000

　　　　　　　　　　　　——其他综合收益　　　　　　　　　　　6 000 000

　　贷：投资收益　　　　　　　　　　　　　　　　　　　　　　24 000 000

　　　其他综合收益　　　　　　　　　　　　　　　　　　　　　6 000 000

4. 取得现金股利或利润的处理

按照权益法核算的长期股权投资，投资方自被投资单位取得的现金股利或利润，应抵减长期股权投资的账面价值。在被投资单位宣告分派现金股利或利润时，借记"应收股利"科目，贷记"长期股权投资——损益调整"科目。

5. 超额亏损的确认

权益法下，投资方确认应分担被投资单位发生的损失，原则上应以长期股权投资及其他实质上构成对被投资单位净投资的长期权益减记至零为限，投资方负有承担额外损失义务的除外。这里所讲"其他实质上构成对被投资单位净投资的长期权益"通常是指长期应收项目。比如投资方对被投资单位的长期债权，该债权没有明确的清收计划且在预计未来期间不准备收回的，实质上构成对被投资单位的净投资。应予以说明的是，该类长期权益不包括投资方与被投资单位之间因销售商品、提供劳务等日常活动所产生的长期债权。

投资方在确认应分担被投资单位发生的亏损时，应按照以下顺序处理：首先，减记长期股权投资的账面价值；其次，在长期股权投资的账面价值减记至零的情况下，考虑是否有其他构成长期权益的项目，如果有，则以其他实质上构成对被投资单位长期权益的账面价值为限，继续确认投资损失，冲减长期应收项目的账面价值。最后，在其他实质上构成对被投资单位长期权益的价值也减记至零的情况下，如果按照投资合同或协议约定，投资方需要履行其他额外的损失赔偿义务，则需预计将承担责任的金额确认预计负债，计入当期投资损失。

按上述顺序已确认的损失以外仍有额外损失的，应在账外作备查登记，不再予以确认。

在确认了有关的投资损失以后，被投资单位以后期间实现盈利的，应按以上相反顺序分别减记已确认的预计负债、恢复其他长期权益和长期股权投资的账面价值，同时确认投资收益。即应当按顺序分别借记"预计负债""长期应收款""长期股权投资"等科目，贷记"投资收益"科目。

【例5-19】 甲公司持有乙公司40%的股权，能够对乙公司施加重大影响。2023年12月31日，该项长期股权投资的账面价值为20 000 000元。假定甲公司取得投资时，乙公司各项可辨认资产、负债的公允价值与其账面价值相同，两公司采用的会计政策和会计期间也相同。

假定乙公司2024年发生亏损30 000 000元。

甲公司2024年应确认的投资损失为12 000 000元(30 000 000×40%)，确认上述投资损失后，长期股权投资的账面价值变为8 000 000元(20 000 000－12 000 000)。相关账务处理为：

借：投资收益   12 000 000

    贷：长期股权投资——乙公司——损益调整   12 000 000

假定乙公司2024年的亏损额为60 000 000元，则甲公司按其持股比例确认应分担的损失为 24 000 000元，但期初长期股权投资的账面价值仅为20 000 000元，如果没有其他实质上构成对被投资单位净投资的长期权益项目，甲公司应确认的投资损失仅为20 000 000元，未确认的超额损失4 000 000元在账外进行备查登记。相关账务处理为：

借：投资收益　　　　　　　　　　　　　　　　　　　　　　　　　20 000 000

　　贷：长期股权投资——乙公司——损益调整　　　　　　　　　　　20 000 000

假定在确认了20 000 000元的投资损失后，甲公司账上仍有应收乙公司的长期应收款 8 000 000元(实质上构成对乙公司的净投资)，则在长期应收款的账面价值大于4 000 000元的情况下，应进一步确认投资损失4 000 000元。相关账务处理为：

借：投资收益　　　　　　　　　　　　　　　　　　　　　　　　　24 000 000

　　贷：长期股权投资——乙公司——损益调整　　　　　　　　　　　20 000 000

　　　　长期应收款——乙公司——超额亏损　　　　　　　　　　　　4 000 000

假定在确认了20 000 000元的投资损失后，甲公司账上仍有应收乙公司的长期应收款3 000 000元(实质上构成对乙公司的净投资)，另承担额外损失500 000元，未确认的超额损失500 000元在账外进行备查登记。相关账务处理为：

借：投资收益　　　　　　　　　　　　　　　　　　　　　　　　　23 500 000

　　贷：长期股权投资——乙公司——损益调整　　　　　　　　　　　20 000 000

　　　　长期应收款——乙公司——超额亏损　　　　　　　　　　　　3 000 000

　　　　预计负债——乙公司　　　　　　　　　　　　　　　　　　　　　50 000

6. 被投资单位除净损益、其他综合收益以及利润分配以外的所有者权益的其他变动

被投资单位除净损益、其他综合收益以及利润分配以外的所有者权益的其他变动的因素，主要包括被投资单位接受其他股东的资本性投入、被投资单位发行可分离交易的可转债中包含的权益成分、以权益结算的股份支付、其他股东对被投资单位增资导致投资方持股比例变动等。投资方应按所持股权比例计算应享有的份额，调整长期股权投资的账面价值，同时计入资本公积(其他资本公积)，并在备查簿中予以登记，投资方在后续处置股权投资但对剩余股权仍采用权益法核算时，应按处置比例将这部分资本公积转入当期投资收益；对剩余股权终止权益法核算时，将这部分资本公积全部转入当期投资收益。

【例5-20】 2023年3月20日，甲、乙、丙三家公司分别以现金200万元、400万元和400万元出资设立丁公司，分别持有丁公司20%、40%、40%股权。甲公司对丁公司具有重大影响，采用权益法对有关长期股权投资进行核算。丁公司自设立日起至2025年1月1日实现净损益1 000万元，除此以外，无其他影响净资产的事项。2025年1月1日，经甲、乙、丙公司协商，乙公司对丁公司增资800万元，增资后丁公司净资产为2800万元，甲、乙、丙公司分别持有丁公司15%、50%、35%的股权。相关手续于当日完成。假定甲公司与丁公司适用的会计政策、会计期间相同，双方在当期及以前期间未发生其他内部交易。不考虑相关税费等其他因素影响。

本例中，2025年1月1日，乙公司增资前，丁公司的净资产账面价值为2 000万元，甲公司应享有丁公司权益份额为400万元(2 000×20%)。乙公司单方面增资后丁公司的净资产增加800万元，甲公司应享有丁公司权益份额为420万元(2 800×15%)。甲公司享有的权益变动20万元(420-400)，属于丁公司除净损益、其他综合收益和利润分配以外所有者权益的其他变动。甲公司对丁公司的长期股权投资的账面价值应调增20万元，并相应调整"资本公积——其他资本公积"。

三、长期股权投资的减值

投资方应当关注长期股权投资的账面价值是否大于享有被投资单位所有者权益账面价值的份额等类似情况。出现类似情况时，投资方应当按照《企业会计准则第8号——资产减值》的相关规定对长期股权投资进行减值测试，确定其可收回金额，可收回金额低于长期股权投资账面价值的，应当计提减值准备。长期股权投资的减值准备在提取以后，不允许转回。

企业应对长期股权投资的账面价值定期地逐项进行检查，至少于每年年末检查一次。如果由于市价持续下跌或被投资单位经营状况变化等原因导致可收回金额低于投资的账面价值，应当计提减值准备。

企业持有的长期股权投资，有的在活跃市场中有报价，有的在活跃市场中没有报价。

1. 在活跃市场中有报价的长期股权投资

在活跃市场中有报价的长期股权投资是否应计提减值准备，可以根据下列迹象判断：市价持续2年低于账面价值；该项投资暂停交易1年或4年以上；被投资单位当年发生严重亏损；被投资单位持续两年发生亏损；被投资单位进行清理整顿、清算或出现其他不能持续经营的迹象。

2. 在活跃市场中没有报价的长期股权投资

如果企业持有的长期投资在活跃的市场中没有报价，是否应当计提减值准备，可以根据下列迹象判断：影响被投资单位经营的政治或法律环境的变化，如税收、贸易等法规的颁布或修订，可能导致被投资单位出现巨额亏损；被投资单位所供应的商品或提供的劳务因产品过时或消费者偏好改变而使市场的需求发生变化，从而导致被投资单位财务状况发生严重恶化；被投资单位所在行业的生产技术等发生重大变化，被投资单位已失去竞争能力，从而导致财务状况发生严重恶化，如进行清理整顿、清算等；有证据表明该项投资实质上已经不能再给企业带来经济利益的其他情形。

为了核算长期股权投资减值准备的计提情况，应设置"长期股权投资减值准备"科目。本科目属于资产类科目，是"长期股权投资"的备抵调整科目，其贷方登记长期股权投资减值准备的计提；借方登记处置长期股权投资时转出的长期股权投资减值准备；期末余额在贷方，反映企业已计提但尚未转销的长期股权投资减值准备。该科目按被投资单位进行明细核算。

企业计提长期股权投资的减值时，借记"资产减值损失"科目，贷记"长期股权投资减值准备"科目。

【例5-25】2023年12月31日，甲公司持有的乙上市公司的普通股股票的账面价值为850 000元，该投资采用权益法进行核算。由于乙公司连年经营不善，资金周转发生困难，使得其股票市价下跌，甲公司持有的乙公司普通股的可收回金额为570 000元，短期内难以恢复。

2023年12月31日，甲公司会计处理为：

借：资产减值损失(850 000−570 000)　　　　　　　　　　　280 000
　　贷：长期股权投资减值准备——乙公司　　　　　　　　　　　　280 000

四、长期股权投资的处置

处置长期股权投资时，应相应结转与所售股权相对应的长期股权投资的账面价值，一般情况下，出售所得价款与处置长期股权投资账面价值之间的差额，应确认为处置损益。

投资方全部处置权益法核算的长期股权投资时，原权益法核算的相关其他综合收益应当在终止采用权益法核算时采用与被投资单位直接处置相关资产或负债相同的基础进行会计处理，因被投资方除净损益、其他综合收益和利润分配以外的其他所有者权益变动而确认的所有者权益，应当在终止采用权益法核算时全部转入当期投资收益。投资方部分处置权益法核算的长期股权投资，剩余股权仍采用权益法核算的，原权益法核算的相关其他综合收益应当采用与被投资单位直接处置相关资产或负债相同的基础处理并按比例结转，因被投资方除净损益、其他综合收益和利润分配以外的其他所有者权益变动而确认的所有者权益，应当按比例结转入当期投资收益。

【例5-26】甲公司持有乙公司40%的股权并采用权益法核算。2023年7月1日，甲公司将乙公司20%的股权出售给非关联的第三方，对剩余20%的股权仍采用权益法核算。甲公司取得乙公司股权至2023年7月1日期间，确认的相关其他综合收益为 8 000 000元(为按比例享有的乙公司其他债权投资的公允价值变动)，享有乙公司除净损益、其他综合收益和利润分配以外的其他所有者权益变动为2 000 000元。由于甲公司处置后的剩余股权仍采用权益法核算，相关的其他综合收益和其他所有者权益应按比例结转。甲公司有关账务处理如下：

借：其他综合收益　　　　　　　　　　　　　　　　　　　4 000 000
　　资本公积——其他资本公积　　　　　　　　　　　　　　1 000 000
　　贷：投资收益　　　　　　　　　　　　　　　　　　　　　5 000 000

若甲公司2023年7月1日将乙公司35%的股权出售给非关联的第三方，剩余5%股权作为以公允价值计量且其变动计入当期损益的金融资产核算。由于甲公司处置后的剩余股权按照本书金融工具章节的交易性金融资产相关内容进行会计处理，相关的其他综合收益和其他所有者权益应全部结转。甲公司有关账务处理如下：

借：其他综合收益 8 000 000

  资本公积——其他资本公积 2 000 000

  贷：投资收益 10 000 000

企业通过多次交易分步处置对子公司股权投资直至丧失控制权，如果上述交易属于"一揽子"交易的，应当将各项交易作为一项处置子公司股权投资并丧失控制权的交易进行会计处理。但是，在丧失控制权之前每一次处置价款与所处置的股权对应的长期股权投资账面价值之间的差额，在个别财务报表中，应当先确认为其他综合收益，到丧失控制权时再一并转入丧失控制权的当期损益。

项目小结

长期股权投资属于企业非流动资产，和前面所讲的金融资产是有差别的，长期股权投资如果公允价值可以可靠计量，而且持有目的并非长期的，就应该作为金融资产核算。但是，需要注意的是，如果持股比例已经占到20%以上了，那么这部分资产肯定是适用长期股权投资准则。所以，金融资产准则核算的范围可以理解成20%股权比例以下的。

取得长期股权投资的方式有很多，如购买、接受捐赠、非货币性资产交换等。长期股权投资后续核算方法包括成本法和权益法。成本法比较简单，着重理解和掌握权益法的核算。另外，核算方法的转换也需要理解并掌握。

🔘 练习题

客观题

🔘 业务题

1. 甲公司各年投资业务资料如下：

资料一：甲公司与乙公司的股东丙公司签订股权转让协议，甲公司以5 000万元的价格取得乙公司15%的股权，甲公司于2023年7月1日向丙公司支付了全部价款，并于当日办理了股权变更手续。甲公司取得乙公司15%股权后，要求乙公司对其董事会进行改选。2023年7月1日，甲公司向乙公司派出一名董事。

2023年7月1日，乙公司可辨认净资产公允价值为35 000万元，除表5-3所列资产外，其他可辨认资产、负债的公允价值与其账面价值相同。

表5-3 乙公司相关资产情况

项目	成本(原价)/万元	预计使用年限/年	公允价值/万元	预计尚可使用年限
库存商品——A商品	800 (100件×8万元/件)	——	1 000 (100件×10万元/件)	——
固定资产(管理费用)	4 000	10	6 400	8
无形资产(管理费用)	2 400	6	3 600	5

至甲公司取得投资时，乙公司上述固定资产已使用2年，无形资产已使用1年。乙公司对固定资产采用年限平均法计提折旧，对无形资产采用直线法摊销，预计净残值均为零。

资料二：2023年9月，乙公司将其单位成本为7万元的100件B商品以每件8万元出售给甲公司，甲公司将取得的商品作为存货核算，该交易不构成业务。2023年7月至12月，乙公司实现净利润3 000万元。除实现净利润外，乙公司因其他债权投资公允价值变动确认其他综合收益200万元；乙公司所有者权益的其他变动增加100万元。至2023年12月31日，甲公司取得投资时乙公司账面A商品有60件已对外出售，甲公司内部交易产生的B商品有70件已对外出售。

资料三：2024年3月6日，乙公司宣告分派2023年度的现金股利1 000万元，3月20日实际对外分派现金股利。2024年，乙公司因其他债权投资公允价值上升确认其他综合收益420万元。2024年，乙公司发生净亏损5 000万元。甲公司取得投资时乙公司的账面A商品在2024年对外出售20件。至2024年年末，上年内部交易确认的B商品在本年对外出售20件。本年未发生其他内部交易业务。

资料四：2025年1月2日甲公司全部出售对乙公司的投资，取得价款5 000万元(假定处置前不再考虑投资时点评估增值及其内部未实现交易的调整)。不考虑相关税费等其他因素的影响。(答案中的金额单位用"万元"表示)

要求：(1) 判断甲公司取得乙公司15%股权确认的长期股权投资后续计量应采用的核算方法，并说明理由，编制甲公司取得对乙公司长期股权投资的会计分录。

(2) 编制甲公司2023年年末个别报表中与长期股权投资相关会计分录，并计算2023年年末长期股权投资的账面价值。

(3) 编制甲公司2024年个别报表中与长期股权投资相关会计分录，并计算2024年年末长期股权投资的账面价值.

(4) 计算2025年1月2日甲公司全部出售对乙公司的投资确认的投资收益，编制相关会计分录。

2. 甲公司为上市公司，为提高市场占有率及实现多元化经营，甲公司在2023年及以后进行了一系列投资和资本运作。

资料一：甲公司于2023年4月20日与乙公司的控股股东A公司签订股权转让协议，以乙公司2023年6月1日经评估确认的净资产为基础，甲公司定向增发本公司普通股股票给A公司，A公司以其所持有乙公司80%的股权作为支付对价。上述协议经双方股东大会批准后，具体执行情况如下：

经评估确定，2023年6月30日乙公司可辨认净资产的公允价值为20 000万元(与其账面价值相等)。甲公司于2023年6月30日向A公司定向增发800万股普通股股票(每股面值1元)，并于当日办理了股权登记手续，当日甲公司普通股收盘价为每股20.65元。甲公司为定向增发普通股股票，支付佣金和手续费150万元；发生评估和审计费用20万元，均已通过银行存款支付。

甲公司于2023年6月30日向A公司定向发行普通股股票后，A公司当日即撤出其原派驻乙公司的董事会成员，由甲公司对乙公司董事会进行改组。改组后乙公司的董事会由9名董事组成，其中甲公司派出6名，其他股东派出3名。乙公司章程规定，其财务和生产经营决策须由董事会半数以上成员表决通过。

甲公司与A公司在交易前不存在任何关联方关系。

资料二：乙公司2023年6月30日至12月31日实现的净利润为2 000万元，可重分类进损益的其他综合收益变动增加100万元，其他所有者权益变动增加60万元。2024年2月20日，乙公司宣告并发放现金股利1 000万元。乙公司2024年上半年实现的净利润为4 000万元，可重分类进损益的其他综合收益变动增加200万元，其他所有者权益变动增加140万元，在此期间甲、乙公司之间未发生内部交易。

资料三：2024年6月30日，假设甲公司将其持有的对乙公司48%的股权出售给某企业(即甲公司出售持有的对乙公司股权投资的60%)，出售取得价款10 000万元，甲公司出售乙公司股权后仍持有乙公司32%的股权，并在乙公司董事会指派了一名董事。对乙公司长期股权投资由成本法改为权益法核算。甲公司按净利润的10%提取法定盈余公积。

资料四：2024年6月30日，假设甲公司将其持有的对乙公司70%的股权出售给某企业(即甲公司出售持有的对乙公司股权投资的87.5%)，出售取得价款15 600万元，甲公司出售乙公司股权后仍持有乙公司10%的股权，并丧失控制权，对乙公司长期股权投资由成本法改为交易性金融资产核算。剩余股权的公允价值为2 400万元。

不考虑相关税费等其他因素的影响。(长期股权投资不要求写出明细科目，答案中金额单位用"万元"表示)

要求：(1) 根据资料一，判断甲公司对乙公司合并所属类型，并简要说明理由；计算购买日或合并日甲公司对乙公司长期股权投资的初始投资成本并计算在编制购买日或合并日合并财务报表时因该项合并产生的商誉。

(2) 根据资料一，编制2023年6月30日甲公司对乙公司长期股权投资的会计分录。

(3) 根据资料二，编制甲公司的相关会计分录，计算2024年6月30日甲公司对乙公司长期股权投资的账面价值

(4) 根据资料三，计算2024年6月30日甲公司出售乙公司48%的股权时个别报表确认的投资收益并编制处置长期股权投资相关会计分录。

(5) 根据资料四，计算2024年6月30日甲公司处置乙公司70%股权当期个别报表确认的投资收益并编制处置长期股权投资的相关会计分录。

项目六 ┃ 固定资产

万事万物是相互联系、相互依存的。只有用普遍联系的、全面系统的、发展变化的观点观察事物，才能把握事物发展规律。我国是一个发展中大国，仍处于社会主义初级阶段，正在经历广泛而深刻的社会变革，推进改革发展、调整利益关系往往牵一发而动全身。

摘自2022年10月16日习近平总书记在中国共产党第二十次全国代表大会上的报告

👤 引导案例

在2021年整个石油石化行业不景气的背景下，某石化公司主营业务收入比2020年减少了4.7%，经营活动现金流量同比也减少1亿多元，但该公司却通过延长折旧年限，直接减少了2021年管理费用8 362.29万元，利润总额相应增长了8 362.29万元，净利润增长了5 602.74万元，占到2021年净利润的50.28%。该公司的净利润从2020年的−1064万元增加到2021年的1.11亿元。企业固定资产的核算为什么会对利润产生如此重大影响？

👤 学习目标

掌握固定资产的初始计量、后续计量、固定资产处置的相关会计处理。

任务一　认识固定资产与初始计量

一、固定资产的概念和特征

固定资产，是指企业为生产商品、提供劳务或经营管理而持有的，且使用寿命超过一个会计年度的有形资产。固定资产必须同时具备以下两个特征。

第一，企业持有固定资产的目的，是用于生产商品、提供劳务、出租或经营管理的，而不是直接用于出售。其中，出租是指以经营租赁方式出租的机器设备等。

第二，企业使用固定资产的期限超过一个会计年度。这一特征表明企业固定资产属于非流动资产，其给企业带来的收益期超过一年，能在一年以上的时间里为企业创造经济利益。

二、固定资产的分类

根据不同的管理需要和核算要求以及不同的分类标准，可以对固定资产进行不同的分类，主要有以下几种分类方法。

1. 按经济用途分类。

按固定资产的经济用途，可分为生产经营用固定资产和非生产经营用固定资产。

生产经营用固定资产，是指直接服务于企业生产、经营过程的各种固定资产，如生产经营用的房屋、建筑物、机器设备、工具等。

非生产经营用固定资产，是指不直接服务于生产、经营过程的各种固定资产，如职工宿舍等使用的房屋、设备和其他固定资产等。

按照固定资产的经济用途分类，可以归类反映企业生产经营用固定资产和非生产经营用固定资产之间的组成和变化情况，借以考核和分析企业固定资产的利用情况，促使企业合理地配置固定资产，充分发挥其效用。

2. 综合分类

按固定资产的经济用途和使用情况等综合分类，可把企业的固定资产划分为七大类。

(1) 生产经营用固定资产。

(2) 非生产经营用固定资产。

(3) 租出固定资产(指企业在经营租赁方式下出租给外单位使用的固定资产)。

(4) 不需用固定资产。

(5) 未使用固定资产。

(6) 土地(指过去已经估价单独入账的土地。因征地而支付的补偿费，应计入与土地有关的房屋、建筑物的价值内，不单独作为土地价值入账。企业取得的土地使用权，应作为无形资产管理和核算，不作为固定资产管理和核算)。

(7) 租入固定资产(指企业除短期租赁和低价值资产租赁租入的固定资产外，该资产在租赁期内，应作为使用权资产进行核算与管理)。

由于企业的经营性质不同，经营规模各异，对固定资产的分类不可能完全一致。但实际工作中，企业大多采用综合分类的方法作为编制固定资产目录、进行固定资产核算的依据。

三、固定资产的管理要求

固定资产是企业生产经营管理过程中重要的劳动资料和物质基础，是固定资本的实物形态。企业应结合实际情况加强固定资产的监督管理，规范固定资产管理流程，明确固定资产的申请采购、验收、交付使用、处置报废等各环节的责、权、利，强化各有关部门及员工的职责、落实经管责任，保证固定资产会计核算资料的真实、准确、完整。在企业经营管理过程中，防范固定资产更新改造不够、使用效能低下、维护不当、产能过剩，导致企业缺乏竞争力、资产价值贬损、安全事故频发或资源浪费的风险。

四、固定资产核算的会计科目

为了反映和监督固定资产的取得、计提折旧和处置等情况，企业一般需要设置"固定资产""累计折旧""在建工程""工程物资""固定资产清理"等科目。

"固定资产"科目核算企业固定资产的原价,借方登记企业增加的固定资产原价,贷方登记企业减少的固定资产原价,期末借方余额反映企业期末固定资产的账面原价。企业应当设置"固定资产登记簿"和"固定资产卡片",按固定资产类别、使用部门和每项固定资产进行明细核算。

"累计折旧"科目属于"固定资产"的调整科目,核算企业固定资产的累计折旧,贷方登记企业计提的固定资产折旧,借方登记处置固定资产转出的累计折旧,期末贷方余额,反映企业固定资产的累计折旧额。

"在建工程"科目核算企业基建、更新改造等在建工程发生的支出,借方登记企业各项在建工程的实际支出,贷方登记完工工程转出的成本,期末借方余额反映企业尚未达到预定可使用状态的在建工程的成本。

"工程物资"科目核算企业为在建工程而准备的各种物资的实际成本,借方登记企业购入工程物资的成本,贷方登记领用工程物资的成本,期末借方余额,反映企业为在建工程准备的各种物资的成本。

"固定资产清理"科目核算企业因出售、报废、毁损、对外投资、非货币性资产交换、债务重组等原因转入清理的固定资产价值以及在清理过程中发生的清理费用和清理收益。该科目借方登记转出的固定资产账面价值、清理过程中应支付的相关税费及其他费用,贷方登记出售固定资产取得的价款、残料价值和变价收入。期末余额在借方,反映企业尚未清理完毕的固定资产清理净损失;期末余额在贷方,则反映企业尚未清理完毕的固定资产清理净收益。固定资产清理完成,其借方登记转出的清理净收益,贷方登记转出的清理净损失,清理净损益结转后,"固定资产清理"科目无余额。企业应当按照被清理的固定资产项目设置明细账,进行明细核算。

此外,企业固定资产、在建工程、工程物资发生减值的,还应当设置"固定资产减值准备""在建工程减值准备""工程物资减值准备"等科目进行核算。

五、固定资产的初始计量

固定资产应当按照成本进行初始计量。固定资产的成本,是指企业购建某项固定资产达到预定可使用状态前所发生的一切合理、必要的支出。这些支出包括直接发生的价款、相关税费(不包括允许抵扣的增值税进项税额)、运杂费、包装费和安装成本等,也包括间接发生的支出,如应承担的借款利息、外币借款折算差额以及应分摊的其他间接费用。

企业取得固定资产的方式一般包括外购、自行建造等。取得方式不同,初始计量的方法也各不相同。

(一) 外购固定资产的成本

企业外购固定资产的成本,包括购买价款,相关税费,使固定资产达到预定可使用状态前所发生的可归属于该项资产的运输费、装卸费、安装费和专业人员服务费等。

外购固定资产是否达到预定可使用状态，需要根据具体情况进行分析判断。如果购入不需要安装的固定资产，购入后即可发挥作用，则外购固定资产购入后即达到预定可使用状态；如果购入需要安装的固定资产，在安装调试后达到设计要求或合同规定的标准，才能达到预定可使用状态。

【例6-1】2023年3月10日，甲公司购入需要安装的一台生产设备，取得的增值税专用发票上注明的设备价款为300 000元，增值税税额为39 000元。当日，设备运抵甲公司并开始安装。为安装设备，领用本公司一批原材料，价值50 000元，该批材料购进时支付的增值税进项税额为6 500元；以银行存款支付安装费，取得的增值税专用发票上注明的安装费为40 000元，增值税税额为3 600元。2023年3月28日，该设备经调试达到预定可使用状态。

甲公司的账务处理如下：

(1) 3月10日，购入设备。

借：在建工程——××设备	300 000
应交税费——应交增值税(进项税额)	39 000
贷：银行存款	339 000

(2) 领用本公司原材料，支付安装费等。

借：在建工程——××设备	90 000
应交税费——应交增值税(进项税额)	3 600
贷：原材料	50 000
银行存款	43 600

(3) 3月28日，该设备经调试达到预定可使用状态。

借：固定资产	390 000
贷：在建工程——××设备	390 000

在实际工作中，企业可能以一笔款项购入多项没有单独标价的固定资产。此时，应当按照各项固定资产的公允价值比例对总成本进行分配，分别确定各项固定资产的成本。

【例6-2】2023年4月21日，甲公司向乙公司一次购入3套不同型号且具有不同生产能力的设备A、B、C，取得的增值税专用发票上注明的设备总价款为5 000 000元，增值税税额为650 000元；支付装卸费取得的增值税专用发票上注明的装卸费为20 000元，增值税税额为1 200元，全部以银行转账支付。假定A、B、C设备分别满足固定资产确认条件，其公允价值分别为1 560 000元、2 340 000元、1 300 000元。不考虑其他相关税费，甲公司应作如下账务处理。

(1) 确定应计入固定资产成本的金额，包括购买价款和装卸费，即5 000 000＋20 000＝5 020 000(元)。

(2) 确定A、B、C设备的价值分配比例：

A 设备应分配的固定资产价值比例＝1 560 000÷(1 560 000＋2 340 000＋1 300 000)×100%＝30%；B 设备应分配的固定资产价值比例＝2 340 000÷(1 560 000＋2 340 000＋1 300 000)×100%＝45%；C 设备应分配的固定资产价值比例＝1 300 000÷(1 560 000＋2 340 000＋1 300 000)×100%＝25%。

(3) 确定A、B、C设备各自的成本。

A 设备的成本＝5 020 000×30%＝1 506 000(元)

B 设备的成本＝5 020 000×45%＝2 259 000(元)

C 设备的成本＝5 020 000×25%＝1 255 000(元)

(4) 编制如下会计分录：

借：固定资产——A设备　　　　　　　　　　　　　　　　1 506 000

　　　　　　——B设备　　　　　　　　　　　　　　　　2 259 000

　　　　　　——C设备　　　　　　　　　　　　　　　　1 255 000

　　应交税费——应交增值税(进项税额)　　　　　　　　651 200

　　贷：银行存款　　　　　　　　　　　　　　　　　　　　　5 671 200

(二) 自行建造固定资产

自行建造的固定资产，其成本由建造该项资产达到预定可使用状态前所发生的必要支出构成，包括工程用物资成本、人工成本、缴纳的相关税费、应予资本化的借款费用以及应分摊的间接费用等。企业为建造固定资产通过出让方式取得土地使用权而支付的土地出让金不计入在建工程成本，应确认为无形资产(土地使用权)。企业自行建造固定资产包括自营建造和出包建造两种方式。

1. 自营方式建造固定资产

企业以自营方式建造固定资产，意味着企业自行组织工程物资采购、自行组织施工人员从事工程施工完成固定资产建造，其成本应当按照实际发生的材料、人工、机械施工费等计量。

企业为建造固定资产准备的各种物资，包括工程用材料、尚未安装的设备以及为生产准备的器具等，通过"工程物资"科目进行核算。工程物资应当按照实际支付的买价、运输费、保险费等相关税费作为实际成本，并按照各种专项物资的种类进行明细核算。建造固定资产领用工程物资、原材料或库存商品，应按其实际成本转入所建工程成本。自营方式建造固定资产应负担的职工薪酬、辅助生产部门为之提供的水、电、修理、运输等劳务，以及其他必要支出等也应计入所建工程项目的成本。工程完工后，剩余的工程物资转为本企业存货的，按其实际成本或计划成本进行结转。盘盈、盘亏、报废、毁损的工程物资，减去残料价值以及保险公司、过失人等赔款后的差额，计入当期损益。

建造的固定资产已达到预定可使用状态，但尚未办理竣工结算的，应当自达到预定可使用状态之日起，根据工程预算、造价或者工程实际成本等，按暂估价值转入固定资产，并按有关计提固定资产折旧的规定，计提固定资产折旧。待办理竣工决算手续后再调整原来的暂估价值，但不需要调整原已计提的折旧额。

2. 出包方式建造固定资产

企业采用出包方式建造固定资产，意味着企业要与建造承包商签订建造合同。企业的新建、改建、扩建等建设项目，通常均采用出包方式。

企业以出包方式建造固定资产，其成本由建造该项固定资产达到预定可使用状态前所发生的必要支出构成，包括发生的建筑工程支出、安装工程支出，以及需分摊计入的待摊支出。

以出包方式建造固定资产的具体支出，由建造承包商核算，"在建工程"科目实际成为企业与建造承包商的结算科目，企业将与建造承包商结算的工程价款作为工程成本统一通过"在建工程"科目进行核算。

企业采用出包方式建造固定资产发生的支出，需分摊计入固定资产价值的待摊支出应按下列公式进行分摊：

待摊支出分摊率＝累计发生的待摊支出÷(建筑工程支出＋安装工程支出)×100%

××工程应分摊的待摊支出＝(××工程的建筑工程支出＋××工程的安装工程支出)×待摊支出分摊率

【例6-3】甲公司是一家化工企业，2023年5月经批准启动硅酸钠项目建设工程，整个工程包括建造新厂房、冷却循环系统以及安装生产设备3个单项工程。2023年6月1日，甲公司与乙公司签订合同，将该项目出包给乙公司承建。根据双方签订的合同，建造新厂房的价款为6 000 000元，建造冷却循环系统的价款为4 000 000元，安装生产设备需支付安装费用500 000元，上述价款中均不含增值税。建造期间发生的有关经济业务如下：

(1) 2023年6月10日，甲公司按合同约定向乙公司预付10%备料款1 000 000元，其中厂房600 000元，冷却循环系统400 000元。

(2) 2023年11月2日，建造厂房和冷却循环系统的工程进度达到50%，甲公司与乙公司办理工程价款结算5 000 000元，其中厂房3 000 000元，冷却循环系统2 000 000元。乙公司开具的增值税专用发票上注明的价款为5 000 000元，增值税税额为450 000元。甲公司抵扣了预付备料款后，将余款通过银行转账付讫。

(3) 2023年12月8日，甲公司购入需安装的设备，取得的增值税专用发票上注明的价款为4 500 000元，增值税税额为585 000元，已通过银行转账支付。

(4) 2024年3月10日，建筑工程主体已完工，甲公司与乙公司办理工程价款结算5 000 000元，其中，厂房3 000 000元，冷却循环系统2 000 000元。乙公司开具的增值税专用发票上注明的价款为5 000 000元，增值税税额为450 000元。甲公司通过银行转账支付了上述款项。

(5) 2024年4月1日，甲公司将生产设备运抵现场，交付乙公司安装。

(6) 2024年5月10日，生产设备安装到位，甲公司与乙公司办理设备安装价款结算。乙公司开具的增值税专用发票上注明的价款为500 000元，增值税税额为4 5000元。甲公司通过银行转账支付上述款项。

(7) 整个工程项目发生管理费、可行性研究费、监理费共计300 000元，未取得增值税专用发票，款项已通过银行转账支付。

(8) 2024年6月1日，完成验收，各项指标达到设计要求。

假定不考虑其他相关税费和其他因素，甲公司应作如下账务处理：

(1) 2023年6月10日，预付备料款。

借：预付账款——乙公司　　　　　　　　　　　　　1 000 000
　　贷：银行存款　　　　　　　　　　　　　　　　　　　1 000 000

(2) 2023年11月2日，办理工程价款结算。

借：在建工程——乙公司——建筑工程——厂房　　　3 000 000
　　　　　　　　　　　　——冷却循环系统　　　　2 000 000
　　应交税费——应交增值税(进项税额)　　　　　　　450 000
　　贷：银行存款　　　　　　　　　　　　　　　　　　　4 450 000
　　　　预付账款——乙公司　　　　　　　　　　　　　　1 000 000

(3) 2023年12月8日，购入设备。

借：工程物资——××设备　　　　　　　　　　　　4 500 000
　　应交税费——应交增值税(进项税额)　　　　　　　585 000
　　贷：银行存款　　　　　　　　　　　　　　　　　　　5 085 000

(4) 2024年3月10日，办理建筑工程价款结算。

借：在建工程——乙公司——建筑工程——厂房　　　3 000 000
　　　　　　　　　　　　——冷却循环系统　　　　2 000 000
　　应交税费——应交增值税(进项税额)　　　　　　　450 000
　　贷：银行存款　　　　　　　　　　　　　　　　　　　5 450 000

(5) 2024年4月1日，将设备交付乙公司安装。

借：在建工程——乙公司——安装工程——××设备　4 500 000
　　贷：工程物资——××设备　　　　　　　　　　　　　4 500 000

(6) 2024年5月10日，办理安装工程价款结算。

借：在建工程——乙公司——安装工程——××设备　500 000
　　应交税费——应交增值税(进项税额)　　　　　　　45 000
　　贷：银行存款　　　　　　　　　　　　　　　　　　　545 000

(7) 支付工程发生的管理费、可行性研究费、监理费。

借：在建工程——乙公司——待摊支出　　　　　　　300 000
　　贷：银行存款　　　　　　　　　　　　　　　　　　　300 000

(8) 结转固定资产。

① 计算分摊待摊支出。

待摊支出分摊率=300 000÷(6 000 000+4 000 000+4 500 000+500 000)×100%=2%

厂房应分摊的待摊支出=6 000 000×2%=120 000(元)

冷却循环系统应分摊的待摊支出=4 000 000×2%=80 000(元)

安装工程应分摊的待摊支出=(4 500 000+500 000)×2%=100 000(元)

会计分录为

借：在建工程——乙公司——建筑工程——厂房　　　　　　120 000

　　　　　　　　　——冷却循环系统　　　　　　　　　　 80 000

　　　　　　　　　——安装工程——××设备　　　　　　 100 000

　　贷：在建工程——乙公司——待摊支出　　　　　　　　 300 000

② 计算完工固定资产的成本。

厂房的成本=6 000 000+120 000=6 120 000(元)

冷却循环系统的成本=4 000 000+80 000=4 080 000(元)

生产设备的成本=(4 500 000+500 000)+100 000=5 100 000(元)

会计分录为

借：固定资产——厂房　　　　　　　　　　　　　　　　6 120 000

　　　　　　　——冷却循环系统　　　　　　　　　　　4 080 000

　　　　　　　——××设备　　　　　　　　　　　　　5 100 000

　　贷：在建工程——乙公司——建筑工程——厂房　　　6 120 000

　　　　　　　　　　——冷却循环系统　　　　　　　　4 080 000

　　　　　　　　　　——安装工程——××设备　　　　5 100 000

(三) 其他方式取得的固定资产

(1) 接受固定资产投资的企业，在办理了固定资产移交手续之后，应按投资合同或协议约定的价值加上应支付的相关税费作为固定资产的入账价值，但合同或协议约定价值不公允的除外。

(2) 非货币性资产交换、债务重组等方式取得的固定资产的成本，应当按照《企业会计准则第7号——非货币性资产交换》《企业会计准则第12号——债务重组》的有关规定进行会计处理。

(四) 存在弃置费用的固定资产

特殊行业的特定固定资产，对其进行初始计量时，还应当考虑弃置费用。弃置费用通常指根据国家法律和行政法规、国际公约等规定，企业承担的环境保护和生态恢复等义务所确定的支出，如油气资产、核电站核设施等的弃置和恢复环境义务。对此，企业应当将弃置费用的现值计入相关固定资产的成本，同时确认相应的预计负债。在固定资产的使用寿命内，按照预计负债的摊余成本和实际利率计算确定的利息费用，应在发生时计入财务费用。

一般工商企业的固定资产发生的报废清理费用不属于弃置费用，应在发生时作为固定资产处置费用处理。

任务二 固定资产的后续计量

一、固定资产折旧

固定资产折旧，是指在固定资产使用寿命内，按照确定的方法对应计折旧额进行系统分摊。其中，应计折旧额是指应当计提折旧的固定资产的原价扣除其预计净残值后的金额。已计提减值准备的固定资产，还应当扣除已计提的固定资产减值准备累计金额。预计净残值是指假定固定资产预计使用寿命已满并处于使用寿命终了时的预期状态，企业目前从该项资产处置中获得的扣除预计处置费用后的金额。预计净残值预期能够在固定资产使用寿命终了后收回，计算折旧时应将其扣除。

企业应当根据固定资产的性质和使用情况，合理确定固定资产的使用寿命和预计净残值。固定资产的使用寿命、预计净残值一经确定，不得随意变更。

(一) 固定资产折旧范围

《企业会计准则第4号——固定资产》规定，除以下情况外，企业应当对所有固定资产计提折旧：已提足折旧仍继续使用的固定资产；单独计价入账的土地；以融资租赁方式租入的固定资产和以经营租赁方式租出的固定资产，应当算作企业自有的固定资产来计提折旧；以融资租赁方式租出的固定资产和以经营租赁方式租入的固定资产，不应当算作企业自有的固定资产，也不应当计提折旧。

在确定计提折旧的范围时，还应注意以下几点。

(1) 固定资产应当按月计提折旧，当月增加的固定资产，当月不计提折旧，从下月起计提折旧；当月减少的固定资产，当月仍计提折旧，从下月起不计提折旧。已计提减值准备的固定资产，还应当扣除已计提的固定资产减值准备累计金额。

(2) 固定资产提足折旧后，不论能否继续使用，均不再计提折旧；提前报废的固定资产，也不再补提折旧。所谓提足折旧，是指已经提足该项固定资产的应计折旧额。

(3) 已达到预定可使用状态但尚未办理竣工决算的固定资产，应当按照估计价值确定其成本，并计提折旧；待办理竣工决算后，再按实际成本调整原来的暂估价值，但不需要调整原已计提的折旧额。

(4) 对固定资产的使用寿命、预计净残值和折旧方法进行复核，企业至少应当于每年年度终了使用寿命预计数与原先估计数有差异的，应当调整固定资产使用寿命。预计净残值预计数与原先估计数有差异的，应当调整预计净残值。与固定资产有关的经济利益预期实现方式有重大改变的，应当改变固定资产折旧方法。固定资产使用寿命、预计净残值和折旧方法的改变应当作为会计估计变更。

(二) 固定资产折旧方法

企业应当根据与固定资产有关的经济利益的预期消耗方式，合理选择折旧方法。固定资产折旧方法包括年限平均法、工作量法、双倍余额递减法和年数总和法等。企业选用不同的固定资产折旧方法，将影响固定资产使用寿命期间内不同时期的折旧费用。固定资产的折旧方法一经确定，不得随意变更。

1. 年限平均法

年限平均法，又称直线法，是指将固定资产的应计折旧额均衡地分摊到固定资产预计使用寿命内的一种方法。计算公式为

$$年折旧率=(1-预计净残值率)÷预计使用寿命(年)×100\%$$

$$月折旧率=年折旧率÷12$$

$$月折旧额=固定资产原价×月折旧率$$

【例6-4】企业某台设备原价100 000元，预计使用5年，预计净残值率5%。

则预计净残值=100 000×5%=5 000(元)

$$固定资产年折旧率=\frac{100\,000-5\,000}{5}=19\,000元$$

固定资产月折旧额=19 000÷12=1 583(元)

$$或者：固定资产年折旧率=\frac{1-5\%}{5}×100\%=19\%$$

固定资产月折旧率=19%÷12=1.583%

固定资产月折旧额=100 000×1.583=1 583(元)

在平均年限法下，每期折旧额相同，折旧率也相同。

2. 工作量法

工作量法是根据实际工作量计算每期应计提折旧额的一种方法。计算公式为

$$单位工作量折旧额=固定资产原价×(1-预计净残值率)÷预计总工作量$$

$$某项固定资产月折旧额=该项固定资产当月工作量×单位工作量折旧额$$

施工企业常用的工作量法有以下两种。

(1) 行驶里程法。行驶里程法是按照行驶里程平均计算折旧的方法。它适用于车辆、船舶等运输设备计提折旧，其计算公式为

$$单位里程折旧额=\frac{固定资产原值×(1-预计净残值率)}{总行驶里程}$$

$$某项固定资产月折旧额=该项固定资产当月行驶里程×单位里程折旧额$$

(2) 工作台班法。工作台班法是按照工作台班数平均计算折旧的方法。它适用于机器、设备等计提折旧，其计算公式为

$$每工作台班折旧额=\frac{固定资产原值×(1-预计净残值率)}{总工作台班}$$

$$某项固定资产月折旧额=该项固定资产当月工作台班×每工作台班折旧额$$

【例6-5】 某施工企业的一台施工机械按工作量法计算折旧。该设备原始价值150 000元，预计净残值5%，预计可工作20 000个台班时数。该设备投入使用后，各年的实际工作台班时数假定为：第一年7 200小时，第二年6 800小时，第三年4 500小时，第四年1 500小时。

则施工机械单位台班小时折旧额 $= \dfrac{150\,000 \times (1-5\%)}{20\,000} = 7.125$(元)

第一年施工机械年折旧额 $= 7\,200 \times 7.125 = 51\,300$(元)

第二年施工机械年折旧额 $= 6\,800 \times 7.125 = 48\,450$(元)

第三年施工机械年折旧额 $= 4500 \times 7.125 = 32062.50$(元)

第四年施工机械年折旧额 $= 1500 \times 7.125 = 10687.50$(元)

工作量法的优点和使用年限法一样，比较简单实用，它是以固定资产的工作量为分配标准，这样使各年计提的折旧额与固定资产的使用程度成正比关系，体现了收入与费用相配比的会计原则。

在工作量法下，每期折旧额不同，但折旧率相同。

3. 双倍余额递减法

双倍余额递减法，是指在不考虑固定资产预计净残值的情况下，根据每期期初固定资产原价减去累计折旧后的金额和双倍的直线法折旧率计算固定资产折旧的一种方法。应用这种方法计算折旧额时，每年年初固定资产净值没有扣除预计净残值，所以在计算固定资产折旧额时，应在其折旧年限到期前两年内，将固定资产净值扣除预计净残值后的余额平均摊销。相关计算公式为

$$年折旧率 = 2 \div 预计使用寿命(年) \times 100\%$$

$$月折旧率 = 年折旧率 \div 12$$

$$月折旧额 = (固定资产原价 - 累计折旧) \times 月折旧率$$

【例6-6】 某企业一项固定资产的原价为1 000 000元，预计使用年限为5年，预计净残值为4 000元。按双倍余额递减法计提折旧，计算该固定资产的每年折旧额。

年折旧率 $= 2/5 \times 100\% = 40\%$

第1年应提的折旧额 $= 1\,000\,000 \times 40\% = 400\,000$(元)

第2年应提的折旧额 $= (1\,000\,000 - 400\,000) \times 40\% = 240\,000$(元)

第3年应提的折旧额 $= (600\,000 - 240\,000) \times 40\% = 144\,000$(元)

第4年起改用年限平均法(直线法)计提折旧。

第4年、第5年的年折旧额 $= [(360\,000 - 144\,000) - 4\,000]/2 = 106\,000$(元)

【例6-7】 企业某项设备的原值为64 000元，预计使用5年，预计净残值为2 000元。采用双倍余额递减法计算折旧，计算该设备的每年折旧额。

折旧率 $= 2 \div 5 \times 100\% = 40\%$

第4年第5年的折旧额 $= [(164\,000 - 25\,600 - 15\,360 - 9\,216) - 2\,000] = (13\,824 - 2\,000) \div 2 = 5\,912$元。

各年折旧额如表6-1所示。

表6-1 折旧计算表

单位：元

年份	期初账面价值	折旧率	折旧额	累计折旧额	期末账面值
1	64 000	40%	25 600	25 600	38 400
2	38 400	40%	153 600	40 960	23 040
3	23 040	40%	9 216	50 176	13 824
4	13 824		5 912	56 088	7 912
5	7 912		5 912	62 000	2 000

4. 年数总和法

年数总和法，又称年限合计法，是指将固定资产的原价减去预计净残值后的余额，乘以一个以固定资产尚可使用寿命为分子、以预计使用寿命逐年数字之和为分母的逐年递减的分数计算的每年折旧额。相关计算公式为

$$年折旧率＝该年尚可使用寿命÷预计使用寿命的年数总和×100\%$$

$$月折旧率＝年折旧率÷12$$

$$月折旧额＝(固定资产原价－预计净残值)×月折旧率$$

$$该年尚可使用年数＝(预计使用年限－已使用年数)$$

$$预计使用寿命的年数总和＝预计使用年限×(预计使用年限＋1)÷2$$

【例6-8】企业某项设备的原值为64 000元，预计使用5年，预计净残值为2 000元。采用年数总和法计算该设备的各年折旧额。

则该设备预计使用寿命的年数总和＝5×(5＋1)÷2＝15(年)

每年的折旧额如表6-2所示。

表6-2 折旧计算表

单位：元

年份	尚可使用年限	原值-净残值	年折旧率	各年折旧额	累计折旧额
1	5	62 000	5/15	20 666.67	20 666.67
2	4	62 000	4/15	16 533.33	37 200.00
3	3	62 000	3/15	12 400.00	49 600.00
4	2	62 000	2/15	8 266.67	57 866.67
5	1	62 000	1/15	4 133.33	62 000.00

【例6-9】某项固定资产的原值为200 000元，预计净残值为2 000元，预计使用年限为5年。则在年数总和法下第2年的折旧额为(   )元。

A. 26 400 　　　　B. 52 800 　　　　C. 40 000 　　　　D. 39 600

本例中，年数总和法下，第2年该资产的折旧率＝(5－1)÷(5＋4＋3＋2＋1)＝4/15

折旧额＝(200 000－2 000)×4/15＝52 800(元)。

(三) 固定资产使用寿命、预计净残值和折旧方法的复核

《企业会计准则第4号——固定资产》规定，企业至少应当于每年年度终了，对固定资产的使用寿命、预计净残值和折旧方法进行复核。

企业至少应当于每年年度终了，对固定资产使用寿命和预计净残值进行复核。如有确凿证据表明固定资产使用寿命预计数与原先估计数有差异的，应当调整固定资产使用寿命；固定资产预计净残值预计数与原先估计数有差异的，应当调整预计净残值。在固定资产使用过程中，与其有关的经济利益预期消耗方式也可能发生重大变化。在这种情况下，企业要相应改变固定资产折旧方法。固定资产使用寿命、预计净残值和折旧方法的改变按照会计估计变更的有关规定进行处理。

(四) 固定资产折旧的核算

企业应当按月计提固定资产折旧，当月增加的固定资产，当月不计提折旧，从下月起计提折旧；当月减少的固定资产，当月仍计提折旧，从下月起不计提折旧。

企业计提的固定资产折旧，应当根据用途计入相关资产的成本或者当期损益。

企业自行建造固定资产过程中使用的固定资产，其计提的折旧应计入在建工程成本；基本生产车间所使用的固定资产，其计提的折旧应计入制造费用；管理部门所使用的固定资产，其计提的折旧应计入管理费用；销售部门所使用的固定资产，其计提的折旧应计入销售费用；经营租出的固定资产，其应提的折旧额应计入其他业务成本。企业计提固定资产折旧时，借记"制造费用""销售费用""管理费用"等科目，贷记"累计折旧"科目。

【例6-10】某企业采用年限平均法对固定资产计提折旧。2024年1月份根据"固定资产折旧计算表"确定的各车间及厂部管理部门应分配的折旧额为：一车间1 500 000元，二车间2 400 000元，3车间3 000 000元，厂管理部门600 000元。

该企业应作如下会计处理：

借：制造费用—— 一车间　　　　　　　　　　　　　　　　1 500 000
　　　　　　—— 二车间　　　　　　　　　　　　　　　　2 400 000
　　　　　　—— 三车间　　　　　　　　　　　　　　　　3 000 000
　　管理费用　　　　　　　　　　　　　　　　　　　　　　600 000
　　贷：累计折旧　　　　　　　　　　　　　　　　　　　　　　7 500 000

【例6-11】甲公司2024年1月份固定资产计提折旧情况如下：一车间厂房计提折旧8 300 000元，机器设备计提折旧4 500 000元；管理部门房屋建筑物计提折旧6 500 000元，运输工具计提折旧2 400 000元；销售部门房屋建筑物计提折旧3 200 000元，运输工具计提折旧2 630 000元。当月新购置一台机器设备，价值为5400 000元，预计使用寿命为10年，该企业同类设备计提折旧采用年限年均法。

本例中，新购置的机器设备本月不计提折旧，该企业应作如下会计处理：

借：制造费用——一车间   12 800 000 (三)
  管理费用   6 500 000
  销售费用   8 230 000
 贷：累计折旧   27 530 000

二、固定资产的后续支出

固定资产的后续支出，是指固定资产使用过程中发生的更新改造支出、修理费用等。企业的固定资产在投入使用后，为了适应新技术发展的需要，或者为维护或提高固定资产的使用效能，往往需要对现有固定资产进行维护、改建、扩建或者改良。

后续支出的处理原则：符合固定资产确认条件的，计入固定资产成本，同时将被替换部分的账面价值扣除；不符合固定资产确认条件的，计入当期损益。

(一) 资本化的后续支出

固定资产发生可资本化的后续支出时，企业一般应将该固定资产的原价、已计提的累计折旧和减值准备转销，将其账面价值转入在建工程，并停止计提折旧。发生的可资本化的后续支出，通过"在建工程"科目核算。在固定资产发生的后续支出完工并达到预定可使用状态时，再从在建工程转为固定资产，并按重新确定的使用寿命、预计净残值和折旧方法计提折旧。

【例6-12】甲公司是一家饮料生产企业，有关业务资料如下：

(1) 2022年12月，该公司自行建成了一条饮料生产线并投入使用，建造成本为600 000元；采用年限平均法计提折旧；预计净残值率为固定资产原价的3%，预计使用年限为6年。

(2) 2024年12月31日，由于生产的产品适销对路，现有这条饮料生产线的生产能力已难以满足公司生产发展的需要，但若新建生产线成本过高，周期过长，于是公司决定对现有生产线进行改扩建，以提高其生产能力。假定该生产线未发生过减值。

(3) 至2025年4月30日，完成了对这条生产线的改扩建工程，达到预定可使用状态。改扩建过程中发生以下支出：用银行存款购买工程物资一批，增值税专用发票上注明的价款为210 000元，增值税税额为27 300元，已全部用于改扩建工程；发生有关人员薪酬84 000元。

(4) 该生产线改扩建工程达到预定可使用状态后，大大提高了生产能力，预计尚可使用年限为7年。假定改扩建后的生产线的预计净残值率为改扩建后其账面价值的4%；折旧方法仍为年限平均法。

假定甲公司按年度计提固定资产折旧，为简化计算过程，整个过程不考虑其他相关税费，甲公司应进行如下会计处理：

(1) 饮料生产线改扩建后生产能力大大提高，能够为企业带来更多的经济利益，改扩建的支出金额也能可靠计量，因此该后续支出符合固定资产的确认条件应计入固定资产的成本。

固定资产后续支出发生前，该条饮料生产线的应计折旧额=600 000×(1−3%)=582 000(元)，年折旧额=582 000÷6=97 000(元)。

2023年1月1日至2024年12月31日两年间，各年12月31日计提固定资产折旧。

借：制造费用　　　　　　　　　　　　　　　　　　　　97 000

　　贷：累计折旧　　　　　　　　　　　　　　　　　　　　97 000

(2) 2024年12月31日，将该生产线的账面价值406 000元[600 000−(97 000×2)]转入在建工程。

借：在建工程——饮料生产线　　　　　　　　　　　　406 000

　　累计折旧　　　　　　　　　　　　　　　　　　　194 000

　　贷：固定资产——饮料生产线　　　　　　　　　　　600 000

(3) 发生改扩建工程支出。

借：工程物资　　　　　　　　　　　　　　　　　　　210 000

　　应交税费——应交增值税(进项税额)　　　　　　　　27 300

　　贷：银行存款　　　　　　　　　　　　　　　　　　237 300

借：在建工程——饮料生产线　　　　　　　　　　　　294 000

　　贷：工程物资　　　　　　　　　　　　　　　　　　210 000

　　　　应付职工薪酬　　　　　　　　　　　　　　　　　84 000

(4) 2025年4月30日，生产线改扩建工程达到预定可使用状态，转为固定资产。

借：固定资产——饮料生产线　　　　　　　　　　　　700 000

　　贷：在建工程——饮料生产线　　　　　　　　　　　700 000

(5) 2025年4月30日，转为固定资产后，按重新确定的使用寿命、预计净残值和折旧方法计提折旧，应计折旧额为700 000×(1−4%)=672 000(元)，月折旧额为672 000÷(7×12)= 8 000(元)。2025年应计提的折旧额为64 000元(8 000×8)，会计分录为：

借：制造费用　　　　　　　　　　　　　　　　　　　　64 000

　　贷：累计折旧　　　　　　　　　　　　　　　　　　　64 000

2026—2031年每年应计提的折旧额为96 000元(8 000×12)，会计分录为：

借：制造费用　　　　　　　　　　　　　　　　　　　　96 000

　　贷：累计折旧　　　　　　　　　　　　　　　　　　　96 000

2032年应计提的折旧额为32 000元(8 000×4)，会计分录为：

借：制造费用　　　　　　　　　　　　　　　　　　　　32 000

　　贷：累计折旧　　　　　　　　　　　　　　　　　　　32 000

企业发生的一些固定资产后续支出可能涉及替换原固定资产的某组成部分。如对某项机器设备进行检修时，发现其中的电机(未单独确认为一项固定资产)出现难以修复的故障，将其拆除后重新安装了一台新电机。在这种情况下，当发生的后续支出符合固定资产确认条件时，应将其计入固定资产成本，同时将被替换部分的账面价值扣除，以避免将替换部分的成本和被替换部分的成本同时计入固定资产成本，导致固定资产成本重复计算。

【例6-13】2023年6月30日，甲公司一台生产用升降机械出现故障，经检修发现其中的电动机磨损严重，需要更换。该升降机械购买于2019年6月30日，甲公司已将其整体作为一项固定资产进行了确认，原价400 000元(其中的电动机在2019年 6月30日的市场价格为85 000元)，预计净残值为0，预计使用年限为10年，采用年限平均法计提折旧。为继续使用该升降机械并提高工作效率，甲公司决定对其进行改造，为此购买了一台更大功率的电动机替代原电动机。新购置电动机的价款为82 000元，增值税税额为10 660元，款项已通过银行转账支付；改造过程中，辅助生产车间发生了劳务支出15 000元。

假定原电动机磨损严重，没有任何价值。不考虑其他相关税费，甲公司应作如下会计处理：

(1) 固定资产转入在建工程。

本例中的更新改造支出符合固定资产的确认条件，应予资本化，同时应终止确认原电动机价值。2023年6月30日，原电动机的价值=85 000－(85 000÷10)×4=51 000(元)。

借：营业外支出——处置非流动资产损失   51 000

  在建工程——升降机械   189 000

  累计折旧——升降机械(400 000÷10×4)   160 000

   贷：固定资产——升降机械   400 000

(2) 更新改造支出。

借：工程物资——新电动机   82 000

  应交税费——应交增值税(进项税额)   10 660

   贷：银行存款   92 660

借：在建工程——升降机械   97 000

   贷：工程物资——新电动机   82 000

    生产成本——辅助生产成本   15 000

(3) 在建工程转回固定资产。

借：固定资产——升降机械   286 000

   贷：在建工程——升降机械   286 000

【例6-14】企业对一条生产线进行更新改造。该生产线的原价为120万元，已提折旧为60万元。改造过程中发生支出30万元，被替换部分的账面价值15万元。该生产线更新改造后的成本为( )万元。

 A. 65   B. 75   C. 135   D. 150

本例中，改造后的入账价值=(120－60)+30－15=75(万元)，选择B。

企业对固定资产进行定期检查发生的大修理费用，有确凿证据表明符合固定资产确认条件的部分，应予资本化计入固定资产成本，不符合固定资产确认条件的，应当费用化，计入当期损益。

(二) 费用化的后续支出

固定资产的日常维护支出通常不满足固定资产的确认条件，应在发生时直接计入当期损益。企业行政管理部门等发生的固定资产修理费用等后续支出，计入管理费用；企业专设销售机构的，其发生的与专设销售机构相关的固定资产修理费用等后续支出，计入销售费用。固定资产更新改造支出不满足固定资产确认条件的，也应在发生时直接计入当期损益。

【例6-15】2023年6月1日，甲公司对现有的一台管理用设备进行日常修理，修理过程中发生的材料费100 000元，应支付的维修人员工资为20 000元。

甲公司应作如下会计处理：

借：管理费用　　　　　　　　　　　　　　　　　　　　120 000
　　贷：原材料　　　　　　　　　　　　　　　　　　　　100 000
　　　　应付职工薪酬　　　　　　　　　　　　　　　　　 20 000

【例6-16】2023年8月1日，乙公司对其现有的一台管理部门使用的设备进行修理，修理过程中发生支付维修人员工资为5 000元。

该公司应作如下会计处理：

借：管理费用　　　　　　　　　　　　　　　　　　　　　5 000
　　贷：应付职工薪酬　　　　　　　　　　　　　　　　　　5 000

任务三　固定资产期末计量与处置

一、固定资产清查

企业应定期或者至少于每年年末对固定资产进行清查盘点，以保证固定资产核算的真实性，充分挖掘企业现有固定资产的潜力。在固定资产清查过程中，如果发现盘盈、盘亏的固定资产，应填制固定资产盘盈盘亏报告表。清查固定资产的损溢，应及时查明原因，并按照规定程序报批处理。

(一) 固定资产盘盈

企业在财产清查中盘盈的固定资产，作为前期差错处理。企业在财产清查中盘盈的固定资产，在按管理权限报经批准处理前应先通过"以前年度损益调整"科目核算。盘盈的固定资产，应按重置成本确定其入账价值，借记"固定资产"科目，贷记"以前年度损益调整"科目。

【例6-17】 丁公司在财产清查过程中，发现一台未入账的设备，重置成本为30 000元(假定与其计税基础不存在差异)。根据《企业会计准则第28号——会计政策、会计估计变更和差错更正》规定，该盘盈固定资产作为前期差错进行处理。假定丁公司适用的所得税税率为25%，按净利润的10%计提法定盈余公积。

丁公司应作如下会计处理：

(1) 盘盈固定资产时。

借：固定资产　　　　　　　　　　　　　　　　　　　　　30 000
　　贷：以前年度损益调整　　　　　　　　　　　　　　　　　30 000

(2) 确定应交纳的所得税时。

借：以前年度损益调整　　　　　　　　　　　　　　　　　　7 500
　　贷：应交税费——应交所得税　　　　　　　　　　　　　　7 500

(3) 结转为留存收益时。

借：以前年度损益调整　　　　　　　　　　　　　　　　　　22 500
　　贷：盈余公积——法定盈余公积　　　　　　　　　　　　　2 250
　　　　利润分配——未分配利润　　　　　　　　　　　　　　20 250

(二) 固定资产盘亏

企业在财产清查中盘亏的固定资产，按盘亏固定资产的账面价值，借记"待处理财产损溢"科目，按已计提的累计折旧，借记"累计折旧"科目，按已计提的减值准备，借记"固定资产减值准备"科目，按固定资产的原价，贷记"固定资产"科目。按管理权限报经批准后处理时，按可收回的保险赔偿或过失人赔偿，借记"其他应收款"科目，按应计入营业外支出的金额，借记"营业外支出——盘亏损失"科目，贷记"待处理财产损溢"科目。

【例6-18】 乙公司进行财产清查时发现短缺一台笔记本电脑，原价为10 000元，已计提折旧7 000元。

乙公司应作如下会计处理：

(1) 盘亏固定资产时。

借：待处理财产损溢——待处理固定资产损溢　　　　　　　3 000
　　累计折旧　　　　　　　　　　　　　　　　　　　　　　7 000
　　贷：固定资产　　　　　　　　　　　　　　　　　　　　10 000

(2) 报经批准转销时。

借：营业外支出——盘亏损失　　　　　　　　　　　　　　3 000
　　贷：待处理财产损溢——待处理固定资产损溢　　　　　　3 000

二、固定资产减值

固定资产在资产负债表日存在可能发生减值的迹象时，其可收回金额低于账面价值的，企业应当将该固定资产的账面价值减记至可收回金额，减记的金额确认为减值损失，计入当期损益，同时计提相应的资产减值准备，借记"资产减值损失——计提的固定资产减值准备"科目，贷记"固定资产减值准备"科目。固定资产减值损失一经确认，在以后会计期间不得转回。

【例6-19】2023年12月31，T公司的某生产线存在可能发生减值的迹象，经计算，该机器的可收回金额合计为1 230 000元，账面价值为1 400 00元，以前年度未对该生产线计提过减值准备。

本例中，由于该生产线的可收回金额为1 230 000元，账面价值为1 400 000元，可收回金额低于账面价值，应按两者之间的差额170 000元(1 400 000-1230 000)计提固定资产减值准备。T公司应作如下会计处理：

借：资产减值损失——计提的固定资产减值准备　　　　　　170 000
　　贷：固定资产减值准备　　　　　　　　　　　　　　　　　170 000

三、固定资产处置

(一) 固定资产终止确认的条件

固定资产处置包括固定资产的出售、转让、报废或毁损、对外投资等。

固定资产满足下列条件之一的，应当予以终止确认。

1. 该固定资产处于处置状态

处于处置状态的固定资产不再用于生产商品、提供劳务、出租或经营管理，不再符合固定资产的定义，应予以终止确认。

2. 该固定资产预期通过使用或处置不能产生经济利益

固定资产的确认条件之一是"与该固定资产有关的经济利益很可能流入企业"，如果一项固定资产预期通过使用或处置不能产生经济利益，就不再符合固定资产的定义和确认条件，应予以终止确认。

(二) 固定资产处置的会计处理

企业出售、转让、报废固定资产或发生固定资产毁损，应当将处置收入扣除账面价值和相关税费后的金额计入当期损益。固定资产的账面价值是固定资产成本扣减累计折旧和累计减值准备后的金额。固定资产处置一般通过"固定资产清理"科目进行核算。

1. 固定资产出售、报废或毁损的账务处理

(1) 固定资产转入清理。企业因出售、报废、毁损、对外投资、非货币性资产交换、债务重组等转出的固定资产，按该项固定资产的账面价值，借记"固定资产清理"科目，按已计提的累计折旧，借记"累计折旧"科目，按已计提的减值准备，借记"固定资产减值准备"科目，按其账面原价，贷记"固定资产"科目。

(2) 固定资产清理过程中应支付的相关税费及其他费用，借记"固定资产清理"科目，贷记"银行存款"等科目。

(3) 收回出售固定资产的价款、残料价值和变价收入等，借记"银行存款""原材料"等科目，贷记"固定资产清理"科目。

(4) 应由保险公司或过失人赔偿的损失，借记"其他应收款"等科目，贷记"固定资产清理"科目。

(5) 固定资产清理完成后产生的清理净损益，依据固定资产处置方式的不同，分别适用不同的处理方法：第一，因已丧失使用功能或因自然灾害发生毁损等原因而报废清理产生的利得或损失应计入营业外收支。属于生产经营期间正常报废清理产生的处理净损失，借记"营业外支出——处置非流动资产损失"科目，贷记"固定资产清理"科目；属于生产经营期间由于自然灾害等非正常原因造成的净损失，借记"营业外支出——非常损失"科目，贷记"固定资产清理"科目；如为净收益，借记"固定资产清理"科目，贷记"营业外收入"科目。第二，因出售、转让等原因产生的固定资产处置利得或损失应计入资产处置收益。产生处置净损失的，借记"资产处置损益"科目，贷记"固定资产清理"科目；如为净收益，借记"固定资产清理"科目，贷记"资产处置损益"科目。

【例6-20】甲公司出售一座建筑物，原价为2 000 000元，已计提折旧1 000 000元，未计提减值准备，实际出售价格为1 200 000元，已通过银行收回价款。

甲公司应作如下会计处理：

(1) 将出售固定资产转入清理时。

借：固定资产清理		1 000 000
累计折旧		1 000 000
贷：固定资产		2 000 000

(2) 收回出售固定资产的价款时。

借：银行存款		1 200 000
贷：固定资产清理		1 200 000

(3) 结转出售固定资产实现的利得时。

借：固定资产清理		200 000
贷：资产处置损益		200 000

【例6-21】乙公司现有一台设备由于性能等原因决定提前报废，原价为500 000元，已计提折旧450 000元，未计提减值准备。报废时的残值变价收入为20 000元，报废清理过程中发生清理费用3 500元。有关收入、支出均通过银行办理结算。

乙公司应作如下会计处理：

(1) 将报废固定资产转入清理时。

借：固定资产清理		50 000
累计折旧		450 000

　　　　贷：固定资产　　　　　　　　　　　　　　　　　　　　　　　500 000

(2) 收回残料变价收入时。

　　借：银行存款　　　　　　　　　　　　　　　　　　　　　　　20 000

　　　　贷：固定资产清理　　　　　　　　　　　　　　　　　　　　20 000

(3) 支付清理费用时。

　　借：固定资产清理　　　　　　　　　　　　　　　　　　　　　3 500

　　　　贷：银行存款　　　　　　　　　　　　　　　　　　　　　　3 500

(4) 结转报废固定资产发生的净损失时。

　　借：营业外支出——非流动资产处置损失　　　　　　　　　　　33 500

　　　　贷：固定资产清理　　　　　　　　　　　　　　　　　　　　33 500

　　【例6-22】丙公司由于遭受水灾而毁损一座仓库，该仓库原价4 000 000元，已计提折旧1 000 000元，未计提减值准备。其残料估计价值50000元，残料已办理入库。发生的清理费用20 000元，以现金支付。经保险公司核定应赔偿损失1 500 000元，尚未收到赔款。

　　丙公司应作如下会计处理：

(1) 将毁损的仓库转入清理时。

　　借：固定资产清理　　　　　　　　　　　　　　　　　　　　3 000 000

　　　　累计折旧　　　　　　　　　　　　　　　　　　　　　　1 000 000

　　　　贷：固定资产　　　　　　　　　　　　　　　　　　　　　4 000 000

(2) 残料入库时。

　　借：原材料　　　　　　　　　　　　　　　　　　　　　　　50 000

　　　　贷：固定资产清理　　　　　　　　　　　　　　　　　　　50 000

(3) 支付清理费用时。

　　借：固定资产清理　　　　　　　　　　　　　　　　　　　　20 000

　　　　贷：库存现金　　　　　　　　　　　　　　　　　　　　　20 000

(4) 确定应由保险公司理赔的损失时。

　　借：其他应收款　　　　　　　　　　　　　　　　　　　　　1 500 000

　　　　贷：固定资产清理　　　　　　　　　　　　　　　　　　　1 500 000

(5) 结转毁损固定资产发生的损失时。

　　借：营业外支出——非常损失　　　　　　　　　　　　　　　1 470 000

　　　　贷：固定资产清理　　　　　　　　　　　　　　　　　　　1 470 000

　　【例6-23】A公司2023年3月初向大众公司购入设备一台，实际支付买价50万元，增值税8.5万元，支付运杂费1.5万元，途中保险费5万元。该设备估计可使用4年，无残值。该企业固定资产折旧方法采用年数总和法。由于操作不当，该设备于2023年年末报废，责成有关人员赔偿2万元，收回变价收入1万元，则该设备的报废净损失(　　)。

　　A. 36万元　　　　　　B. 39万元　　　　　　C. 42.5万元　　　　　　D. 36.55万元

本例中，原入账价值=50+1.5+5=56.5(万元)；已提折旧=56.5×4/10×9/12=16.95(万元)；报废净损失=56.5−16.95−2−1=36.55(万元)。

2.其他方式减少的固定资产的账务处理

其他方式减少的固定资产，如以固定资产清偿债务、投资转出固定资产、以非货币性资产交换的固定资产等，分别按照债务重组、非货币性资产交换等的处理原则进行核算。

项目小结

固定资产是指企业为生产产品、提供劳务、出租或者经营管理而持有的、使用时间超过12个月的，价值达到一定标准的非货币性资产，包括房屋、建筑物、机器、运输工具以及其他与生产经营活动有关的设备、器具等。企业不管以何种方式取得固定资产时都以实际成本作为入账价值。固定资产在使用中发生的价值损耗，应通过计提折旧的方式予以补偿。固定资产出售、报废、毁损时等原因减少时应按照规定的会计处理方法进行会计处理，期末还应该按照固定资产的可收回金额低于账面价值的差额计提固定资产减值准备。

练习题

客观题

业务题

1.甲公司为增值税一般纳税人，适用的增值税税率为13%。

资料一：2023年5月，甲公司自行建造一条生产线，该生产线由A、B、C、D四台设备组成。建造过程中发生外购设备和工程物资成本5 000万元，增值税650万元，人工成本1 000万元，领用原材料成本100万元，安装费用500万元，为达到正常运转发生测试费300万元，外聘专业人员服务费100万元，员工培训费10万元。

资料二：2024年3月，该生产线达到预定可使用状态并投入使用。该生产线整体预计使用年限为15年，预计净残值为零。A、B、C、D各设备在达到预定可使用状态时的公允价值分别为3 000万元、2 000万元、4 000万元、1000万元，各设备的预计使用年限分别为10年、15年、20年和12年，预计净残值均为零。甲公司对固定资产均采用年限平均法计提折旧。假定不考虑其他因素。(答案中的金额单位用"万元"表示)

要求：(1)计算甲公司该生产线的入账成本，并计算该生产线各项设备的入账成本。

(2)说明甲公司该生产线折旧年限的确定方法，并计算甲公司各项设备2024年度应计提的折旧额。

2. A公司为增值税一般纳税人，不动产、动产适用的增值税税率分别为9%、13%。2022年A公司建造一个生产车间，包括厂房和一条生产线两个单项工程。厂房造价为130万元，生产线安装费用为50万元。A公司将该工程出包给甲公司完成。2024年，A公司发生以下经济业务：

资料一：3月，预付厂房工程款100万元；购入生产线各种设备，价款为580万元，增值税为75.4万元，运杂费为5万元(不考虑运费增值税抵扣的因素)，款项已通过银行存款支付，直接将生产线的设备交付建造承包商建造安装；在建两个单项工程发生的管理费、临时设施费、公证费、监理费等共计15万元，款项已通过银行存款支付(假设不考虑增值税)。

资料二：6月，结算全部工程款项，取得建造厂房的增值税专用发票，不含税价款为130万元，增值税税额为11.7万元，差额以银行存款支付；取得生产线安装增值税专用发票，不含税价款50万元，增值税税额为6.5万元，款项已通过银行存款支付。

资料三：7月，厂房、生产线达到预定可使用状态，并交付使用。

(计算结果保留小数点后两位小数，答案中金额单位用"万元"表示)

要求：(1) 根据资料一，编制3月份A公司与建造厂房和生产线相关的会计分录。

(2) 根据资料二，编制6月份A公司结算工程款项的会计分录。

(3) 根据上述资料，编制7月份A公司分配待摊支出及结转在建工程成本的会计分录。

3. 甲公司为增值税一般纳税人，厂房适用的增值税税率为9%，生产线、存货适用的增值税税率为13%。

资料一：经董事会批准，甲公司2023年年末在生产经营期间以自营方式同时对一条生产线和一栋厂房进行改造。原生产线与厂房是2019年年末达到预定可使用状态并投入使用，其中生产线成本为490万元，预计使用年限为20年，预计净残值为10万元；厂房成本为740万元，预计使用年限为20年，预计净残值为20万元；均采用年限平均法计提折旧，至2023年12月31日，均未计提减值准备，当日转为在建工程。

资料二：2024年1月10日，为改造工程购入工程物资一批，收到的增值税专用发票上注明的价款为300万元，增值税税额为39万元，款项均以银行存款支付。2024年4月20日，改造工程领用工程物资280万元，其中生产线为180万元，厂房为100万元。至2024年6月30日，改造工程发生应付职工薪酬合计165万元，其中生产线为115万元，厂房为50万元；工程改造期间辅助生产车间提供的劳务支出合计为65.06万元，其中生产线为35万元，厂房为30.06万元；工程改造期间被替换的固定资产的账面价值为120万元(不考虑变价收入)，其中生产线为100万元，厂房为20万元。2024年6月30日，剩余工程物资转用于在建的厂房。

资料三：2024年6月30日，生产线和厂房达到预定可使用状态并交付使用。生产线的预计尚可使用年限为10年，预计净残值变更为0；厂房的预计使用年限仍然为20年，预计净残值变更为32.06万元；折旧方法均不变。

不考虑其他因素。(答案中金额单位用"万元"表示)

要求：(1) 分别计算2023年12月31日生产线和厂房改造前的账面价值，并编制转入在建工程的会计分录。

(2) 编制2024年生产线和厂房改造期间的相关会计分录。

(3) 编制2024年生产线和厂房改造完工的相关会计分录。

(4) 分别计算2024年生产线和厂房改造完工后应计提的折旧额。

4. 甲公司系增值税一般纳税人，适用的所得税税率为25%，预计未来期间适用的企业所得税税率不会发生变化，未来期间能够取得足够的应纳税所得额用以抵减可抵扣暂时性差异。所得税纳税申报时，固定资产在其预计使用寿命内每年允许税前扣除的金额为1 584万元。2021年至2024年与固定资产业务相关的资料如下：

资料一：2021年12月28日，甲公司以银行存款购入一套不需要安装的大型生产设备，取得的增值税专用发票上注明的价款为8 000万元，增值税税额为1 040万元。

资料二：2021年12月31日，该设备投入使用，预计使用年限为5年，预计净残值为80万元，采用年数总和法按年计提折旧。

资料三：2023年12月31日，该设备出现减值迹象。经减值测试，该设备预计未来现金流量的现值为2 880万元，公允价值减去处置费用后的净额为2 400万元。甲公司对该设备计提减值准备后，根据新获得的信息预计其剩余使用年限仍为3年，预计净残值变更为40万元，折旧方法变更为双倍余额递减法按年计提折旧。

资料四：2024年12月31日，甲公司售出该设备，开具的增值税专用发票上注明的价款为1 600万元，增值税税额为208万元，款项已收存银行，另以银行存款支付清理费用4万元。

假定不考虑其他因素。(答案中的金额单位用"万元"表示)

要求：(1) 编制甲公司2021年12月28日购入该设备的会计分录。

(2) 分别计算甲公司2022年度和2023年度对该设备应计提的折旧金额。

(3) 计算甲公司2023年年末对该设备计提减值准备的金额，并编制相关会计分录。

(4) 分别计算甲公司2024年12月31日该设备的账面价值、计税基础、暂时性差异(需指出是应纳税暂时性差异还是可抵扣暂时性差异)，以及相应的递延所得税负债或递延所得税资产的账面余额。

(5) 计算甲公司2024年度对该设备应计提的折旧金额，并编制相关会计分录。

(6) 计算甲公司2024年12月31日处置固定资产产生的损益，编制处置该设备的会计分录。

项目七 | 无形资产

物质富足、精神富有是社会主义现代化的根本要求。物质贫困不是社会主义，精神贫乏也不是社会主义。我们不断厚植现代化的物质基础，不断夯实人民幸福生活的物质条件，同时大力发展社会主义先进文化，加强理想信念教育，传承中华文明，促进物的全面丰富和人的全面发展。

摘自2022年10月16日习近平总书记在中国共产党第二十次全国代表大会上的报告

👤 引导案例

王小丽所任职的光明有限责任公司分别在2023年1月1日、3月1日、4月1日开始了编号为01、02、03的科研项目。研究项目开始后，公司让王小丽对该业务进行会计处理，王小丽把发生的科研费用一并作为企业的管理费用入账，财务经理看到后，说王小丽的会计处理不对。对此，王小丽感到很疑惑，不知道自己究竟错在哪里，为什么错了。

这就涉及本项目学习和讨论的如何确定无形资产入账价值和无形资产摊销、对外转让等问题。

👤 学习目标

依据《企业会计准则第6号——无形资产》的规定，掌握无形资产的确认条件、无形资产初始计量的核算、内部研究开发项目开发阶段支出资本化条件和内部开发无形资产的成本构成、内部研究开发支出的会计处理、无形资产后续计量的核算、无形资产处置的会计处理。

任务一 无形资产的确认和初始计量

一、无形资产概述

《企业会计准则第6号——无形资产》规定，无形资产，是指企业拥有或者控制的没有实物形态的可辨认非货币性资产，通常包括专利权、非专利技术、商标权、著作权、特许权、土地使用权等。无形资产具有以下特征：由企业拥有或者控制并能为其带来未来经济利益；不具有实物形态；具有可辨认性，能够区别于其他资产可单独辨认；属于非货币性资产。

二、无形资产的确认条件

无形资产应当在符合定义的前提下，同时满足下列两个确认条件时，才能予以确认。

(一) 与该无形资产有关的经济利益很可能流入企业

作为无形资产确认的项目，必须满足其所产生的经济利益很可能流入企业这一条件。通常情况下，无形资产产生的未来经济利益可能包括在销售商品、提供劳务的收入当中，或者企业使用该项无形资产而减少或节约了成本，或者体现在获得的其他利益当中。如生产加工企业在生产工序中使用了某项知识产权，降低了未来生产成本，这项知识产权就可被确认为无形资产。

(二) 该无形资产的成本能够可靠计量

成本能够可靠计量是确认资产的一项基本条件，对于无形资产而言，这个条件显得更为重要。如企业内部产生的品牌、报刊名、刊头、客户名单和实质上类似项目的支出，由于不能与整个业务开发成本区分开来，成本无法可靠计量，不应被确认为无形资产。

三、无形资产的初始计量

无形资产通常按照实际成本进行初始计量，即以取得无形资产并使之达到预定用途而发生的全部支出作为无形资产的成本。对于不同来源取得的无形资产，其成本构成不尽相同。

(一) 外购无形资产的成本

外购无形资产的成本，包括购买价款、相关税费以及直接归属于使该项资产达到预定用途所发生的其他支出。其中，直接归属于使该项资产达到预定用途所发生的其他支出包括使无形资产达到预定用途所发生的专业服务费用、测试无形资产是否能够正常发挥作用的费用等，但不包括为引入新产品进行宣传发生的广告费、管理费用及其他间接费用，也不包括在无形资产已经达到预定用途以后发生的费用。

【例7-1】甲公司购入一项非专利技术，以银行存款支付价款为200 000元。假设不考虑相关税费，甲公司应编制如下会计分录：

借：无形资产——非专利技术 200 000
　　贷：银行存款 200 000

购买无形资产的价款超过正常信用条件延期支付，实质上具有融资性质的，无形资产的成本应以购买价款的现值为基础确定。实际支付的价款与购买价款的现值之间的差额作为未确认融资费用，并应在付款期间内采用实际利率法进行摊销。摊销金额除满足借款费用资本化条件应当计入无形资产成本外，均应当在信用期间内确认为财务费用，计入当期损益。

【例7-2】甲公司2023年1月 8日，从乙公司购买一项商标权，由于甲公司资金周转比较紧张，经与乙公司协议采用分期付款方式支付款项。合同规定，该项商标权总计6 000 000元，每年年末付款3 000 000元，两年付清。假定银行同期贷款利率为6%。2年期年金现值系数为1.8334。

甲公司有关会计处理如下：

无形资产现值＝3 000 000×1.8334＝5 500 200(元)

未确认融资费用＝6 000 000－5 500 200＝499 800(元)

第1年应确认的融资费用＝5 500 200×6%＝330 012(元)

第2年应确认的融资费用＝499 800－330 012＝169 788(元)

借：无形资产——商标权	5 500 200	
未确认融资费用	499 800	
贷：长期应付款		6 000 000

第1年年底付款时，

借：长期应付款	3 000 000	
贷：银行存款		3 000 000
借：财务费用	330 012	
贷：未确认融资费用		330 012

第2年年底付款时，

借：长期应付款	3 000 000	
贷：银行存款		3 000 000
借：财务费用	169 788	
贷：未确认融资费用		169 788

(二) 投资者投入无形资产的成本

投资者投入无形资产的成本，应当按照投资合同或协议约定的价值确定，但合同或协议约定价值不公允的，应按无形资产的公允价值入账。

【例7-3】甲公司是一股份公司，接受乙公司以其一项专有技术进行投资，双方协议确认的价值为300 000元。按照市场情况估计其公允价值为200 000元，已办妥相关手续。甲公司有关会计处理如下：

借：无形资产——专有技术	200 000	
资本公积	100 000	
贷：股本		300 000

(三) 接受捐赠的无形资产

企业接受其他单位捐赠的无形资产，应按相关准则规定确定的实际成本，借记"无形资产"科目，按接受捐赠无形资产按照税法规定确定后的入账价值，贷记"营业外收入"科目，按应支付或实际支付的相关税费，贷记"递延所得税负债"或"银行存款"等科目。

【例7-4】甲公司接受其他公司捐赠的特许权，双方确认的实际成本1 000 000元。

该企业适用的所得税税率为25%。企业已接受了特许权并办妥相关手续。

甲公司有关会计处理如下：

借：无形资产——特许权　　　　　　　　　　　　　　　1 000 000

　　贷：营业外收入　　　　　　　　　　　　　　　　　　　750 000

　　　　递延所得税负债　　　　　　　　　　　　　　　　　250 000

(四) 通过非货币性资产交换、债务重组、企业合并交易取得的无形资产

通过非货币性资产交换、债务重组、企业合并交易取得的无形资产，其入账价值的确定应遵循相关会计准则的规定。

(五) 土地使用权的处理

企业取得的土地使用权，通常应当按照取得时所支付的价款及相关税费之和确认为无形资产。但属于投资性房地产的土地使用权，应当按投资性房地产进行会计处理。

土地使用权用于自行开发建造厂房等地上建筑物时，相关的土地使用权的账面价值不与地上建筑物合并计算其成本，而仍作为无形资产进行核算，土地使用权与地上建筑物分别进行摊销和计提折旧。但下列两种情况除外：一是房地产开发企业取得的土地使用权用于建造对外出售的房屋建筑物，相关的土地使用权应当计入所建造的房屋建筑物成本。二是企业外购的房屋建筑物，实际支付的价款中包括土地使用权和建筑物的价值的，应当对实际支付的价款按照合理的方法(如公允价值相对比例)在土地使用权与地上建筑物之间进行分配；如果确实无法在土地使用权与地上建筑物之间进行合理分配的，应当全部作为固定资产，按照固定资产确认和计量的原则进行会计处理。

企业改变土地使用权的用途，将其用于赚取租金或资本增值时，应按账面价值将其转为投资性房地产。

【例7-5】甲公司从事土地开发与建设业务。2023年7月1日，甲公司取得股东作为出资投入的一宗土地使用权及地上建筑物。取得时，土地使用权的公允价值为10 000万元，地上建筑物的公允价值为6 000万元。甲公司将上述土地使用权和地上建筑物用于管理部门办公，预计使用50年。假定不考虑相关税费，甲公司取得土地使用权和地上建筑物的账务处理为：

借：无形资产——土地使用权　　　　　　　　　　　　100 000 000

　　固定资产——××建筑物　　　　　　　　　　　　　60 000 000

　　贷：股本　　　　　　　　　　　　　　　　　　　　160 000 000

任务二　内部研究开发支出的确认和计量

一、研究与开发阶段的区分

对于企业自行进行的研究开发项目，应当区分研究阶段与开发阶段分别进行核算。

在实际工作中，关于研究与开发阶段的具体划分，企业应当根据自身实际情况以及相关信息加以判断。

(一) 研究阶段

研究，是指为获取并理解新的科学或技术知识等进行的有计划的调查。

研究阶段基本上是探索性的，是为进一步的开发活动进行资料及相关方面的准备，已经进行的研究活动将来是否会转入开发、开发后是否会形成无形资产等均具有较大的不确定性。在这一阶段一般不会形成阶段性成果。

(二) 开发阶段

开发，是指在进行商业性生产或使用前，将研究成果或其他知识应用于某项计划或设计，以生产出新的或具有实质性改进的材料、装置、产品等。

相对于研究阶段而言，开发阶段应当已完成研究阶段的工作，在很大程度上具备了形成一项新产品或新技术的基本条件。

二、研究与开发阶段支出的确认

(一) 研究阶段支出

考虑到研究阶段的探索性及其成果的不确定性，企业无法证明其能够带来未来经济利益的无形资产的存在，因此，对于企业内部研究开发项目，研究阶段的支出应当在发生时全部费用化，计入当期损益(管理费用)。

(二) 开发阶段支出

考虑到进入开发阶段的研发项目往往形成成果的可能性较大，如果企业能够证明开发阶段的支出符合无形资产的定义及相关确认条件，则可将其确认为无形资产。具体来讲，对于企业内部研究开发项目，开发阶段的支出同时满足下列5个条件的，才能资本化，计入无形资产成本，否则应当计入当期损益(管理费用)。

(1) 完成该无形资产以使其能够使用或出售在技术上具有可行性。企业在判断无形资产的开发在技术上是否具有可行性时，应当以目前阶段的成果为基础，并提供相关证据和材料，证明企业进行开发所必需的技术条件等已经具备，不存在技术上的障碍或其他不确定性。如企业已经完成了全部计划、设计和测试活动，这些活动是使资产能够达到设计规划书中的功能、特征和技术所必需的活动，或经过专家鉴定等。

(2) 具有完成该无形资产并使用或出售的意图。企业研发项目形成成果以后，是对外出售还是供自己使用并从使用中获得经济利益，应当由企业管理层的意图而定。企业管理层应当能够说明其开发无形资产的目的，并具有完成该项无形资产开发并使其能够使用或出售的可能性。

(3) 无形资产产生经济利益的方式，包括能够证明运用该无形资产生产的产品存在市场或无形资产自身存在市场；无形资产将在内部使用的，应当证明其有用性。如果相关无形资产在形成以后，主要用于生产新产品或新工艺，企业应当对运用该无形资产生产的产品的市场情况进行可靠估计，能够证明所生产的产品存在市场，并能够带来经济利益的流入；如果相关无形资产开发以后主要是用于对外出售的，则企业应当能够证明市场上存在对该类无形资产的需求，开发以后存在外部的市场可以出售并能够带来经济利益的流入；如果无形资产开发以后，不是用于生产产品，也不是用于对外出售，而是在企业内部使用的，则企业应能够证明其对企业的有用性。

(4) 有足够的技术、财务资源和其他资源支持完成该无形资产的开发，并有能力使用或出售该无形资产。

(5) 归属于该无形资产开发阶段的支出能够可靠地计量。企业对于开发活动所发生的支出应单独核算，如直接发生的开发人员薪酬、材料费以及相关设备折旧费等。在企业同时从事多项开发活动的情况下，所发生的支出同时用于支持多项开发活动的，应按照合理的标准在各项开发活动之间进行分配；无法合理分配的，应予以费用化计入当期损益，不计入开发活动的成本。

(三) 无法区分研究阶段和开发阶段的支出

无法区分研究阶段和开发阶段的支出，应当在发生时将其费用化，计入当期损益(管理费用)。

三、内部开发的无形资产的计量

内部开发活动形成的无形资产，其成本由可直接归属于该无形资产的创造、生产并使该无形资产能够以管理层预定的方式运作的所有必要支出组成。可直接归属成本包括开发该无形资产时耗费的材料、劳务成本、注册费、在开发该无形资产过程中使用的其他专利权和特许权的摊销、按照借款费用的处理原则可以资本化的利息支出等。在开发无形资产过程中发生的、除上述可直接归属于无形资产开发活动之外的其他销售费用、管理费用等间接费用，无形资产达到预定用途前发生的可辨认的无效和初始运作损失为运行该无形资产发生的培训支出等，不构成无形资产的开发成本。

值得强调的是，内部开发无形资产的成本仅包括在满足资本化条件的时点至无形资产达到预定用途前发生的支出总和，对于同一项无形资产在开发过程中达到资本化条件之前已经费用化并计入当期损益的支出不再进行调整。

四、内部研究开发支出的会计处理

企业自行开发无形资产发生的研发支出，不满足资本化条件的，借记"研发支出费用化支出"科目，满足资本化条件的，借记"研发支出资本化支出"科目，贷记"原材料""银行存款""应付职工薪酬"等科目。研究开发项目达到预定用途形成无形资产的，应按"研发支出资本化支出"科目的余额，借记"无形资产"科目，贷记"研发支出资本化支出"科目。期末，应将不符合资本化条件的研发支出转入当期管理费用，借记"管理费用"科目，贷记"研发支出——费用化支出"科目；将符合资本化条件但尚未完成的开发费用继续保留在"研发支出"科目中，待开发项目达到预定用途形成无形资产时，再将其转入无形资产。

外购或以其他方式取得的、正在研发过程中应予资本化的项目，应按确定的金额，借记"研发支出资本化支出"科目，贷记"银行存款"等科目。以后发生的研发支出，应当比照上述原则进行会计处理。

企业为享受《关于完善研究开发费用税前加计扣除政策的通知》中有关研究开发费用加计扣除优惠政策，可以对享受加计扣除的研究开发费用按研发项目设置辅助账，归集核算当年可加计扣除的各项研究开发费用实际发生额。

【例7-6】2023年1月1日，甲公司的董事会批准研发某项新型技术，该公司董事会认为，研发该项目具有可靠的技术和财务等资源的支持，并且一旦研发成功将降低该公司的生产成本。2024年1月29日，该项新型技术研发成功并已经达到预定用途。研发过程中所发生的直接相关的必要支出情况如下：

(1) 2023年度发生材料费用9 000 000元，人工费用4 500 000元，计提专用设备折旧750 000元，以银行存款支付其他费用3 000 000元，总计17 250 000元，其中符合资本化条件的支出为7 500 000元。

(2) 2024年1月29日前，发生材料费用800 000元，人工费用500 000元，计提专用设备折旧50 000元，其他费用20 000元，总计1 370 000元。

本例中，甲公司经董事会批准研发某项新型技术，并认为完成该项新型技术无论是从技术上还是财务上都能够得到可靠的资源支持，一旦研发成功将降低公司的生产成本，并且有确凿证据予以支持。因此，符合条件的开发费用可以资本化。

此外，甲公司在开发该项新型技术时，累计发生了18 620 000元的研究与开发支出，其中符合资本化条件的开发支出为8 870 000元，符合"归属于该无形资产开发阶段的支出能够可靠地计量"的条件。

甲公司的账务处理为：

(1) 2023年度发生研发支出。

借：研发支出——××技术——费用化支出	9 750 000
——××技术——资本化支出	7 500 000
贷：原材料	9 000 000
应付职工薪酬	4 500 000
累计折旧	750 000
银行存款	3 000 000

(2) 2023年12月31日,将不符合资本化条件的研发支出转入当期管理费用。

借：管理费用——研究费用 9 750 000

 贷：研发支出——××技术——费用化支出 9 750 000

(3) 2024年1月发生研发支出。

借：研发支出——××技术——资本化支出 1 370 000

 贷：原材料 800 000

  应付职工薪酬 500 000

  累计折旧 50 000

  银行存款 20 000

(4) 2024年1月29日,该项新型技术已经达到预定用途。

借：无形资产——××技术 8 870 000

 贷：研发支出——××技术——资本化支出 8 870 000

【例7-7】甲公司分别在2023年1月1日、3月1日、4月1日开始了编号为01、02、03的科研项目。其中01号被判定为研究项目,发生原材料费用20 000元、应付职工薪酬8 000元,02、03被判定为开发项目。在2023年12月1日,02号项目完成,发生原材料费用40 000元、应付职工薪酬20 000元;03号项目尚未完成,发生原材料费用30 000元、应付职工薪酬15 000元;01项目也尚未完成。

甲公司的会计处理如下：

对01号项目

借：研发支出——费用化支出 28 000

 贷：原材料 20 000

  应付职工薪酬 8 000

借：管理费用 28 000

 贷：研发支出——费用化支出 28 000

对02号项目

借：研发支出——资本化支出 60 000

 贷：原材料 40 000

  应付职工薪酬 20 000

完成日：

借：无形资产 60 000

 贷：研发支出——资本化支出 60 000

对03号项目

借：研发支出——资本化支出 45 000

 贷：原材料 30 000

  应付职工薪酬 15 000

任务三 无形资产的后续计量

一、无形资产使用寿命的确定

无形资产的后续计量以其使用寿命为基础。企业应当于取得无形资产时分析判断其使用寿命。无形资产的使用寿命是有限的，应当估计该使用寿命的年限或者构成使用寿命的产量等类似计量单位数量；无法预见无形资产为企业带来未来经济利益期限的，应当视为使用寿命不确定的无形资产。

(一) 估计无形资产使用寿命应考虑的因素

估计无形资产使用寿命应考虑的主要因素包括以下几项。

(1) 运用该无形资产生产的产品通常的寿命周期、可获得的类似资产使用寿命的信息。

(2) 技术、工艺等方面的现阶段情况及对未来发展趋势的估计。

(3) 以该无形资产生产的产品或提供的服务的市场需求情况。

(4) 现在或潜在的竞争者预期将采取的行动。

(5) 为维持该无形资产产生未来经济利益能力的预期维护支出，以及企业预计支付有关支出的能力。

(6) 对该无形资产的控制期限，以及对该资产使用的相关法律规定或类似限制，如特许使用期、租赁期等。

(7) 与企业持有的其他资产使用寿命的关联性等。

(二) 确定无形资产使用寿命的主要原则

(1) 源自合同性权利或其他法定权利取得的无形资产，其使用寿命通常不应超过合同性权利或其他法定权利的期限。如企业取得的某项实用新型专利权，法律规定的保护期限为10年，企业预计运用该项实用新型专利权所生产的产品在未来6年内会为企业带来经济利益，则该项专利权的预计使用寿命为6年。

如果合同性权利或其他法定权利能够在到期时因续约等延续，当有证据表明企业续约不需要付出重大成本时，续约期才能够包括在使用寿命的估计中。

(2) 没有明确的合同或法律规定无形资产的使用寿命的，企业应当综合各方面因素判断，如聘请相关专家进行论证、与同行业的情况进行比较以及参考企业的历史经验等，来确定无形资产为企业带来未来经济利益的期限。

(3) 企业经过上述努力仍确实无法合理确定无形资产为企业带来经济利益的期限的，才能将其作为使用寿命不确定的无形资产。如企业取得了一项在过去几年中市场份额领先的畅销产品的商标，该商标按照法律规定还有5年的使用寿命，但是在保护期届满时，企业可每10年以较低的手续费申请延期，同时有证据表明企业有能力申请延期。此外，有关的调查表明，根据产品生命周期、市场竞争等方面情况综合判断，该商标将在不确定的期间内为企业带来现金流量。综合各方面情况，该商标可视为使用寿命不确定的无形资产。

(三) 无形资产使用寿命的复核

企业至少应当于每年年度终了，对使用寿命有限的无形资产的使用寿命进行复核。如果有证据表明无形资产的使用寿命与以前估计不同的，应当改变其摊销期限，并按照会计估计变更进行处理。如企业使用的某项专利权，原预计使用寿命为10年，使用至第3年年末时，该企业计划再使用2年即不再使用，为此，在第3年年末，企业应当变更该项无形资产的使用寿命，并作为会计估计变更进行处理。

二、使用寿命有限的无形资产

使用寿命有限的无形资产，应以成本减去累计摊销额和累计减值损失后的余额进行后续计量。使用寿命有限的无形资产，应在其预计的使用寿命内采用系统合理的方法对应摊销金额进行摊销。

(一) 应摊销金额

无形资产的应摊销金额，是指其成本扣除预计残值后的金额。已计提减值准备的无形资产，还应扣除已计提的无形资产减值准备累计金额。无形资产的残值一般为零，但下列情况除外：有第三方承诺在无形资产使用寿命结束时购买该无形资产；可以根据活跃市场得到预计残值信息，并且该市场在无形资产使用寿命结束时很可能存在。

无形资产的残值意味着，在其经济寿命结束之前，企业预计将会处置该无形资产，并且从该处置中获得利益。估计无形资产的残值应以资产处置时的可收回金额为基础，此时的可收回金额是指在预计出售日，出售一项使用寿命已满且处于类似使用状况下，同类无形资产预计的处置价格(扣除相关税费)。残值确定以后，在持有无形资产的期间内，至少应于每年年末进行复核，预计其残值与原估计金额不同的，应按照会计估计变更进行处理。如果无形资产的残值重新估计以后高于其账面价值，则无形资产不再摊销，直至残值降至低于账面价值时再恢复摊销。

(二) 摊销期和摊销方法

无形资产的摊销期自其可供使用(即其达到预定用途)时起至终止确认时止。企业选择的无形资产摊销方法，应根据与无形资产有关的经济利益的预期消耗方式做出决定，并一致地运用于不同会计期间。具体摊销方法包括直线法、产量法等。受技术陈旧因素影响较大的专利权和专有技术等无形资产，可采用类似固定资产加速折旧的方法进行摊销；有特定产量限制的特许经营权或专利权，应采用产量法进行摊销。无法可靠确定其预期消耗方式的，应当采用直线法进行摊销。

企业至少应当于每年年度终了，对使用寿命有限的无形资产的使用寿命及摊销方法进行复核，如果有证据表明无形资产的使用寿命及摊销方法与以前估计不同的，应当改变其摊销期限和摊销方法，并按照会计估计变更进行会计处理。

(三) 使用寿命有限的无形资产摊销的会计处理

无形资产的摊销金额一般应当计入当期损益，但如果某项无形资产是专门用于生产某种产品或其他资产的，其所包含的经济利益是通过转入所生产的产品或其他资产中实现的，则该无形资产的摊销金额应当计入相关资产的成本。例如，一项专门用于生产某种产品的专利技术，其摊销金额应构成所生产产品成本的一部分，计入制造该产品的制造费用。

【例7-8】 2023年1月1日，甲公司从外单位购得一项新专利技术用于产品生产，支付价款75 000 000元，款项已支付。该项专利技术法律保护期为15年，公司预计运用该专利生产的产品在未来10年内会为公司带来经济利益。假定这项无形资产的净残值为0，并按年采用直线法摊销。

本例中，甲公司外购的专利技术的预计使用期限(10年)短于法律保护期间(15年)，则应当按照企业预计使用期限确定其使用寿命，同时这也就表明该项专利技术是使用寿命有限的无形资产，且该项无形资产用于产品生产，因此，应当将其摊销金额计入相关产品的成本。

甲公司的账务处理如下：

(1) 取得无形资产时。

借：无形资产——专利权   75 000 000
  贷：银行存款   75 000 000

(2) 按年摊销时。

借：制造费用——专利权摊销   7 500 000
  贷：累计摊销   7 500 000

2025年1月1日，就上述专利技术，第三方向甲公司承诺在3年内以其最初取得时公允价值的60%购买该专利技术，从公司管理层目前的持有计划来看，准备在3年内将其出售给第三方。为此，甲公司应当在2025年变更该项专利技术的估计使用寿命为3年，变更净残值为45 000 000元(75 000 000×60%)，并按会计估计变更进行处理。2025年，该项无形资产的摊销金额为5 000 000元[(75 000 000−7 500 000×2−45 000 000)÷3]。

(3) 甲公司2025年对该项专利技术按年摊销。

借：制造费用——专利权摊销   5 000 000
  贷：累计摊销   5 000 000

【例7-9】 甲公司从乙公司购入一项用于产品生产的专利权，购买成本为3 000 000元，估计使用寿命为4年，同时购入一项商标权，购买成本为4 000 000元，估计使用寿命为10年。假定该两项无形资产净残值为零。购买款均已用银行存款转账支付。

甲公司的账务处理如下：

(1) 取得无形资产时。

借：无形资产——专利权   3 000 000
      ——商标权   4 000 000
  贷：银行存款   7 000 000

(2) 每年摊销时。

借：制造费用　　　　　　　　　　　　　　　　　　　750 000

　　管理费用　　　　　　　　　　　　　　　　　　　400 000

　　　贷：累计摊销　　　　　　　　　　　　　　　　　　　1 150 000

三、使用寿命不确定的无形资产

根据可获得的相关信息判断，有确凿证据表明无法合理估计其使用寿命的无形资产，才能作为使用寿命不确定的无形资产。对于使用寿命不确定的无形资产，在持有期间内不需要进行摊销，但应当至少在每个会计期末按照本书第六章的有关规定进行减值测试。如经减值测试表明已发生减值，则需要计提相应的减值准备，借记"资产减值损失"科目，贷记"无形资产减值准备"科目。

四、无形资产的减值

如果无形资产将来为企业创造的经济来源不足以补偿无形资产(摊余成本)，则说明无形资产发生了减值，具体表现为无形资产的账面价值超过了其可收回金额。有关减值的会计处理应遵循《企业会计准则第8号——资产减值》的有关规定。

1. 资产减值迹象的判断

资产减值是指资产的可收回金额低于其账面价值。会计准则规定，企业应当在会计期末对各项资产进行核查，判断是否有迹象表明资产可能发生了减值。某项资产如存在减值迹象，应当估计其可收回金额，以确定减值损失；如不存在减值迹象，不应估计资产的可收回金额。

资产减值的迹象是指可能导致资产的可收回金额低于其账面价值的情况。按其与企业的关系，可以将资产减值的迹象分为外部迹象和内部迹象。外部迹象主要包括以下几种。

(1) 资产的市价当期大幅度下跌，其跌幅明显高于正常使用而预计的下跌。资产在正常的使用过程中会发生磨损，其价值逐年降低。如果资产的市价发生非正常的大幅度下跌，就有可能使资产的可收回金额低于资产的账面价值，从而有可能发生资产减值。

(2) 企业经营所处的经济、技术或法律环境以及资产所处的市场在当期或将在近期发生重大变化，从而对企业产生不利影响。例如，由于环境保护法律方面的限制，企业只能限量生产某种产品，这会对该产品的产量产生不利影响。当这种影响大到一定程度，就可能使企业资产的可收回金额小于其账面价值，从而发生资产减值。

(3) 市场利率或其他市场投资回报率当期已经提高，从而影响企业计算资产预计未来现金流量现值的折现率，导致资产可收回金额大幅度降低。

资产减值是指资产的可收回金额低于其账面价值，而可收回金额是根据资产的公允价值减去处置费用后的净额与资产预计未来现金流量现值两者之间较高者。当市场利率或其他市场投资回报率当期已经提高，可能会影响企业计算资产预计未来现金流量现值的折现率，使得折现率提高。根据未来现金流量现值的计算公式可知，折现率越高，未来现金流量的现值越小。这可能使资产的可收回金额低于其账面价值。

(4) 企业的市值(如上市公司股票市值)已经低于其净资产账面价值。影响企业市值的因素是多种多样的，其中之一就是企业的资产发生了减值。当企业的市值低于其净资产账面价值时，有可能是企业发生了资产减值。

资产减值的内部迹象主要包括以下几种。

第一，有证据表明资产已经陈旧过时或其实体已经损坏。

第二，资产已经或将被闲置、重组、终止使用或者提前处置。

第三，资产的经济绩效已经低于或将低于预期，如资产所创造的净现金流量或者实现的净损益远远低于预算。

资产减值的内部迹象可能会使资产的可收回金额低于账面价值，这些内部迹象是外界无法观察的，企业可以通过其自身掌握的信息来判断。

2. 资产可收回金额的计量

根据资产减值准则的要求，企业资产存在减值迹象的，应当进行减值测试，估计其可收回金额，并将可收回金额与账面价值进行比较，以确定资产是否发生了减值。进行资产减值测试的关键在于确定资产的可收回金额。

可收回金额是指资产的公允价值减去处置费用后的净额与资产预计未来现金流量的现值两者之间较高者。

资产的公允价值减去处置费用后的净额比较容易确定。为了给实际工作提供较详细的操作指南，会计准则规定，资产的公允价值减去处置费用后的净额应当根据公平交易中的销售协议价格减去直接归属于该资产处置费用的金额确定；不存在销售协议的，应当按照该资产在活跃市场中的买方出价扣除处置费用后的金额确定；在不存在销售协议和资产活跃市场的情况下，应当以可获取的最佳信息为基础，估计资产的公允价值减去处置费用后的净额，同行业类似资产的最近交易价格或结果可以作为估计参考。处置费用包括与资产处置有关的法律费用、印花税、其他相关税金、搬运费以及为使资产达到可销售状态所发生的直接费用等。

资产未来现金流量的现值，应当按照预计资产持续使用过程中以及最终处置时所产生的未来现金流量，选择恰当的折现率对其进行折现后的金额加以确定。预计资产未来现金流量的现值，应当综合考虑资产的预计未来现金流量、使用期限、折现率等因素。

计算资产未来现金流量现值的关键是确定未来现金流量和折现率。

预计资产未来现金流量为净现金流量，应当包括资产持续使用过程中预计产生的现金流入扣除为使资产达到可使用状态和资产持续使用过程中所必需的预计现金流出；资产使用寿命结束时，处置资产所收到或支付的净现金流量。

具体来说，如果发现以下情形时，说明无形资产发生了减值，应将可收回金额低于无形资产账面价值的差额确认为减值准备；某项无形资产已被其他新技术所替代，使其为企业创造未来经济利益的能力受到重大不利影响；某项无形资产的市价在当期大幅度下跌，并在剩余摊销年限内不会恢复；某项无形资产已超过法律保护期限，但仍然具有部分使用价值；其他足以证明某项无形资产实质上已经发生了减值的情形。

确定可收回金额是指以下两项金额中的较大者：无形资产的销售净价，即该无形资产的销售价格减去因无形资产所发生的律师费和其他相关税费后的余额；预计从无形资产的持续使用和使用年限结束时的处置中预计未来现金流量的现值。

计提减值准备时，借记"资产减值损失——无形资产减值损失"科目，贷记"无形资产减值准备"科目。

【例7-10】甲企业专利权的摊余价值为100万元，由于与无形资产相关的经济因素发生变化，致使其发生减值，剩余摊销年限为5年。如果出售，在扣除发生的律师费和相关税费后，可以获得90万元。如果企业继续利用该专利权进行产品生产，未来5年内预计可以获得的未来现金流量的现值为80万元，则该专利权的可收回金额应确定为90万元，无形资产的减值准备为10万元。未来5年，该企业应该按90万元进行成本摊销。甲公司有关账务处理如下：

(1) 计提减值准备时。

借：资产减值损失——无形资产减值损失　　　　　　　　　　100 000

　　贷：无形资产减值准备　　　　　　　　　　　　　　　　　100 000

(2) 年末摊销无形资产时。

借：管理费用——无形资产摊销　　　　　　　　　　　　　　180 000

　　贷：累计摊销　　　　　　　　　　　　　　　　　　　　　180 000

【例7-11】2023年1月1日，甲公司外购 A无形资产，实际支付480万元。根据相关法律，A无形资产的有效年限为10年，预计年限为 6年。2024年12月31日，由于与 A无形资产相关的经济发生变化，A无形资产发生减值，如果企业继续利用该无形进行产品生产，未来5年内预计可以获得的未来现金流量的现值为100万元。2025年12月31日，公司发现，导致A无形资产在2024年发生减值损失的不利因素已经全部消失。假定不考虑所得税及其相关税费的影响。

该公司的有关账务处理如下：

(1) 2023年1月1日，购入无形资产。

借：无形资产　　　　　　　　　　　　　　　　　　　　　4 800 000

　　贷：银行存款　　　　　　　　　　　　　　　　　　　　4 800 000

(2) 2023年，无形资产摊销额＝4 800 000÷6＝800 000(元)。

借：管理费用——无形资产摊销　　　　　　　　　　　　　　800 000

　　贷：累计摊销　　　　　　　　　　　　　　　　　　　　　800 000

(3) 2024年，无形资产的摊销同2023年。

(4) 2024年12月31日，计提减值准备＝4 800 000－800 000×2－1 000 000＝2 200 000(元)。

借：资产减值损失——无形资产减值损失　　　　　　　　　　2 200 000

　　贷：无形资产减值准备　　　　　　　　　　　　　　　　　　　2 200 000

(5) 2025年，无形资产摊销额＝1 000 000÷4＝250 000(元)。

借：管理费用——无形资产摊销　　　　　　　　　　　　　　250 000

　　贷：累计摊销　　　　　　　　　　　　　　　　　　　　　　　250 000

(6) 2026年、2027年、2028年，无形资产的摊销同2025年。

尽管公司于2025年12月31日发现，导致A无形资产在2024年发生减值损失的不利因素已经全部消失，但是根据规定对于已经计提的无形资产减值准备不再转回。

无形资产减值损失一经确认，在以后会计期间不得转回。这和原《企业会计制度》的规定不同，改变的主要原因是避免企业利用资产减值操纵企业利润。因此资产减值准则针对我国目前所处的经济环境，规定对于已经确认的资产减值损失不得转回。

任务四　无形资产的处置

一、无形资产报废的会计处理

如果无形资产预期不能为企业带来未来经济利益，例如，某项无形资产已被其他新技术所替代或超过法律保护期，该资产不再符合无形资产的定义，企业应将其报废并予以转销，其账面价值转入当期损益。

企业报废并转销无形资产时，应按已计提的累计摊销，借记"累计摊销"科目，按其账面余额，贷记"无形资产"科目，如果已计提减值准备的，应同时结转减值准备，借记"无形资产减值准备"科目，按其差额，借记"营业外支出——处置非流动资产损失"科目。

【例7-12】甲公司经核查发现，专利权M由于科技进步等原因已丧失使用价值，不能为企业带来经济利益，予以转销。该项专利权取得成本为400 000元，已累计摊销200 000元，该专利权的残值为零，已计提无形资产减值准备5 000元。

甲公司应编制会计分录如下：

借：营业外支出——处置非流动资产损失　　　　　　　　　　150 000

　　无形资产减值准备　　　　　　　　　　　　　　　　　　　5 000

　　累计摊销　　　　　　　　　　　　　　　　　　　　　　　200 000

　　贷：无形资产——专利权　　　　　　　　　　　　　　　　　　400 000

二、无形资产的出售与出租

企业所拥有的无形资产，可以依法转让。企业转让无形资产的方式有两种：一是出售，即转让其所有权；二是出租，即转让其使用权。两者的会计处理不同。

1. 出售无形资产的会计处理

企业出售无形资产，属于日常经营活动，应当将取得的价款扣除该无形资产账面价值以及出售相关税费后的差额作为资产处置损益进行会计处理。

企业出售无形资产，应当按照实际收到或应收的金额等，借记"银行存款""其他应收款"等科目，按照已计提的累计摊销，借记"累计摊销"科目，按照实际支付的相关费用，贷记"银行存款"等科目，按无形资产账面余额，贷记"无形资产"科目，按照开具的增值税专用发票上注明的增值税销项税额，贷记"应交税费——应交增值税(销项税额)"科目，按照其差额，贷记或借记"资产处置损益"科目。已计提减值准备的，应同时结转减值准备，借记"无形资产减值准备"科目。

【例7-13】甲公司为增值税一般纳税人，将其购买的一项专利权转让给乙公司，开具增值税专用发票，注明价款500 000元，税率6%，增值税税额30 000元，全部款项530 000元已存入银行。该专利权的成本为600 000元，已摊销220 000元。

甲公司应编制如下会计分录：

借：银行存款		530 000
累计摊销		220 000
贷：无形资产——专利权		600 000
应交税费——应交增值税(销项税额)		30 000
资产处置损益		120 000

2. 出租无形资产的会计处理

企业出租无形资产，相当于转让其使用权。在这种情况下，仅仅是将部分使用权让渡给其他单位或个人，出让方仍保留对该项无形资产的所有权，因而仍拥有使用、收益和处置的权利。受让方只取得无形资产的使用权，在合同规定的范围内合理使用。由于转让企业仍拥有无形资产的所有权，不必注销无形资产的账面价值，但仍需摊销其账面价值。转让所取得的收入，借记"银行存款"等科目，贷记"其他业务收入"等科目；发生的费用和摊销的价值，借记"其他业务支出"科目，贷记"银行存款""累计摊销"等科目。

三、无形资产的披露

企业应当披露下列与无形资产有关的信息。

(1) 无形资产当期期初和期末余额、累计摊销额及减值准备累计损失金额。

(2) 使用寿命有限的无形资产，其使用寿命的估计情况；使用寿命不确定的无形资产，使用寿命不确定的判断依据。

(3) 无形资产的摊销方法。

(4) 作为担保的无形资产账面价值，当期摊销额等情况。

(5) 记入当期损益和确认为无形资产的研究开发支出金额。

项目小结

无形资产，是指企业拥有或者控制的没有实物形态的可辨认非货币性资产。无形资产有研究阶段与开发阶段的区分。

无形资产的摊销期自其可供使用时(即其达到能够按管理层预定的方式运作所必需的状态)开始至终止确认时止。对某项无形资产摊销所使用的方法应依据从资产中获取的预期未来经济利益的预计消耗方式来选择，并一致地运用于不同会计期间。

无形资产的残值一般为零，除非有第三方承诺在无形资产使用寿命结束时愿意以一定的价格购买该项无形资产或是存在活跃的市场，通过市场可以得到无形资产使用寿命结束时的残值信息，并且从目前情况看，在无形资产使用寿命结束时，该市场还可能存在的情况下，无形资产可以存在残值。对于使用寿命不确定的无形资产，在持有期间内不需要摊销，但需要至少于每一会计期末进行减值测试。

练习题

客观题

业务题

1. 甲公司相关的交易或事项如下：

资料一：2019年1月1日，甲公司开始自行研发一项专利技术。2019年1月1日至6月30日为研究阶段，发生材料费200万元、研发人员薪酬1 000万元、研发用设备的折旧费300万元。2019年7月1日，专利技术的研发活动进入开发阶段，发生材料费800万元、研发人员薪酬1 000万元、研发用设备的折旧费450万元，开发阶段的上述研发支出均满足资本化条件。

资料二：2020年1月1日，该专利技术研发成功并达到预定用途，甲公司将其投入生产部门使用。甲公司预计专利技术的使用寿命为10年，预计净残值为零，按年采用直线法摊销。

资料三：2021年12月31日，专利技术出现减值迹象。经减值测试，该专利技术的可收回金额为1 500万元，预计尚可使用年限为5年，预计净残值为零，仍按年采用直线法摊销。

资料四：2024年1月1日，甲公司以1 350万元将专利技术对外出售，价款已收存银行。

不考虑相关税费及其他因素。(答案中金额单位用"万元"表示)

要求：(1) 根据资料一，编制甲公司2019年的相关会计分录。

(2) 根据资料二，编制甲公司2020年1月1日专利技术达到预定用途时的会计分录；计算甲公司2020年度专利技术应摊销的金额，并编制相关会计分录。

(3) 根据资料三，计算甲公司2021年12月31日对专利技术应计提减值准备的金额，并编制相关会计分录；计算 2022年度专利技术应摊销的金额。

(4) 根据资料四，计算甲公司2024年1月1日对外出售专利技术应确认的损益金额，并编制相关会计分录。

2. 甲公司2023年至2024年与F专利技术有关的资料如下：

资料一：2023年1月1日，甲公司与乙公司签订F专利技术转让协议。协议约定，该专利技术的转让价款为2 000万元，甲公司于协议签订日支付400万元，其余款项自当年起连续4年每年年末支付400万元。当日，甲、乙公司办妥相关手续；甲公司以银行存款支付400万元，立即将该专利技术用于产品生产，预计使用年限为10年，预计净残值为零，采用直线法按年摊销。

甲公司计算确定的该长期应付款项的实际年利率为6%； 年金现值系数(P/A，6%，4)为3.47。

资料二：2024年1月1日，甲公司发现该项专利技术已被其他新技术所代替，并且根据调查，用该专利技术生产的产品已没有市场，预期不能再为甲公司带来任何经济利益，故将其予以转销。

假定不考虑其他因素。(答案中金额单位用"万元"表示)

要求：(1) 计算甲公司2023年1月1日取得的F专利技术的入账价值，并编制相关会计分录。

(2) 计算甲公司2023年对F专利技术应摊销的金额，并编制相关会计分录。

(3) 分别计算甲公司2023年未确认融资费用的摊销额和2023年12月31日长期应付款的摊余成本，并编制相关会计分录。

(4) 编制甲公司2024年1月1日转销F专利技术的相关会计分录。

3. 甲公司适用的企业所得税税率为25%，预计未来期间适用的企业所得税税率不会发生变化，未来期间能够产生足够的应纳税所得额用以抵减可抵扣暂时性差异。甲公司发生的与某专利技术有关的交易或事项如下：

资料一：2022年1月1日，甲公司以银行存款4 000万元购入一项专利技术用于新产品的生产，当日投入使用，预计使用年限为5年，预计净残值为零，采用直线法摊销。该专利技术的初始入账金额与计税基础一致。根据税法规定，2022年甲公司该专利技术的摊销额能在税前扣除的金额为800万元。

资料二：2023年12月31日，该专利技术出现减值迹象，经减值检测，该专利技术的可收回金额为2 100万元，预计尚可使用年限为3年，预计净残值为零，仍采用直线法摊销。

资料三：甲公司2023年度实现的利润总额为5 000万元。根据税法规定，2023年甲公司该专利技术的摊销额能在税前扣除的金额为800万元； 当年对该专利技术计提的减值准备不允许税前扣除。除该事项外，甲公司无其他纳税调整事项。

本题不考虑除企业所得税以外的税费及其他因素。

(答案中金额单位用"万元"表示)

要求：(1) 编制甲公司2022年1月1日购入专利技术的会计分录。

(2) 计算甲公司2022年度该专利技术的摊销金额，编制相关会计分录。

(3) 计算甲公司2023年12月31日对该专利技术应计提减值准备的金额并编制相关的会计分录。

(4) 分别计算2023年度甲公司应交企业所得税及相关的递延所得税并编制相关的会计分录。

(5) 计算甲公司2024年度该专利技术的摊销金额，并编制相关的会计分录。

项目八 | 投资性房地产

我们深入贯彻以人民为中心的发展思想,在幼有所育、学有所教、劳有所得、病有所医、老有所养、住有所居、弱有所扶上持续用力,人民生活全方位改善。

摘自2022年10月16日习近平总书记中国共产党第二十次全国代表大会上的报告

👤 引导案例

2023年4月10日,A公司与B公司签订了一项经营租赁合同,约定自2023年5月1日起,A公司以年租金10 000 000元租赁使用B公司拥有的一块500 000平方米的场地,租赁期为10年。2023年6月1日,A公司又将这块场地租赁给C公司,以赚取租金差价,租赁期为5年。以上交易假设不违反国家有关规定。

对于A公司而言,租入的场地是否应确认为资产?对B公司而言,这块出租场地是否继续确认为无形资产?

👤 学习目标

掌握投资性房地产的特征和范围,投资性房地产的确认条件,投资性房地产初始计量的核算,与投资性房地产有关的后续支出的核算,投资性房地产后续计量的核算,投资性房地产转换的核算;熟悉投资性房地产处置的核算。

任务一 认识投资性房地产

一、投资性房地产的定义与特征

(一) 投资性房地产的定义

投资性房地产,是指为赚取租金或资本增值,或者两者兼有而持有的房地产。投资性房地产应当能够单独计量和出售。

(二) 投资性房地产的特征

1. 投资性房地产是一种经营性活动

投资性房地产的主要形式是出租建筑物、出租土地使用权,这实质上属于一种让渡资产使用权行为。房地产租金就是让渡资产使用权取得的使用费收入,是企业为完成其经营计划所从事的经营性活动以及与之相关的其他活动形成的经济利益总流入。投资性房地产的另一种形式是持有并准备增值后转让的土地使用权,尽管其增值收益通常与市场供求、经济发展等因素相关，但目的是增值后转让以赚取增值收益，也是企业为完成其经营计划所从事的经营性活动以及与之相关的其他活动形成的经济利益总流入。

2. 投资性房地产在用途、状态、目的等方面区别于作为生产经营场所的房地产和用于销售的房地产

企业持有的房地产除了用作自身管理、生产经营活动场所和对外销售之外，出现了将房地产用于赚取租金或增值收益的活动，甚至成为个别企业的主营业务。这就需要将投资性房地产单独作为一项资产核算和反映，与自用的厂房、办公楼等房地产和作为存货(已建完工商品房)的房地产加以区别，从而更加清晰地反映企业所持有房地产的构成情况和盈利能力。

二、投资性房地产的范围

(一) 属于投资性房地产的项目

投资性房地产主要包括已出租的土地使用权、持有并准备增值后转让的土地使用权和已出租的建筑物。

1. 已出租的土地使用权

已出租的土地使用权，是指企业通过出让或转让方式取得并以经营租赁方式出租的土地使用权。企业计划用于出租但尚未出租的土地使用权，不属于此类。以经营租赁方式租入土地使用权再转租给其他单位的，不能确认为投资性房地产。

【例8-1】2023年5月10日，甲公司与乙公司签订了一项经营租赁合同，约定自2023年6月1日起，甲公司以年租金8 000 000元租赁使用乙公司拥有的一块400 000平方米的场地，租赁期为8年。2023年7月1日，甲公司又将这块场地转租给丙公司，以赚取租金差价，租赁期为5年。以上交易假设不违反国家有关规定。

本例中，对于甲公司而言，这项土地使用权不能予以确认，也不属于其投资性房地产。对于乙公司而言，自租赁开始日(2023年6月1日)起，这项土地使用权属于投资性房地产。

2. 持有并准备增值后转让的土地使用权

持有并准备增值后转让的土地使用权，是指企业通过出让或转让方式取得并准备增值后转让的土地使用权。但是，按照国家有关规定认定的闲置土地，不属于持有并准备增值后的土地使用权。

3. 已出租的建筑物

已出租的建筑物，是指企业拥有产权并已经以租赁方式出租的房屋等建筑物，包括自行建造或开发活动完成后用于出租的建筑物。

企业在判断和确认已出租的建筑物时，应当把握以下要点。

(1) 用于出租的建筑物是指企业拥有产权的建筑物，企业以经营租赁方式租入再转租的建筑物不属于投资性房地产。

(2) 已出租的建筑物是企业已经与其他方签订了租赁协议，约定以经营租赁方式出租的建筑物。一般应自租赁协议规定的租赁期开始日起，经营租出的建筑物才属于已出租的建筑物。

(3) 企业将建筑物出租，按租赁协议向承租人提供的相关辅助服务在整个协议中不重大的，应当将该建筑物确认为投资性房地产。例如，企业将其办公楼出租，同时向承租人提供维护、保安等日常辅助服务，企业应当将其确认为投资性房地产。

【例8-2】2023年8月15日，甲公司与乙公司签订了一项租赁合同，乙公司将其拥有产权的两间房屋出租给甲公司，租赁期为6年。甲公司起初将这两间房屋用于自行经营餐馆。3年后，由于连续亏损，甲公司把餐馆转租给丙公司，以赚取租金差价。

本例中，对于甲公司而言，这两间房屋属于租入后又转租的建筑物，甲公司并不拥有其产权，因此不能将其确认为投资性房地产；乙公司拥有这两间房屋的产权并以经营租赁方式对外出租，可以将其确认为投资性房地产。

(二) 不属于投资性房地产的项目

1. 自用房地产

自用房地产，即为生产商品、提供劳务或者经营管理而持有的房地产，包括自用建筑物和自用土地使用权。

2. 作为存货的房地产

作为存货的房地产，通常指房地产开发企业在正常经营过程中销售的或为销售而正在开发的商品房和土地。如果某项房地产部分用于赚取租金或资本增值、部分自用(即用于生产商品、提供劳务或经营管理)，能够单独计量和出售的、用于赚取租金或资本增值的部分，应当确认为投资性房地产；不能够单独计量和出售的、用于赚取租金或资本增值的部分，不确认为投资性房地产。该项房地产自用的部分，以及不能够单独计量和出售的、用于赚取租金或资本增值的部分，应当确认为固定资产或无形资产。

任务二 投资性房地产的确认和初始计量

一、投资性房地产的确认和计量

(一) 投资性房地产的确认条件

根据《企业会计准则第3号——投资性房地产》的规定，投资性房地产同时满足下列条件的，才能予以确认。

(1) 与该投资性房地产有关的经济利益很可能流入企业。

(2) 该投资性房地产的成本能够可靠地计量。

这两个条件是企业资产必须满足的，只有既符合投资性房地产的定义又同时满足这两个条件的，才能确认为投资性房地产。

(二) 外购投资性房地产的确认条件和初始计量

企业外购的房地产，只有在购入的同时开始对外出租或用于资本增值，才能作为投资性房地产加以确认。

企业购入房地产，自用一段时间之后再改为出租或用于资本增值的，应当先将外购的房地产确认为固定资产或无形资产，自租赁期开始日或用于资本增值之日起，才能从固定资产或无形资产转换为投资性房地产。

企业外购投资性房地产时，应当按照取得时的实际成本进行初始计量。取得时的实际成本包括购买价款、相关税费和可直接归属于该资产的其他支出。采用成本模式进行后续计量的，企业应当在购入投资性房地产时，借记"投资性房地产"科目，贷记"银行存款"等科目；采用公允价值模式进行后续计量的，企业应当在购入投资性房地产时，借记"投资性房地产成本"科目，贷记"银行存款"等科目。

(三) 自行建造投资性房地产的确认条件和初始计量

企业自行建造的房地产，只有在自行建造活动完成(即达到预定可使用状态)的同时开始对外出租或用于资本增值，才能将自行建造的房地产确认为投资性房地产。自行建造投资性房地产的成本，由建造该项房地产达到预定可使用状态前发生的必要支出构成。

企业自行建造房地产达到预定可使用状态后一段时间才对外出租或用于资本增值的，应当先将自行建造的房地产确认为固定资产、无形资产或存货，自租赁期开始日或用于资本增值之日开始，从固定资产、无形资产或存货转换为投资性房地产。

自行建造投资性房地产，其成本由建造该项资产达到预定可使用状态前发生的必要支出构成，包括土地开发费、建筑成本、安装成本、应予以资本化的借款费用、支付的其他费用和分摊的间接费用等。采用成本模式进行后续计量的，应按照确定的自行建造投资性房地产成本，借记"投资性房地产"科目，贷记"在建工程"或"开发产品"科目。采用公允价值模式进行后续计量的，应按照确定的自行建造投资性房地产成本，借记"投资性房地产——成本"科目，贷记"在建工程"或"开发产品"科目。

【例8-3】2023年2月，甲公司从其他单位购入一块使用期限为50年的土地，并在这块土地上开始自行建造两栋、厂房。2023年11月，甲公司预计厂房即将完工，与乙公司签订了经营租赁合同，将其中的一栋厂房租赁给乙公司使用。租赁合同约定，该厂房完工时开始起租。2023年12月5日，两栋厂房同时完工。该块土地使用权成本为9 000 000元，至2023年12月5日，土地使用权已摊销165 000元，两栋、厂房的实际造价均为12 000 000元，能够单独出售。为简化处理，假设两栋、厂房分别占用这块土地的一半面积，并且以占用的土地面积作为土地使用权划分依据。假设甲公司采用成本模式进行后续计量。

由于甲公司在购入的土地上建造的两栋厂房中，其中的一栋厂房用于出租，应当将土地使用权中的对应部分同时转换为投资性房地产。

借：固定资产——厂房 12 000 000

投资性房地产——厂房 12 000 000

贷：在建工程——厂房 24 000 000

借：投资性房地产——已出租土地使用权 4 500 000

累计摊销 82 500

贷：无形资产——土地使用权(9 000 000÷2) 4 500 000

投资性房地产累计摊销(1 65 000÷2) 82 500

二、投资性房地产有关的后续支出

(一) 资本化的后续支出

与投资性房地产有关的后续支出，满足投资性房地产确认条件的，应当计入投资性房地产成本。例如，企业为了提高投资性房地产的使用效能，往往需要对投资性房地产进行改建、扩建而使其更加坚固耐用，或者通过装修而改善其室内装潢，改扩建或装修支出满足确认条件的，应当将其资本化。

采用成本模式计量的，投资性房地产进入改扩建或者装修阶段后，应当将其账面价值转入改扩建工程，借记"投资性房地产——在建""投资性房地产累计折旧"等科目，贷记"投资性房地产"科目。发生资本化的改良或装修支出，通过"投资性房地产——在建"科目归集，借记"投资性房地产——在建"科目，贷记"银行存款""应付账款"等科目。改扩建或装修完成后，借记"投资性房地产"科目，贷记"投资性房地产——在建"科目。

采用公允价值模式计量的，投资性房地产进入改扩建或装修阶段，借记"投资性房地产——在建"科目，贷记"投资性房地产——成本"，"投资性房地产——公允价值变动"等科目，改扩建或装修完成后，借记"投资性房地产——成本"科目，贷记"投资性房地产——在建"科目。

企业对某项投资性房地产进行改扩建等再开发且将来仍作为投资性房地产的，在开发期间应继续将其作为投资性房地产，不计提折旧或摊销。

【例8-4】2023年5月，甲公司与乙公司的一项厂房经营租赁合同即将到期，该厂房原价为 50 000 000 元，已计提折旧 10 000 000 元。为了提高厂房的租金收入，甲公司决定在租赁期满后对该厂房进行改扩建，并与丙公司签订了经营租赁合同，约定在改扩建完工时将该厂房出租给丙公司。2023年5月31日，与乙公司的租赁合同到期，该厂房随即进入改扩建工程。2023年12月31日，该厂房改扩建工程完工，共发生支出 5 000 000 元，均已支付，即日按照租赁合同出租给丙公司。假定甲公司采用成本计量模式。

本例中，改扩建支出属于后续支出，假定符合《企业会计准则第3号——投资性房地产》第六条的规定，应当计入投资性房地产的成本。

甲公司的会计处理如下：

(1) 2023年5月31日，投资性房地产转入改扩建工程。

借：投资性房地产——厂房——在建	40 000 000
投资性房地产累计折旧	10 000 000
贷：投资性房地产——厂房	50 000 000

(2) 2023年5月31日至2023年12月31日，发生改扩建支出。

借：投资性房地产——厂房——在建	5 000 000
贷：银行存款	5 000 000

(3) 2023年12月31日，改扩建工程完工。

借：投资性房地产——厂房	45 000 000
贷：投资性房地产——厂房——在建	45 000 000

【例8-5】2023年5月，甲公司与乙公司的一项厂房经营租赁合同即将到期。为了提高厂房的租金收入，甲公司决定在租赁期满后对该厂房进行改扩建，并与丙公司签订了经营租赁合同，约定在改扩建完工时将该厂房出租给丙公司。2023年5月31日，与乙公司的租赁合同到期，该厂房随即进入改扩建工程。2023年5月31日，该厂房账面余额为20 000 000元，其中成本16 000 000元，累计公允价值变动4 000 000元。2023年11月30日该厂房改扩建工程完工，共发生支出3 000 000元，均已支付，即日按照租赁合同出租给丙公司。假定甲公司采用公允价值计量模式。

甲公司的会计处理如下：

(1) 2023年5月31日，投资性房地产转入改扩建工程。

借：投资性房地产——厂房——在建	20 000 000
贷：投资性房地产——厂房——成本	16 000 000
——公允价值变动	4 000 000

(2) 2023年5月31 日至2023年11月30日，发生改建支出。

借：投资性房地产——厂房——在建	3 000 000
贷：银行存款	3 000 000

(3) 2023年11月30日，改扩建工程完工。

借：投资性房地产——厂房——成本	23 000 000
贷：投资性房地产——厂房——在建	23 000 000

(二) 费用化的后续支出

与投资性房地产有关的后续支出，不满足投资性房地产确认条件的，如企业对投资性房地产进行日常维护所发生的支出，应当在发生时计入当期损益，借记"其他业务成本"等科目，贷记"银行存款"等科目。

任务三 投资性房地产的后续计量

一、设置的会计科目

为了核算投资性房地产的价值，包括采用成本模式计量的投资性房地产和采用公允价值模式计量的投资性房地产，应设置"投资性房地产"科目。投资性房地产采用公允价值模式计量的，企业应当按照投资性房地产的类别和项目并分"成本"和"公允价值变动"进行明细核算。

企业通常采用成本模式对投资性房地产进行后续计量，也可采用公允价值模式对投资性房地产进行后续计量。但是，企业应当采用一种模式对投资性房地产进行后续计量，不得同时采用两种计量模式。企业对投资性房地产的计量模式一经确定，不得随意变更。成本模式转为公允价值模式的，应当作为会计政策变更，按照《企业会计准则第28号——会计政策、会计估计变更和差错更正》处理。已采用公允价值模式计量的投资性房地产，不得从公允价值模式转为成本模式。

二、采用成本模式核算投资性房地产

采用成本模式进行后续计量的投资性房地产，应当遵循以下会计处理规定。

(1) 按照固定资产或无形资产的有关规定，按期(月)计提折旧或摊销，借记"其他业务成本"等科目，贷记"投资性房地产累计折旧(摊销)"科目。

(2) 取得的租金收入，借记"银行存款"等科目，贷记"其他业务收入"等科目。

(3) 投资性房地产存在减值迹象的，适用资产减值的有关规定。经减值测试后确定发生减值的，应当计提减值准备，借记"资产减值损失"科目，贷记"投资性房地产减值准备"科目。已经计提减值准备的投资性房地产，其减值损失在以后的会计期间不得转回。

【例8-6】2024年1月2日，甲公司购入一幢建筑物用于出租，取得时实际支付的价款为1 500 000元，已支付。假定该建筑物的预计净残值率为4%，预计使用年限为50年，采用平均年限法计提折旧。

甲公司进行的会计处理如下：

(1) 购入建筑物时。

借：投资性房地产——××建筑物　　　　　　　　　　　　　　1 500 000

　　贷：银行存款等　　　　　　　　　　　　　　　　　　　　　　　　1 500 000

(2) 2024年2月底，应计提折旧2400[1 500 000×(1-4%)÷50÷12]元。

借：其他业务成本　　　　　　　　　　　　　　　　　　　　　2 400

　　贷：累计折旧　　　　　　　　　　　　　　　　　　　　　　　　　　2 400

假设2024年底，该建筑物的可收回金额为1 350 000元，账面净额为1 473 600(1 500 000-2 400×11)元，应计提123 600元的减值准备，则甲公司会计处理如下：

借：资产减值损失——计提的投资性房地产减值准备　　　　　　　123 600
　　贷：投资性房地产减值准备——××建筑物　　　　　　　　　　　123 600

【例8-7】甲公司将一栋写字楼出租给乙公司使用，确认为投资性房地产，采用成本模式进行后续计量，假设这栋办公楼的成本为72 000 000元，按照年限平均法计提折旧，使用寿命为20年，预计净残值为零，经营租赁合同约定，乙公司每月等额支付甲公司租金400 000元。

甲公司的会计处理如下：

(1) 每月计提折旧。

每月计提的折旧＝(72 000 000÷20)÷12＝300 000(元)

借：其他业务成本——出租写字楼折旧　　　　　　　　　　　　　300 000
　　贷：投资性房地产累计折旧　　　　　　　　　　　　　　　　　300 000

(2) 每月确认租金收入。

借：银行存款(或其他应收款)　　　　　　　　　　　　　　　　　400 000
　　贷：其他业务收入——出租写字楼租金收入　　　　　　　　　　400 000

三、采用公允价值模式核算投资性房地产

根据《企业会计准则第3号——投资性房地产》的规定，当存在确凿证据表明投资性房地产的公允价值能够持续可靠取得时，可以采用公允价值计量模式。

(一) 采用公允价值模式计量的投资性房地产的条件

采用公允价值模式计量的投资性房地产，应当同时满足下列两个条件。

(1) 投资性房地产所在地有活跃的房地产交易市场。

(2) 企业能够从活跃的房地产交易市场上取得同类或类似房地产的市场价格及其他相关信息，从而对投资性房地产的公允价值做出科学合理的估计。

用公允价值模式计量的，不对投资性房地产计提折旧或进行摊销，应当以资产负债表日投资性房地产的公允价值为基础调整其账面价值，公允价值与原账面价值之间的差额计入当期损益。

(二) 采用公允价值模式进行后续计量的投资性房地产

采用公允价值模式进行后续计量的投资性房地产，应当遵循以下会计处理规定。

(1) 不对投资性房地产计提折旧或摊销。企业应当以资产负债表日投资性房地产的公允价值为基础调整账面价值，公允价值与原账面价值之间的差额计入当期损益。

资产负债表日，投资性房地产的公允价值高于原账面价值的差额，借记"投资性房地产——公允价值变动"科目，贷记"公允价值变动损益"，公允价值低于原账面价值的差额，作相反的账务处理。

(2) 取得的租金收入，借记"银行存款"等科目，贷记"其他业务收入"等科目。

【例8-8】2023年9月，甲公司与乙公司签订租赁协议，约定将甲公司新建造的一栋写字楼租赁给乙公司使用，租赁期为10年。2023年12月1日，该写字楼开始起租，写字楼的工程造价为80 000 000元，公允价值也为相同金额。该写字楼所在区域有活跃的房地产交易市场，而且能够从房地产交易市场上取得同类房地产的市场报价，甲公司决定采用公允价值模式对该项出租的房地产进行后续计量。

在确定该投资性房地产的公允价值时，甲公司选取了与该处房产所处地区相近、结构及用途相同的房地产，参照公司所在地房地产交易市场上平均销售价格，结合周边市场信息和自有房产的特点。2023年12月31日，该写字楼的公允价值为84 000 000元。

甲公司的会计处理如下：

(1) 2023年12月1日，甲公司出租写字楼。

借：投资性房地产——写字楼——成本   80 000 000
  贷：固定资产——写字楼   80 000 000

(2) 2023年12月31日，按照公允价值调整其账面价值，公允价值与原账面价值之间的差额计入当期损益。

借：投资性房地产——写字楼——公允价值变动 4 000 000
  贷：公允价值变动损益——投资性房地产   4 000 000

四、投资性房地产后续计量模式的变更

为保证会计信息的可比性，企业对投资性房地产的计量模式一经确定，不得随意变更。只有在房地产市场比较成熟、能够满足采用公允价值模式条件的情况下，才允许企业对投资性房地产从成本模式计量变更为公允价值模式计量。成本模式转为公允价值模式的，应作为会计政策变更处理，将计量模式变更时公允价值与账面价值的差额，调整为期初留存收益。企业变更投资性房地产计量模式，符合《企业会计准则第3号——投资性房地产》规定的，应当按照计量模式变更日投资性房地产的公允价值，借记"投资性房地产——成本"科目，按照已计提的折旧或摊销额借记"投资性房地产累计折旧(摊销)"科目，原已计提减值准备的，借记"投资性房地产减值准备"科目，按照原账面余额，贷记"投资性房地产"科目，按照公允价值与其账面价值之间的差额，贷记或借记利润分配——未分配利润""盈余公积"等科目。已采用公允价值模式计量的投资性房地产，不得从公允价值模式转为成本计量模式。

采用成本模式对投资性房地产进行后续计量的企业，即使有证据表明，企业首次取得某项投资性房地产时，该投资性房地产的公允价值能够持续可靠取得的，该企业仍对该投资性房地产采用成本模式进行后续计量。

任务四 投资性房地产的转换和处置

一、投资性房地产的转换

(一) 投资性房地产的转换形式与转换日

房地产的转换是指房地产用途的变更。企业不得随意对自用或作为存货的房地产进行重新分类。企业有确凿证据表明房地产用途发生改变，满足下列条件之一的，才应当将投资性房地产转换为其他资产或者将其他资产转换为投资性房地产。

(1) 投资性房地产开始自用，即将投资性房地产转为自用房地产。在此种情况下，转换日为房地产达到自用状态日期，企业开始将其用于生产商品、提供劳务或者经营管理的日期。

(2) 作为存货的房地产，改为出租，通常指房地产开发企业将其持有的开发产品以经营租赁的方式出租，存货相应地转换为投资性房地产。在此种情况下，转换为房地产的租赁期开始日。租赁期开始日是指承租人有权行使其使用租赁资产权利的日期。

(3) 自用建筑物停止自用，改为出租。由企业将原本用于生产商品、提供劳务或者经营管理的房地产改用于出租，固定资产相应地转换为投资性房地产。在此种情况下，转换日为租赁期开始日。

(4) 自用土地使用权停止自用，改用于赚取租金或资本增值。也就是说，企业将原本用于生产商品、提供劳务或者经营管理的土地使用权改用于赚取租金或资本增值，该土地使用权相应地转换为投资性房地产。在此种情况下，转换日为自用土地使用权停止自用后，确定用于赚取租金或资本增值的日期。

(5) 房地产企业将用于经营出租的房地产重新开发用于对外销售，从投资性房地产转为存货。在这种情况下，转换日为租赁期满，企业董事会或类似机构出书面决议明确表明将其重新开发用于对外销售的日期。以上所指确凿证据包括两个方面：一是企业董事会类似机构应当就改变房地产用途形成正式的书面决议；二是房地产因用途改变而发生实际状态上的改变，如从自用状态改为出租状态。

(二) 投资性房地产转换的会计处理

1. 成本模式下的转换

(1) 投资性房地产转换为自用房地产。企业将采用成本模式计量的投资性房地产转换为自用房地产时，应当按该项投资性房地产在转换日的账面余额、累计折旧、减值准备等，分别转入"固定资产""累计折旧""固定资产减值准备"等科目，按期余额，借记"固定资产"或"无形资产"科目，贷记"投资性房地产"科目，按已计提的折旧或摊销借记"投资性房地产累计折旧(摊销)"科目，贷记"累计折旧"或"累计摊销"科目，原已计提减值准备的，借记"投资性房地产减值准备"科目，贷记"固定资产减值准备"或"无形资产减值准备"科目。

【例8-9】2023年8月10日,为扩大生产经营,甲公司董事会达成书面决议,计划于2023年8月31日将某出租在外的厂房在租赁期满时将其收回,用于本公司生产产品。随后,甲公司做好了厂房重新用于生产的各项准备工作。2023年8月31日,甲公司将该出租的厂房收回,2023年9月1日开始用于本公司生产产品。该项房地产在转换前采用成本模式计量,截至2023年8月31日。账面价值为60 000 000元,其中,原价80 000 000元、累计已提折旧20 000 000元。假定不考虑其他因素。

本例中,成本模式下投资性房地产转换为自用房地产,甲公司应当将投资性房地产在转换日的账面余额80 000 000元转入"固定资产——厂房",将投资性房地产在转换日的累计折旧20 000 000元转入"累计折旧——厂房"。

甲公司的会计处理如下:

2023年9月1日,

借:固定资产——厂房	80 000 000
投资性房地产累计折旧	20 000 000
贷:投资性房地产——厂房累计折旧——厂房	80 000 000
累计折旧	20 000 000

(2) 投资性房地产转换为存货。企业将采用成本模式计量的投资性房地产转换为存货时,应当按照该项房地产在转换日的账面价值,借记"开发产品"科目,按照已计提的折旧或摊销,借记"投资性房地产累计折旧(摊销)"科目,已计提减值准备的,借记"投资性房地产减值准备"科目,按其账面余额,贷记"投资性房地产"科目。

(3) 自用房地产转换为投资性房地产。企业将自用土地使用权或建筑物转换为采用成本模式计量的投资性房地产时,应当按该筑物或土地使用权在转换日的原价、累计折旧、减值准备等,分别转入"投资性房地产""投资性房地产累积折旧(摊销)、"投资性房地产减值准备"科目,按其账面余额,借记"投资性房地产"科目,贷记"固定资产"或"无形资产"科目,按已计提的折旧或摊销,借记"累计折旧"或"累计摊销"科目,贷记"投资性房地产累计折旧(摊销)"科目,原已计提减值准备的,借记"固定资产减值准备"或"无形资产减值准备"科目,贷记"投资性房地产减值准备"科目。

【例8-10】甲公司拥有一栋本公司总部办公使用的办公楼,公司董事会将该栋办公楼用于出租形成了书面决议,2023年4月10日,甲公司与乙公司签订了经营租赁协议,将这栋办公楼整体出租给乙公司使用,租赁期开始日为2023年5月1日,租赁期为5年,2023年5月1日,这栋办公楼的账面余额为500 000 000元,已计提折旧5 000 000元。假设甲公司所在城市不存在活跃的房地产交易市场。甲公司的会计处理如下:

借:投资性房地产——办公楼	500 000 000
累计折旧	5 000 000
贷:固定资产——办公楼	500 000 000

投资性房地产累计折旧	5 000 000

(4) 作为存货的房地产转换为投资性房地产。企业将作为存货的房地产转换为采用成本模式计量的投资性房地产时，应当按该项存货在转换日的账面价值，借记"投资性房地产"科目，原已计提跌价准备的，借记"存货跌价准备"科目，按其账面余额，贷记"开发产品"等科目。

【例8-11】甲公司是从事房地产开发的企业，2023年4月10日，甲公司董事会将其开发的一栋写字楼不再出售改用做出租形成了书面决议。甲公司遂与乙公司签订了租赁协议，将此写字楼整体出租给乙公司使用，租赁期开始日为2023年5月1日，租赁期为5年。2023年5月1日，该写字楼的账面余额为500 000 000元，未计提存货跌价准备、转换后采用成本模式进行后续计量。

甲公司的会计处理如下：

借：投资性房地产——写字楼	500 000 000
贷：开发产品	500 000 000

2. 公允价值模式下的转换

(1) 投资性房地产转换为自用房地产。企业将采用公允价值模式计量的投资性房地产转换为自用房地产时，应当以其转换当日的公允价值作为自用房地产的账面价值，公允价值与原账面价值的差额计入当期损益。转换日按该项投资性房地产的公允价值，借记"固定资产"或"无形资产"科目，按该项投资性房地产的成本，贷记"投资性房地产——成本"科目，按该投资性房地产的累计公允价值变动，贷记或借记"投资性房地产——公允价值变动"科目，按其差额，贷记或借记"公允价值变动损益"科目。

【例8-12】2023年11月1日，租赁期满，甲公司将出租的写字楼收回，公司董事会将该写字楼作为办公楼用于本公司的行政管理，并形成了书面决议。2023年11月1日，该写字楼正式开始自用，相应由投资性房地产转换为自用房地产，当日的公允价值为72 000 000元。该项房地产在转换前采用公允价值模式计量，原账面价值为70 000 000元，其中，成本为67 000 000元，公允价值变动为增值3 000 000元。

甲公司的会计处理如下：

借：固定资产——写字楼	72 000 000
贷：投资性房地产——写字楼——成本	67 000 000
——公允价值变动	3 000 000
公允价值变动损益——投资性房地产	2 000 000

(2) 投资性房地产转换为存货。企业将采用公允价值模式计量的投资性房地产转换为存货时，应当以其转换当日的公允价值作为存货的账面价值，公允价值与原账面价值的差额计入当期损益，转换日，按该投资性房地产的公允价值，借记"开发产品"等科目，按该项投资性房地产的成本，贷记"投资性房地产——成本"科目，按该项投资性房地产的累计公允价值变动，贷记或借记"投资性房地产——公允价值变动"科目，按

其差额，贷记或借记"公允价值变动损益"科目。

(3) 自用房地产转换为投资性房地产。企业将自用土地使用权或建筑物转换为采用公允价值模式计量的投资性房地产时，应当按该项土地使用权或建筑物在转换日的公允价值，借记"投资性房地产——成本"科目，已计提的累计摊销或累计折旧，借记"累计摊销"或"累计折旧"科目，原已计提减值准备的，借记"无形资产减值准备""固定资产减值准备"科目，按其账面余额，贷记"固定资产"或"无形资产"科目，同时，其转换日的公允价值小于账面价值，按其差额，借记"公允价值变动损益"，其转换日的公允价值大于账面价值的，指其差额，贷记"其他综合收益"科目。待该投资性房地产处置时，因转换计入其他综合收益的部分应转入当期损益。

【例8-13】2024年1月2日，甲房地产开发企业将一自用建筑物转为投资性房地产，并打算采用公允价值的计量模式。该建筑物的原值为2 200 000元，累计计提折旧余额为200 000元，已计提减值准备50 000元，在转换日公允价值为2 500 000元。

(1) 根据转换日该建筑物的账面价值作会计处理如下：

借：投资性房地产——××建筑物(成本)　　　　　　　　　　1 950 000

　　累计折旧　　　　　　　　　　　　　　　　　　　　　　200 000

　　固定资产减值准备　　　　　　　　　　　　　　　　　　　50 000

　　　贷：固定资产　　　　　　　　　　　　　　　　　　　　　　2 200 000

(2) 同时，按该项房产在转换日的公允价值与其账面价值的差额，作会计处理如下：

借：投资性房地产——××建筑物(公允价值变动)　　　　　　550 000

　　　贷：其他综合收益　　　　　　　　　　　　　　　　　　　　550 000

假定在2024年12月31日该建筑物的公允价值为2 800 000元，根据公允价值的变动作会计分录如下：

借：投资性房地产——××建筑物(公允价值变动)　　　　　　300 000

　　　贷：公允价值变动损益　　　　　　　　　　　　　　　　　　300 000

(4) 作为存货的房地产转换为投资性房地产。企业将作为存货的房地产转换为采用公允价值模式计量的投资性房地产时，应当按该项房地产在转换日的公允价值，借记"投资性房地产——成本"科目，原已计提跌价准备的，借记"存货跌价准备"科目，按其账面余额，贷记"开发产品"等科目；同时，转换日的公允价值小于账面价值的，按其差额，借记"公允价的变动损益"科目，转换日的公允价值大于账面价值的，按其差额，贷记"其他综合收益"科目，处置该项投资性房地产时，计入其他综合收益的部分应转入当期损益。

【例8-14】2023年4月15日，甲房地产开发公司(甲公司)董事会形成书面决议，将其开发的一栋写字楼用于出租。甲公司遂与乙公司签订了租赁协议，租赁期开始日为2023年5月1日，租赁期为5年。2023年5月1日，该写字楼的账面余额为400 000 000元，公允价值为430 000 000元，甲公司的会计处理如下：

借：投资性房地产——写字楼——成本 430 000 000

  贷：开发产品 400 000 000

    其他综合收益——公允价值变动——投资性房地产 30 000 000

二、投资性房地产的处置

当投资性房地产被处置，或者永久退出使用且预计不能从其处置中取得经济利益时，应当终止确认该项投资性房地产。企业出售、转让、报废投资性房地产或者发生投资性房地产毁损，应当将处置收入扣除其账面价值和相关税费后的金额计入当期损益。此外，企业因其他因素(如非货币性资产交换等)而减少投资性房地产，也属于投资性房地产的处置。

(一) 成本模式计量的投资性房地产的处置

处置采用成本模式计量的投资性房地产时，应当按实际收到的金额，借记"银行存款"等科目，贷记"其他业务收入"科目，按该项投资性房地产的账面价值，借记"其他业务成本"科目，按其账面余额，贷记"投资性房地产"科目，按照已计提的折旧或摊销，借记"投资性房地产累计折旧(摊销)"科目，原已计提减值准备的，借记"投资性房地产减值准备"科目。

【例8-15】甲公司将出租的一栋写字楼确认为投资性房地产。写字楼租赁期届满后，甲公司将其出售给乙公司，合同价款为200 000 000元，乙公司已用银行存款付清。

假设这栋写字楼原采用成本模式计量，出售时，其成本为1 80 000 000元，已计提折旧20 000 000元，不考虑相关税费。甲公司的会计处理如下：

借：银行存款 200 000 000

  贷：其他业务收入 200 000 000

借：其他业务成本 160 000 000

  投资性房地产累计折旧 20 000 000

  贷：投资性房地产——写字楼 180 000 000

(二) 公允价值模式计量的投资性房地产的处置

处置采用公允价值模式计量的投资性房地产时，应当按实际收到的金额，借记"银行存款"等科目，贷记"其他业务收入"科目，按该项投资性房地产的账面余额，借记"其他业务成本"科目，按其成本，贷记"投资性房地产——成本"科目，按其累计公允价值变动，贷记或借记"投资性房地产——公允价值变动"科目，同时结转投资性房地产累计公允价值变动。若存在原转换日计入其他综合收益的金额，也一并结转。

【例8-16】甲公司将其出租的一栋写字楼确认为投资性房地产。写字楼租赁期满后，甲公司将其出售给乙公司，合同价款为300 000 000元，乙公司已用银行存款付清。

假设这栋写字楼原采用公允价值模式计量，出售时，其成本为210 000 000元，公允价值变动为借方余额 40 000 000元。甲公司的会计处理如下：

借：银行存款　　　　　　　　　　　　　　　　　　300 000 000
　　贷：其他业务收入　　　　　　　　　　　　　　　　　300 000 000
借：其他业务成本　　　　　　　　　　　　　　　　　250 000 000
　　贷：投资性房地产——××写字楼(成本)　　　　　　210 000 000
　　　　　　　　　——××写字楼(公允价值变动)　　　 40 000 000

同时，将投资性房地产累计公允价值变动转入其他业务收入

借：公允价值变动损益　　　　　　　　　　　　　　　 40 000 000
　　贷：其他业务收入　　　　　　　　　　　　　　　　　 40 000 000

项目小结

　　投资性房地产核算为赚取租金或资本增值，或两者兼有而持有的房地产有关业务；投资性房地产的计量模式有成本计量模式和公允价值计量模式两种；投资性房地产的计量模式只能由成本计量模式转为公允价值计量模式，而不能由公允价值计量模式转为成本计量模式；房地产的转换是因房地产用途发生改变而对房地产进行的重新分类，即自用房地产或作为存货的房地产转换为投资性房地产，投资性房地产转换为自用房地产；投资性房地产的处置应区别成本计量模式和公允价值计量模式进行会计处理。

练习题

客观题

业务题

　　1.甲公司采用成本模式对投资性房地产进行后续计量，按净利润的10%计提法定盈余公积。不考虑所得税及其他因素影响，有关资料如下：

　　资料一：2021年12月18日，甲公司与乙公司签订租赁合同，甲公司将一栋办公楼整体出租给乙公司，租期为3年，年租金为2 400万元，每季度初支付当季度租金。2021年12月31日为租赁期开始日。该办公楼原值为48 000万元(不考虑土地使用权价值)，办公楼预计使用年限为40年，已计提折旧1 200万元，未计提减值准备。办公楼的预计净残值为零，采用年限平均法计提折旧。

　　资料二：2022年1月2日，甲公司收到第一季度的租金600万元，已收存银行；年末支付办公楼的修理费用2万元。假定按月确认收入并计提折旧。

　　资料三：假定(一)，2024年12月31日，办公楼租赁期满后收回，当日达到自用状态。

假定(二)，2024年12月31日，办公楼租赁期满后将其直接对外出售，售价为60 000万元，当日收到全部价款，并办理产权转移手续。

假定(三)，2024年12月31日，办公楼租赁期满后收回。为了提高办公楼的租金收入，甲公司决定在租赁期满后对办公楼进行改扩建，并与丙公司签订了经营租赁合同，约定自改扩建完工时将办公楼出租给丙公司，随即进入改扩建工程。2025年3月31日，办公楼改扩建工程完工，工程价款2000万元，以银行存款支付。工程完工的同时出租给丙公司。

假定(四)，2023年1月1日，甲公司认为，出租给乙公司使用的办公楼，其所在地的房地产交易市场比较成熟，具备了采用公允价值模式计量的条件，决定对该项投资性房地产从成本模式转换为公允价值模式计量。当日该办公楼的公允价值为60 000万元。

(答案中的金额单位用"万元"表示)

要求：(1) 编制2021年12月31日将办公楼转为投资性房地产的会计分录。

(2) 编制2022年1月收到租金、确认租金收入、计提折旧的会计分录，并计算2022年年末资产负债表"投资性房地产"项目的列报金额。

(3) 编制2022年支付办公楼修理费用的会计分录。

(4) 根据资料三假定(一)，编制有关租赁期满后将该投资性房地产转为自用房地产的会计分录。

(5) 根据资料三假定(二)，编制有关租赁期满后将办公楼出售的会计分录。

(6) 根据资料三假定(三)，编制2023年12月31日至2025年3月31日与改扩建有关的会计分录。

(7) 根据资料三假定(四)，编制2023年1月1日追溯调整的会计分录。

2. A公司采用公允价值模式计量投资性房地产，有关资料如下：

资料一：2021年11月10日，A公司与B公司签订协议，将自用的办公楼出租给B公司，租期为3年，每年租金为500万元，于每年年末收取，2022年1月1日为租赁期开始日，2024年12月31日到期。2022年1月1日该办公楼的公允价值为9 000万元，账面原值为30 000万元，已计提的累计折旧为20 000万元，未计提减值准备。各年年末均收到租金。

资料二：2022年12月31日，该投资性房地产的公允价值为12 000万元。

资料三：2023年12月31日，该投资性房地产的公允价值为18 000万元。

资料四：2024年12月31日租赁协议到期，A公司将办公楼出售，取得价款30 000万元。

假定不考虑增值税等相关税费及其他因素的影响。

(答案中的金额单位用"万元"表示)

要求：(1) 编制2022年1月1日房地产转换的有关会计分录。

(2) 编制2022年收到租金、2022年12月31日调整投资性房地产账面价值的会计分录，同时计算影响2022年营业利润的金额。

(3) 编制2023年12月31日调整投资性房地产账面价值的会计分录，说明2023年12月

31日资产负债表"投资性房地产"项目的列报金额。

(4) 编制2024年12月31日处置投资性房地产的相关会计分录,并计算出售投资性房地产时影响营业利润的金额。

3. A公司2022年至2025年与投资性房地产有关的业务如下(不考虑土地使用权):

资料一:2022年6月3日与乙公司签订租赁合同,将一栋自用办公楼出租给乙公司,租期为3年,年租金为200万元,2022年6月30日为租赁期开始日。假定租赁期内每年年末支付租金(租赁期结束支付最后一期租金)。该办公楼为2021年6月30日购建完成达到预定可使用状态,原值为3 840万元,预计使用年限为40年,预计净残值为零,采用年限平均法计提折旧。如果转换为采用成本模式计量的投资性房地产,原预计使用年限、预计净残值、折旧方法均不变;如果转换为采用公允价值模式计量的投资性房地产,则2022年6月30日和2022年12月31日办公楼公允价值分别为4 000万元和4 200万元。2022年年末收到租金100万元。

资料二:A公司于2023年和2024年年末分别收到租金200万元。2023年12月31日和2024年12月31日办公楼公允价值分别为5000万元和4 600万元。

资料三:2025年6月30日租赁期结束,A公司收到剩余租金100万元并存入银行。2025年6月30日,办公楼公允价值为4 800万元。

资料四:假定(一),租赁期届满时,企业董事会做出书面决议明确表明,该房地产被收回作为固定资产入账,当日达到自用状态。

假定(二),租赁期届满时,企业董事会做出书面决议明确表明,办公楼出售,售价为4 800万元,当日收到并存入银行。

假定不考虑增值税等相关税费及其他因素的影响。

(答案中的金额单位用"万元"表示)

要求:(1) 分别采用成本模式和公允价值模式,编制A公司2022年、2023年和2024年与投资性房地产相关会计分录,并说明2022年年末投资性房地产列报金额、影响2022年营业利润的金额。

(2) 根据资料三和资料四假定(一),分别采用成本模式和公允价值模式,编制A公司2025年关于该项投资性房地产的相关会计分录。

(3) 根据资料三和资料四假定(二),分别采用成本模式和公允价值模式,编制A公司2023年出售该项投资性房地产的相关会计分录,并说明出售时影响营业利润的金额。

4. 甲公司适用的所得税税率为25%。相关资料如下:

资料一:2021年12月31日,甲公司以银行存款52 800万元购入一栋达到预定可使用状态的写字楼,立即以经营租赁方式对外出租,租期为2年,并办妥相关手续。该写字楼预计尚可使用22年,其取得时的成本与计税基础一致。

资料二:甲公司对该写字楼采用公允价值模式进行后续计量。2022年12月31日和2023年12月31日,该写字楼的公允价值分别为54 600万元和60 000万元。所得税纳税申报时,该写字楼在其预计使用寿命内每年允许税前扣除的金额均为2 400万元。

资料三：2023年12月31日，租期届满，甲公司收回该写字楼，并将其供本公司行政管理部门使用。甲公司自2024年开始对该写字楼按年限平均法计提折旧，预计尚可使用20年，预计净残值为零。所得税纳税申报时，该写字楼在其预计使用寿命内每年允许税前扣除的金额均为2 400万元。

假定不考虑除所得税以外的税费及其他因素。各年甲公司税前利润均为10 000万元。(答案中金额单位用"万元"表示)

要求：(1) 编制甲公司2021年12月31日购入并立即出租该写字楼的相关会计分录。

(2) 编制甲公司2022年12月31日对该写字楼因公允价值变动进行后续计量的相关会计分录。

(3) 分别计算甲公司2022年12月31日应交所得税，该写字楼的账面价值、计税基础、应纳税暂时性差异，以及由此应确认的递延所得税负债的金额。

(4) 编制甲公司2023年12月31日收回该写字楼并转为自用的会计分录；计算2023年12月31日应交所得税，该写字楼的账面价值、计税基础、应纳税暂时性差异余额，以及由此应确认的递延所得税负债的余额及发生额。

(5) 分别计算甲公司2024年12月31日应交所得税，该写字楼的账面价值、计税基础、应纳税暂时性差异余额，以及相应的递延所得税负债的账面余额及发生额。

项目九 | 负债与借款费用

中国人民和中华民族从近代以后的深重苦难走向伟大复兴的光明前景，从来就没有教科书，更没有现成答案。党的百年奋斗成功道路是党领导人民独立自主探索开辟出来的，马克思主义的中国篇章是中国共产党人依靠自身力量实践出来的，贯穿其中的一个基本点就是中国的问题必须从中国基本国情出发，由中国人自己来解答。

摘自2022年10月16日习近平总书记在中国共产党第二十次全国代表大会上的报告

👤 引导案例

案例1： 张一一在甲公司工作了一段时间后，熟悉了公司的很多业务，业务水平突飞猛进。年末时公司将本企业生产的一批饮料发放给职工作为福利，该饮料市场售价为12万元(不含增值税)，实际成本为10万元。假定不考虑其他因素，张一一应确认企业的应付职工薪酬是多少呢？

案例2： 甲股份有限公司2024年1月1日经批准，发行面值为5 000万元公司债券，债券期限为5年，票面利率为4%，当时市场利率为5%。债券利息按年计算，每年年底支付，本金到期一次偿还。付给承销商的债券发行佣金和手续费为200万元。

如果你是甲股份有限公司的会计，你能计算公司发行的该种债券每年的折旧及交易费用的摊销金额吗？又该如何进行会计处理呢？

👤 学习目标

了解应付职工薪酬的核算内容、各项职工薪酬的主要内容，熟练掌握确认应付职工薪酬的会计处理；掌握借款费用的范围和确认原则，掌握借款费用资本化期间的确定，熟悉借款费用资本化金额的确定；掌握长期借款、应付债券的账务处理。

任务一　应付职工薪酬

一、职工薪酬的内容

《企业会计准则第9号——职工薪酬》第三条规定，职工薪酬，是指企业为获得职工提供的服务或解除劳动关系而给予的各种形式的报酬或补偿。

职工薪酬包括短期薪酬、离职后福利、辞退福利和其他长期职工福利。企业提供给职工配偶、子女、受赡养人、已故员工遗属及其他受益人等的福利，也属于职工薪酬。

1. 短期薪酬

短期薪酬是指企业在职工提供相关服务的年度报告期间结束后12个月内需要全部予以支付的职工薪酬，因解除与职工的劳动关系给予的补偿除外。短期薪酬具体包括职工工资、奖金、津贴和补贴，职工福利费，医疗保险费、养老保险费、失业保险费、工伤保险费和生育保险费等社会保险费，住房公积金，工会经费和职工教育经费，短期利润分享计划，非货币性福利以及其他短期薪酬。

(1) 职工工资、奖金、津贴和补贴，是指按照国家统计局的规定构成工资总额的计时工资、计件工资、支付给职工的超额劳动报酬和增收节支的劳动报酬、为了补偿职工特殊或额外的劳动消耗和因其他特殊原因支付给职工的津贴，以及为了保证职工工资水平不受物价影响支付给职工的物价补贴等。

根据国家法律、法规和政策规定，企业应按规定支付给职工的加班加点工资。在职工因病、工伤、产假、计划生育假、婚丧假、事假、探亲假、定期休假、停工学习、执行国家或社会义务等特殊情况下，按照计时工资或计件工资标准的一定比例支付的工资，也属于职工工资范畴，在职工休假或缺勤时，不应当从工资总额中扣除。

奖金作为一种工资形式，其作用是对与生产或工作直接相关的超额劳动给予报酬。奖金是对劳动者在创造超过正常劳动定额以外的社会所需要的劳动成果时，所给予的物质补偿。

津贴是补偿职工在特殊条件下的劳动消耗及生活费额外支出的工资补充形式。常见的津贴包括矿山井下津贴、高温津贴、野外矿工津贴、林区津贴、山区津贴、驻岛津贴、艰苦气象台站津贴、保健津贴、医疗卫生津贴等。

补贴是为保证职工工资水平不受物价上涨或变动影响而支付的各种补贴，如副食品价格补贴(含肉类等价格补贴)、粮价补贴、煤价补贴、住房补贴、水电补贴，以及提高煤炭价格后，部分地区实行的民用燃料和照明电价格补贴等。

(2) 职工福利费是指企业为职工提供的福利，如为补助职工食堂、生活困难职工等从成本费用中提取的金额。

(3) 社会保险费是指企业按照国家规定的基准和比例计算，向社会保险经办机构缴纳的医疗保险费、养老保险费、失业保险费、工伤保险费和生育保险费。其中，养老保险费包括基本养老费、补充养老保险费和商业养老保险费。企业根据国家规定的基准和比例来计算，向社会保险经办机构缴纳的养老保险费为基本养老保险费；根据《企业年金试行办法》《企业年金基金管理试行办法》等相关规定，向有关单位(企业年金基金账户管理人)缴纳的养老保险费为补充养老保险费；以商业保险形式提供给职工的各种保险待遇为商业养老保险费。

(4) 住房公积金是指企业按照国家《住房公积金管理条例》规定的基准和比例计算，向住房公积金管理机构缴存的费用。

(5) 工会经费和职工教育经费。工会经费和职工教育经费，是指企业为了改善职工文化生活、提高职工业务素质用于开展工会活动和职工教育及职业技能培训，根据国家规定的基准和比例，从成本费用中提取的金额。

(6) 短期利润分享计划是指因职工提供服务而与职工达成的基于利润或其他经营成果提供薪酬的协议。

(7) 非货币性福利是企业以自产产品或外购商品发放给职工作为福利，将自己拥有的资产无偿提供给职工使用，为职工无偿提供医疗保健服务等。

(8) 其他短期薪酬是指除上述薪酬以外的其他为获得职工提供服务而给予的短期薪酬。

2. 离职后福利

离职后福利是指企业为获得职工提供的服务而在职工退休或与企业解除劳动关系后，提供的各种形式的报酬和福利，短期薪酬和辞退福利除外，如养老保险、失业保险。

离职后福利包括退休福利(如养老金和一次性的退休支付)及其他离职后福利(如离职后人寿保险和离职后医疗保障)。企业向职工提供了离职后福利的，无论是否设立了单独主体接受提存金并支付福利，均应当适用准则的相关要求对离职后福利进行会计处理。

离职后福利计划是指企业与职工就离职后福利达成的协议，或者企业为向职工提供离职后福利制定的规章或办法等。

企业应当将离职后福利计划分为设定提存计划和设定受益计划两种。其中，设定提存计划是指向独立的基金缴存固定费用后，企业不再承担进一步支付义务的离职后福利计划；设定受益计划是指除设定提存计划以外的离职后福利计划。

3. 辞退福利

辞退福利是指企业在职工劳动合同到期之前解除与职工的劳动关系，或者为鼓励职工自愿接受裁减而给予职工的补偿。

4. 其他长期职工福利

其他长期职工福利是指除短期薪酬、离职后福利、辞退福利之外的职工薪酬，包括长期带薪缺勤、长期残疾福利、长期利润分享计划等。

二、职工薪酬的会计处理

职工薪酬会计处理所贯彻的基本原则是谁受益、谁承担，这也要求企业依据职工所服务的不同部门以及职工为其服务的会计期间，将职工薪酬所得分别计入相关的资产成本或费用，并将应付的职工薪酬确认为负债。

除直接生产人员、直接提供劳务人员、建造固定资产人员、开发无形资产人员以外的职工薪酬，包括公司总部管理人员、董事会成员、监事会成员等人员相关的职工薪酬，这些因难以确定直接对应的受益对象的职工薪酬，均应当在发生时计入当期损益。

(一) 一般短期薪酬的会计处理

1. 一般短期薪酬的确认及科目设置

新准则规定，企业应当在职工为其提供服务的会计期间，将实际发生的短期薪酬确认为负债，并计入当期损益，其他相关会计准则要求或允许计入资产成本的除外。企业发生的职工福利费应当在实际发生时根据发生额计入当期损益或相关资产成本。职工福利费为非货币性福利的，应当按照公允价值确认非货币资产的处置损益。这里需要注意的是，强调计入负债的应为"实际发生的"薪酬；非货币性福利应当按照公允价值计量，按照实际发生额确认负债，并计入当期损益或相关资产成本。以自己生产的产品作为非货币性福利提供给职工的，按照产品的公允价值和相关税费计量计入成本或费用的职工薪酬金额，并确认为主营业务收入，其销售成本的结转、相关税费的处理，视同正常销售。以外购商品作为非货币性福利提供给职工的，应当按照商品的公允价值确定应付职工薪酬金额，若属于改变用途而导致用于职工薪酬的，应当考虑增值税进项税额转出，同时计入职工薪酬。无偿向职工提供房产使用的，应当根据受益对象，将住房每期应当计提的折旧计入相关资产或成本费用。租赁住房等相关资产提供职工无偿使用的，应当根据受益对象，将每期应付租金计入相关资产或成本费用。提供给职工完整使用的资产应计提的折旧、应收租金，应当根据受益对象分期计入相关资产或成本费用；难以认定受益对象的，直接计入管理费用。

在账务处理上，企业需要设置统一的一级会计科目——"应付职工薪酬"，核算企业根据有关规定应付给职工的各种薪酬。各种形式的薪酬均体现为二级会计科目。所有与职工薪酬相关的支出都必须通过"应付职工薪酬"科目核算。对于直接发放货币给职工的，也须先贷记"应付职工薪酬"科目，再以银行存款或现金支付。对于由企业为职工缴纳的医疗保险费、工伤保险费、生育保险费等社会保险费和住房公积金，以及按照规定提取的工会经费和职工教育经费，应当在职工服务期间，借记"生产成本""制造费用""管理费用"等科目，贷记"应付职工薪酬"科目。对于公司为员工发放的各类福利支出，均应通过"应付职工薪酬——福利费"科目核算。如此类福利为货币性福利，则在发放福利时直接冲减"应付职工薪酬——福利费"科目余额。如为非货币性福利，应将福利费从"应付职工薪酬——福利费"科目转至"应付职工薪酬——非货币性福利"科目，再进行支付或转入其他应付款。如福利费发生后提取的余额不足时，须先提取后再按上述方法处理。对于向外部采购物品发放给员工、目前还未付采购款、实际付款对象并非公司员工的非货币性福利，应在记录非货币性福利后立即将记入"应付职工薪酬——非货币性福利"科目的金额转入"其他应付款"等相应科目。

2. 一般短期薪酬确认会计处理

【例9-1】华夏公司2024年1月应付各类职工工资总额500 000元，其中，应付产品生产工人工资350 000元，应付在建工程人员工资50 000元，应付管理人员工资70 000元，应付产品销售人员工资30 000元。1月31日，华夏公司按照职工工资总额的10%计提医疗保险费和住房公积金。公司分别按照职工工资总额的2%和1.5%计提工会经费和职工教育经费。华夏公司2024年1月确认应付职工薪酬时应作如下会计处理：

(1) 工资分配记入成本、费用时，

借：生产成本	350 000
在建工程	50 000
管理费用	70 000
销售费用	30 000
贷：应付职工薪酬——工资	500 000

(2) 若按工资总额10%计提医疗保险费和计算应缴纳的住房公积金时，

借：生产成本	35 000
在建工程	5 000
管理费用	7 000
销售费用	3 000
贷：应付职工薪酬——住房公积金	50 000

(3) 若按工资总额2%和1.5%分别计提工会经费和职工教育经费时，

借：生产成本	12 250
在建工程	1 750
管理费用	2 450
销售费用	1 050
贷：应付职工薪酬——工会经费	10 000
应付职工薪酬——职工教育经费	7 500

【例9-2】2023年12月，华夏公司将其生产的成本为100 000元的各类调味品(市场价200 000元)作为福利发放给一线生产工人。该公司适用增值税税率13%。华夏公司决定发放非货币性福利时，应作如下会计处理：

借：生产成本	22 600
贷：应付职工薪酬——非货币性福利	22 600
借：应付职工薪酬——非货币性福利	22 600
贷：主营业务收入	20 000
应交税费——应交增值税(销项税额)	2 600
借：主营业务成本	10 000
贷：库存商品	10 000

【例9-3】华夏公司2023年12月从市场采购一批产品作为福利发放给公司高管，该批产品不含税进价总额为10 000元，销售方适用的增值税税率13%。华夏公司决定外购非货币性福利时，应作如下会计处理：

借：管理费用	11 300
贷：应付职工薪酬——非货币性福利	11 300
借：应付职工薪酬——非货币性福利	11 300
贷：银行存款	11 300

【例9-4】华夏公司2023年12月将持有的部分权益性证券(划归交易性金融资产)作为福利发放给公司高管,其证券账面价值1 000 000元,当前公允价值1 200 000元。公司决定发放非货币性福利时,应作如下会计处理:

借：管理费用　　　　　　　　　　　　　　　　　　　　　　　1 200 000
　　贷：应付职工薪酬——非货币性福利　　　　　　　　　　　　　　1 200 000

发放时,公司应作如下会计处理:

借：应付职工薪酬——非货币性福利　　　　　　　　　　　　　　1 200 000
　　贷：交易性金融资产　　　　　　　　　　　　　　　　　　　　1 000 000
　　　　投资收益　　　　　　　　　　　　　　　　　　　　　　　　200 000

【例9-5】2023年6月10日,华夏公司将原先购入准备生产食品的面粉以福利形式发放给管理层,该批面粉的采购成本10万元,当前市场价格11万元。假设不考虑相关税费,2023年6月10日华夏公司应作如下会计处理:

借：管理费用　　　　　　　　　　　　　　　　　　　　　　　1 100 000
　　贷：应付职工薪酬——非货币性福利　　　　　　　　　　　　　　1 100 000

同时,

借：应付职工薪酬——非货币性福利　　　　　　　　　　　　　　1 100 000
　　贷：其他业务收入　　　　　　　　　　　　　　　　　　　　1 100 000

结转材料成本时,

借：其他业务成本　　　　　　　　　　　　　　　　　　　　　1 000 000
　　贷：原材料　　　　　　　　　　　　　　　　　　　　　　　1 000 000

【例9-6】2023年12月31日,华夏公司将所拥有的几十台笔记本电脑作为福利发放给管理人员。该批笔记本电脑买价共计20万元,预计使用寿命5年,已经使用1年,预计无残值,采用直线法计提折旧。该批笔记本电脑二手市场的交易价格为130 000元,假设不考虑相关税费,华夏公司应作如下会计处理:

(1) 发放时,

借：管理费用　　　　　　　　　　　　　　　　　　　　　　　　130 000
　　贷：应付职工薪酬——非货币性福利　　　　　　　　　　　　　　130 000

(2) 结转固定资产账面价值时,

借：固定资产清理　　　　　　　　　　　　　　　　　　　　　　160 000
　　累计折旧(200 000÷5)　　　　　　　　　　　　　　　　　　　40 000
　　贷：固定资产　　　　　　　　　　　　　　　　　　　　　　　200 000

同时,

借：应付职工薪酬——非货币性福利　　　　　　　　　　　　　　　130 000
　　贷：固定资产清理　　　　　　　　　　　　　　　　　　　　　130 000

(3) 处置资产损益时,

借：资产处置损益　　　　　　　　　　　　　　　　　　　　　　　30 000

　　　　　贷：固定资产清理　　　　　　　　　　　　　　　　　　　　　　30 000

　　【例9-7】华夏公司决定为企业的部门经理每人租赁住房1套，并提供轿车1辆，免费使用，所有轿车的月折旧总额为1.2万元，外租住房的月租金总额为3万元。华夏公司应作如下会计处理：

　　(1) 计提轿车折旧时，

　　借：管理费用　　　　　　　　　　　　　　　　　　　　　　　　　　　12 000

　　　　贷：应付职工薪酬——非货币性福利　　　　　　　　　　　　　　　12 000

　　同时，

　　借：应付职工薪酬——非货币性福利　　　　　　　　　　　　　　　　　12 000

　　　　贷：累计折旧　　　　　　　　　　　　　　　　　　　　　　　　　12 000

　　(2) 确认租金费用时，

　　借：管理费用　　　　　　　　　　　　　　　　　　　　　　　　　　　30 000

　　　　贷：应付职工薪酬——非货币性福利　　　　　　　　　　　　　　　30 000

　　同时，

　　借：应付职工薪酬——非货币性福利　　　　　　　　　　　　　　　　　30 000

　　　　贷：银行存款　　　　　　　　　　　　　　　　　　　　　　　　　30 000

3. 一般短期职工薪酬发放会计处理

　　(1) 支付职工工资、奖金、津贴和补贴。企业按照有关规定向职工支付工资、奖金、津贴等，借记"应付职工薪酬——工资"科目，贷记"银行存款""库存现金"等科目；企业从应付职工薪酬中扣还的各种款项(代垫的家属药费、个人所得税等)，借记"应付职工薪酬"科目，贷记"银行存款""库存现金""其他应收款""应交税费——应交个人所得税"等科目。

　　在实务中，有些企业一般在每月发放工资前，根据"工资结算汇总表"中的"实发金额"栏的合计数向开户银行提取现金，借记"库存现金"科目，贷记"银行存款"科目再向职工发放工资。

　　【例9-8】光明公司根据"工资结算汇总表"结算本月应付职工工资总额462 000元，代扣职工房租40 000元，企业代垫职工家属医药费2 000元，实发工资420 000元。光明公司应作如下会计分录：

　　(1) 发放工资时，

　　借：应付职工薪酬——工资　　　　　　　　　　　　　　　　　　　　　420 000

　　　　贷：库存现金　　　　　　　　　　　　　　　　　　　　　　　　　420 000

　　(2) 代扣款项时，

　　借：应付职工薪酬——工资　　　　　　　　　　　　　　　　　　　　　42 000

　　　　贷：其他应付款——职工房租　　　　　　　　　　　　　　　　　　40 000

　　　　　　　　　　　　——代垫医药费　　　　　　　　　　　　　　　　2 000

(2) 支付职工福利费。企业向职工食堂、职工医院、生活困难职工等支付职工福利费时，借记"应付职工薪酬——职工福利"科目，贷记"银行存款"等科目。

(3) 支付工会经费、职工教育经费和缴纳社会保险费、住房公积金。企业在支付工会经费和职工教育经费用于工会运作和职工培训，或按照国家有关规定缴纳社会保险费和住房公积金时，借记"应付职工薪酬——工会经费(或职工教育经费、社会保险费、住房公积金)"科目，贷记"银行存款""库存现金"等科目。

【例9-9】光明公司以银行存款缴纳参加职工医疗保险的医疗保险费40 000元，光明公司应作如下会计分录：

借：应付职工薪酬——社会保险费	40 000	
贷：银行存款		40 000

(二) 带薪缺勤的会计处理

带薪缺勤应当根据其性质及其职工享有的权利，分为累积带薪缺勤和非累积带薪缺勤两类。累积带薪缺勤是指带薪权利可以结转下期的带薪缺勤，本期尚未用完的带薪缺勤权利可以在未来期间使用。非累积带薪缺勤是指带薪权利不能结转下期的带薪缺勤，本期尚未用完的带薪缺勤权利将予以取消，并且职工离开企业时也无权获得现金支付。我国企业职工婚假、产假、丧假、探亲假、病假通常属于非累积带薪缺勤。

企业应当在职工提供了服务从而增加了其未来享有的带薪缺勤权利时，确认与累积带薪缺勤相关的职工薪酬，并以累积未行使权利而增加的预期支付金额计量。企业应当在职工实际发生缺勤的会计期间确认与非累积带薪缺勤相关的职工薪酬。

我国《劳动法》规定，国家实行带薪年休假制度，劳动者在法定节假日和婚丧假期间以及依法参加社会活动期间，用人单位应当依法支付工资。因此，企业职工休婚假、产假、丧假、探亲假、病假期间(即非累积带薪缺勤期间)，因职工提供服务本身不能增加其能够享受的福利金额，企业应当在职工缺勤时确认负债和相关资产成本或当期损益。实务中，我国企业一般是在缺勤期间计提应付工资时一并处理，即借记"生产成本"等科目，贷记"应付职工薪酬"科目。

1. 非累积带薪缺勤会计处理

由于职工提供服务本身不能增加其能够享受的福利金额，企业在职工未缺勤时不应当计提相关费用和负债。为此，企业会计准则规定，企业应当在职工实际发生缺勤的会计期间确认与非累积带薪缺勤相关的职工薪酬。企业确认职工享有的与非累积带薪缺勤权利相关的薪酬，视同职工出勤确认的当期损益或相关资产成本。通常情况下，与非累积带薪缺勤相关的职工薪酬已经包括在企业每期向职工发放的工资等薪酬中，因此，不必额外作相应的账务处理。

【例9-10】华夏公司2023年12月有5名生产工人休婚假、产假、探亲假、病假，每人准假5天。假设平均每名职工每个工作日工资为150元。该公司实行非累积带薪缺勤制度。华夏公司有关账务处理如下：

借：生产成本(5×5×150)   3 750

  贷：应付职工薪酬——非货币性福利   3 750

2. 累积带薪缺勤会计处理

如果职工离开企业时，对于未行使的权利无权获得现金支付，按照准则规定，企业应当根据资产负债表日因累积未使用权利而导致的预期支付的追加金额作为累积带薪缺勤费用，进行会计处理。

【例9-11】华夏公司共有1 000名职工，该公司从2023年起实行累积带薪缺勤制度。该制度规定，该公司每名职工每年有权享受12个工作日的带薪休假，休假权利可以向后结转2个日历年度。在第1年年末，公司将对职工未使用的带薪休假权利支付现金。假定该公司每名员工平均每月工资4 500元，每名职工每月工作日20个，每个工作日平均工资为225元。以公司1名一线生产工人为例。

(1) 假设2023年1月，该名职工没有休假。公司应当在职工为其提供服务的当月，累积相当于1个工作日工资的带薪休假义务，对于该名职工的工资会计分录如下：

借：生产成本   4 725

  贷：应付职工薪酬——工资   4 500

    应付职工薪酬——累积带薪缺勤   225

(2) 假设2023年2月，该名职工休假1天。公司应当在职工为其提供服务的当月，累积相当于1个工作日工资的带薪休假义务，对于该名职工的工资会计分录如下：

借：生产成本   4 725

  贷：应付职工薪酬——工资   4 500

    应付职工薪酬——累积带薪缺勤   225

借：应付职工薪酬——累积带薪缺勤   225

  贷：生产成本   225

(3) 假设第2年年末(2024年12月31日)，该名职工有5个工作日未使用带薪休假，公司以现金支付了未使用的带薪休假。对于该名职工的工资会计分录如下：

借：应付职工薪酬——累积带薪缺勤   1 125

  贷：银行存款(库存现金)   1 125

【例9-12】华夏公司共有1 000名职工，该公司实行累积带薪缺勤制度。该制度规定，该公司每名职工每年有权享受5个工作日的带薪病假，未使用的病假权利可以向后结转1个日历年度，超过2个日历年度的未使用的权利作废，不能在职工离开企业时支付现金。职工病假时以后进先出为基础，即首先从当年可享受的权利中扣除，再从上年结转的带薪病假余额中扣除；职工离开公司时，公司对职工未使用的累积带薪病假不支付现金。

(1) 2023年12月31日，每个职工当年平均为使用带薪病假为2天。根据过去的经验并预期该经验将继续适用，该公司预计2024年有950名职工将享受不超过5天的带薪病假，剩余50名职工每人将平均享受6天半病假，假定这50名职工全部为总部各部门经理，该公司每名员工薪酬平均每日工资300元。

本例中，该公司在2023年12月31日应当预计由于职工累积未使用的带薪病假权利而导致的预计支付的追加金额，即相当于75天(50×1.5)的病假工资22 500元(75×300)，与工资相关的会计分录如下：

借：管理费用　　　　　　　　　　　　　　　　　　　　22 500

　　贷：应付职工薪酬——累积带薪缺勤　　　　　　　　　　　　22 500

(2) 假定2024年12月31日，上述50名部门经理中有40名享受了6天半病假，并随同正常工资以银行存款支付。另有10名只享受了5天病假，由于该公司的带薪缺勤制度规定，未使用的权利只能结转1年，超过1年未使用的权利将作废。

2024年年末，与工资相关的会计分录如下：

借：应付职工薪酬——累积带薪缺勤　　　　　　　　　　　18 000

　　贷：银行存款(40×1.5×300)　　　　　　　　　　　　　　　18 000

借：应付职工薪酬——累积带薪缺勤　　　　　　　　　　　　4 500

　　贷：管理费用(10×1.5×300)(冲回未使用)　　　　　　　　　　4 500

(3) 假设该公司采用的带薪缺勤制度规定，职工累积未使用的带薪缺勤权利可以无限期结转，且可以于职工离开企业时以现金支付。该公司1 000名职工中，50名为总部部门经理，100名为部门经理，800名为直接生产工人，50名为正在建造一幢办公楼人员。该公司2023年12月31日应当预计由于职工累积未使用的带薪病假权利而导致的全部金额，即相当于2 000天(1 000×2)的病假工资60万元(2 000×3 000)，与工资相关的会计分录如下：

借：管理费用　　　　　　　　　　　　　　　　　　　　90 000

　　生产成本　　　　　　　　　　　　　　　　　　　　480 000

　　在建工程　　　　　　　　　　　　　　　　　　　　30 000

　　贷：应付职工薪酬——累积带薪缺勤　　　　　　　　　　　600 000

(三) 利润分享计划的会计处理

利润分享计划同时满足下列条件的，企业应当确认相关的应付职工薪酬，并计入当期损益或相关资产成本：企业因过去事项导致现在具有支付职工薪酬的法定义务或推定义务；因利润分享计划所产生的应付职工薪酬义务金额能够可靠估计。

属于下列三种情形之一的，视为义务金额能够可靠估计：在财务报告批准报出之前企业已确定应支付的薪酬金额；该利润分享计划的正式条款中包括确定薪酬金额的方式；惯例为企业确定推定义务金额提供了明显的证据。

企业在计量利润分享计划产生应付职工薪酬时，应当反映职工因离职而无法得到利润分享计划支付的可能性。如果企业预期在职工为其提供相关服务的年度报告期间结束后12个月内，不需要全部支付利润分享计划产生的应付职工薪酬，该利润分享计划应当适用其他长期职工福利的有关规定。

企业根据经营业绩或职工贡献等情况提取的奖金，属于奖金计划，应当比照短期利润分享计划进行处理。

【例9-13】甲公司于2024年初制订和实施了一项短期利润分享计划，以对公司管理层进行激励。该计划规定，公司全年的净利润指标为1 000万元，如果在公司管理层的努力下完成的净利润超过1 000万元，公司将超过1 000万元净利润部分的10%作为额外报酬。假定至2024年12月31日，甲公司全年实际完成净利润1 500万元。如果不考虑离职等其他因素，则甲公司管理层按照利润分享计划可以得到额外薪酬50万元[(1 500−1 000)×10%]。

甲公司2024年12月31日的相关账务处理如下：

借：管理费用 500 000

　　贷：应付职工薪酬——利润分享计划 500 000

(四) 离职后福利的会计处理

离职后福利包括退休福利(如养老金和一次性的退休支付)及其他离职后福利(如离职后人寿保险和离职后医疗保障)。

企业应当将离职后福利计划分为设定提存计划和设定受益计划两种。

1. 设定提存计划的确认和计量

设定提存计划的会计处理比较简单，因为企业在每一期间的义务取决于该期间将要提存的金额。因此，在计量义务或费用时不需要精算假设，通常也不存在精算利得或损失。

对于设定提存计划，企业根据在资产负债表日为换取职工在会计期间提供的服务而应向单独主体缴存的提存金，确认为职工薪酬负债，并将其计入当期损益或相关资产成本。

【例9-14】华夏公司2024年1月应付各类职工工资总额500 000元，其中应付产品生产工人工资350 000元，应付在建工程人员工资50 000元，应付管理人员工资70 000元，应付产品销售人员工资30 000元。依据工资总额的12%计算基本养老保险费，缴存当地社会保险机构，则该公司设定提取计划的会计处理应如下：

借：生产成本 42 000

　　在建工程 6 000

　　管理费用 8 400

　　销售费用 3 600

　　贷：应付职工薪酬——设定提存计划(基本养老保险) 60 000

2. 设定受益计划的确认和计量

设定受益计划与设定提存计划的区别在于计划的主要条款和条件所包含的经济实质。设定受益计划的会计处理比较麻烦，因此要做好其会计处理，有必要认清其复杂性，其复杂性主要表现为以下4个方面：①在设定受益计划里，企业需要通过精算假设来计量每期的应计年金负债和年金费用；②设定受益计划经常会产生精算损益；③在设定受益计划中，应计年金负债是一项长期负债，反映企业根据年金计划确定的期末对职工未来应付年金的现值，需要选择一定的折现率进行折现；④企业年金费用的确定比较麻烦，一般与企业当期缴费的金额并不相等。

根据会计准则，企业对设定受益计划的会计处理通常包括下列4个步骤。

第一步，确定设定受益计划义务的现值和当期服务成本。

设定受益计划义务的现值，是指企业在不扣除任何计划资产的情况下，为履行获得当期和以前期间职工服务产生的最终义务，所需支付的预期未来金额的现值。

企业应当通过预期累计福利单位法确定其设定受益计划义务的现值、当期服务成本和过去服务成本。根据预期累计福利单位法，职工每提供一个期间的服务，就会增加一个单位的福利权利，企业应当对每一单位的福利权利进行单独计量，并将所有单位的福利权利累计形成最终义务。企业应当将福利归属于提供设定受益计划的义务发生的期间。

企业在确定设定受益计划义务的现值、当期服务成本以及过去服务成本时，应当将设定受益计划产生的福利义务归属于职工提供服务的期间，并计入当期损益或相关资产成本。

第二步，确定设定受益计划净负债或净资产。

设定受益计划存在资产的，企业应当将设定受益计划义务的现值减去设定受益计划资产公允价值所形成的赤字或盈余确认为一项设定受益计划净负债或净资产。

设定受益计划存在盈余的，企业应当以设定受益计划的盈余和资产上限这两项的孰低者计量设定受益计划净资产。其中，资产上限是指企业可从设定受益计划退款或减少未来对设定受益计划缴存资金而获得的经济利益的现值。

计划资产包括长期职工福利基金持有的资产和符合条件的保险单，不包括企业应付但未付给基金的提存金和由企业发行并由基金持有的任何不可转换的金融工具。

第三步，确定应当计入当期损益的金额。

财务报告期末，企业应当在损益中确认的设定受益计划产生的职工薪酬成本包括服务成本、设定受益净负债或净资产的利息净额。

(1) 服务成本包括当期服务成本、过去服务成本和结算利得或损失。当期服务成本是指因职工当期服务导致的设定受益义务现值的增加额。过去服务成本是指设定受益计划修改所导致的与以前期间职工服务相关的设定受益计划义务现值的增加或减少。结算利得或损失是企业为了消除设定受益计划所产生的部分或所有未来义务进行的交易，而不是根据计划条款和所包含的精算假设向职工支付福利。企业应当在设定受益计划结算时，确认一项结算利得或损失。设定受益计划结算利得或损失是下列两项的差额：①在结算日确定的设定受益计划义务现值；②结算价格，包括转移的计划资产的公允价值和企业直接发生的与结算相关的支付。

(2) 设定受益计划净负债或净资产的利息净额，是设定受益净负债或净资产在所处期间由于时间流逝产生的变动，包括计划资产的利息收益、设定受益计划义务的利息费用以及资产上限影响的利息。

设定受益计划净负债或净资产的利息净额通过将设定受益计划净负债或净资产乘以确定的折现率来确定。

　　设定受益计划净负债或净资产的利息净额的计算应考虑资产上限的影响。计划资产的利息收益是计划资产回报的组成部分之一，由计划资产公允价值乘以折现率来确定。

　　第四步，确定应当计入其他综合收益的金额。

　　企业应当将重新计量设定受益计划净负债或净资产所产生的变动计入其他综合收益，并且在后续会计期间不允许转回至损益，但企业可以在权益范围内转移这些在其他综合收益中确认的金额。

　　【例9-15】华夏公司2024年1月招聘1名财务经理，该员工48岁，当年年薪10万元，以后年均增长5%，假设该公司月养老金=最后年薪×2%，并假设员工福利计算规则是：工资增长从次年开始计算；退休年龄指领取养老金起始年，该年不计入缴费；养老金月缴费和月支付均计算期初值，则该财务经理60岁退休时形成的雇主养老金支付金额=最后年薪×2%=100 000×(1+5%)^{11}×2%=100 000×1.71×2%=3 420(元)。

　　【例9-16】华夏公司拥有一项设定受益计划，财务报告期末为2023年12月31日，有关该计划的相关资料如表9-1所示。

表9-1　华夏公司设定受益计划的相关资料

单位：万元

项目	2023年1月1日	2023年12月31日
设定受益义务的现值	10 000	15 000
计划资产的公允价值	7 000	8 000
设定受益负债的净额	3 000	7 000
服务成本	3 500	
折现率(高质量公司的收益率)	3%	
计划资产的预期回报率	5%	

　　假设前期没有任何精算损益，且在2023年并没有向该计划支付任何提存金，也没有支付任何福利费，参与该计划的雇员平均剩余职业寿命为15年，则该设定受益计划明细如表9-2所示。

表9-2　设定受益计划明细

单位：万元

项目	金额
设定受益负债的净额	7 000
服务成本	3 500
净利息	90
损益	3 590
其他综合收益	340
综合收益总额	3 930

　　其中，净利息=期初设定受益负债净额×折现率=3 000×3%=90(万元)

损益=服务成本+净利息=3 500+90=3 590(万元)

设定受益义务产生的精算损失=期末设定受益义务的现值-期初设定受益义务的现值-服务成本-设定受益义务的现值×折现率=15 000-10 000-3 500-10 000×3%=1 200(万元)

计划资产回报净额=期末计划资产的公允价值-期初计划资产的公允价值-期初计划资产的公允价值×计划资产预期回报率+期初计划资产的公允价值×折现率=8 000-7 000-7 000×5%+7 000×3%=860(万元)

其他综合收益=1 200-860=340(万元)

综合收益=损益+其他综合收益=3 500+340=3 930(万元)

(五) 辞退福利的会计处理

企业向职工提供辞退福利的，应当在企业不能单方面撤回因解除劳动关系计划或裁减建议所提供的辞退福利时与企业确认涉及支付辞退福利的重组相关的成本或费用时两者孰早日，确认辞退福利产生的职工薪酬负债，并计入当期损益。

企业应当按照辞退计划条款的规定，合理预计并确认辞退福利产生的职工薪酬负债，并具体考虑下列情况。

(1) 对于职工没有选择权的辞退计划，企业应当根据计划条款规定拟解除劳动关系的职工数量、每一职位的辞退补偿等确认职工薪酬负债。

(2) 对于自愿接受裁减建议的辞退计划，由于接受裁减的职工数量不确定，企业应当根据《企业会计准则第13号——或有事项》(见本书第9章)的相关会计处理规定，预计将会接受裁减建议的职工数量，根据预计的职工数量、每一职位的辞退补偿等确认职工薪酬负债。

(3) 对于预期在辞退福利确认的年度报告期间期末后12个月内完全支付的辞退福利，企业应当适用短期薪酬的相关规定。

(4) 对于预期在年度报告期间期末后12个月内不能完全支付的辞退福利，企业应当适用其他长期职工福利的相关规定。

实施职工内部退休计划的，在内退计划符合本项目规定的确认条件时，企业应当将自职工停止提供服务日至正常退休日期间、企业拟支付的内退职工工资和缴纳的社会保险费等，确认为应付职工薪酬，一次性计入当期损益，不能在职工内退后各期分期确认因支付内退职工工资和为其缴纳社会保险费等产生的义务。

【例9-17】甲公司是一家空调制造企业。2023年9月，为了能够在下一年度顺利实施转产，甲公司管理层制订了一项辞退计划。该计划规定，从2024年1月1日起，甲公司将以职工自愿方式辞退其柜式空调生产车间的职工。辞退计划的详细内容，包括拟辞退的职工所属部门、数量、各级别职工能够获得的补偿以及计划大体实施的时间等均已与职工沟通，并达成一致意见。辞退计划已于2023年12月10日经董事会正式批准，并将于下一个年度内实施完毕。该项辞退计划的详细内容如表9-3所示。

表9-3　甲公司辞退计划

所属部门	职位	辞退数量/人	工龄/年	每人补偿额/万元
空调生产车间	车间主任副主任	10	1～10	10
			10～20	20
			20～30	30
	高级技工	50	1～10	8
			10～20	18
			20～30	28
	一般技工	100	1～10	5
			10～20	15
			20～30	25
合计		160		

2023年12月31日，甲公司预计各级别职工拟接受辞退职工数量的最佳估计数(最可能发生数)及其应支付的补偿如表9-4所示。

表9-4　甲公司预计辞退职工数量及补偿金额

所属部门	职位	辞退数量/人	工龄/年	拟接受数量/人	每人补偿额/万元	补偿金额/万元
空调生产车间	车间主任、副主任	10	1～10	5	10	50
			10～20	2	20	40
			20～30	1	30	30
	高级技工	50	1～10	20	8	160
			10～20	10	18	180
			20～30	5	28	140
	一般技工	100	1～10	50	5	250
			10～20	20	15	300
			20～30	10	25	250
合计		160		123		1 400

根据表9-4，愿意接受辞退职工的最佳估计数为123人，预计补偿总额为1 400万元，则甲公司在2023年(辞退计划于2023年12月10日由董事会批准)应作如下账务处理：

借：管理费用　　　　　　　　　　　　　　　　　　14 000 000
　　贷：应付职工薪酬——辞退福利　　　　　　　　　　　14 000 000

(六) 其他长期职工福利的会计处理

企业向职工提供的其他长期职工福利，符合设定提存计划条件的，应当按照设定提存计划的有关规定进行会计处理；符合设定受益计划条件的，应当按照设定受益计划的有关规定进行会计处理。报告期末，企业应当将其他长期职工福利产生的职工薪酬的总净额计入当期损益或相关资产成本。

其中，长期残疾福利水平取决于职工提供服务期间长短的，企业应在职工提供服务的期间确认应付长期残疾福利义务，计量时应当考虑长期残疾福利支付的可能性和预期支付的期限；与职工提供服务期间长短无关的，企业应当在导致职工长期残疾的事件发生的当期确认应付长期残疾福利义务。

任务二　借款费用

一、借款费用的范围

借款费用，是指企业因借入资金所付出的代价，包括借款利息、折价或者溢价的摊销、辅助费用以及因外币借款而发生的汇兑差额等。

因借款而发生的利息包括企业向银行或者其他金融机构等借入资金发生的利息、发行公司债券或企业债券发生的利息，以及为购建或者生产符合资本化条件的资产而发生的带息债务所承担的利息等。

因借款而发生的折价或者溢价主要是指发行债券等发生的折价或者溢价。发行债券的折价或者溢价，其实质是对债券票面利息的调整(即将债券票面利率调整为实际利率)，属于借款费用的范畴。如某公司发行公司债券，每张公司债券票面价值为100元，票面年利率为6%，期限为4年，而同期市场利率为年利率8%，由于公司债券的票面利率低于市场利率，为成功发行公司债券，该公司采取了折价发行的方式，折价金额在实质上是用于补偿投资者在购入债券后所受到的名义利息上的损失，应当作为以后各期利息费用的调整额。

因借款而发生的辅助费用是指企业在借款过程中发生的手续费、佣金等费用。这些费用是因安排借款而发生的，也属于借入资金所付出的代价，是借款费用的构成部分。

因外币借款而发生的汇兑差额是指由于汇率变动导致市场汇率与账面汇率出现差异，从而对外币借款本金及其利息的记账本位币金额所产生的影响金额。

企业发生的权益性融资费用，不应包括在借款费用中。如某企业发生了借款手续费100 000元，发行公司债券佣金10 000 000元，发行公司股票佣金20 000 000元，借款利息2 000 000元。其中，借款手续费100 000元、发行公司债券佣金10 000 000元和借款利息2 000 000元均属于借款费用；发行公司股票属于公司权益性融资，所发生的佣金应当冲减溢价，不属于借款费用范畴，不应按照本项目规定进行会计处理。

二、借款费用的确认

(一) 借款费用的确认原则

借款费用的确认主要解决的是将每期发生的借款费用资本化、计入相关资产成本，还是将有关借款费用化、计入当期损益的问题。借款费用确认的基本原则是，企业发生的借款费用可直接归属于符合资本化条件的资产购建或者生产的, 应当予以资本化, 计入相关资产成本; 其他借款费用应当在发生时根据其发生额确认为费用, 计入当期损益。

符合资本化条件的资产, 是指需要经过相当长时间的购建或者生产活动才能达到预定可使用或者可销售状态的固定资产、投资性房地产和存货等资产。无形资产的开发支出等在符合条件的情况下, 也可以认定为符合资本化条件的资产。符合资本化条件的存货主要包括房地产开发企业开发的用于对外出售的房地产开发产品、企业制造的用于对外出售的大型机器设备等。其中, "相当长时间" 是指资产的购建或者生产所必需的时间, 通常为1年以上(含1年)。

在实务中, 由于人为或者故意等非正常因素导致资产的购建或者生产时间相当长的, 该资产不属于符合资本化条件的资产。购入即可使用的资产, 或者购入后需要安装但所需安装时间较短的资产, 或者需要建造或生产但建造或生产时间较短的资产, 均不属于符合资本化条件的资产。

【例9-18】甲企业向银行借入资金分别用于生产A产品和B产品, 其中, A产品的生产时间较短, 为1个月; B产品属于大型发电设备, 生产周期较长, 为1年零3个月。

本例中, A产品的生产时间较短, 不属于需要经过相当长时间的生产才能达到预定可销售状态的资产, 因此, 为A产品的生产而借入资金所发生的借款费用不应计入A产品的生产成本, 而应当计入当期财务费用。而B产品的生产时间比较长, 属于需要经过相当长时间的生产才能达到预定可销售状态的资产, 因此, 为B产品的生产而借入资金所发生的借款费用符合资本化的条件, 应计入B产品的成本中。

(二) 借款费用应予资本化的借款范围

借款包括专门借款和一般借款。专门借款, 是指为购建或者生产符合资本化条件的资产而专门借入的款项。专门借款通常有明确的用途, 即为购建或者生产某项符合资本化条件的资产而专门借入, 并通常具有标明该用途的借款合同。如某企业为了建造一条生产线向某银行专门贷款50 000 000元, 某房地产开发企业为了开发某住宅小区向某银行专门贷款2亿元等, 均属于专门借款, 其使用目的明确。一般借款, 是指除专门借款之外的借款。相对于专门借款, 一般借款在借入时通常没有特指用于符合资本化条件的资产的购建或者生产。

借款费用资本化的借款范围, 既包括专门借款, 也可包括一般借款。对于一般借款, 只有在购建或者生产某项符合资本化条件的资产占用了一般借款时, 才应将与该部分一般借款相关的借款费用资本化; 否则, 所发生的借款费用应当计入当期损益。

(三) 借款费用资本化期间的确定

借款费用资本化期间, 是指从借款费用开始资本化时点到停止资本化时点的期间, 但借款费用暂停资本化的期间不包括在内。只有发生在资本化期间内的借款费用, 才允许资本化，它是借款费用确认和计量的重要前提。

1. 借款费用开始资本化时点的确定

借款费用同时满足下列条件的，才能开始资本化。

第一个条件，资产支出已经发生。

资产支出包括为购建或者生产符合资本化条件的资产而以支付现金、转移非现金资产或者承担带息债务形式发生的支出。支付现金，是指用货币资金支付符合资本化条件的资产的购建或者生产支出。转移非现金资产，是指企业将自己的非现金资产直接用于符合资本化条件的资产的购建或者生产。承担带息债务，是指企业为了购建或者生产符合资本化条件的资产所需用物资等而承担的带息应付款项(如带息应付票据)。

第二个条件，借款费用已经发生。

第三个条件，为使资产达到预定可使用或者可销售状态所必要的购建或者生产活动已经开始。

企业只有在上述三个条件同时满足的情况下，有关借款费用才可开始资本化，只要其中有一个条件没有满足，借款费用就不能开始资本化。

例如某企业专门借入款项建造某符合资本化条件的固定资产，相关借款费用已经发生，同时固定资产的实体建造工作也已开始，但为固定资产建造所需物资等都是赊购或者客户垫付的(且所形成的负债均为不带息负债)，发生的相关薪酬等费用也尚未形成现金流出。在这种情况下，固定资产建造本身并没有占用借款资金，没有发生资产支出，该事项只满足借款费用开始资本化的第二、三个条件，但是没有满足第一个条件，因此所发生的借款费用不应予以资本化。

再如，某企业为了建造一项符合资本化条件的固定资产，使用自有资金购置了工程物资，该固定资产也已经开始动工兴建，但专门借款资金尚未到位，也没有占用一般借款资金。在这种情况下，企业尽管满足了借款费用开始资本化的第一、三个条件，但是不符合借款费用开始资本化的第二个条件，因此不允许开始借款费用的资本化。

又如，某企业为了建造某一项符合资本化条件的厂房已经使用银行存款购置了水泥、钢材等，发生了资产支出，相关借款也已开始计息，但是厂房因各种原因迟迟未能开工兴建。在这种情况下，企业尽管符合了借款费用开始资本化的第一、二个条件，但不符合借款费用开始资本化的第三个条件，因此所发生的借款费用不允许资本化。

【例9-19】甲上市公司股东大会于2024年1月4日做出决议，决定建造厂房。为此，甲公司于3月5日向银行专门借款5 000万元，年利率为6%，款项于当日划入甲公司银行存款账户。3月15日，厂房正式动工兴建。3月16日，甲公司购入建造厂房用水泥和钢材一批，价款500万元，当日用银行存款支付。3月31日，计提当月专门借款利息。甲公司在3月份没有发生其他与厂房购建有关的支出，则甲公司专门借款利息应开始资本化的时间为(   )。

A. 3月5日　　　　B. 3月15日　　　　C. 3月16日　　　　D. 3月31日

本例中，到3月16日，专门借款利息开始资本化的三个条件都已具备，应该选择C。

2. 借款费用暂停资本化时间的确定

符合资本化条件的资产在购建或者生产过程中发生非正常中断且中断时间连续超过3个月的，应当暂停借款费用的资本化。在中断期间所发生的借款费用，应当计入当期损益，直至购建或者生产活动重新开始。但是，如果中断是使所购建或者生产的符合资本化条件的资产达到预定可使用或者可销售状态必要的程序，所发生的借款费用应当继续资本化。

3. 借款费用停止资本化时点的确定

购建或者生产符合资本化条件的资产达到预定可使用或者可销售状态时，借款费用应当停止资本化。在符合资本化条件的资产达到预定可使用或者可销售状态之后所发生的借款费用，应当在发生时根据其发生额确认为费用，计入当期损益。

购建或者生产符合资本化条件的资产是否达到预定可使用或者可销售状态，可从下列几个方面进行判断：符合资本化条件的资产的实体建造(包括安装)或者生产工作已经全部完成或者实质上已经完成；所购建或者生产的符合资本化条件的资产与设计要求、合同规定或者生产要求相符或者基本相符，即使有极个别与设计、合同或者生产要求不相符的地方，也不影响其正常使用或者销售；继续发生在所购建或生产的符合资本化条件的资产上的支出金额很少或者几乎不再发生。

构建或者生产符合资本化条件的资产需要试生产或者试运行的，在试生产结果表明资产能够正常生产出合格产品，或者试运行结果表明资产能够正常运转或者营业时，应当认为该资产已经达到了预定可使用或者可销售状态。

【例9-20】ABC公司借入一笔款项，于2024年2月1日采用出包方式开工兴建一幢厂房。2025年10月10日工程全部完工，达到合同要求。10月30日，工程验收合格；11月15日，办理工程竣工结算；11月20日，完成全部资产移交手续；12月1日，厂房正式投入使用。则企业应当将2025年10月10日确定为工程达到预定可使用状态的时点，作为借款费用停止资本化的时点。后续的工程验收日、竣工结算日、资产移交日和投入使用日均不应作为借款费用停止资本化的时点，否则会导致资产价值和利润的高估。

如果所购建或者符合资本化条件的资产的各部分分别完工，且每部分在其他部分继续建造或者生产过程中可供使用或者可对外销售，且为使该部分资产达到预定可使用或可销售状态所必要的购建或者生产活动实质上已经完成的，应当停止与该部分资产相关的借款费用的资本化，因为该部分资产已经达到了预定可使用或者可销售状态。

如果企业购建或者生产的资产的各部分分别完工，但必须等到整体完工后才可使用或者对外销售的，应当在该资产整体完工时停止借款费用的资本化。

如某企业在建设某一涉及数项工程的钢铁冶炼项目时，每个单项工程都是根据各道冶炼工序设计建造的，因此只有在每项工程都建造完毕后，整个冶炼项目才能正式运转，达到生产和设计要求，每一个单项工程完工后不应认为资产已经达到了预定可使用状态，企业只有等到整个冶炼项目全部完工，达到预定可使用状态时，才停止借款费用的资本化。

【例9-21】2023年2月1日，甲公司采用自营方式扩建厂房借入两年期专门借款500万元。2023年11月12日，厂房扩建工程达到预定可使用状态；2023年11月28日，厂房扩建工程验收合格；2023年12月1日，办理工程竣工结算；2023年12月12日，扩建后的厂房投入使用。假定不考虑其他因素，甲公司借入专门借款利息费用停止资本化的时点是（　　）。

A. 2023年11月12日　　　　　　　　B. 2023年11月28日

C. 2023年12月1日　　　　　　　　　D. 2023年12月12日

本例中，购建或者生产符合资本化条件的资产达到预定可使用或可销售状态时，借款费用应当停止资本化。应该选择A。

【例9-22·多选】下列关于专门借款费用资本化的暂停或停止的表述，正确的有（　　）。

A. 购建固定资产过程中发生非正常中断，并且非连续中断时间累计达3个月，应当暂停借款费用资本化

B. 购建固定资产过程中发生正常中断，并且中断时间连续超过3个月，应当停止借款费用资本化

C. 在购建固定资产过程中，某部分固定资产已达到预定可使用状态，且该部分固定资产可供独立使用，则应停止该部分固定资产的借款费用资本化

D. 在购建固定资产过程中，某部分固定资产虽已达到预定可使用状态，但必须待整体完工后方可使用，则需待整体完工后停止借款费用资本化

本例中，符合资本化条件的资产在购建或者生产过程中发生非正常中断且中断时间连续超过3个月的，应当暂停借款费用的资本化，选项A、B不正确；购建或者生产的符合资本化条件的资产的各部分分别完工，且每部分在其他部分继续建造过程中可供使用或者可对外销售，且为使该部分资产达到预定可使用或可销售状态所必要的购建或者生产活动实质上已经完成的，应当停止与该部分资产相关的借款费用的资本化，选项C正确；购建或者生产的资产的各部分分别完工，但必须等到整体完工后才可使用或者可对外销售的，应当在该资产整体完工时停止借款费用的资本化，选项D正确。

【例9-23·多选】下列有关借款费用资本化的表述，正确的有（　　）。

A. 所建造固定资产的支出基本不再发生，应停止借款费用资本化

B. 固定资产建造中发生正常中断且连续超过3个月的，应暂停借款费用资本化

C. 固定资产建造中发生非正常中断且连续超过1个月的，应暂停借款费用资本化

D. 所建造固定资产基本达到设计要求，不影响正常使用，应停止借款费用资本化

本例中，符合资本化条件的资产在购建或者生产过程中发生非正常中断且中断时间连续超过3个月的，应当暂停借款费用的资本化，应该选择AD。

三、借款费用的计量

(一) 借款利息资本化金额的确定

在借款费用资本化期间内，每一会计期间的利息(包括折价或溢价的摊销，下同) 的资本化金额，应当按照下列原则确定。

(1) 为购建或者生产符合资本化条件的资产而借入专门借款的，应当以专门借款当期实际发生的利息费用减去将尚未动用的借款资金存入银行取得的利息收入或进行暂时性投资取得的投资收益后的金额，确定专门借款应予资本化的利息金额。

(2) 为购建或者生产符合资本化条件的资产而占用了一般借款的，企业应当根据累计资产支出超过专门借款部分的资产支出加权平均数乘以所占用一般借款的资本化率，计算确定一般借款应予资本化的利息金额。资本化率应当根据一般借款加权平均利率计算确定。也就是说，企业占用一般借款购建或者生产符合资本化条件的资产时，一般借款的借款费用的资本化金额的确定应当与资产支出相挂钩。有关计算公式为

一般借款利息费用资本化金额=累计资产支出超过专门借款部分的资产支出加权平均数×所占用一般借款的资本化率

所占用一般借款的资本化率=所占用一般借款加权平均利率=所占用一般借款当期实际发生的利息之和÷所占用一般借款本金加权平均数

(3) 每一会计期间的利息资本化金额不应当超过当期相关借款实际发生的利息金额。

(二) 借款辅助费用资本化金额的确定

辅助费用是企业为了安排借款而发生的必要费用，包括借款手续费(如发行债券手续费)、佣金等。如果企业不发生这些费用，就无法取得借款。辅助费用是企业借入款项所付出的一种代价，是借款费用的有机组成部分。

对于企业发生的专门借款辅助费用，在所购建或者生产的符合资本化条件的资产达到预定可使用或者可销售状态之前发生的，应当在发生时根据其发生额予以资本化；在所购建或者生产的符合资本化条件的资产达到预定可使用或者可销售状态之后所发生的，应当在发生时根据其发生额确认为费用，计入当期损益。

(三) 外币专门借款汇兑差额资本化金额的确定

在资本化期间内，外币专门借款本金及其利息的汇兑差额应当予以资本化，计入符合资本化条件的资产的成本；除外币专门借款之外的其他外币借款本金及其利息所产生的汇兑差额，应当作为财务费用计入当期损益。

【例9-24】甲公司产品已经打入某外国市场，为节约生产成本，甲公司决定在当地建造生产工厂并设立分公司，2024年1月1日，为该工程项目专门向当地银行借入XY外币10 000 000元，年利率为8%，期限为3年，假定不考虑与借款有关的辅助费用。合同约定，甲公司于每年1月1日支付借款利息，到期偿还借款本金。

工程于2024年1月1日开始实体建造，2025年6月30日完工，达到预定可使用状态。期间发生的资产支出如下：

2024年1月1日，支出2 000 000XY元。

2024年7月1日，支出5 000 000XY元。

2025年1月1日，支出3 000 000XY元。

公司的记账本位币为人民币，外币业务采用外币业务发生当日即期汇率(即市场汇率)折算。相关汇率如下：

2024年1月1日，市场汇率为1XY元＝6.70人民币元。

2024年12月31日，市场汇率为1XY元＝6.75人民币元。

2025年1月1日，市场汇率为1XY元＝6.77人民币元。

2025年6月30日，市场汇率为1XY元＝6.80人民币元。

本例中，甲公司计算该外币借款汇兑差额资本化金额如下：

(1) 计算2024年汇兑差额资本化金额。

① 应付利息＝10 000 000×8%×6.75＝5 400 000(元)

账务处理为：

借：在建工程——××工程 5 400 000

　　贷：应付利息——××银行 5 400 000

② 外币借款本金及利息汇兑差额

＝10 000 000×(6.75－6.70)＋800 000×(6.75－6.75)＝500 000(元)

账务处理为：

借：在建工程——××工程 500 000

　　贷：长期借款——××银行——汇兑差额 500 000

(2) 2025年1月1日实际支付利息时，应当支付800 000XY元，折算成人民币为5 416 000元。该金额与原账面金额之间的差额16 000元应当继续予以资本化，计入在建工程成本。账务处理为：

借：应付利息——××银行 5 400 000

　　在建工程——××工程 16 000

　　贷：银行存款 5 416 000

(3) 计算2025年6月30日时的汇兑差额资本化金额。

① 应付利息＝10 000 000×8%×1/2×6.80＝2 720 000(元)

账务处理为：

借：在建工程——××工程 2 720 000

　　贷：应付利息——××银行 2 720 000

② 外币借款本金及利息汇兑差额＝10 000 000×(6.80－6.75)＋400 000×(6.80－6.80)＝500 000(元)

账务处理为：

借：在建工程——××工程   500 000
　　贷：长期借款——××银行——汇兑差额   500 000

四、借款费用的披露

会计准则要求企业在财务报告中披露以下借款费用信息。

(1) 当期资本化的借款费用金额。

(2) 当期用于确定借款费用资本化金额的资本化率。

任务三　长期借款

一、长期借款概述

长期借款，是指企业向银行或其他金融机构借入的期限在1年以上(不含1年)的各种借款，一般用于固定资产的购建、改扩建工程、大修理工程、对外投资以及为了保持长期经营能力等方面。它是企业长期负债的重要组成部分，必须加强管理与核算。

因为长期借款的使用关系到企业的生产经营规模和效益，企业除了要遵守有关的贷款规定、编制借款计划并要有不同形式的担保外，还应监督借款的使用、按期支付长期借款的利息以及按规定的期限归还借款本金等，所以长期借款会计处理的基本要求是反映和监督企业长期借款的借入、借款利息的结算和借款本息的归还情况，促使企业遵守信贷纪律、提高信用等级，同时也要确保长期借款发挥效益。

二、长期借款核算

企业应设置"长期借款"科目，核算从金融机构借入的长期借款的本金和利息。该科目可按照贷款单位和贷款种类设置明细账，分别以"本金""利息调整"等进行明细核算。该科目的贷方登记长期借款本息的增加额，借方登记本息的减少额，贷方余额表示企业尚未偿还的长期借款。

1. 借入长期借款时

企业借入长期借款，应按实际收到的现金净额，借记"银行存款"科目，贷记"长期借款——本金"科目，按其差额，借记"长期借款——利息调整"科目。

2. 资产负债日计提利息时

在资产负债表日，企业应按长期借款的摊余成本和实际利率计算确定的利息费用，借记"在建工程""财务费用""制造费用"等科目，按借款本金和合同利率计算确定的应付未付利息，贷记"应付利息"科目，按其差额，贷记"长期借款——利息调整"科目。

长期借款计算确定的利息费用，应当按以下原则计入有关成本、费用：属于筹建期间的，计入管理费用；属于生产经营期间的，计入财务费用；长期借款用于购建固定资产的，在固定资产尚未达到预定可使用状态前，所发生的应当资本化的利息支出数，计入在建工程成本；固定资产达到预定可使用状态后发生的利息支出，以及按规定不予资本化的利息支出，计入财务费用。长期借款按合同利率计算确定的应付未付利息，记入"应付利息"科目，借记"在建工程""制造费用""财务费用""研发支出"等科目，贷记"应付利息"科目。

实际利率与合同约定的名义利率差异很小的，也可以采用合同约定的名义利率计算确定利息费用。

3. 归还本金时

归还长期借款本金时，借记"长期借款——本金"科目，贷记"银行存款"科目。同时，按应转销的利息调整、应计利息金额，借记或贷记"在建工程""制造费用""财务费用""研发支出"等科目，贷记或借记"长期借款——利息调整""长期借款——应计利息"科目。

【例9-25】 甲公司于2023年11月30日从银行借入资金 4 000 000元，借款期限为3年，年利率为8.4%(到期一次还本付息，不计复利)。所借款项已存入银行。甲公司用该借款于当日购买不需安装的设备一台，价款3 900 000元，另支付运杂费及保险等费用100 000元，设备已于当日投入使用，假设不考虑相关税费。

甲公司的有关会计处理如下：

(1) 取得借款时。

借：银行存款		4 000 000
贷：长期借款——本金		4 000 000

(2) 支付设备款和运杂费、保险费时。

借：固定资产		4 000 000
贷：银行存款		4 000 000

(3) 2023年12月31日计提长期借款利息。

借：财务费用		28 000
贷：长期借款——应计利息		28 000

4 000 000×8.4%/12＝28 000(元)

2024年1月至2026年10月每月末计提利息的会计分录同上。

(4) 2026年11月30日，甲公司归还本金时。

借：财务费用		28 000
长期借款——本金		4 000 000
长期借款——应计利息		980 000
贷：银行存款		5 008 000

若本例借款合同中，借款的利息按照复利计算时，还应通过"长期借款——利息调

整"科目核算。

【例9-26】某企业为建造一幢厂房,于2024年1月1日借入期限为2年的长期专门借款1 500 000元,款项已存入银行。借款利率按市场利率确定为9%,每年付息一次,期满后一次还清本金。2024年初,该企业以银行存款支付工程价款共计900 000元,支付工程费用600 000元。该厂房于2025年8月31日完工,达到预定可使用状态。假定不考虑闲置专门借款资金存款的利息收入或者投资收益。

该企业有关账务处理如下:

(1) 2024年1月1日,取得借款时。

借:银行存款   1 500 000
  贷:长期借款——××银行——本金   1 500 000

(2) 2024年初,支付工程款时。

借:在建工程——××厂房   1 500 000
  贷:银行存款   1 500 000

(3) 2024年12月31日,计算2024年应计入工程成本的利息费用时。

借:在建工程——××厂房   135 000
  贷:应付利息——××银行   135 000

(4) 2024年12月31日,支付借款利息时。

借:应付利息——××银行   135 000
  贷:银行存款   135 000

(5) 2025年8月31日,工程达到预定可使用状态时。

该期应计入工程成本的利息=(1 500 000×9%÷12)×8=90 000(元)

借:在建工程——××厂房   90 000
  贷:应付利息——××银行   90 000

同时,

借:固定资产——××厂房   1 725 000
  贷:在建工程——××厂房   1 725 000

(6) 2025年12月31日,计算2020年9—12月的利息费用时。

应计入财务费用的利息=(1 500 000×9%÷12)×4=45 000(元)

借:财务费用——××借款   45 000
  贷:应付利息——××银行   45 000

(7) 2025年12月31日,支付利息时。

借:应付利息——××银行   135 000
  贷:银行存款   135 000

(8) 2026年1月1日,到期还本时。

借:长期借款——××银行——本金   1 500 000
  贷:银行存款   1 500 000

任务四　应付债券

一、长期债券的性质与分类

长期债券是企业筹集长期使用资金而发行的一种书面凭证。通常，该凭证载有债券的面值、利率、期限等。长期债券的偿还期通常在一年或一个营业周期以上。

长期债券可分为以下几类。

1. 有担保债券和无担保债券

有担保债券又称为抵押债券，是指债券发行方以特定的资产作为担保品，以保证其到期偿还债券的本金和利息。一旦债券发行人违约，信托企业即可将担保品变卖，以抵偿所欠债券持有人的款项。无担保债券又称为信用债券，是指没有任何特定的资产作为担保品的债券。这种债券全凭举债人的信用而发行，一旦企业破产清算，债券持有人便成为企业的一般债权人。由于这种债券具有较大的风险，其利率相对也较高。

2. 记名债券和无记名债券

记名债券是指企业在发行债券时，债券票面上记有债券持有人的姓名，并在企业债权人名册中进行登记的一种债券。债券到期时，债券持有人可凭本人身份证明领取本息。无记名债券是指债券票面上不记载持有人的姓名，而通常附有息票，持有人可凭息票按期领取债券利息。

3. 可赎回债券和可转换债券

可赎回债券是指债券发行方有权在债券到期前，按特定的价格提前赎回的债券。可转换债券是指债券发行一定期间后，持有人可按一定价格转换成发行企业的诸如普通股之类的其他证券。

4. 普通债券和收益债券

普通债券是指企业在发行债券时，债券票面上载明一定利率的债券。收益债券是指债券的利息取决于企业的收益，企业收益高，利息也高；企业收益低，利息也低。收益债券类似于企业发行的优先股，所不同的是优先股不必偿还本金。

二、长期债券价格的确定与发行

因为长期债券的入账价值应按未来支付债券本息的现值计价，贴现率为市场利率(实际利率)，市场利率通常选择同期限银行存款的利率，所以，债券的发行价格受同期限银行存款利率的影响较大。如果债券的票面利率高于银行存款利率，按超过票面价值的价格发行，称为溢价发行；溢价是企业以后各期多付利息而事先得到的补偿。如果债券的票面利率低于银行存款利率，按低于票面价值的价格发行，称为折价发行；折价是企业以后各期少付利息而预先给投资者的补偿。如果债券的票面利率与银行存款利率一致，按票面价值的价格发行，称为面值发行。然而，债券一经发行，债券信托合同就告成立，其后，无论市场利率如何变动，对已发行的债券则不产生影响，也不必调整会计分录。

债券发行价格的公式为

债券发行价格=债券面值×1元的现值系数+债券利息×1元的年金现值系数

三、长期债券的会计处理

进行长期债券的会计处理时，企业应设置"应付债券"总账科目，并在该总账科目下设置"面值""应计利息"和"利息调整"明细科目。无论是按面值发行，还是溢价或折价发行，均按债券面值记入"应付债券"科目的"面值"明细科目；实际收到的价款与面值的差额，记入"利息调整"明细科目。

债券上的应计利息应按照权责发生制的原则按期预提，一般可按年预提。应付债券上的应计利息以及利息调整的摊销，分别计入财务费用或相关资产成本。发行债券的手续费及印刷费等发行费用，如果大于债券发行期间冻结资金所产生的利息收入，则按发行费用减去发行期间冻结资金所产生的利息收入后的差额，计入当期财务费用；如果发行费用小于发行期间冻结资金所产生的利息收入则按发行期间冻结资金所产生的利息收入减去发行费用后的差额，视同发行债券的溢价收入，在债券存续期间于计提利息时摊销，分别计入财务费用或相关资产成本。

债券的利息调整应在债券的存续期间内摊销，摊销方法采用实际利率法。实际利率法，是指按照应付债券的实际利率计算其摊余成本及各期利息费用的方法；实际利率，是指将应付债券在债券存续期间的未来现金流量，折现为该债券当前账面价值所使用的利率。

资产负债表日，对于分期付息、一次还本的债券，企业应按应付债券的摊余成本和实际利率计算确定的债券利息费用，借记"在建工程""制造费用""财务费用"等科目，按票面利率计算确定的应付未付利息，贷记"应付利息"科目，按其差额，借记或贷记"应付债券——利息调整"科目。

对于一次还本付息的债券，应于资产负债表日按摊余成本和实际利率计算确定的债券利息费用，借记"在建工程""制造费用""财务费用"等科目，按票面利率计算确定的应付未付利息，贷记"应付债券——应计利息"科目，按其差额，借记或贷记"应付债券——利息调整"科目。

企业发行的债券通常分为到期一次还本付息或一次还本、分期付息两种。采用一次还本付息方式的，企业应于债券到期支付债券本息时，借记"应付债券——面值、应计利息"科目，贷记"银行存款"科目。采用一次还本、分期付息方式的，在每期支付利息时，借记"应付利息"科目，贷记"银行存款"科目；债券到期偿还本金并支付最后一期利息时，借记"应付债券——面值""在建工程"。"财务费用""制造费用"等科目，贷记"银行存款"科目，按借贷双方之间的差额，借记或贷记"应付债券——利息调整"科目。

【例9-27】光明公司为解决流动资金长期不足问题，于2024年1月1日发行面值500 000元、3年期、年利率10%、每年1月1日付息一次、到期还本的债券。可能用到的系数：$(P/A，8\%，3)=2.577$，$(P/F，8\%，3)=0.794$；$(P/F，10\%,3)=0.751$，$(P/A，10\%,3)=2.487$；$(P/F，12\%,3)=0.712$，$(P/A，12\%,3)=2.402$。

1. 若市场利率为10%，因为票面利率等于实际利率，所以债券的发行价格就是面值，即500 000元。企业各年应作会计分录如下：

(1) 债券发行时，

借：银行存款　　　　　　　　　　　　　　　　　　　500 000

　　贷：应付债券——面值　　　　　　　　　　　　　　　500 000

(2) 每年年末计息时，

借：财务费用　　　　　　　　　　　　　　　　　　　50 000

　　贷：应付利息　　　　　　　　　　　　　　　　　　　50 000

(3) 每年付息时，

借：应付利息　　　　　　　　　　　　　　　　　　　50 000

　　贷：银行存款　　　　　　　　　　　　　　　　　　　50 000

(4) 到期还本时，

借：应付债券——面值　　　　　　　　　　　　　　　500 000

　　贷：银行存款　　　　　　　　　　　　　　　　　　　500 000

2. 若市场利率为8%，计算债券的发行价格；债券溢价摊销采用实际利率法，并作相关会计分录。

债券发行价格$=500\,000×0.794+500\,000×10\%×2.577=525\,850$(元)

(1) 债券发行时。

借：银行存款　　　　　　　　　　　　　　　　　　　525 850

　　贷：应付债券——面值　　　　　　　　　　　　　　　500 000

　　　　　　　——利息调整　　　　　　　　　　　　　　25 850

(2) 摊销溢价时。

表9-5　债券溢价摊销表(实际利率法)

单位：元

付息日期	支付利息	摊销利息调整	利息费用	账面摊余成本
2024.1.1				525 850
2025.1.1	50 000	7 932	42 068	517 918
2026.1.1	50 000	8 567	41 433	509 351
2027.1.1	50 000	9 351	40 649	500 000

注：$42\,068=525\,850×8\%$，$7\,932=50\,000-42\,068$。

根据表9-5，编制会计分录如下：

① 2024年年末计息时。

借：财务费用　　　　　　　　　　　　　　　　　　　42 068

　　应付债券——利息调整　　　　　　　　　　　　　　7 932

　　贷：应付利息　　　　　　　　　　　　　　　　　　　50 000

② 2025年1月1日付息时。

借：应付利息　　　　　　　　　　　　　　　　　50 000
　　贷：银行存款　　　　　　　　　　　　　　　　　　　50 000

③ 2025年年末计息时。

借：财务费用　　　　　　　　　　　　　　　　　41 433
　　应付债券——利息调整　　　　　　　　　　　 8 567
　　　贷：应付利息　　　　　　　　　　　　　　　　　　50 000

④ 2026年1月1日付息时。

借：应付利息　　　　　　　　　　　　　　　　　50 000
　　贷：银行存款　　　　　　　　　　　　　　　　　　　50 000

⑤ 2026年年末计息时。

借：财务费用　　　　　　　　　　　　　　　　　40 649
　　应付债券——利息调整　　　　　　　　　　　 9 351
　　　贷：应付利息　　　　　　　　　　　　　　　　　　50 000

⑥ 2027年1月1日付息时。

借：应付利息　　　　　　　　　　　　　　　　　50 000
　　贷：银行存款　　　　　　　　　　　　　　　　　　　50 000

(3) 债券到期还本时。

借：应付债券——面值　　　　　　　　　　　　500 000
　　贷：银行存款　　　　　　　　　　　　　　　　　　500 000

3. 若市场利率为12%，计算该债券的发行价格；债券折价摊销采用实际利率法，并作相关会计分录。

债券发行价格=500 000×0.712+500 000×10%×2.402=476 100(元)

(1) 债券发行时。

借：银行存款　　　　　　　　　　　　　　　　476 100
　　应付债券——利息调整　　　　　　　　　　23 900
　　　贷：应付债券——面值　　　　　　　　　　　　500 000

(2) 摊销折价时。

表9-6　债券折价摊销表(实际利率法)

单位：元

付息日期	支付利息	摊销利息调整	利息费用	账面摊余成本
2024.1.1				476 100
2025.1.1	50 000	7 132	57 132	483 232
2026.1.1	50 000	7 988	57 988	491 220
2027.1.1	50 000	8 780	58 780	500 000

注：57 132=476 100×12%，7 132=57 132−50 000。

根据表9-6，编制如下会计分录：

① 2024年年末计息时。

借：财务费用　　　　　　　　　　　　　　　　　　　　57 132
　　贷：应付债券——利息调整　　　　　　　　　　　　　　　　7 132
　　　　应付利息　　　　　　　　　　　　　　　　　　　　　50 000

② 2025年1月1日付息时。

借：应付利息　　　　　　　　　　　　　　　　　　　　50 000
　　贷：银行存款　　　　　　　　　　　　　　　　　　　　　50 000

③ 2025年年末计息时。

借：财务费用　　　　　　　　　　　　　　　　　　　　57 988
　　贷：应付债券——利息调整　　　　　　　　　　　　　　　　7 988
　　　　应付利息　　　　　　　　　　　　　　　　　　　　　50 000

④ 2026年1月1日付息时。

借：应付利息　　　　　　　　　　　　　　　　　　　　50 000
　　贷：银行存款　　　　　　　　　　　　　　　　　　　　　50 000

⑤ 2026年年末计息时。

借：财务费用　　　　　　　　　　　　　　　　　　　　58 780
　　贷：应付债券——利息调整　　　　　　　　　　　　　　　　8 780
　　　　应付利息　　　　　　　　　　　　　　　　　　　　　50 000

⑥ 2027年1月1日付息时。

借：应付利息　　　　　　　　　　　　　　　　　　　　50 000
　　贷：银行存款　　　　　　　　　　　　　　　　　　　　　50 000

(3) 债券到期还本时。

借：应付债券——面值　　　　　　　　　　　　　　　　500 000
　　贷：银行存款　　　　　　　　　　　　　　　　　　　　　500 000

若本例中甲公司发行的债券为到期还本付息的债券，则在上述的会计处理中，应把"应付利息"科目替换为"应付债券——应计利息"科目；如甲公司筹集的债券款用于公司基本设施建设，则在上述的会计处理中，应把"财务费用"科目适当的期间应替换为"在建工程"科目。

四、可转换公司债券

可转换公司债券是指发行人依照法定程序发行，在一定期间内依据约定的条件可以转换成股份的公司债券。我国发行可转换公司债券采取记名式无纸化发行方式，债券的最短期限为3年，最长期限为5年。

企业发行的可转换公司债券，应当在初始确认时将其包含的负债成分和权益成分进行分拆，将负债成分公允价值确认为应付债券，将权益成分公允价值确认为"其他权益工具——可转换债券"。在进行分拆时，应当先对负债成分的未来现金流量进行折现，确定负债成分的初始确认金额，再按发行价格总额扣除负债成分初始确认金额后的金额确定权益成分的初始确认金额，如图9-1所示。

可转换公司债券发行收到的款项由两部分构成 {
①负债成分公允价值(未来现金流量现值)，按面值记入"应付债券——可转换公司债券(面值)"科目，其面值与公允价值的差额记入"应付债券——可转换公司债券(利息调整)"科目。

②权益成分公允价值(发行收到的款项－负债成分公允价值)记入"其他权益工具——可转换债券"科目。
}

图9-1　可转换公司债券发行收到的款项的构成

发行可转换公司债券发生的交易费用，应当在负债成分和权益成分之间按照各自的相对公允价值进行分摊，如图9-2所示。

可转换公司债券发行费用分摊 {
负债成分负担的发行费用记入"应付债券——可转换公司债券(利息调整)"科目。

权益成分部分负担的发行费用记入"其他权益工具——可转换债券"科目。
}

图9-2　可转换公司债券发行费用分摊

【**例9-28**】甲公司2024年1月1日发行三年期可转换公司债券，实际发行价款为100 000万元，其中负债成分的公允价值为90 000万元。假定发行债券时另支付发行费用300万元。甲公司发行债券时应确认的"应付债券"的金额为(　　)万元。

A. 9 970　　　　B. 10 000　　　　C. 89 970　　　　D. 89 730

本例中，发行费用应在负债成分和权益成分之间按公允价值比例分摊；负债成分应承担的发行费用=300×90 000÷100 000=270(万元)，应确认的"应付债券"的金额=90 000−270=89 730(万元)。

企业发行的可转换公司债券，应按实际收到的金额，借记"银行存款"等科目，按该项可转换公司债券包含的负债成分的面值，贷记"应付债券——可转换公司债券(面值)"科目，按权益成分的公允价值，贷记"其他权益工具——可转换债券"科目，按其差额，借记或贷记"应付债券——可转换公司债券(利息调整)"科目。

对于可转换公司债券的负债成分，在转换为股份前，其会计处理与一般公司债券相同，即按照实际利率和摊余成本确认利息费用，按照面值和票面利率确认应付债券(应计利息)或应付利息，差额作为利息调整进行摊销。

可转换公司债券持有人行使转换权利，将其持有的债券转换为股票，按可转换公司债券的余额，借记"应付债券——可转换公司债券(面值、利息调整)"科目，按其权益成分的金额，借记"其他权益工具——可转换债券"科目，按股票面值和转换的股数计算的股票面值总额，贷记"股本"科目，按其差额，贷记"资本公积——股本溢价"科目。如用现金支付不可转换股票的部分，还应贷记"银行存款""库存现金"等科目。

转股时，

借：应付债券(面值、应计利息、利息调整) → 转股日
　　其他权益工具——可转换债券
　　贷：股本
　　　　资本公积——股本溢价 (差额)
　　　　银行存款

【例9-29】甲公司经批准于2024年1月1日按面值发行5年期一次还本付息的可转换公司债券200 000 000元，款项已收存银行，债券票面年利率为6%，利息按年支付。债券发行1年后可转换为普通股股票，初始转股价为每股10元，股票面值为每股1元。

2025年1月1日债券持有人将持有的可转换公司债券全部转换为普通股股票(假定按当日可转换公司债券的账面价值计算转股数)，甲公司发行可转换公司债券时二级市场上与之类似的没有转换权的债券市场利率为9%。

甲公司的账务处理如下：

(1) 2024年1月1日发行可转换债券时。

借：银行存款　　　　　　　　　　　　　　　　　　　　200 000 000
　　应付债券——可转换公司债券(利息调整)　　　　　　　23 343 600
　　贷：应付债券——可转换公司债券(面值)　　　　　　　　　200 000 000
　　　　其他权益工具——可转换债券　　　　　　　　　　　　23 343 600

可转换公司债券的公允价值=200 000 000×0.6499+200 000 000×6%×3.8897=176 656 400(元)

可转换公司债券权益成分的公允价值=200 000 000-176 656 400=23 343 600(元)

(2) 2024年12月31日确认利息费用时。

借：财务费用等　　　　　　　　　　　　　　　　　　　15 899 076
　　贷：应付债券——可转换公司债券(应计利息)　　　　　　　12 000 000
　　　　应付债券——可转换公司债券(利息调整)　　　　　　　　3 899 076

(3) 2025年1月1日债券持有人行使转换权时。

转换的股份数=(17 656 400+12 000 000+3 899 076)/10=19 255 547.6(股)

不足一股的部分支付现金0.6元。

借：应付债券——可转换公司债券(面值)　　　　　　　　200 000 000
　　可转换公司债券(应计利息)　　　　　　　　　　　　　12 000 000
　　其他权益工具——可转换债券　　　　　　　　　　　　23 343 600

贷：股本	19 255 547
应付债券——可转换公司债券(利息调整)	19 444 524
资本公积——股本溢价	196 643 528.4
库存现金	0.6

【例9-30】甲上市公司经批准于2024年1月1日按每份面值100元发行了1 000 000份5年期分期付息(假定每年1月2日付息)到期还本的可转换公司债券，共计100 000 000元，款项已经收存银行，债券票面年利率为6%。债券发行1年后可转换为甲上市公司普通股股票，转股时每份债券可转10股，股票面值为每股1元。假定2025年1月1日债券持有人将持有的可转换公司债券全部转换为甲上市公司普通股股票。甲上市公司发行可转换公司债券时二级市场上与之类似的没有转换权的债券市场利率为9%。该可转换公司债券发生的利息费用不符合资本化条件。

甲上市公司有关该可转换公司债券的账务处理如下：

(1) 2024年1月1日，发行可转换公司债券时。

可转换公司债券负债成分的公允价值=100 000 000×(P/S, 9%, 5)+100 000 000×6%×(P/A, 9%, 5)=100 000 000×0.6499+100 000 000×6%×3.8897=88 328 200(元)

可转换公司债券权益成分的公允价值=100 000 000−88 328 200=11 671 800(元)

借：银行存款	100 000 000
应付债券——可转换公司债券——利息调整	11 671 800
贷：应付债券——可转换公司债券——面值	100 000 000
其他权益工具——可转换债券	11 671 800

(2) 2024年12月31日，确认利息费用时。

应计入财务费用的利息=88 328 200×9%=7 949 538(元)

当期应付未付的利息费用=100 000 000×6%=6 000 000(元)

借：财务费用	7 949 538
贷：应付利息	6 000 000
应付债券——可转换公司债券——利息调整	1 949 538

(3) 2025年1月1日，债券持有人行使转换权时。

转换的股份数=1 000 000×10=10 000 000(股)

借：应付债券——可转换公司债券——面值	100 000 000
应付利息	6 000 000
其他权益工具——可转换债券	11 671 800
贷：股本	10 000 000
应付债券——可转换公司债券——利息调整	9 722 262
资本公积——股本溢价	97 949 538

企业发行附有赎回选择权的可转换公司债券，其在赎回日可能支付的利息补偿金，即债券约定赎回期届满日应当支付的利息减去应付债券票面利息的差额，应当在债券发

行日至债券约定赎回届满日期间计提应付利息，计提的应付利息分别计入相关资产成本或财务费用。

【例9-31】甲公司2024年1月1日按面值发行三年期可转换公司债券，每年1月1日付息、到期一次还本，面值总额为10 000万元，票面年利率为4%，实际利率为6%。该债券包含的负债成分的公允价值为9 465.40万元，2025年1月1日，某债券持有人将其持有的5 000万元本公司可转换公司债券转换为100万股普通股(每股面值1元)。甲公司按实际利率法确认利息费用。甲公司发行此项债券时应确认的"资本公积——其他资本公积"的金额为(　　)万元。

A. 0 　　　　　　B. 534.60 　　　　　　C. 267.3 　　　　　　D. 9 800

本例中，应确认的"资本公积——其他资本公积"的金额=10 000-9 465.40=534.60(万元)，选B。

【例9-32】甲股份有限公司(本题下称"甲公司")为上市公司，其相关交易或事项如下：

(1) 经相关部门批准，甲公司于2024年1月1日按面值发行分期付息、到期一次还本的可转换公司债券2 000万份，每份面值为100元。可转换公司债券发行价格总额为200 000万元，发行费用为3 200万元，实际募集资金已存入银行专户。

根据可转换公司债券募集说明书的约定，可转换公司债券的期限为3年，自2024年1月1日起至2026年12月31日止；可转换公司债券的票面年利率：第一年1.5%，第二年2%，第三年2.5%；可转换公司债券的利息自发行之日起每年支付一次，起息日为可转换公司债券发行之日即2024年1月1日，付息日为可转换公司债券发行之日起每满一年的当日，即每年的1月1日；可转换公司债券在发行1年后可转换为甲公司普通股股票，初始转股价格为每股10元，每份债券可转换为10股普通股股票(每股面值1元)；发行可转换公司债券募集的资金专项用于生产用厂房的建设。

(2) 甲公司将募集资金陆续投入生产用厂房的建设，截至2024年12月31日，全部募集资金已使用完毕。生产用厂房于2024年12月31日达到预定可使用状态。

(3) 2025年1月1日，甲公司支付2024年度可转换公司债券利息3 000万元。

(4) 2025年7月1日，由于甲公司股票价格涨幅较大，全体债券持有人将其持有的可转换公司债券全部转换为甲公司普通股股票。

(5) 其他资料如下：

① 甲公司将发行的可转换公司债券的负债成分划分为以摊余成本计量的金融负债。

② 甲公司发行可转换公司债券时无债券发行人赎回和债券持有人回售条款以及变更初始转股价格的条款，发行时二级市场上与之类似的没有附带转换权的债券市场利率为6%。已知：$(P/F, 6\%, 1)=0.9434$；$(P/F, 6\%, 2)=0.8900$；$(P/F, 6\%, 3)=0.8396$。

③ 在当期付息前转股的，不考虑利息的影响，按债券面值及初始转股价格计算转股数量。

④ 不考虑所得税影响。

⑤ 考虑发行费用后的实际利率为6.59%。

要求:

(1) 计算甲公司发行可转换公司债券时负债成分和权益成分的公允价值。

(2) 计算甲公司可转换公司债券负债成分和权益成分应分摊的发行费用。

(3) 编制甲公司发行可转换公司债券时的会计分录。

(4) 计算甲公司可转换公司债券2024年12月31日的摊余成本,并编制甲公司确认及支付2024年度利息费用的会计分录。

(5) 计算甲公司可转换公司债券负债成分2025年6月30日的摊余成本,并编制甲公司确认2025年上半年利息费用的会计分录。

(6) 编制甲公司2025年7月1日可转换公司债券转换为普通股股票时的会计分录。

(答案中的金额单位用"万元"表示,计算结果精确到小数点后两位)

【答案】

(1) 负债成分的公允价值=200 000×1.5%×0.9434+20 0000×2%×0.8900+200 000×(1+2.5%)×0.8396=178 508.2(万元)

权益成分公允价值=200 000-17 8508.2=2 1491.8(万元)

(2) 负债成分应分摊的发行费用=178 508.2÷200 000×3 200=2 856.13(万元)

权益成分应分摊的发行费用=3 200-2 856.13=343.87(万元)

(3) 甲公司发行可转换公司债券时的会计分录为:

借: 银行存款   196 800

   应付债券——可转换公司债券(利息调整)   24 347.93

   贷: 应付债券——可转换公司债券(面值)   200 000

     其他权益工具——可转换债券   21 147.93

(4) 2024年12月31日的摊余成本=(200 000-24 347.93)×(1+6.59%)-200 000×1.5%=184 227.54(万元)。

借: 在建工程   11 575.47

   贷: 应付利息   3 000

     应付债券——可转换公司债券(利息调整)   8 575.47

2025年1月1日,

借: 应付利息   3 000

   贷: 银行存款   3 000

(5) 2025年6月30日的摊余成本=184 227.54+184 227.54×6.59%÷4-200 000×2%÷2=188 297.84(万元)

借: 财务费用   6 070.30

   贷: 应付利息   2 000

     应付债券——可转换公司债券(利息调整)   4 070.30

(6) 2025年7月1日，可转换公司债券转换为普通股股票时的会计分录为：

借：应付债券——可转换公司债券(面值)　　　　　　　　200 000

　　其他权益工具——可转换债券　　　　　　　　　　　21 147.93

　　应付利息　　　　　　　　　　　　　　　　　　　　2 000

　　贷：应付债券——可转换公司债券(利息调整)　　　　　　　11 702.16

　　　　股本　　　　　　　　　　　　　　　　　　　　　20 000

　　　　资本公积——股本溢价　　　　　　　　　　　　　191 445.77

项目小结

本项目内容主要包括应付职工薪酬和借款费用及非流动负债的核算。应付职工薪酬是企业根据有关规定应付给职工的各种薪酬，按照"工资、奖金、津贴、补贴""职工福利""社会保险费""住房公积金""工会经费""职工教育经费""解除职工劳动关系补偿""非货币性福利""其他与获得职工提供的服务相关的支出"等应付职工薪酬；借款费用主要内容包括借款费用的概念和确认原则、符合资本化条件的资产的界定、借款费用资本化期间的确定、借款费用资本化金额的计算等。非流动负债是指偿还期在一年或者超过一年的一个营业周期以上的负债，包括长期借款、应付债券等。

练习题

客观题

业务题

1. 甲公司为增值税一般纳税人，2022年12月，甲公司发生的与职工薪酬有关的业务资料如下：

资料一：1日，甲公司以其生产的电视机作为福利发放给100名职工，电视机的单位成本为0.5万元，单位售价(计税价格)为0.7万元，适用的增值税税率为13%。假定100名职工中80名为生产车间生产人员，10名为市场营销分部主管，10名为行政管理总部管理人员。

资料二：20日，甲公司外购20台笔记本电脑作为福利发放给其高管人员，每台购买价格(计税价格)为1万元，购买价款已用银行存款支付，甲公司已取得增值税专用发票，适用的增值税税率为13%。

资料三：甲公司于2022年初制订和实施了一项短期利润分享计划，以对公司管理层进行激励。该计划规定，公司全年的净利润指标为5 000万元，如果在公司管理层的努力下完成的净利润超过5 000万元，公司管理层将可以分享超过5 000万元净利润部分的10%作为额外报酬。假定至2022年12月31日，甲公司全年实际完成净利润6 000万元。

资料四：2022年12月31日，因业务整合需要，甲公司管理层制订了一项辞退计划，该计划规定，从2023年1月1日起，甲公司将以职工自愿方式辞退部分生产车间职工。具体情况已与该部分职工达成一致意见。根据该协议，甲公司自2023年1月1日起至2023年6月30日期间将向辞退的职工一次性支付补偿款1 000万元。该辞退计划已经公布，尚未实际实施。

不考虑职工离职等其他因素。

要求：(1) 根据资料一，说明甲公司以自产电视机作为福利发放时是否应确认收入，并说明理由；同时编制甲公司确认职工薪酬和实际发放职工福利相关的会计分录。

(2) 根据资料二，说明甲公司外购笔记本电脑作为福利发放时是否应确认收入，并说明理由；同时编制甲公司确认职工薪酬、外购笔记本电脑和实际发放职工福利相关的会计分录。

(3) 根据资料三，编制甲公司与短期利润分享计划相关的会计分录。

(4) 根据资料四，编制甲公司与辞退计划相关的会计分录。

2. 甲公司共有8 000名职工，该公司实行累积带薪缺勤制度，2023年12月31日，每名职工当年平均未使用带薪休假为4天，该公司平均每名职工每个工作日工资为600元。

假定一：甲公司制度规定，每名职工每年可享受10个工作日带薪休假，未使用的休假只能向后结转一个日历年度，超过1年未使用的权利作废，在职工离开公司时不能获得现金补偿；职工休假是以后进先出为基础，即首先从当年可享受的权利(10个工作日)中扣除，不足的部分再从上年结转的带薪休假余额中扣除；职工离开公司时，公司对职工未使用的累积带薪休假不支付现金。根据过去的经验并预期该经验将继续适用，甲公司预计2024年有7 600名职工将享受不超过10天的带薪休假，剩余400名职工每人将平均享受13天带薪休假，假定这400名职工全部为总部各部门经理。

2024年12月31日，上述400名部门经理中有320名享受了13天休假，并随同正常工资以银行存款支付；另有80名只享受了10天休假。

假定二：甲公司制度规定，职工累积未使用的带薪缺勤权利可以无限期结转，且可以于职工离开企业时以现金支付。2023年12月31日，甲公司8 000名职工中，7 400名为直接生产工人，500名为总部各部门经理，100名工人正在建造一幢自用办公楼。

不考虑其他相关因素。

要求：(1) 根据假定一，编制甲公司2023年、2024年相关会计分录。

(2) 根据假定二，编制甲公司2023年相关会计分录。

3. 甲公司为增值税一般纳税人，适用的增值税税率为13%，其2×23年发生的与职工薪酬有关的业务如下：

(1) 2×23年12月，计提并发放11月份职工工资1 670万元(其中代扣个人所得税170万元)；11月份职工工资明细：生产人员工资850万元，销售人员工资500万元，管理人员工资320万元。

(2) 2×23年6月20日，甲公司从公司外部购入10套商品房奖励公司的10名高级管理人员，该商品房每套市场价格为100万元，公司以每套65万元的价格出售给职工，但要求相关人员需要自2×23年7月1日起在公司继续服务5年。2×23年6月30日，甲公司收到10名高级管理人员支付的购房款，并办理完毕上述房屋的产权过户手续。假定至年末无人离职，不考虑商品房相关的税费。

(3) 2×23年6月16日，甲公司发布短期利润分享计划。根据该计划，甲公司将按照2×23年度利润总额的5%作为奖金，发放给2×23年7月1日至2×24年6月30日在甲公司工作的销售员工；如果有员工在2×24年6月30日前离职，离职的员工将不能获得奖金；利润分享计划支付总额也将按照离职员工的人数相应降低；该奖金将于2×24年8月30日支付。2×23年度，在未考虑利润分享计划的情况下，甲公司实现利润总额10 000万元。2×23年末，甲公司预计职工离职将使利润分享计划支付总额降低至利润总额的4.5%。

(4) 2×23年11月30日甲公司为10名研发员工每人提供一间单位宿舍免费使用，假定每间单位宿舍每月计提折旧0.2万元；同时为副总裁以上高级管理人员每人租赁一套住房。该公司共有副总裁以上高级管理人员2名，公司为其每人租赁一套月租金为0.5万元的公寓。

要求：编制甲公司2×23年年末与职工薪酬业务相关的会计分录。

4. 甲上市公司发行公司债券为建造专用生产线筹集资金，有关资料如下：

资料一：2022年1月1日，甲公司委托证券公司以7 755万元的价格发行3年期分期付息公司债券，该债券面值为8 000万元，票面年利率为4.5%，实际年利率为5.64%，每年付息一次，到期后按面值偿还本金。甲公司将专门借款中尚未动用的部分用于固定收益的短期投资，该短期投资年收益率为3%。假定全年按照360天计算，每月按照30天计算。

资料二：生产线建造工程采用出包方式，于2022年1月1日开始动工，当日以专门借款资金支付建造工程款5 755万元。2023年7月1日，以专门借款资金支付建造工程款2 000万元。2023年12月31日所建造生产线达到预定可使用状态。

资料三：假定各年度利息的实际支付日期均为下年度的1月1日，到期支付最后一期利息。不考虑其他因素。(计算结果保留两位小数，答案中的金额单位用"万元"表示，"应付债券"科目应列出明细科目)

要求：(1) 编制甲公司2022年发行债券、支付工程款的会计分录；计算甲公司2022年应予资本化、利息调整的本年摊销额和年末摊余成本的金额，并编制相关会计分录。

(2) 编制甲公司2023年支付债券利息和工程款的会计分录；计算甲公司2023年应予资本化、利息调整的本年摊销额和年末摊余成本的金额，并编制相关会计分录。

(3) 编制甲公司2024年支付债券利息的会计分录；计算甲公司2024年应计入当期损益的利息金额、利息调整的本年摊销额和年末摊余成本的金额，并编制相关会计分录。

项目十 收入

我们实行更加积极主动的开放战略，构建面向全球的高标准自由贸易区网络，加快推进自由贸易试验区、海南自由贸易港建设，共建"一带一路"成为深受欢迎的国际公共产品和国际合作平台。我国成为一百四十多个国家和地区的主要贸易伙伴，货物贸易总额居世界第一，吸引外资和对外投资居世界前列，形成更大范围、更宽领域、更深层次对外开放格局。

摘自2022年10月16日习近平总书记在中国共产党第二十次全国代表大会上的报告

👤 引导案例

××股份公司2023年4月9日正式公布了巨亏6 000万元的2022年年报和盈利6 000万元的2023年一季度季报。针对亏损，××股份公司董事长2023年4月9日首次回应称："业绩波动对公司良好的发展势头不构成任何实质性的影响。"

××股份公司在其年报中解释由盈至亏的理由是，2022年家电业上游主要原材料涨价，导致第四季业绩下滑；其联营公司华意压缩持续几年亏损，公司2022年对尚未摊销完的股权投资差额全额计提了减值准备，影响利润7 100万元；公司增加了存货跌价准备约4 700万元，以及第四季度计提坏账准备增加约3 000万元。

这样的解释很难让业界接受。根据年报，2022年××股份公司总营业额超过84.36亿元，较上年增长36.8%，尤其是主营业务冰箱和冷柜收入分别增长8.6%和58.8%，空调收入大幅上升67.9%。公司2022年外销业务收入更是增长87.5%，占到公司总业务收入的39.6%。

负责公司年报审计的德勤华永会计师事务所，这次再次给该公司年报出具了保留意见，原因主要有：其一，公司2022年有两笔发出约5.7亿元的赊销业务销售，可能带来1.23亿元的利润，公司认为该笔应收账款完全在风险之列，但审计师不能认可；其二，因公司2022年全年退货达2亿元，审计师要求作大幅计提退货准备，但公司认为没必要提取退货准备。

很多业界人士认为，公司"前三季盈利逾2亿元到全年巨亏6 000万元"的离奇财报数据，背后肯定另有玄机。综合这两年该公司市场业绩看，不排除公司这几年财报有被操纵的可能。

说明：利润是反映企业一定期间经营成果、评价企业经营业绩的重要指标，备受各方报表使用者的关注，它也是会计粉饰的主要对象。为此利润的确认和计量一直是财务会计领域中的重点问题之一。本项目将重点讨论有关收入、费用和利润的相关问题。

资料来源：根据某股份公司2022年年报整理而成。

学习目标

掌握单项履约义务的识别，交易价格的确定及分摊，属于在某一时段内履行履约义务的条件及其收入确认，在某一时点履行的履约义务的收入确认等，熟悉与客户之间合同的识别，合同履约成本、合同取得成本等的会计处理。

任务一　收入概述

一、收入的定义和分类

收入是指企业在日常活动中形成的、会导致所有者权益增加的、与所有者投入资本无关的经济利益的总流入。其中，日常活动是指企业为完成其经营计划所从事的经常性活动以及与之相关的其他活动。工业企业制造并销售产品、商品流通企业销售商品、咨询公司提供咨询服务、软件公司为客户开发软件、安装公司提供安装服务、建筑企业提供建造服务等，均属于企业的日常活动。企业按照 2017年发布的《企业会计准则第14号——收入》(以下简称《收入准则》)确认收入的方式应当反映其向客户转让商品(或提供服务)的模式，收入的金额应当反映企业因转让这些商品或劳务而预期有权收取的对价金额。

《收入准则》适用于所有与客户之间的合同，但长期股权投资、合营安排、企业合并、金融工具、租赁、保险等准则规范的除外。企业以存货换取客户的存货、固定资产、无形资产等，按照《收入准则》进行会计处理；其他非货币性资产交换，按照《企业会计准则第7号——非货币性资产交换》进行会计处理。企业处置固定资产、无形资产等，在确定处置时点以及计量处置损益时，按照《收入准则》的有关规定进行处理。与企业订立合同，共同参与一项活动，共担风险共享收益的一方，不是企业的客户，相关合同不属于《收入准则》规范范围。当合同中仅有部分属于《收入准则》时，应优先按照其他准则对其余部分进行处理。

二、收入的确认原则

企业确认收入的方式应当反映其向客户转让商品或提供服务的模式；收入的金额应当反映企业因转让商品或提供服务而预期有权收取的对价金额；企业应当在客户取得相关商品控制权时确认收入。取得相关商品控制权，是指能够主导该商品的使用并从中获得几乎全部的经济利益。

取得相关商品控制权从以下三个要素判断。

(1) 客户必须拥有现时权利，能够主导该商品的使用并从中获得几乎全部经济利益。如果客户只能在未来的某一期间主导该商品的使用并从中获益，则表明其尚未取得该商品的控制权。

(2) 客户有能力主导该商品的使用，即客户有权使用该商品，或者能够允许或阻止其他方使用该商品。

(3) 客户能够获得几乎全部的经济利益。商品的经济利益是指该商品潜在现金流量，既包括现金流入的增加，也包括现金流出的减少。客户可以通过很多方式直接或者间接地获得商品的经济利益，例如使用、消耗、出售或者持有该商品、使用该商品提升其他资产的价值，以及将该商品用于清偿债务、支付费用或抵押等。

客户，是指与企业订立合同以向企业购买其日常活动产出的商品并支付对价的一方。如果合同对方与企业订立合同的目的是共同参与一项活动(如合作开发一项资产)，合同对方和企业一起分担或分享该活动产生的风险或收益，而不是获取企业日常活动产出的商品，则该合同对方不是企业的客户。

企业收入的会计处理是以企业与客户之间的单个合同为基础的，但是，为便于实务操作，当企业能够合理预计，将收入的会计处理应用于具有类似特征的合同(或履约义务)组合或应用于该组合中的每一个合同(或履约义务)，不会对企业的财务报表产生显著不同的影响时，企业可以在合同组合层面对收入进行会计处理。

任务二　收入的确认和计量

收入的确认和计量大致分为五步：第一步，识别与客户订立的合同；第二步，识别合同中的单项履约义务；第三步，确定交易价格；第四步，将交易价格分摊至各单项履约义务；第五步，履行各单项履约义务时确认收入。其中，第一步、第二步和第五步主要与收入的确认有关，第三步和第四步主要与收入的计量有关。

一、识别与客户订立的合同

(一) 合同识别

合同，是指双方或多方之间订立有法律约束力的权利义务的协议。合同包括书面形式、口头形式以及其他形式(如隐含于商业惯例或企业以往的习惯做法中)。企业与客户之间的合同同时满足下列5项条件的，企业应当在履行了合同中的履约义务，即在客户取得相关商品控制权时确认收入：一是合同各方已批准该合同并承诺将履行各自义务；二是该合同明确了合同各方与所转让商品相关的权利和义务；三是该合同有明确的与所转让商品相关的支付条款；四是该合同具有商业实质，即履行该合同将改变企业未来现金流量的风险、时间分布或金额；五是企业因向客户转让商品而有权取得的对价很可能收回。

在进行上述判断时，需要注意下列三点：一是合同约定的权利和义务要具有法律约束力，这需要根据企业所处的法律环境和实务操作进行判断；二是合同要具有商业实质(履行该合同将改变企业未来现金流量的风险、时间分布或金额)；三是企业在评估其因向客户转让商品而有权取得的对价是否很可能收回时，仅应考虑客户到期时支付对价的能力和意图(即客户的信用风险)。企业预期很可能无法收回全部合同对价时,应当判断其原因是客户的信用风险还是企业向客户提供了价格折让所致。

对于不符合上述5项条件的合同,企业只有在不再负有向客户转让商品的剩余义务(如合同已完成或取消),且已向客户收取的对价(包括全部或部分对价)无须退回时,才能将已收取的对价确认为收入;否则,应当将已收取的对价作为负债进行会计处理。企业向客户收取无须退回的对价的,应当在已经将该部分对价所对应的商品的控制权转移给客户,并已停止向客户转让额外的商品且也不再负有此类义务时,或者相关合同已经终止时,将该部分对价确认为收入。

需要说明的是,没有商业实质的非货币性资产交换,无论何时,均不应确认收入。从事相同业务经营的企业之间,为便于向客户或潜在客户销售商品而进行的非货币性资产交换(如两家石油公司之间相互交换石油,以便及时满足各自不同地点客户的需求),不应当确认收入。

企业与客户之间的合同,在合同开始日即满足上述5项条件的,企业在后续期间无须对其进行重新评估,除非有迹象表明相关事实和情况发生重大变化。在合同开始日不符合上述5项条件的,企业应当在后续期间对其进行持续评估,以判断其能否满足上述5项条件,企业在此之前已经向客户转移部分商品的,当该合同在后续期间满足上述5项条件时,企业应当将在此之前已经转移商品所分摊的交易价格确认为收入。合同开始日,是指合同开始赋予合同各方具有法律约束力的权利和义务的日期,通常指合同生效日。

【例10-1】甲公司与乙公司签订合同,将一项专利技术授权给乙公司使用,并按其使用情况收取特许权使用费。甲公司评估认为,该合同在合同开始日满足上述5项条件。该专利技术在合同开始日即授权给乙公司使用。在合同开始日后的第一年内,乙公司每季度向甲公司提供该专利技术的使用情况报告,并在约定的期间内支付特许权使用费。在合同开始日后的第二年内,乙公司继续使用该专利技术,但是,乙公司的财务状况下滑,融资能力下降,可用资金不足,因此,乙公司仅按合同支付了当年第一季度的特许权使用费,而后三个季度仅象征性支付了部分金额。在合同开始日后的第三年内,乙公司继续使用甲公司的专利技术。但是,甲公司得知,乙公司已经完全丧失了融资能力,且流失了大部分客户,因此,乙公司的付款能力进一步恶化,信用风险显著升高。甲公司应如何对该特许权使用费确认收入?

本例中,该合同在合同开始日满足上述5项条件,因此,甲公司在乙公司使用该专利技术的行为发生时,按照约定的特许权使用费确认收入。合同开始后的第二年,由于乙公司的信用风险升高,甲公司在确认收入的同时,应按照相关规定对乙公司的应收款项进行减值测试。合同开始日后的第三年,由于乙公司的财务状况恶化,信用风险显著升高,甲公司对该合同进行了重新评估,认为不再满足"企业因向客户转让商品而有权取得的对价很可能收回"这一条件,因此,甲公司不再确认该特许权使用费收入,同时按照规定对现有应收款项是否发生减值继续进行评估。

(二) 合同合并

企业与同一客户(或该客户的关联方)同时订立或在相近时间内先后订立的两份或多份合同，在满足下列条件之一时，应当合并为一份合同进行会计处理：一是该两份或多份合同基于同一商业目的而订立并构成"一揽子"交易，如一份合同在不考虑另一份合同对价的情况下将会发生亏损；二是该两份或多份合同中的一份合同的对价金额取决于其他合同的定价或履行情况，如一份合同如果发生违约，将会影响另一份合同的对价金额；三是该两份或多份合同中所承诺的商品(或每份合同中所承诺的部分商品)构成单项履约义务。两份或多份合同合并为一份合同进行会计处理的，仍然需要区分该一份合同中包含的各单项履约义务。

(三) 合同变更

合同变更，是指经合同各方批准对原合同范围或价格做出的变更。合同各方可能以书面形式、口头形式或其他形式(如隐含于企业以往的习惯做法中)批准合同变更。企业应当区分下列三种情形对合同变更分别进行会计处理。

第1种情形：合同变更部分作为单独合同。合同变更增加了可明确区分的商品及合同价款，且新增合同价款反映了新增商品单独售价的(以下简称"合同变更的第1种情形")，应当将该合同变更部分作为一份单独的合同进行会计处理。此类合同变更不影响原合同的会计处理。

【例10-2】甲公司承诺向某客户销售120件产品，每件产品售价100元。该批产品彼此之间可明确区分，且将于未来6个月内陆续转让给该客户。甲公司将其中的60件产品转让给该客户后，双方对合同进行了变更，甲公司承诺向该客户额外销售30件相同的产品，这30件产品与原合同中的产品可明确区分，其售价为每件95元(假定该价格反映了合同变更时该产品的单独售价)。上述价格均不包含增值税。甲公司应如何对该合同变更确认收入？

本例中，新增的30件产品是可明确区分的，且新增的合同价款反映了新增产品的单独售价，因此，该合同变更实际上构成了一份单独的、在未来销售30件产品的新合同，该新合同并不影响对原合同的会计处理。甲公司应当对原合同中的120件产品按每件产品100元确认收入，对新合同中的30件产品按每件产品95元确认收入。

第2种情形：合同变更作为原合同终止及新合同订立。合同变更不属于合同变更的第1种情形，且在合同变更日已转让的商品与未转让的商品之间可明确区分的(以下简称"合同变更的第2种情形")，应当视为原合同终止，同时，将原合同未履约部分与合同变更部分合并为新合同进行会计处理。

【例10-3】沿用例10-2，甲公司新增销售的30件产品售价为每件80元 (假定该价格不能反映合同变更时该产品的单独售价)。同时，由于客户发现甲公司已转让的60件产品存在瑕疵，要求甲公司对已转让的产品提供每件15元的销售折让以弥补损失。经协商，双方同意将价格折让在销售新增的30件产品的合同价款中进行抵减，金额为900

元。上述价格均不包含增值税。甲公司应如何对该合同变更确认收入？

本例中，900元的折让金额与已经转让的60件产品有关，因此应当将其作为已销售的60件产品的销售价格的抵减，在该折让发生时冲减当期销售收入。对于合同变更新增的30件产品，由于其售价不能反映该产品在合同变更时的单独售价，因此，该合同变更不能作为单独合同进行会计处理。由于尚未转让给客户的产品(包括原合同中尚未交付的60件产品以及新增的30件产品)与已转让的产品是可明确区分的，因此，甲公司应当将该合同变更作为原合同终止，同时，将原合同的未履约部分与合同变更合并为新合同进行会计处理。该新合同中，剩余产品为90件，其对价为8 400元，即原合同下尚未确认收入的客户已承诺对价6 000元(100×60)与合同变更部分的对价2 400元(80×30)之和，新合同中的90件产品每件产品应确认的收入为 93.33元(8 400÷90)。

第3种情形：合同变更部分作为原合同的组成部分。合同变更不属于合同变更的第1种情形，且在合同变更日已转让的商品与未转让的商品之间不可明确区分的(以下简称"合同变更的第3种情形")，应当将该合同变更部分作为原合同的组成部分，在合同变更日重新计算履约进度，并调整当期收入和相应成本等。

【例10-4】2023年1月15日，乙建筑公司和客户签订了一项总金额为1 000万元的固定造价合同，在客户自有土地上建造一幢办公楼，预计合同总成本为700万元。假定该建造服务属于在某一时段内履行的履约义务，并根据累计发生的合同成本占合同预计总成本的比例确定履约进度。

截至2023年年末，乙公司累计已发生成本420万元，履约进度为60%(420÷700)。因此，乙公司在2023年确认收入600万元(1 000×60%)。2024年初，合同双方同意更改该办公楼屋顶的设计，合同价格和预计总成本因此而分别增加200万元和120万元。乙公司应如何对该合同变更确认收入？

本例中，合同变更后拟提供的剩余服务与在合同变更日或之前已提供的服务不可明确区分(即该合同仍为单项履约义务)，因此，乙公司应当将合同变更作为原合同的组成部分进行会计处理。合同变更后的交易价格为1 200万元(1 000+200)，乙公司重新估计的履约进度为51.2%[420÷(700+120)]，乙公司在合同变更日应额外确认收入14.4万元(51.2%×1 200−600)。

如果在合同变更日未转让的商品为上述第2种和第3种情形的组合，企业应当分别相应按照上述第2种或第3种情形的方式对合同变更后尚未转让(或部分未转让)的商品进行会计处理。

二、识别合同中的单项履约义务

合同开始日，企业应当首先识别合同中所包含的各单项履约义务，并确定各单项履约义务是在某一时段内履行还是在某一时点履行；然后，在履行各单项履约义务时分别确认收入。履约义务，是指合同中企业向客户转让可明确区分商品的承诺。企业应当将下列向客户转让商品的承诺作为单项履约义务。

1. 企业向客户转让可明确区分商品(或者商品或服务的组合)的承诺

企业向客户承诺的商品同时满足下列条件的,应当作为可明确区分商品。

(1) 客户能够从该商品本身或者从该商品与其他易于获得的资源一起使用中受益。当客户能够使用、消耗或以高于残值的价格出售商品,或者以能够产生经济利益的其他方式持有商品时,表明客户能够从该商品本身获益。对于某些商品而言,客户可能需要将其与其他易于获得的资源一起使用才能从中获益。在评估某项商品是否能够明确区分时,应当基于该商品自身的特征,无须考虑合同中可能存在的阻止客户从其他来源取得相关资源的限制性条款。

(2) 企业向客户转让该商品的承诺与合同中其他承诺可单独区分,以识别企业承诺转让的是每一项商品,还是由这些商品组成的一个或多个组合产出。组合产出的价值通常高于或者显著不同于各单项商品的价值总和。

下列情形通常表明企业向客户转让该商品的承诺与合同中的其他承诺不可明确区分:一是企业需提供重大的服务以将该商品与合同中承诺的其他商品进行整合,形成合同约定的某个或某些组合产出转让给客户。如企业为客户建造写字楼的合同中,企业向客户提供的砖头、水泥、人工等都能够使客户获益,但是,企业对客户承诺的是为其建造一栋写字楼,而并非提供这些砖头、水泥和人工等,企业需提供重大的服务将这些商品进行整合,以形成合同约定的一项组合产出(即写字楼)转让给客户。因此,在该合同中,砖头、水泥和人工等商品彼此之间不能单独区分。

二是该商品将对合同中承诺的其他商品予以重大修改或定制。如企业承诺向客户提供其开发的一款现有软件,并提供安装服务,虽然该软件无须更新或技术支持也可直接使用,但是企业在安装过程中需要在该软件现有基础上对其进行定制化的重大修改,以使其能够与客户现有的信息系统相兼容。此时,转让软件的承诺与提供定制化重大修改的承诺在合同层面是不可明确区分的。

三是该商品与合同中承诺的其他商品具有高度关联性,即合同中承诺的每一项商品均受到合同中其他商品的重大影响。如企业承诺为客户设计一种新产品并负责生产10个样品,企业在生产和测试样品的过程中需要对产品的设计进行不断的修正,并导致已生产的样品均可能需要进行不同程度的返工。此时,企业提供的设计服务和生产样品的服务是不断交替反复进行的,两者高度关联,因此,在合同层面是不可明确区分的。

需要说明的是,企业向客户销售商品时,往往约定企业需要将商品运送至客户指定的地点。通常情况下,商品控制权转移给客户之前发生的运输活动不构成单项履约义务;相反,商品控制权转移给客户之后发生的运输活动可能表明企业向客户提供了一项运输服务,企业应当考虑该项服务是否构成单项履约义务。

【例10-5】甲公司与乙公司签订合同,向其销售一批产品,并负责将该批产品运送至乙公司指定的地点,甲公司承担相关的运输费用。假定销售该产品属于在某一时点履行的履约义务,且控制权在出库时转移给乙公司。甲公司销售产品承担的相关运输费用是否构成单项履约义务?

本例中,甲公司向乙公司销售产品,并负责运输。该批产品在出库时,控制权转移给乙公司,在此之后,甲公司为将产品运送至乙公司指定的地点而发生的运输活动,属于为乙公司提供了一项运输服务;当该运输服务构成单项履约义务,且甲公司是运输服务的主要责任人时,甲公司应当按照分摊至该运输服务的交易价格确认收入。

假定该产品的控制权不是在出库时,而是在送达乙公司指定地点时转移给乙公司,由于甲公司的运输活动是在产品的控制权转移给客户之前发生的,该运输服务不构成单项履约义务,而是甲公司为履行合同发生的必要活动。

2. 一系列实质相同且转让模式相同的、可明确区分的商品的承诺

当企业向客户连续转让某项承诺的商品时,如每天提供类似劳务的长期劳务合同等,如果这些商品属于实质相同且转让模式相同的一系列商品时,企业应当将这一系列商品作为单项履约义务。转让模式相同,是指每一项可明确区分的商品均满足在某一时段内履行履约义务的条件,且采用相同方法确定其履约进度。

企业在判断所转让的一系列商品是否实质相同时,应当考虑合同中承诺的性质,当企业承诺的是提供确定数量的商品时,需要考虑这些商品本身是否实质相同;当企业承诺的是在某一期间内随时向客户提供某项服务时,需要考虑企业在该期间内的各个时间段(如每天或每小时)的承诺是否相同,而并非具体的服务行为本身,如企业向客户提供2年的酒店管理服务(包括保洁、维修、安保等),但没有具体的服务次数或时间的要求,尽管企业每天提供的具体服务不一定相同,但是企业每天对于客户的承诺都是相同的,即按照约定的酒店管理标准,随时准备根据需要为其提供相关服务,因此,该酒店管理服务符合实质相同的条件。

三、确定交易价格

交易价格,是指企业因向客户转让商品而预期有权收取的对价金额。企业代第三方收取的款项(如增值税)以及企业预期将退还给客户的款项,应当作为负债处理,不计入交易价格。合同标价并不一定代表交易价格,企业应当根据合同条款,并结合以往的习惯做法等确定交易价格。

在确定交易价格时,企业应当考虑可变对价、合同中存在的重大融资成分、非现金对价、应付客户对价等因素的影响。

(一) 可变对价

企业与客户的合同中约定的对价金额可能是固定的,也可能会因折扣、价格折让、返利、退款、奖励积分、激励措施、业绩奖金、索赔、未来事项等因素而变化。此外,企业有权收取的对价金额,将根据一项或多项或有事项的发生有所不同的情况,也属于可变对价的情形。如企业售出商品但允许客户退货时,企业有权收取的对价金额将取决于客户是否退货,因此该合同的交易价格是可变的。

【例10-6】甲公司系增值税一般纳税人，在2023年6月1日向乙公司销售一批商品，开出的增值税专用发票上注明的销售价格为800 000元，增值税税额为104 000元，款项尚未收到；该批商品成本为640 000元。6月30日，乙公司在验收过程中发现商品外观上存在瑕疵，但基本上不影响使用，要求甲公司在价格上(不含增值税税额)给予5%的减让。假定甲公司已确认收入，并已取得税务机关开具的红字增值税专用发票。

甲公司的账务处理如下：

(1) 2023年6月1日销售实现。

借：应收账款——乙公司 904 000
　　贷：主营业务收入——销售××商品 800 000
　　　　应交税费——应交增值税(销项税额) 104 000
借：主营业务成本——销售××商品 640 000
　　贷：库存商品——××商品 640 000

(2) 2023年6月30日发生销售折让，取得红字增值税专用发票。

借：主营业务收入——销售××商品 40 000
　　应交税费——应交增值税(销项税额) 5 200
　　贷：应收账款——乙公司 45 200

(3) 2023年收到款项。

借：银行存款 858 800
　　贷：应收账款——乙公司 858 800

1. 可变对价最佳估计数的确定

企业应当按照期望值或最可能发生金额确定可变对价的最佳估计数。期望值是按照各种可能发生的对价金额及相关概率计算确定的金额。当企业拥有大量具有类似特征的合同，并据此估计合同可能产生多个结果时，按照期望值估计可变对价金额通常是恰当的。

【例10-7】甲公司生产和销售洗衣机。2023年3月，甲公司向零售商乙公司销售1 000台洗衣机，每台价格为2 000元，合同价款合计200万元。同时，甲公司承诺，如果在未来6个月内，同类洗衣机售价下降，则按照合同价格与最低售价之间的差额向乙公司支付差价。甲公司根据以往执行类似合同的经验，预计未来6个月内，不降价的概率为50%；每台降价200元的概率为40%；每台降价500元的概率为10%。假定不考虑增值税等因素。

假定不考虑有关"计入交易价格的可变对价金额的限制"要求，甲公司认为期望值能够更好地预测其有权获取的对价金额。甲公司估计交易价格为每台1 870元(2 000×50%+1 800×40%+1 500×10%)。2023年3月，甲公司销售洗衣机的账务处理为：

借：应收账款——乙公司 1 870 000
　　贷：主营业务收入 1 870 000

最可能发生金额是一系列可能发生的对价金额中最可能发生的单一金额，即合同最可能产生的单一结果。当合同仅有两个可能结果(如企业能够达到或不能达到某业绩奖金目标)时，按照最可能发生金额估计可变对价金额通常是恰当的。

【例10-8】甲公司为其客户建造一栋厂房，合同约定的价款为100万元，当甲公司不能在合同签订之日起的120天内竣工时，须支付10万元罚款，该罚款从合同价款中扣除。甲公司对合同结果的估计如下：工程按时完工的概率为90%，工程延期的概率为10%。假定上述金额均不含增值税。甲公司估计的交易价格为(　　)万元。

本例中，该合同涉及两种可能结果，甲公司认为按照最可能发生金额能够更好地预测其有权获取的对价金额，因此甲公司估计的交易价格为100万元，这100万元是最可能发生的单一金额。

企业采用期望值或最可能发生金额估计可变对价时，应当选择能够更好地预测其有权收取的对价金额的方法。对于某一事项的不确定性对可变对价金额的影响，企业应当在整个合同期间一致地采用同一种方法进行估计；对于类似的合同，应当采用相同的方法进行估计。但是，当存在多个不确定性事项均会影响可变对价金额时，企业可以采用不同的方法对其进行估计。

2. 计入交易价格的可变对价金额的限制

企业按照期望值或最可能发生金额确定可变对价金额之后，计入交易价格的可变对价金额还应该满足限制条件，即包含可变对价的交易价格应当不超过在相关不确定性消除时累计已确认的收入极可能不会发生重大转回的金额。企业在对此进行评估时，应当同时考虑收入转回的可能性及转回金额的比重。其中，"极可能"发生的概率应远高于"很可能"(即可能性超过50%)，但不要求达到"基本确定"(即可能性超过95%)；在评估收入转回金额的比重时，应同时考虑合同中包含的固定对价和可变对价。企业应当将满足上述限制条件的可变对价的金额计入交易价格。

每一资产负债表日，企业应当重新估计可变对价金额(包括重新评估对可变对价的估计是否受到限制)，以如实反映报告期末存在的情况以及报告期内发生的情况变化。

【例10-9·多选】2023年1月1日，甲公司与乙公司签订合同，向其销售A产品。合同约定，当乙公司在2023年的采购量不超过2 000件时，每件产品的价格为80元；当乙公司在2023年的采购量超过2 000件时，每件产品的价格为70元。乙公司在第一季度的采购量为150件，甲公司预计乙公司全年的采购量不会超过2 000件。2023 年 4 月，乙公司因完成产能升级而增加了原材料的采购量，第二季度共向甲公司采购A 产品1 000件，甲公司预计乙公司全年的采购量将超过2 000件，因此，全年采购量适用的产品单价均将调整为70元。

假设不考虑其他因素，甲公司下列会计处理正确的有(　　)。

A. 甲公司第一季度确认收入10 500元

B. 甲公司第二季度确认收入68 500元

C. 甲公司第一季度确认收入12 000元

D. 甲公司第二季度确认收入70 000元

本例中，2023年第一季度，甲公司根据以往经验估计乙公司全年的采购量将不会超过2 000件，甲公司按照80元的单价确认收入，满足在不确定性消除之后(即乙公司全年的采购量确定之后)，累计已确认的收入将极可能不会发生重大转回的要求，因此，甲公司在第一季度确认的收入金额为12 000元(80×150)。2023年第二季度，甲公司对交易价格进行重新估计，由于预计乙公司全年的采购量将超过2 000件，按照70元的单价确认收入，才满足极可能不会导致累计已确认的收入发生重大转回的要求。因此，甲公司在第二季度确认收入68 500元[70×(1 000+150)-12 000]。答案为BC。

(二) 合同中存在的重大融资成分

当企业将商品的控制权转移给客户的时间与客户实际付款的时间不一致时，对于企业以赊销的方式销售商品，或者要求客户支付预付款等，如果各方以在合同中明确(或者以隐含的方式)约定的付款时间为客户或企业就转让商品的交易提供了重大融资利益，则合同中即包含了重大融资成分。合同中存在重大融资成分的，企业应当按照假定客户在取得商品控制权时即以现金支付的应付金额(即现销价格)确定交易价格。

在评估合同中是否存在融资成分以及该融资成分对于该合同而言是否重大时，企业应当考虑所有相关的事实和情况，具体包括两种情形：①已承诺的对价金额与已承诺商品的现销价格之间的差额。②下列两项的共同影响，一是企业将承诺的商品转让给客户与客户支付相关款项之间的预计时间间隔；二是相关市场的现行利率。

有些情况下，企业向客户转让商品与客户支付相关款项之间虽然存在时间间隔，但两者之间的合同没有包含重大融资成分。合同不包含重大融资成分的情形有以下几个：①客户就商品支付了预付款，且可以自行决定这些商品的转让时间。如企业向客户出售其发行的储值卡，客户可随时到该企业持卡购物；再如企业向客户授予奖励积分，客户可随时到该企业兑换这些积分等。②客户承诺支付的对价中有相当大的部分是可变的，该对价金额或付款时间取决于某一未来事项是否发生，且该事项实质上不受客户或企业控制。如按照实际销售量收取的特许权使用费。③合同承诺的对价金额与现销价格之间的差额是向客户或企业提供融资利益以外的其他原因所导致的，且这一差额与产生该差额的原因是相称的。如合同约定的支付条款是为了对企业或客户提供保护，以防止另一方未能依照合同充分履行其部分或全部义务。

【例10-10】2023年1月，甲公司与乙公司签订了一项施工总承包合同。合同约定的工期为30个月，工程造价为8亿元(不含税价)。甲乙双方每季度进行一次工程结算，并于完工时进行竣工结算，每次工程结算额(除质保金及相应的增值税外)由客户于工程结算后5个工作日内支付；除质保金外的工程尾款于竣工结算后10个工作日内支付；合同金额的3%作为质保金，用以保证项目在竣工后2年内正常运行，在质保期满后5个工作日内支付。

因为乙公司保留了3%的质保金直到项目竣工2年后支付，虽然服务完成时间与乙公司付款的时间间隔较长，但是，该质保金旨在为乙公司提供工程质量保证，以防甲公司未能完成其合同义务，而并非向乙公司提供融资。因此，甲公司认为该合同中不包含重大融资成分，无须就延期支付质保金的影响调整交易价格。

合同中存在重大融资成分的，企业在确定该重大融资成分的金额时，应使用将合同对价的名义金额折现为商品现销价格的折现率。该折现率一经确定，不得因后续市场利率或客户信用风险等情况的变化而变更。企业确定的交易价格与合同承诺的对价金额之间的差额，应当在合同期间内采用实际利率法摊销。需要说明的是，企业应当在单个合同层面考虑融资成分是否重大，而不应在合同组合层面考虑这些合同中的融资成分的汇总影响对企业整体而言是否重大。企业只有在确认了合同资产(或应收款项)和合同负债时，才应当分别确认重大融资成分相应的利息收入和利息支出。

为简化实务操作，如果在合同开始日，企业预计客户取得商品控制权与客户支付价款间隔不超过一年的，可以不考虑合同中存在的重大融资成分。企业应当对类似情形下的类似合同一致地应用这一简化处理方法。

【例10-11】2024年1月1日，甲公司与乙公司签订合同，向其销售一批产品。合同约定，该批产品将于两年之后交货。合同中包含两种可供选择的付款方式，即乙公司可以在两年后交付产品时支付449.44万元，或者在合同签订时支付400万元。乙公司选择在合同签订时支付货款。该批产品的控制权在交货时转移。甲公司于2024年1月1日收到乙公司支付的货款。上述价格均不包含增值税，且假定不考虑相关税费影响。

按照上述两种付款方式计算的折现率为6%。考虑到乙公司付款时间和产品交付时间之间的间隔以及现行市场利率水平，甲公司认为该合同包含重大融资成 分，在确定交易价格时，应当对合同承诺的对价金额进行调整，以反映该重大融资成分的影响。假定该融资费用不符合借款费用资本化的要求，甲公司的账务处理为：

(1) 2024年1月1日，收到货款。

借：银行存款	4 000 000
未确认融资费用	494 400
贷：合同负债	4 494 400

(2) 2024年12月31日，确认融资成分的影响。

借：财务费用——利息支出(4 000 000×6%)	240 000
贷：未确认融资费用	240 000

(3) 2025年12月31日，交付产品。

借：财务费用——利息支出(4 240 000×6%)	254 400
贷：未确认融资费用	254 400
借：合同负债	4 494 400
贷：主营业务收入	4 494 400

合同负债，是指企业已收或应收客户对价而应向客户转让商品的义务。企业在向客户转让商品之前，如果客户已经支付了合同对价或企业已经取得了无条件收取合同对价的权利，则企业应当在客户实际支付款项与到期应支付款项孰早时点，将该已收或应收

的款项确认并列示为合同负债。合同资产，是指企业已向客户转让商品而有权收取对价的权利，且该权利取决于时间流逝之外的其他因素。应收款项是企业无条件收取合同对价的权利。只有在合同对价到期支付之前仅仅随着时间的流逝即可收款的权利，才是无条件的收款权。合同资产和应收款项都是企业拥有的有权收取对价的合同权利，两者的区别在于，应收款项代表的是无条件收取合同对价的权利，即企业仅仅随着时间的流逝即可收款，而合同资产并不是一项无条件收款权，该权利除了时间流逝之外，还取决于其他条件(如履行合同中的其他履约义务)才能收取相应的合同对价。

合同资产和合同负债应当在资产负债表中单独列示，并按流动性，分别列示为"合同资产"或"其他非流动资产"以及"合同负债"或"其他非流动负债"。同一合同下的合同资产和合同负债应当以净额列示，不同合同下的合同资产和合同负债不能互相抵销。

(三) 非现金对价

当企业因转让商品而有权向客户收取的对价是非现金形式时，如实物资产、无形资产、股权、客户提供的广告服务等，企业通常应当按照非现金对价在合同开始日的公允价值确定交易价格。非现金对价公允价值不能合理估计的，企业应当参照其承诺向客户转让商品的单独售价间接确定交易价格。

非现金对价的公允价值可能会因对价的形式而发生变动(如企业有权向客户收取的对价是股票，股票本身的价格会发生变动)，也可能会因为对价形式以外的原因而发生变动(如企业有权收取非现金对价的公允价值因企业的履约情况而发生变动)。合同开始日后，非现金对价的公允价值因对价形式以外的原因而发生变动的，应当作为可变对价，按照与计入交易价格的可变对价金额的限制条件相关的规定进行处理；合同开始日后，非现金对价的公允价值因对价形式而发生变动的，该变动金额不应计入交易价格。

【例10-12】甲企业为客户生产一台专用设备。双方约定，如果甲企业能够在30天内交货，则可以额外获得600股客户的股票作为奖励。合同开始日，该股票的价格为每股4元；由于缺乏执行类似合同的经验，甲企业当日估计，该600股股票的公允价值计入交易价格将不满足累计已确认的收入极可能不会发生重大转回的限制条件。合同开始日之后的第27天，企业将该设备交付给客户，从而获得600股股票，该股票在此时的价格为每股4.5元。假定甲企业将该股票作为以公允价值计量且其变动计入当期损益的金融资产。请问甲企业对该非现金交易应如何进行会计处理？

本例中，合同开始日，该股票的价格为每股4元，由于缺乏执行类似合同的经验，甲企业当日估计，该600股股票的公允价值计入交易价格将不满足累计已确认的收入极可能不会发生重大转回的限制条件，甲企业不应将该600股股票的公允价值2 400元计入交易价格。合同开始日之后的第27天，甲企业获得600股股票，该股票在此时的价格为每股4.5元。甲企业应按股票(非现金对价)在合同开始日的公允价值，即2400元(4×600)确认为收入，因对价形式原因而发生的变动，即300元(4.5×600-4×600)计入公允价值变动损益。

企业在向客户转让商品的同时，如果客户向企业投入材料、设备或人工等商品，以协助企业履行合同，企业应当评估其是否取得了对这些商品的控制权，取得这些商品控制权的，企业应当将这些商品作为从客户收取的非现金对价进行会计处理。

(四) 应付客户对价

企业在向客户转让商品的同时，需要向客户或第三方支付对价的，除为了自客户取得其他可明确区分商品的款项外，应当将该应付对价冲减交易价格，并在确认相关收入与支付(或承诺支付)客户对价两者孰晚的时点冲减当期收入。应付客户对价还包括可以抵减应付企业金额的相关项目金额，如优惠券、兑换券等。

四、将交易价格分摊至各单项履约义务

合同中包含两项或多项履约义务的，企业应当在合同开始日，按照各单项履约义务所承诺商品的单独售价的相对比例，将交易价格分摊至各单项履约义务。单独售价，是指企业向客户单独销售商品的价格。企业在类似环境下向类似客户单独销售某商品的价格，应作为该商品的单独售价。单独售价无法直接观察的，企业应当综合考虑其能够合理取得的全部相关信息，采用市场调整法、成本加成法、余值法等方法合理估计单独售价。企业在估计单独售价时，应当最大限度地采用可观察的输入值，并对类似情况采用一致的估计方法。

市场调整法，是指企业根据某商品或类似商品的市场售价，考虑本企业的成本和毛利等进行适当调整后的金额，确定其单独售价的方法。成本加成法，是指企业根据某商品的预计成本加上其合理毛利后的金额，确定其单独售价的方法。余值法，是指企业根据合同交易价格减去合同中其他商品可观察单独售价后的余额，确定某商品单独售价的方法。企业在商品近期售价波动幅度巨大，或者因未定价且未曾单独销售而使售价无法可靠确定时，可采用余值法估计其单独售价。

【例10-13】 2023年3月1日，甲公司与客户签订合同，向其销售A、B两项商品，合同价款为2 000元。合同约定，A商品于合同开始日交付，B商品在一个月之后交付，只有当A、B两项商品全部交付之后，甲公司才有权收取2 000元的合同对价。假定A商品和B商品构成两项履约义务，其控制权在交付时转移给客户，分摊至A商品和B商品的交易价格分别为500元和2 000元，合计2 500元。上述价格均不包含增值税，且假定不考虑相关税费影响。

根据交易价格分摊原则，A商品应当分摊的交易价格为400元(500÷2 500×2 000)，B产品应当分摊的交易价格为1 600元(2 000÷2 500×2 000)，甲公司将A商品交付给客户之后，与该商品相关的履约义务已经履行，但是需要等到后续交付B商品时，企业才具有无条件收取合同对价的权利，因此，甲公司应当将因交付A商品而有权收取的对价400元确认为合同资产，而不是应收账款，相应的账务处理如下：

(1) 交付A商品时。

借：合同资产   400

    贷：主营业务收入   400

(2) 交付B商品时。

借：应收账款   2 000

    贷：合同资产   400

         主营业务收入   1 600

如果合同中存在两项或两项以上的商品，其销售价格变动幅度较大或尚未确定，企业需要采用多种方法相结合的方式，对合同所承诺的商品的单独售价进行估计。如企业可能首先采用余值法估计销售价格变动幅度较大或尚未确定的多项可明确区分商品的单独售价总和，然后采用其他方法估计其中包含的每一项可明确区分商品的单独售价。企业采用多种方法相结合的方式估计合同所承诺的每一项商品的单独售价时，应当评估该方式是否满足交易价格分摊的目标，即企业分摊至各单项履约义务(或可明确区分的商品)的交易价格是否能够反映其因向客户转让已承诺的相关商品而预期有权收取的对价金额。如当企业采用余值法估计确定的某单项履约义务的单独售价为零或仅为很小的金额时，企业应当评估该结果是否恰当。

(一) 分摊合同折扣

当客户购买的一组商品中所包含的各单项商品的单独售价之和高于合同交易价格时，表明客户因购买该组商品而取得了合同折扣。合同折扣，是指合同中各单项履约义务所承诺商品的单独售价之和高于合同交易价格的金额。企业应当在各单项履约义务之间按比例分摊合同折扣。有确凿证据表明合同折扣仅与合同中一项或多项(而非全部)履约义务相关的，企业应当将该合同折扣分摊至相关的一项或多项履约义务。

同时满足下列三项条件时，企业应当将合同折扣全部分摊至合同中的一项或多项(而非全部)履约义务：一是企业经常将该合同中的各项可明确区分商品单独销售或者以组合的方式单独销售；二是企业经常将其中部分可明确区分的商品以组合的方式按折扣价格单独销售；三是归属于上述第二项中每一组合的商品的折扣与该合同中的折扣基本相同，并且对每一组合中的商品的评估为将该合同的整体折扣归属于某一项或多项履约义务提供了可观察的证据。

有确凿证据表明，合同折扣仅与合同中的一项或多项(而非全部)履约义务相关，且企业采用余值法估计单独售价的，应当首先在该一项或多项(而非全部)履约义务之间分摊合同折扣；然后采用余值法估计单独售价。

【例10-14】甲公司与客户签订合同，向其销售R、S、T三种产品，合同总价款为270万元，这三种产品构成三项履约义务。企业经常以100万元单独出售R产品，其单独售价可直接观察；S产品和T产品的单独售价不可直接观察，企业采用市场调整法估计的S产品单独售价为50万元，采用成本加成法估计的T产品单独售价为150万元。甲公司通常以100万元的价格单独销售R产品,并将S产品和T产品组合在一起以170万元的价格销售。上述价格均不包含增值税。

分析:各产品分摊的交易价格分别为多少?

本例中,三种产品的单独售价合计为300万元,而该合同的价格为270万元,该合同的整体折扣为30万元。由于甲公司经常将S产品和T产品组合在一起以170万元的价格销售,该价格与其单独售价之和(200万元)的差额为30万元,与该合同的整体折扣一致,而R产品单独销售的价格与其单独售价一致,证明该合同的整体折扣仅应归属于S产品和T产品。因此,在该合同下,分摊至R产品的交易价格为100万元,分摊至S产品和T产品的交易价格合计为170万元,甲公司应当进一步按照S产品和T产品的单独售价的相对比例将该价格在二者之间进行分摊:S产品应分摊的交易价格为42.5万元(50÷200×170),T产品应分摊的交易价格为127.5万元(150÷200×170)。

【例10-15】沿用例10-14,R、S、T产品的单独售价均不变,合计为300万元,S、T产品组合销售的折扣仍为30万元。但是,合同总价款为320万元,甲公司与该客户签订的合同中还包括销售Q产品。Q产品的价格波动巨大,甲公司向不同的客户单独销售Q产品的价格在20万~60万元之间。

分析:各产品分摊的交易价格分别为多少?

本例中,由于Q产品价格波动巨大,甲公司计划用余值法估计其单独售价。由于合同折扣30万元仅与S、T产品有关,因此,甲公司首先应当在S、T产品之间分摊合同折扣。R、S和T产品在分摊了合同折扣之后的单独售价分别为100万元、42.5万元和127.5万元,合计为270万元。然后,甲公司采用余值法估计Q产品的单独售价为50万元(320-270),该金额在甲公司以往单独销售Q产品的价格区间之内,表明该分摊结果符合分摊交易价格的目标,即该金额能够反映甲公司因转让Q产品而预期有权收取的对价金额。

假定合同总价款不是320万元,而是280万元时,甲公司采用余值法估计的Q产品的单独售价仅为10万元(280-270),该金额在甲公司过往单独销售Q产品的价格区间之外,表明该分摊结果可能不符合分摊交易价格的目标,即该金额不能反映甲公司因转让Q产品而预期有权收取的对价金额。在这种情况下,用余值法估计Q产品的单独售价可能是不恰当的,甲公司应当考虑采用其他的方法估计Q产品的单独售价。

(二) 分摊可变对价

合同中包含可变对价的,该可变对价可能与整个合同相关,也可能仅与合同中的某一特定组成部分相关。仅与合同中的某一特定组成部分相关包括两种情形:一是可变对价与合同中的一项或多项(而非全部)履约义务相关,如是否获得奖金取决于企业能否在指定时期内转让某项已承诺的商品;二是可变对价与企业向客户转让的构成单项履约义务的一系列可明确区分商品中的一项或多项(而非全部)商品相关,如为期两年的保洁服务合同中,第二年的服务价格将根据指定的通货膨胀率确定。

同时满足下列两项条件的，企业应当将可变对价及可变对价的后续变动额全部分摊至与之相关的某项履约义务，或者构成单项履约义务的一系列可明确区分商品中的某项商品：一是可变对价的条款专门针对企业为履行该项履约义务或转让该项可明确区分商品所作的努力；二是企业在考虑了合同中的全部履约义务及支付条款后，将合同对价中的可变金额全部分摊至该项履约义务或该项可明确区分商品符合分摊交易价格的目标。

不满足上述条件的可变对价及可变对价的后续变动额，以及可变对价及其后续变动额中未满足上述条件的剩余部分，企业应当按照分摊交易价格的一般原则，将其分摊至合同中的各单项履约义务。对于已履行的履约义务，其分摊的可变对价后续变动额应当调整变动当期的收入。

【例10-16】甲公司与乙公司签订合同，将其拥有的两项专利技术X和Y授权给乙公司使用。假定两项授权均分别构成单项履约义务，且都属于在某一时点履行的履约义务。合同约定，授权使用专利技术X的价格为80万元，授权使用专利技术Y的价格为乙公司使用该专利技术所生产的产品销售额的3%。专利技术X和专利技术Y的单独售价分别为80万元和100万元。甲公司估计其就授权使用专利技术Y而有权收取的特许权使用费为100万元。假定上述价格均不包含增值税。

分析：该合同可变对价该如何处理？

本例中，该合同中包含固定对价和可变对价，其中，授权使用专利技术X的价格为固定对价，且与其单独售价一致，授权使用专利技术Y的价格为乙公司使用该专利技术所生产的产品销售额的3%，属于可变对价，该可变对价全部与授权使用专利技术Y能够收取的对价有关，且甲公司基于实际销售情况估计收取的特许权使用费的金额接近专利技术Y的单独售价。因此，甲公司将可变对价部分的特许权使用费金额全部由Y承担符合交易价格的分摊目标。

五、履行各单项履约义务时确认收入

企业应当在履行了合同中的履约义务，即客户取得相关商品控制权时确认收入，控制权转移是确认收入的前提。对于履约义务，企业首先判断履约义务是否满足在某一时段内履行的条件，如不满足，则该履约义务属于在某一时点履行的履约义务。对于在某一时段内履行的履约义务，企业应当选取恰当的方法来确定履约进度；对于在某一时点履行的履约义务，企业应当综合分析控制权转移的迹象，判断其转移时点。

(一) 在某一时段内履行的履约义务

1. 在某一时段内履行履约义务的条件

满足下列条件之一的，属于在某一时段内履行的履约义务。

(1) 客户在企业履约的同时即取得并消耗企业履约所带来的经济利益。企业在履约过程中持续地向客户转移企业履约所带来的经济利益的，该履约义务属于在某一时段内履行的履约义务。企业在进行判断时，可以假定在企业履约的过程中更换为其他企业继续履行剩余履约义务，如果继续履行合同的其他企业实质上无须重新执行企业累计至今已经完成的工作，则表明客户在企业履约的同时即取得并消耗了企业履约所带来的经济利益。如甲企业承诺将客户的一批货物从A市运送到B市，假定该批货物在途经C市时，由乙运输公司接替甲企业继续提供该运输服务，因为A市到C市之间的运输服务是无须重新执行的，表明客户在甲企业履约的同时即取得并消耗了甲企业履约所带来的经济利益，所以，甲企业提供的运输服务属于在某一时段内履行的履约义务。

(2) 客户能够控制企业履约过程中在建的商品。企业在履约过程中在建的商品包括在产品、在建工程、尚未完成的研发项目、正在进行的服务等，由于客户控制了在建的商品，客户在企业提供商品的过程获得其利益，该履约义务属于在某一时段内履行的履约义务，应当在该履约义务履行的期间内确认收入。

(3) 企业履约过程中所产出的商品具有不可替代用途，且企业在整个合同期间内有权就累计至今已完成的履约部分收取款项。

具有不可替代用途，是指因合同限制或实际可行性限制，企业不能轻易地将商品用于其他用途。企业在判断商品是否具有不可替代用途时，需要注意以下4点：一是判断时点是合同开始日；二是当合同中存在实质性的限制条款，导致企业不能将合同约定的商品用于其他用途时，该商品满足具有不可替代用途的条件；三是虽然合同中没有限制条款，但是，当企业将合同中约定的商品用作其他用途，将导致企业遭受重大的经济损失时，企业将该商品用作其他用途的能力实际上受到了限制；四是基于最终转移给客户的商品的特征判断。

有权就累计至今已完成的履约部分收取款项，是指在由于客户或其他方原因终止合同的情况下，企业有权就累计至今已完成的履约部分收取能够补偿其已发生成本和合理利润的款项，并且该权利具有法律约束力。需要强调的是，合同终止必须是由于客户或其他方而非企业自身的原因所致，在整个合同期间内的任一时点，企业均应当拥有此项权利。企业在进行判断时，需要注意以下5点。

一是企业有权收取的款项应当能够补偿企业已经发生的成本和合理利润。下列两种情形都属于补偿企业的合理利润：第一，根据合同终止前的履约进度对该合同的毛利水平进行调整后确定的金额作为补偿金额；第二，如果该合同的毛利水平高于企业同类合同的毛利水平，以企业从同类合同中能够获取的合理资本回报或者经营毛利作为利润补偿。

二是该规定并不意味着企业拥有现时可行使的无条件收款权。企业在判断时应当考虑，假设在发生由于客户或其他方原因导致合同在合同约定的重要时点、重要事项完成前或合同完成前终止时，企业是否有权要求客户补偿其累计至今已完成的履约部分应收取的款项。

三是当客户只有在某些特定时点才有权终止合同，或者根本无权终止合同时，客户终止了合同(包括客户没有按照合同约定履行其义务)，但是，合同或法律法规仍要求企业应继续向客户转移合同中承诺的商品并因此有权要求客户支付对价的，也符合"企业有权就累计至今已完成的履约部分收取款项"的要求。

四是企业在进行判断时，既要考虑合同条款的约定，还应当充分考虑适用的法律法规、补充或者凌驾于合同条款之上的以往司法实践以及类似案例的结果等。

五是企业和客户之间在合同中约定的付款时间进度表，不一定表明企业有权就累计至今已完成的履约部分收取款项。

【例10-17】甲公司是一家造船企业，与乙公司签订了一份船舶建造合同，按照乙公司的具体要求设计和建造船舶。甲公司在自己的厂区内完成该船舶的建造，乙公司无法控制在建过程中的船舶。甲公司如果想把该船舶出售给其他客户，需要发生重大的改造成本。双方约定，如果乙公司单方面解约，乙公司要向甲公司支付相当于合同总价30%的违约金，且建造中的船舶归甲公司所有。假定该合同仅包含一项履约义务，即设计和建造船舶。

分析：甲公司与乙公司签订的设计和建造船舶合同，是否同属于在某一时段内履行的履约义务？

本例中，船舶是按照乙公司的具体要求进行设计和建造的，甲公司需要发生重大的改造成本将该船舶改造之后才能将其出售给其他客户，因此，该船舶具有不可替代用途。然而，如果乙公司单方面解约，仅需向甲公司支付相当于合同总价30%的违约金，表明甲公司无法在整个合同期间内都有权就累计至今已完成的履约部分收取能够补偿其已发生成本和合理利润的款项。因此，甲公司为乙公司设计和建造船舶不属于在某一时段内履行的履约义务。

2. 在某一时段内履行的履约义务的收入确认

对于在某一时段内履行的履约义务，企业应当在该段时间内按照履约进度确认收入，但是，履约进度不能合理确定的除外。企业应当考虑商品的性质，采用产出法或投入法确定恰当的履约进度，并且在确定履约进度时，扣除那些控制权尚未转移给客户的商品。企业按照履约进度确认收入时，通常应当在资产负债表日按照合同的交易价格总额乘以履约进度扣除以前会计期间累计已确认的收入后的金额，确认为当期收入。

(1) 产出法。产出法根据已转移给客户的商品对于客户的价值确定履约进度，通常可采用实际测量的完工进度、评估已实现的结果、已达到的工程进度节点、时间进度、已完工或交付的产品等产出指标确定履约进度。企业在评估是否采用产出法确定履约进度时，应当考虑具体的事实和情况，并选择能够如实反映企业履约进度和向客户转移商品控制权的产出指标。当选择的产出指标无法计量控制权已转移给客户的商品时，不应采用产出法。

【例10-18】2023年8月1日，甲公司与客户签订合同，为该客户拥有的一条铁路更换100根铁轨，合同价格为10万元(不含税价)。截至2023年12月31日，甲公司共更换铁轨60根，剩余部分预计在2024年3月31日之前完成。该合同仅包含一项履约义务，且该履约义务满足在某一时段内履行的条件。假定不考虑其他情况。

分析：甲公司应如何对该合同中不同时段内履行的履约义务确定收入？

本例中，甲公司提供的更换铁轨的服务属于在某一时段内履行的履约义务，甲公司按照已完成的工作量占预计总工作量的比例确定履约进度。因此，截至2023年12月31日，该合同的履约进度为60%(60÷100×100%)，甲公司应确认的收入为6万元(10×60%)。

(2) 投入法。投入法根据企业为履行履约义务的投入确定履约进度，通常可采用投入的材料数量、花费的人工工时或机器工时、发生的成本和时间进度等投入指标确定履约进度。当企业从事的工作或发生的投入是在整个履约期间内平均发生时，企业也可以按照直线法确认收入。产出法下有关产出指标的信息有时可能无法直接观察获得，或者企业为获得这些信息需要花费很高的成本，此时，可能需要采用投入法来确定履约进度。

【例10-19】甲公司于2023年12月1日接受一项设备安装任务，安装期为3个月，合同总收入600 000元，至年底已预收安装费440 000元，实际发生安装费用为280 000元(假定均为安装人员薪酬)，估计还将发生安装费用120 000元。假定甲公司按实际发生的成本占估计总成本的比例确定安装的履约进度，不考虑增值税等其他因素。

甲公司的账务处理如下：

实际发生的成本占估计总成本的比例＝280 000÷(280 000＋120 000)×100%＝70%

2023年12月31日确认的劳务收入＝600 000×70%－0＝420 000(元)

(1) 实际发生劳务成本。

借：合同履约成本——设备安装	280 000	
贷：应付职工薪酬		28 0000

(2) 预收劳务款。

借：银行存款	440 000	
贷：合同负债——××公司		440 000

(3) 2023年12月31日确认劳务收入并结转劳务成本。

借：合同负债——××公司	420 000	
贷：主营业务收入——设备安装		420 000
借：主营业务成本——设备安装	280 000	
贷：合同履约成本——设备安装		280 000

对于同一合同下属于在一时段内履行的履约义务涉及与客户结算对价的，通常情况下，企业对其已向客户转让商品而有权收取的对价金额应当确认为合同资产或应收账款，对于其已收或应收客户对价而应向客户转让商品的义务，应当按照已收或应收的金额确认合同负债。由于同一合同下的合同资产和合同负债应当以净额列示，企业也可以设置"合同结算"科目(或其他类似科目)，以核算同一合同下属于在一时段内履行的履约义务涉及与客户结算对价所产生的合同资产或合同负债，并在此科目下设置"合同结算——价款结算"科目反映定期与客户进行结算的金额，设置"合同结算收入结转"科目反映按履约进度结转的收入金额。资产负债表日，"合同结算"科目的期末余额在借方的，根据其流动性，在资产负债表中分别列示为"合同资产"或"其他非流动资产"项目；期末余额在贷方的，根据其流动性，在资产负债表中分别列示为"合同负债"或

"其他非流动负债"项目。

【例10-20】2023年1月1日，甲公司与乙公司签订一项大型设备建造工程合同，根据双方合同，该工程的造价为6 300万元，工程期限为一年半，预计2024年6月30日竣工；预计可能发生的总成本为4 000万元；甲公司负责工程的施工及全面管理，乙公司按照第三方工程监理公司确认的工程完工量，每半年与甲公司结算一次。假定该建造工程整体构成单项履约义务，并属于在某一时段履行的履约义务，甲公司采用已发生成本占预计总成本比例计算履约进度，增值税税率为9%，不考虑其他相关因素。

2023年6月30日，工程累计实际发生成本1 500万元，乙公司与甲公司结算合同价款2 500万元，甲公司实际收到价款2 000万元；2023年12月31日，工程累计实际发生成本3 000万元，乙公司与甲公司结算合同价款1 100万元，甲公司实际收到价款1 000万元；2024年6月30日，工程累计实际发生成本4 100万元，乙公司与甲公司结算合同竣工价款2 700万元，并支付剩余工程款3 300万元。上述价款均不含增值税额。假定甲公司与乙公司结算时即发生增值税纳税义务，乙公司在实际支付工程价款的同时支付其对应的增值税税款。

甲公司的账务处理如下：

(1) 2023年1月1日至2023年6月30日实际发生工程成本时。

借：合同履约成本　　　　　　　　　　　　　　　　15 000 000
　　贷：原材料、应付职工薪酬等　　　　　　　　　　　15 000 000

(2) 2023年6月30日。

履约进度=15 000 000÷40 000 000×100%=37.5%

合同收入=63 000 000×37.5%=23 625 000(元)

借：合同结算——收入结转　　　　　　　　　　　　23 625 000
　　贷：主营业务收入　　　　　　　　　　　　　　　23 625 000

借：主营业务成本　　　　　　　　　　　　　　　　15 000 000
　　贷：合同履约成本　　　　　　　　　　　　　　　15 000 000

借：应收账款　　　　　　　　　　　　　　　　　　27 250 000
　　贷：合同结算——价款结算　　　　　　　　　　　25 000 000
　　　　应交税费——应交增值税(销项税额)　　　　　 2 250 000

借：银行存款　　　　　　　　　　　　　　　　　　20 000 000
　　贷：应收账款　　　　　　　　　　　　　　　　　20 000 000

当日，"合同结算"科目的余额为贷方137.5万元(2 500−2 362.5)，表明甲公司已经与乙公司结算但尚未履行履约义务的金额为137.5万元，由于甲公司预计该部分履约义务将在2023年内完成，应在资产负债表中作为"合同负债"列示。

(3) 2023年7月1日至12月31日实际发生工程成本时。

借：合同履约成本　　　　　　　　　　　　　　　　15 000 000
　　贷：原材料、应付职工薪酬等　　　　　　　　　　　15 000 000

(4) 2023年12月31日。

履约进度＝30 000 000÷40 000 000×100%＝75%

合同收入＝63 000 000×75%－23 625 000＝23 625 000(元)

借：合同结算——收入结转　　　　　　　　　　　23 625 000

　　贷：主营业务收入　　　　　　　　　　　　　　　　　23 625 000

借：主营业务成本　　　　　　　　　　　　　　15 000 000

　　贷：合同履约成本　　　　　　　　　　　　　　　　　15 000 000

借：应收账款　　　　　　　　　　　　　　　　11 990 000

　　贷：合同结算——价款结算　　　　　　　　　　　　　11 000 000

　　　　应交税费——应交增值税(销项税额)　　　　　　　　　990 000

借：银行存款　　　　　　　　　　　　　　　　10 000 000

　　贷：应收账款　　　　　　　　　　　　　　　　　　　10 000 000

当日，"合同结算"科目的余额为借方1 125万元(2 362.5－1 100－137.5)，表明甲公司已经履行履约义务但尚未与乙公司结算的金额为1 125万元，由于该部分金额将在2024年内结算，在资产负债表中作为"合同资产"列示。

(5) 2024年1月1日至6月30日实际发生工程成本时。

借：合同履约成本　　　　　　　　　　　　　　11 000 000

　　贷：原材料、应付职工薪酬等　　　　　　　　　　　　11 000 000

(6) 2024年6月30日。

由于当日该工程已竣工决算，其履约进度为100%。

合同收入＝63 000 000－23 625 000－23 625 000＝15 750 000(元)

借：合同结算——收入结转　　　　　　　　　　　15 750 000

　　贷：主营业务收入　　　　　　　　　　　　　　　　　15 750 000

借：主营业务成本　　　　　　　　　　　　　　11 000 000

　　贷：合同履约成本　　　　　　　　　　　　　　　　　11 000 000

借：应收账款　　　　　　　　　　　　　　　　29 430 000

　　贷：合同结算——价款结算　　　　　　　　　　　　　27 000 000

　　　　应交税费——应交增值税(销项税额)　　　　　　　2 430 000

借：银行存款　　　　　　　　　　　　　　　　38 670 000

　　贷：应收账款　　　　　　　　　　　　　　　　　　　38 670 000

当日，"合同结算"科目的余额为0(1 125＋1 575－2 700)。

由于投入法下的投入指标与企业向客户转移商品的控制权之间未必存在直接的对应关系，企业在采用投入法时，应当扣除那些虽然已经发生，但是未导致向客户转移商品的投入。实务中，企业通常按照累计实际发生的成本占预计总成本的比例(即成本法)确定履约进度，累计实际发生的成本包括企业向客户转移商品过程中所发生的直接成本和间接成本，如直接人工、直接材料、分包成本以及其他与合同相关的成本。在下列情形下，企业在采用成本法确定履约进度时，需要对已发生的成本进行适当的调整：①已发生的成本并未反映企业履行履约义务的进度。如因企业生产效率低下等原因而导致的非正常消耗，包括非正常消耗的直接材料、直接人工及制造费用等，不应包括在累计实际发生的成本中，除非企业和客户在订立合同时已经预见会发生这些成本并将其包括在合同价款中。②已发生的成本与企业履行履约义务的进度不成比例。当企业已发生的成本与履约进度不成比例，企业在采用成本法确定履约进度时需要进行适当调整。对于施工中尚未安装、使用或耗用的商品或材料成本等，当企业在合同开始日就预期将能够满足下列所有条件时，应在采用成本法确定履约进度时不包括以上成本：该商品或材料不可明确区分，即不构成单项履约义务；客户先取得该商品或材料的控制权，之后才接受与之相关的服务；该商品或材料的成本相对于预计总成本而言是重大的；企业自第三方采购该商品或材料，且未深入参与其设计和制造，对于包含该商品的履约义务而言，企业是主要责任人。

【例10-21】2023年10月，甲公司与客户签订合同，为客户装修一栋办公楼，包括安装一部电梯，合同总金额为100万元。甲公司预计的合同总成本为80万元，其中包括电梯的采购成本30万元。

2023年12月，甲公司将电梯运达施工现场并经过客户验收，客户已取得对电梯的控制权，但是根据装修进度，预计到2024年2月才会安装该电梯。截至2023年12月，甲公司累计发生成本40万元，其中包括支付给电梯供应商的采购成本30万元以及因采购电梯发生的运输和人工等相关成本5万元。

假定该装修服务(包括安装电梯)构成单项履约义务，并属于在某一时段内履行的履约义务，甲公司是主要责任人，但不参与电梯的设计和制造；甲公司采用成本法确定履约进度；上述金额均不含增值税。

分析：甲公司与客户签订合同如何确认收入与成本？

本例中，截至2023年12月，甲公司发生成本40万元(包括电梯采购成本30万元以及因采购电梯发生的运输和人工等相关成本5万元)，甲公司认为其已发生的成本和履约进度不成比例，因此需要对履约进度的计算做出调整，将电梯的采购成本排除在已发生成本和预计总成本之外。在该合同中，该电梯不构成单项履约义务，其成本相对于预计总成本而言是重大的，甲公司是主要责任人，但是未参与该电梯的设计和制造，客户先取得了电梯的控制权，随后才接受与之相关的安装服务，因此，甲公司在客户取得该电梯控制权时，按照该电梯采购成本的金额确认转让电梯产生的收入。

因此，2023年12月，该合同的履约进度为20%[(40-30)÷(80-30)×100%]，应确认的收入和成本金额分别为44万元[(100-30)×20%+30]和40万元[(80-30)×20%+30]。

每一资产负债表日，企业应当对履约进度进行重新估计。当客观环境发生变化时，企业需要重新评估履约进度是否发生变化，以确保履约进度能够反映履约情况的变化。对于每一项履约义务，企业只能采用一种方法来确定其履约进度，并加以一贯运用。对于类似情况下的类似履约义务，企业应当采用相同的方法(如成本法)确定履约进度。

对于在某一时段内履行的履约义务，只有当其履约进度能够合理确定时，才应当按照履约进度确认收入。当履约进度不能合理确定时，企业已经发生的成本预计能够得到补偿的，应当按照已经发生的成本金额确认收入，直到履约进度能够合理确定为止。

(二) 在某一时点履行的履约义务

对于不属于在某一时段内履行的履约义务，应当属于在某一时点履行的履约义务，企业应当在客户取得相关商品控制权时点确认收入。

在判断控制权是否转移时，企业应当考虑下列5种迹象。

(1) 企业就该商品享有现时收款权利，即客户就该商品负有现时付款义务。当企业就该商品享有现时收款权利时，可能表明客户已经有能力主导该商品的使用并从中获得几乎全部的经济利益。

(2) 企业已将该商品的法定所有权转移给客户，即客户已拥有该商品的法定所有权。当客户取得了商品的法定所有权时，表明客户可能已取得对该商品的控制权。如果企业仅仅是为了确保到期收回货款而保留商品的法定所有权，那么企业拥有的该权利通常并不妨碍客户取得对该商品的控制权。

(3) 企业已将该商品实物转移给客户，即客户已占有该商品实物。客户占有了某项商品实物并不意味着其就一定取得了该商品的控制权，反之亦然。

① 委托代销安排。这一安排是指委托方和受托方签订代销合同或协议，委托受托方向终端客户销售商品。受托方获得对商品控制权的，企业应当按销售商品进行会计处理，这种安排不属于委托代销安排。受托方没有获得对商品控制权的，企业通常应当在受托方售出商品后，按合同或协议约定的方法计算确定的手续费确认收入。

表明一项安排是委托代销安排的迹象包括但不限于：一是在特定事件发生之前(如向最终客户出售产品或指定期间到期之前)，企业拥有对商品的控制权；二是企业能够要求将委托代销的商品退回或者将其销售给其他方(如其他经销商)；三是尽管受托方可能被要求向企业支付一定金额的押金，但是，其并没有承担对这些商品无条件付款的义务。

【例10-22】甲公司委托丙公司销售W商品200件，W商品已经发出，每件成本为60元。合同约定丙公司应按每件100元对外销售，甲公司按不含增值税的销售价格的10%向丙公司支付手续费。丙公司对外实际销售100件，开出的增值税专用发票上注明的销售价格为10 000元，增值税税额为1 300元，款项已经收到。甲公司收到丙公司开具的代销清单时，向丙公司开具一张相同金额的增值税专用发票。假定除上述情况外，不考虑其他因素。

甲公司将W商品发送至丙公司后，丙公司虽然已经实物占有W商品，但是仅是接受甲公司的委托销售W商品，并根据实际销售的数量赚取一定比例的手续费。甲公司有权要求收回W商品或将其销售给其他的客户，丙公司并不能主导这些商品的销售，这些商品对外销售与否、是否获利以及获利多少等不由丙公司控制，丙公司没有取得这些商品的控制权。因此，甲公司将W商品发送至丙公司时，不应确认收入，而应当在丙公司将

W商品销售给最终客户时确认收入。

根据上述资料，甲公司的账务处理如下：

(1) 发出商品。

借：发出商品——丙公司   12 000

  贷：库存商品——W商品   12 000

(2) 收到代销清单，同时发生增值税纳税义务。

借：应收账款——丙公司   11 300

  贷：主营业务收入——销售W商品   10 000

    应交税费——应交增值税(销项税额) 1 300

借：主营业务成本——销售W商品   6 000

  贷：发出商品——丙公司   6 000

借：销售费用——代销手续费   1 000

  贷：应收账款——丙公司   1 000

(3) 收到丙公司支付的货款。

借：银行存款   10 300

  贷：应收账款—— 丙公司   10 300

丙公司的账务处理如下：

(1) 收到商品。

借：受托代销商品——甲公司   20 000

  贷：受托代销商品款——甲公司   20 000

(2) 对外销售。

借：银行存款   11 300

  贷：受托代销商品——甲公司   10 000

    应交税费——应交增值税(销项税额) 1 300

(3) 收到增值税专用发票。

借：受托代销商品款—— 甲公司   10 000

  应交税费——应交增值税(进项税额)   1 300

  贷：应付账款—— 甲公司   11 300

(4) 支付货款并计算代销手续费。

借：应付账款——甲公司   113 00

  贷：银行存款   10 300

    其他业务收入——代销手续费   1 000

  ② 售后代管商品安排。售后代管商品是指根据企业与客户签订的合同，企业已经就销售的商品向客户收款或取得了收款权利，但是直到在未来某一时点将该商品交付给客户之前，企业仍然继续持有该商品实物的安排。

  在售后代管商品安排下，除了应当考虑客户是否取得商品控制权的迹象之外，还应同时满足下列4项条件，才表明客户取得了该商品的控制权：一是该安排必须具有商业实质；二是属于客户的商品必须能够单独识别；三是该商品可以随时应客户要求交付给客户；四是企业不能自行使用该商品或将该商品提供给其他客户。实务中，越是通用的可以和其他商品互相替换的商品，越有可能难以满足上述条件。需要注意的是，企业在同时满足上述条件时对尚未发货的商品确认了收入的，应当考虑是否还承担了其他的履约义务，如向客户提供保管服务等，从而应当将部分交易价格分摊至该其他履约义务。

【例10-23】2023年1月1日，甲公司与乙公司签订合同，向其销售M专用零部件。M零部件的制造期为两年。甲公司在完成M零部件的生产之后，能够证明其符合合同约定的规格。假定在该合同下，向客户转让M零部件是单项履约义务，且属于在某一时点履行的履约义务。

2024年12月31日，乙公司支付了M零部件的合同价款，并对其进行了验收。但是考虑到其自身的仓储能力有限，且其工厂紧邻甲公司的仓库，因此要求将M零部件存放于甲公司的仓库中，并要求按照其指令随时安排发货。乙公司已拥有M零部件的法定所有权，甲公司在其仓库内的单独区域内存放M零部件，且M零部件可明确识别属于乙公司。甲公司不能使用M零部件，也不能将其提供给其他客户使用。

分析：甲公司与乙公司签订的合同如何确认收入？

本例中，2024年12月31日，甲公司已经收取M零部件合同价款，但是乙公司尚未要求发货，乙公司已拥有M零部件的法定所有权并且对其进行了验收，虽然M零部件实物尚由甲公司持有，但是其满足在"售后代管商品"的安排下客户取得商品控制权的条件，M零部件的控制权也已经转移给了乙公司。因此，甲公司应当确认销售M零部件的收入。除此之外，甲公司还为乙公司提供了仓储保管服务，该服务与M零部件可明确区分，构成单项履约义务。

(4) 企业已将该商品所有权上的主要风险和报酬转移给客户，即客户已取得该商品所有权上的主要风险和报酬。企业在判断时不应考虑导致企业在所转让商品之外产生其他单项履约义务的风险。如企业将产品销售给客户，并承诺提供后续维护服务的安排中，销售产品和提供维护服务均构成单项履约义务。企业将产品销售给客户之后，虽然仍然保留了与后续维护服务相关的风险，但是由于维护服务构成单项履约义务，该保留的风险并不影响企业已将产品所有权上的主要风险和报酬转移给客户的判断。

【例10-24】甲公司在2023年7月12日向乙公司销售一批商品，开出的增值税专用发票上注明的销售价格为200 000元，增值税税额为26 000元，款项尚未收到；该批商品成本为120 000元。甲公司在销售时已知乙公司资金周转发生困难，但为了减少存货积压，同时也为了维持与乙公司长期建立的商业合作关系，甲公司仍将商品发往乙公司且办妥托收手续。假定甲公司发出该批商品时其增值税纳税义务已经发生。

由于乙公司资金周转存在困难，甲公司在货款回收方面存在较大的不确定性，与该批商品所有权有关的风险和报酬没有转移给乙公司。根据在某一时点履行的履约义务的收入确认条件，甲公司在发出商品且办妥托收手续时不能确认收入，已经发出的商品成本应通过"发出商品"科目反映。甲公司的账务处理如下：

(1) 2023年7月12日，甲公司发出商品。

借：发出商品——××商品 120 000

　　贷：库存商品——××商品 120 000

同时，将增值税专用发票上注明的增值税税额转入应收账款。

借：应收账款——乙公司 26 000

　　贷：应交税费——应交增值税(销项税额) 26 000

注：如果销售该商品的增值税纳税义务尚未发生，则不作这笔分录，待纳税义务发生时再作应交增值税的分录。

(2) 2023年10月5日，甲公司得知乙公司经营情况逐渐好转，乙公司承诺近期付款。

借：应收账款——乙公司 200 000

　　贷：主营业务收入——销售××商品 200 000

借：主营业务成本——销售××商品 120 000

　　贷：发出商品——××商品 120 000

(3) 2023年10月16日，甲公司收到款项。

借：银行存款 226 000

　　贷：应收账款——乙公司 226 000

(5) 客户已接受该商品。当商品通过了客户的验收，通常表明客户已接受该商品。客户验收通常有两种情况：一是企业向客户转让商品时，能够客观地确定该商品符合合同约定的标准和条件，客户验收只是一项例行程序，不会影响企业判断客户取得该商品控制权的时点；二是企业向客户转让商品时，无法客观地确定该商品是否符合合同规定的条件，在客户验收之前，企业不能认为已经将该商品的控制权转移给了客户，企业应当在客户完成验收并接受该商品时才能确认收入。实务中，定制化程度越高的商品，越难以证明客户验收仅仅是一项例行程序。

需要强调的是，在上述5种迹象中，并没有哪一个或哪几个迹象是决定性的，企业应当根据合同条款和交易实质进行分析，综合判断其是否将商品的控制权转移给客户以及何时转移的，从而确定收入确认的时点。此外，企业应当从客户的角度进行评估，而不应当仅考虑企业自身的看法。

项目小结

本项目着重叙述了收入的核算。收入是指企业在日常活动中形成的、会导致所有者权益增加的、与所有者投入资本无关的经济利益的总流入。企业应该按照2017年发布的《企业会计准则第14 号——收入》确认收入的方式反映其向客户转让商品(或提供服务)的模式，按照收入准则确认的收入金额应当反映企业因转让这些商品或劳务而预期有权收取的对价金额。

合同成本和关于特定交易会计处理的相关内容可扫描二维码查看。

合同成本和关于特定交易的会计处理

👤**练习题**

客观题

👤**业务题**

1. 2024年1月1日，甲公司与乙公司签订合同，向其销售一批产品。合同约定，该批产品将于3年之后交货。合同中包含两种可供选择的付款方式，即乙公司可以在3年后交付产品时支付2 382.03万元，或者在合同签订时支付2 000万元。乙公司选择在合同签订时支付货款。该批产品的控制权在交货时转移。甲公司于2024年1月1日收到乙公司支付的货款。按照上述两种付款方式计算的内含利率为6%。

假定该融资费用不符合借款费用资本化的要求且不考虑相关税费影响。

要求：编制甲公司2024年至2026年的相关会计分录。(答案中的金额单位用"万元"表示)

2. A公司为一家生产美容仪器及经营连锁销售美容仪器的企业，适用增值税税率为13%。2024年发生下列业务：

资料一：2024年，A公司与B公司签订一项美容仪器产品的销售合同，合同约定A公司向B公司销售一批美容仪器产品，交易价格为208万元。A公司承诺该批美容仪器售出后1年内如出现非意外事件造成的故障或质量问题，A公司根据"三包"规定，免费负责保修(含零部件的更换)，同时A公司还向B公司提供一项延保服务，即在法定保修期1年之外，延长保修期3年。该批美容仪器产品和延保服务的单独标价分别为250万元和10万元。A公司根据以往经验估计在法定保修期(1年)内将很可能发生的保修费用为6万元。该批产品的成本为60万元。上述价款均为不含税金额。合同签订当日，A公司将该批仪器交付给B公司，同时B公司向A公司支付了235.04万元含税货款。

资料二：2024年，A公司向客户销售了5 000张储值卡，每张卡的面值为1万元，含税总额为5 000万元。客户可在A公司经营的任何一家门店使用该储值卡进行消费。根据历史经验，A公司预期客户购买的储值卡中将有大约相对于储值卡面值金额4% 的部分(即200万元)不会被消费。截至2024年12月31日，客户使用该储值卡消费的含税金额为

3 000万元，在客户使用该储值卡消费时发生增值税纳税义务。

假定不考虑其他因素。

要求：根据以上资料编制A公司相关会计分录。(计算结果保留小数点后两位小数，答案中的金额单位用"万元"表示)

3. 甲公司为增值税一般纳税人，销售产品适用的增值税税率为13%，手续费增值税税率为6%，不考虑其他因素，2024年发生相关资料如下：

资料一：2024年6月30日，甲公司委托乙公司销售A商品5000件，A商品已经发出，每件成本为0.1万元。合同约定乙公司应按每件0.2万元对外销售，甲公司按不含增值税的销售价格的10%向乙公司支付手续费。除非这些商品在乙公司存放期间内由于乙公司的责任发生毁损或丢失，否则在A商品对外销售之前，乙公司没有义务向甲公司支付货款。乙公司不承担包销责任，没有售出的A商品须退回给甲公司，同时，甲公司也有权要求收回A商品或将其销售给其他的客户。甲公司发出A商品时纳税义务尚未发生。

资料二：2024年9月30日，乙公司对外实际销售1 000件，开出的增值税专用发票上注明的销售价格为200万元，增值税税额为26万元，乙公司立即向甲公司开具代销清单，货款尚未支付。甲公司收到乙公司开具的代销清单时，向乙公司开具一张相同金额的增值税专用发票。

资料三：2024年10月8日甲公司收到款项。

(答案中的金额单位用"万元"表示)

要求：(1) 说明甲公司如何确认收入。

(2) 编制2024年6月30日甲公司发出商品时的会计分录。

(3) 编制2024年9月30日甲公司收到代销清单时的会计分录。

(4) 编制2024年10月8日甲公司收到货款时的会计分录。

4. 甲公司有关提供保洁服务的资料如下(不考虑增值税等其他因素)：

资料一：2024年1月1日，甲公司与乙公司签订合同，为其写字楼提供保洁服务，并商定了服务范围及其价格。乙公司每月向甲公司支付价款10万元。

资料二：双方签订合同后，2024年1月1日甲公司委托服务供应商丙公司代表其为乙公司提供该保洁服务，并与其签订了合同。甲公司和丙公司商定服务价格为每月6万元，双方签订的合同付款条款大致上与甲公司和乙公司约定的付款条款一致。

当丙公司按照与甲公司的合同约定提供了服务时，无论乙公司是否向甲公司付款，甲公司都必须向丙公司付款。乙公司无权主导丙公司提供未经甲公司同意的服务。

(答案中的金额单位用"万元"表示)

要求：(1) 判断甲公司向乙公司提供的特定服务中的身份为主要责任人还是代理人，并说明理由。

(2) 编制2024年1月甲公司相关会计分录。

项目十一 | 政府补助

人民性是马克思主义的本质属性，党的理论是来自人民、为了人民、造福人民的理论，人民的创造性实践是理论创新的不竭源泉。

摘自2022年10月16日习近平总书记在中国共产党第二十次全国代表大会上的报告

👤 引导案例

2022年3月30日，长虹美菱发布2021年公告显示，公司营收180.33亿元，同比增长17.19%；归属于上市公司股东的净利润5 190万元，上年同期亏损8 557万元，同比扭亏为盈。不过，该公司2021年归属于上市公司股东的扣除非经常性损益的净利润是亏损1.40亿元。该公司及其下属控股子公司于2021年1月1日至6月29日，共计收到政府补助47 129 394.72元(含上述企业政策性资金补助)，其中与收益相关的政府补助43 683 294.72元，与资产相关的政府补助3 446 100.00元。2021年6月29日收到合肥经济技术开发区财政国库支付中心划拨的美菱洗衣机生产优惠政策奖补资金27 000 000.00元……财报显示，该公司政府补助计入其他收益后，2021年扭亏为盈，盈利4 713万元。

思考：政府补助会带来企业收益吗？2021年长虹美菱的政府补助都应该计入该公司2021年的其他收益吗？

👤 学习目标

掌握政府补助的定义、特征和分类，政府补助的会计处理方法，与资产相关的政府补助和与收益相关的政府补助的会计处理，综合性项目政府补助的会计处理，政府补助退回的会计处理等。

任务一　认识政府补助

一、政府补助的定义及其特征

(一) 政府补助的定义

政府向企业提供经济支持，以鼓励或扶持特定行业、地区或领域的发展，是政府进行宏观调控的重要手段，也是国际上通行的做法。政府补助，是指企业从政府无偿取得货币性资产或非货币性资产，但并不是所有来源于政府的经济资源都属于《企业会计准则第16号——政府补助》(以下简称"政府补助准则")规范的政府补助，除政府补助外，还可能是政府对企业的资本性投入或者政府购买服务所支付的对价。所以，要根据交易或者事项的实质对来源于政府的经济资源所归属的类型做出判断，再进行相应的会计处理。

政府补助主要形式包括政府对企业的无偿拨款、税收返还、财政贴息，以及无偿给予非货币性资产等。通常情况下，直接减征、免征、增加计税抵扣额、抵免部分税额等不涉及资产直接转移的经济资源，不适用政府补助准则。

需要说明的是，增值税出口退税不属于政府补助。根据税法规定，在对出口货物取得的收入免征增值税的同时，退付出口货物前道环节发生的进项税额，增值税出口退税实际上是政府退回企业事先垫付的进项税，不属于政府补助。

(二) 政府补助的特征

1. 政府补助是来源于政府的经济资源

政府主要是指行政事业单位及类似机构。对于企业收到的来源其他方的补助，有确凿证据表明政府是补助的实际拨付者，其他方只起到代收代付作用的，该项补助也属于来源于政府的经济资源。

2. 政府补助是无偿的

企业取得来源于政府的经济资源，不需要向政府交付商品或服务等对价。无偿性是政府补助的基本特征，这一特征将政府补助与政府作为企业所有者投入的资本、政府购买服务等政府与企业之间的互惠性交易区别开来。政府以投资者身份向企业投入资本，享有相应的所有权权益，政府与企业之间是投资者与被投资者的关系，属于互惠性交易，不适用政府补助准则。企业从政府取得的经济资源，如果与企业销售商品或提供劳务等活动密切相关，且是企业商品或服务的对价或者是对价的组成部分，参照本书项目十相关内容。

【例11-1】甲企业是一家生产和销售高效照明产品的企业。国家为了支持高效照明产品的推广使用，通过统一招标的形式确定中标企业、高效照明产品及中标协议供货价格。甲企业作为中标企业，要以中标协议供货价格减去财政补贴资金后的价格将高效照明产品销售给终端用户，并按照高效照明产品实际安装数量、中标供货协议价格、补贴标准，申请财政补贴资金。2021年度，甲企业因销售高效照明产品获得财政补贴资金500万元。

本例中，甲企业虽然取得财政补贴资金，但最终受益人是从甲企业购买高效照明产品的大宗用户和城乡居民，相当于政府以中标协议供货价格从甲企业购买了高效照明产品，再以中标协议供货价格减去财政补贴资金后的价格将产品销售给终端用户。实际操作时，政府并没有直接从事高效照明产品的购销，但以补贴资金的形式通过甲企业的销售行为实现了政府推广使用高效照明产品的目标。对甲企业而言，销售高效照明产品是其日常经营活动，甲企业仍按照中标协议供货价格销售了产品，其销售收入由两部分构成：一是终端用户支付的购买价款，二是财政补贴资金，财政补贴资金是甲企业产品销售对价的组成部分。因此，甲企业收到的补贴资金500万元应当按照《企业会计准则第16号——政府补助》进行会计处理。

【例11-2】乙企业是一家生产和销售重型机械的企业。为推动科技创新，乙企业所在地政府于2021年8月向乙企业拨付了300万元资金，要求乙企业将这笔资金用于技术改造项目研究，研究成果归乙企业享有。

本例中，乙企业的日常经营活动是生产和销售重型机械，其从政府取得了300万元资金用于研发支出，且研究成果归乙企业享有。因此，这项财政拨款具有无偿性的特征，乙企业收到的300万元资金应当按照政府补助准则的规定进行会计处理。

二、政府补助的分类

确定了来源于政府的经济资源属于政府补助后，还应当对其进行恰当的分类。根据政府补助准则规定，政府补助应当划分为与资产相关的政府补助和与收益相关的政府补助。这两类政府补助给企业带来经济利益或者弥补相关成本或费用的形式不同，从而在具体会计处理上存在差别。

(一) 与资产相关的政府补助

与资产相关的政府补助，是指企业取得的、用于购建或以其他方式形成长期资产的政府补助。通常情况下，相关补助文件会要求企业将补助资金用于取得长期资产。长期资产将在较长的期间内给企业带来经济利益，因此相应的政府补助的受益期也较长。

(二) 与收益相关的政府补助

与收益相关的政府补助，是指除与资产相关的政府补助之外的政府补助。此类补助主要是用于补偿企业已发生或即将发生的相关成本费用或损失，受益期相对较短，通常在满足补助所附条件时计入当期损益或冲减相关成本。

任务二　政府补助的核算

政府补助有两种会计处理方法：总额法和净额法。总额法是在确认政府补助时将其全额确认为收益，而不是作为相关资产账面价值或者费用的扣减。净额法是将政府补助确认为对相关资产账面价值或者所补偿费用的扣减。企业应当根据经济业务的实质，判断某一类政府补助业务应当采用总额法还是净额法。通常情况下，对同类或类似政府补助业务只能选用一种方法，同时，企业对该业务应当一贯地运用该方法，不得随意变更。

与企业日常活动相关的政府补助，应当按照经济业务实质，计入其他收益或冲减相关成本费用。与企业日常活动无关的政府补助，计入营业外收支。通常情况下，若政府补助补偿的成本费用是营业利润之中的项目，或该补助与日常销售等经营行为密切相关(如增值税即征即退等)，则认为该政府补助与日常活动相关。企业选择总额法对与日常活动相关的政府补助进行会计处理的，应增设"其他收益"科目进行核算。其他收益科目用以核算与企业日常活动相关，但不宜确认收入或冲减成本费用的政府补助，这一科目属于损益类科目。对于总额法下与日常活动相关的政府补助，企业在实际收到或应收时，或者将先确认为"递延收益"的政府补助分摊计入损益时，借记"银行存款""其他应收款""递延收益"等科目，贷记"其他收益"科目。

一、与资产相关的政府补助

实务中，企业通常先收到补助资金，再按照政府要求将补助资金用于购建固定资产或无形资产等长期资产。企业在取得与资产相关的政府补助时，应当选择总额法或净额法之一进行会计处理。总额法，即按照补助资金的金额借记"银行存款"等科目，贷记"递延收益"科目；然后在相关资产使用寿命内按合理、系统的方法分期计入损益。如果企业先收到补助资金，再购建长期资产，则应当在开始对相关资产计提折旧或摊销时开始将递延收益分期计入损益；如果企业先开始购建长期资产，再取得补助，则应当在相关资产的剩余使用寿命内按照合理、系统的方法将递延收益分期计入损益。企业对与资产相关的政府补助选择总额法后，为避免出现前后方法不一致的情况，结转递延收益时不得冲减相关成本费用，而是将递延收益分期转入其他收益或营业外收入，借记"递延收益"科目，贷记"其他收益"或"营业外收入"科目。相关资产在使用寿命结束时或结束前被处置(出售、报废等)，尚未分摊的递延收益余额应当一次性转入资产处置当期的损益，不再予以递延。净额法，即按照补助资金的金额冲减相关资产的账面价值，企业按照扣减了政府补助后的资产价值对相关资产计提折旧或进行摊销。

实务中存在政府无偿给予企业长期非货币性资产的情况，如无偿给予土地使用权、天然林等。企业取得的政府补助为非货币性资产的，应当按照公允价值计量；其公允价值不能可靠取得的，按照名义金额(1元)计量。企业在收到非货币性资产的政府补助时，应当借记有关资产科目，贷记"递延收益"科目；然后在相关资产使用寿命内按合理、系统的方法分期计入损益，借记"递延收益"科目，贷记"其他收益"或"营业外收入"科目。但是，对以名义金额计量的政府补助，在取得时计入当期损益。

【例11-3】按照国家有关政策，企业购置环保设备可以申请补贴以补偿其环保支出。丙企业于2024年1月向政府有关部门提交了210万元的补助申请，作为对其购置环保设备的补贴。2024年3月15日，丙企业收到了政府补贴款210万元。2024年4月20日，丙企业购入不需安装的环保设备1台，实际成本为480万元，使用寿命10年，采用直线法计提折旧(不考虑净残值)。2032年4月，丙企业的这台设备发生毁损。本例中不考虑相关税费等其他因素，丙企业的相关会计处理如下：

方法一：丙企业选择总额法进行会计处理

(1) 2024年3月15日实际收到财政拨款，确认递延收益。

借：银行存款 2 100 000

贷：递延收益 2 100 000

(2) 2024年4月20日购入设备。

借：固定资产　　　　　　　　　　　　　　　　　　4 800 000

　　贷：银行存款　　　　　　　　　　　　　　　　　　4 800 000

(3) 自2024年5月起每个资产负债表日(月末)计提折旧，同时分摊递延收益。

① 计提折旧(假设该设备用于污染物排放测试，折旧费用计入制造费用)。

借：制造费用　　　　　　　　　　　　　　　　　　　40 000

　　贷：累计折旧　　　　　　　　　　　　　　　　　　　40 000

② 分摊递延收益(月末)。

借：递延收益　　　　　　　　　　　　　　　　　　　17 500

　　贷：其他收益　　　　　　　　　　　　　　　　　　　17 500

(4) 2032年4月设备毁损，同时转销递延收益余额。

借：固定资产清理　　　　　　　　　　　　　　　　　960 000

　　累计折旧　　　　　　　　　　　　　　　　　　　3 840 000

　　贷：固定资产　　　　　　　　　　　　　　　　　　4 800 000

借：递延收益　　　　　　　　　　　　　　　　　　　420 000

　　贷：固定资产清理　　　　　　　　　　　　　　　　　420 000

借：营业外支出　　　　　　　　　　　　　　　　　　540 000

　　贷：固定资产清理　　　　　　　　　　　　　　　　　540 000

方法二：丙企业选择净额法进行会计处理

(1) 2024年3月15日实际收到财政拨款。

借：银行存款　　　　　　　　　　　　　　　　　　2 100 000

　　贷：递延收益　　　　　　　　　　　　　　　　　　2 100 000

(2) 2024年4月20日购入设备。

借：固定资产　　　　　　　　　　　　　　　　　　4 800 000

　　贷：银行存款　　　　　　　　　　　　　　　　　　4 800 000

借：递延收益　　　　　　　　　　　　　　　　　　2 100 000

　　贷：固定资产　　　　　　　　　　　　　　　　　　2 100 000

(3) 自2024年5月起每个资产负债表日(月末)计提折旧。

借：制造费用　　　　　　　　　　　　　　　　　　　22 500

　　贷：累计折旧　　　　　　　　　　　　　　　　　　　22 500

(4) 2032年4月设备毁损。

借：固定资产清理　　　　　　　　　　　　　　　　　540 000

　　累计折旧　　　　　　　　　　　　　　　　　　　2 160 000

　　贷：固定资产　　　　　　　　　　　　　　　　　　2 700 000

借：营业外支出　　　　　　　　　　　　　　　　　　540 000

　　贷：固定资产清理　　　　　　　　　　　　　　　　　540 000

二、与收益相关的政府补助

对于与收益相关的政府补助，企业应当选择采用总额法或净额法之一进行会计处理。选择总额法的，应当计入其他收益或营业外收入；选择净额法的，应当冲减相关成本费用或营业外支出。

(1) 与收益相关的政府补助如果用于补偿企业以后期间的相关成本费用或损失，企业应当将其确认为递延收益，并在确认相关费用或损失的期间，计入当期损益或冲减相关成本。

【例11-4】甲企业于2023年3月15日与其所在地地方政府签订合作协议，根据协议约定，当地政府将向甲企业提供1 000万元奖励资金，用于企业的人才激励和人才引进奖励，甲企业必须按年向当地政府报送详细的资金使用计划并按规定用途使用资金。甲企业于2023年4月10日收到1000万元补助资金，分别在2023年12月、2024年12月、2025年12月使用了400万元、300万元和300万元，用于发放给总裁级高管年度奖金。不考虑相关税费等其他因素。

假定甲企业选择净额法对此类补助进行会计处理，其账务处理如下：

(1) 2023年4月10日甲企业实际收到补助资金。

借：银行存款 　　　　　　　　　　　　　　　　　　　　10 000 000
　　贷：递延收益 　　　　　　　　　　　　　　　　　　　　10 000 000

(2) 2023年12月、2024年12月、2025年12月甲企业将补助资金发放高管奖金，相应结转递延收益。

① 2023年12月。

借：递延收益 　　　　　　　　　　　　　　　　　　　　　4 000 000
　　贷：管理费用 　　　　　　　　　　　　　　　　　　　　4 000 000

② 2024年12月。

借：递延收益 　　　　　　　　　　　　　　　　　　　　　3 000 000
　　贷：管理费用 　　　　　　　　　　　　　　　　　　　　3 000 000

③ 2025年12月。

借：递延收益 　　　　　　　　　　　　　　　　　　　　　3 000 000
　　贷：管理费用 　　　　　　　　　　　　　　　　　　　　3 000 000

如果本例中甲企业选择按总额法对此类政府补助进行会计处理，则应当在确认相关管理费用的期间，借记"递延收益"科目，贷记"其他收益"科目。

(2) 与收益相关的政府补助如果用于补偿企业已发生的相关成本费用或损失，企业应当将其直接计入当期损益或冲减相关成本费用。这类补助通常与企业已经发生的行为有关，是对企业已发生的成本费用或损失的补偿，或是对企业过去行为的奖励。

【例11-5】乙企业销售其自主开发生产的动漫软件。按照国家有关规定，该企业的这种产品适用增值税即征即退政策，按13%的税率征收增值税后，对其增值税实际税负超过3%的部分，实行即征即退。乙企业2023年8月在进行纳税申报时，对归属于7月的增值税即征即退提交退税申请，经主管税务机关审核后的退税额为10万元。

由于软件企业即征即退增值税与企业日常销售密切相关，属于与企业的日常活动相关的政府补助，乙企业2023年8月申请退税并确定了增值税退税额，账务处理如下：

借：其他应收款 100 000
　　贷：其他收益 100 000

【例11-6】丙企业2023年11月遭受重大自然灾害，并于2023年12月20日收到了用于弥补其遭受自然灾害损失的政府补助资金200万元。丙企业选择总额法进行会计处理，其账务处理如下：

借：银行存款 2 000 000
　　贷：营业外收入 2 000 000

三、综合性项目政府补助

对于同时包含与资产相关部分和与收益相关部分的政府补助，企业应当将其进行分解，区分不同部分分别进行会计处理；难以区分的，企业应当将其整体归类为与收益相关的政府补助进行会计处理。

【例11-7】2023年6月15日，某市科技创新委员会与甲企业签订了科技计划项目合同书，拟对甲企业的新药临床研究项目提供研究补助资金。该项目总预算为600万元，其中，市科技创新委员会资助200万元，甲企业自筹400万元。市科技创新委员会资助的200万元用于补助设备费60万元，材料费15万元，测试化验加工费95万元，会议费30万元，假定除设备费外的其他各项费用都属于研究支出。市科技创新委员会应当在合同签订之日起30日内将资金拨付给甲企业。甲企业于2023年7月10日收到补助资金，在项目期内按照合同约定的用途使用了补助资金。甲企业于2023年7月25日按项目合同书的约定购置了相关设备，设备成本150万元，其中使用补助资金60万元，该设备使用年限为10年，采用直线法计提折旧(不考虑净残值)。假设本例中不考虑相关税费等其他因素。

本例中，甲企业收到的政府补助是综合性项目政府补助，需要区分与资产相关的政府补助和与收益相关的政府补助并分别进行处理。假设甲企业对收到的与资产相关的政府补助选择净额法进行会计处理。甲企业的账务处理如下：

(1) 2023年7月10日甲企业实际收到补贴资金。

借：银行存款 2 000 000
　　贷：递延收益 2 000 000

(2) 2023年7月25日购入设备。

借：固定资产 1 500 000
　　贷：银行存款 1 500 000
借：递延收益 600 000
　　贷：固定资产 600 000

(3) 自2023年8月起每个资产负债表日(月末)计提折旧，折旧费用计入研发支出。

借：研发支出　　　　　　　　　　　　　　　　　　　　　　　　7 500

　　贷：累计折旧　　　　　　　　　　　　　　　　　　　　　　　　7 500

对其他与收益相关的政府补助，甲企业应当按照相关经济业务的实质确定是计入其他收益还是冲减相关成本费用，在企业按规定用途实际使用补助资金时计入损益，或者在实际使用的当期期末根据当期累计使用的金额计入损益，借记"递延收益"科目，贷记有关损益科目。

四、政府补助退回

已确认的政府补助需要退回的，应当在需要退回的当期分情况按照以下规定进行会计处理：①初始确认时冲减相关资产账面价值的，调整资产账面价值；②存在相关递延收益的，冲减相关递延收益账面余额，超出部分计入当期损益；③属于其他情况的，直接计入当期损益。此外，对于属于前期差错的政府补助退回，应当按照前期差错更正进行追溯调整。

【例11-8】乙企业于2023年11月与某开发区政府签订合作协议，在开发区内投资设立生产基地。协议约定，开发区政府自协议签订之日起6个月内向乙企业提供300万元产业补贴资金用于奖励该企业在开发区内投资并开展经营活动，乙企业自获得补贴起5年内不迁离开发区。如果乙企业在此期限内提前迁离开发区，开发区政府允许乙企业按照实际留在本区的时间保留部分补贴，并按剩余时间追回补贴资金。乙企业于2024年1月3日收到补贴资金。

假设乙企业在实际收到补助资金时，客观情况表明乙企业在未来5年内迁离开发区的可能性很小，乙企业在收到补助资金时应当记入"递延收益"科目。由于协议约定如果乙企业提前迁离开发区，开发区政府有权追回部分补助，说明企业每留在开发区内一年，就有权取得与这一年相关的补助，与这一年补助有关的不确定性基本消除，补贴收益得以实现，乙企业应当将该补助在5年内平均摊销结转计入损益。本例中，开发区政府对乙企业的补助是对该企业在开发区内投资并开展经营活动的奖励，并不指定用于补偿特定的成本费用。

乙企业的账务处理如下：

(1) 2024年1月3日，乙企业实际收到补助资金。

借：银行存款　　　　　　　　　　　　　　　　　　　　　　3 000 000

　　贷：递延收益　　　　　　　　　　　　　　　　　　　　　　3 000 000

(2) 2024年12月31日及以后年度，乙企业分期将递延收益结转入当期损益。

借：递延收益(3 000 000÷5)　　　　　　　　　　　　　　　　600 000

　　贷：其他收益　　　　　　　　　　　　　　　　　　　　　　600 000

假设2026年1月，乙企业因重大战略调整迁离开发区，开发区政府根据协议要求乙企业退回补助180万元。

借：递延收益(3 000 000-600 000×2)　　　　　　　　　　　　1 800 000
　　贷：其他应付款　　　　　　　　　　　　　　　　　　　　　　1 800 000

五、政府补助列报

《企业会计准则第16号——政府补助》第十六条规定："企业应当在利润表中的'营业利润'项目之上单独列报'其他收益'项目，计入其他收益的政府补助在该项目中反映。"

《企业会计准则第16号——政府补助》第十七条规定："企业应当在附注中单独披露与政府补助有关的下列信息：政府补助的种类、金额和列报项目；计入当期损益的政府补助金额；本期退回的政府补助金额及原因。"

项目小结

本项目着重叙述了政府补助及政府补助的特征，政府补助的会计处理。

👤 练习题

客观题

👤 业务题

1. 甲公司为增值税一般纳税人，政府补助涉及的递延收益采用直线法摊销。

资料一：2024年1月2日，甲公司为购置一台新技术研发设备而向政府有关部门提交了补贴申请。2024年3月15日，甲公司收到政府补助3 150万元。

资料二：2024年4月20日，甲公司以银行存款购入了上述研发设备，取得的增值税专用发票上注明的价款为7 200万元，增值税税额为936万元，不需要安装，预计使用寿命为10年，采用年限平均法计提折旧，预计净残值为0。

资料三：假定2032年4月19日甲公司出售了这台设备，不含税售价为1 800万元，开出增值税专用发票，增值税销项税额为234万元。甲公司于当日收到该款项。

资料四：假定政府补助资金摊销一年后，有关部门在对甲公司的检查中发现其不符合申请补助的条件，要求甲公司退还补贴款3 150万元。甲公司于当月退还了补贴款。

(答案中的金额单位用"万元"表示)

要求：(1) 分别采用总额法和净额法编制甲公司2024年3月15日实际收到财政补助的会计分录。

(2) 分别采用总额法和净额法编制甲公司2024年4月20日购入设备的会计分录。

(3) 分别采用总额法和净额法编制甲公司2024年12月31日的相关会计分录。

(4) 根据资料三，分别采用总额法和净额法编制甲公司2032年4月19日出售设备的会计分录。

(5) 根据资料四，分别采用总额法和净额法编制甲公司实际退回财政补助的会计分录。

2. 甲公司采用总额法核算政府补助。2023—2024年，甲公司与政府补助相关的资料如下：

资料一：2023年11月，甲公司与A地政府签订合作协议，将本公司的注册地迁到A地新区，且承诺5年内注册地址不迁离本区。协议约定：A地新区政府自协议签订之日起6个月内向甲公司提供300万元的补贴资金；如果甲公司在5年内迁离本区，A地政府将按照其提前迁离本区的时间比例追回补贴资金。甲公司于2024年1月3日收到补贴资金，且客观情况表明甲公司在未来5年内迁离本区的可能性极小。假定甲公司按照时间进度分摊递延收益。

资料二：甲公司2024年安置了职工再就业，按照国家规定可以申请财政补助资金30万元，按规定办理了补贴资金申请手续。2024年12月收到财政拨付补贴资金30万元。

资料三：甲公司2024年12月20日收到财政下拨的以前年度已完成重点科研项目的经费补贴30万元。(答案中的金额单位用"万元"表示)

要求：(1) 根据资料一，编制甲公司2024年1月3日、12月31日与补贴资金相关的会计分录。

(2) 根据资料二，编制甲公司2024年12月与财政拨付补贴资金相关的会计分录。

(3) 根据资料三，编制甲公司2024年12月与科研项目的经费补贴相关的会计分录。

3. 甲公司为一家大型综合性公司，主要从事环保设备的生产和销售、新兴产业的研发及原材料的进口、销售等业务，采用净额法核算政府补助，2024年与政府之间的交易或事项如下(不考虑增值税等相关税费及其他因素)：

资料一：甲公司生产并销售环保设备，该设备正常市场销售价格为每台75万元，生产成本为每台60万元。甲公司按照国家确定的价格以每台50万元对外销售；同时，按照国家有关政策，每销售1台环保设备由政府给予甲公司补助25万元。2024年，甲公司销售环保设备20台，其中50%的货款尚未收到，当年收到政府给予的环保设备销售补助款500万元。

资料二：2024年7月20日，收到战略性新兴产业研究补贴4 000万元，该项目至取得补贴款时已发生研究支出1 600万元，均为职工薪酬，预计还将发生研究支出2 400万元。假定相关研究支出是均衡发生的。

资料三：按照国家有关部门要求，2024年，甲公司代国家进口制作某药品的原材料100吨，每吨进口价为1 200万元，同时按照国家规定将有关进口药品的原材料按照进口价格的80%出售给政府指定的下游药品生产企业，收取货款96 000万元，同时甲公司收到国家有关部门按照上述进口原材料的进销差价支付的补偿款24 000万元。

(答案中的金额单位用"万元"表示)

要求：(1) 根据资料一，判断甲公司取得政府补助款是否属于政府补助，说明理由，并编制2024年相关的会计分录。

(2) 根据资料二，判断甲公司取得战略性新兴产业研究补贴是否属于政府补助，并编制2024年相关的会计分录。

(3) 根据资料三，判断甲公司取得进口原材料补偿款是否属于政府补助，并说明理由，并编制2024年相关的会计分录。

项目十二 | 所得税会计

在基本实现现代化的基础上，我们要继续奋斗，到本世纪中叶，把我国建设成为综合国力和国际影响力领先的社会主义现代化强国。

摘自2022年10月16日习近平总书记在中国共产党第二十次全国代表大会上的报告

引导案例

东岳公司建于2020年7月，主要生产浓缩果汁。2023年度公司的会计报表显示，该公司当年利润总额为5 277 686元。2024年3月，东岳公司所在地的地方税务稽查分局对该公司进行了专家稽查。当年4月上旬，东岳公司收到地方税务稽查分局的"税务检查处理决定书"。该决定书上列明东岳公司当年业务招待费超支222 928元，工资及福利费超支130 258元，错误地将购入的价值5 128元的排污泵全部列入管理费用等问题。经过上述项目调整后，东岳公司应纳税所得额为563.6万元，并以此乘以公司适用的税率25%，计算出应支付的所得税为140.9万元。

为什么东岳公司的会计人员计算出的税前利润总额会与税务人员调整出的应税利润存在如此大的差异？这些差异的主要类型和具体表现是什么？如何进行相应的会计处理？

学习目标

掌握所得税、计税基础、暂时性差异、税前会计利润、应纳税所得额的概念，熟悉应纳税所得额的内容，掌握企业相关所得税的账务处理。

任务一 计税基础与暂时性差异

企业的会计核算和税务处理分别遵循不同的原则，服务于不同的目的。在我国，会计的确认、计量、报告应当遵从新会计准则的规定，目的在于真实、完整地反映企业的财务状况、经营成果和现金流量等，为投资者、债权人以及其他会计信息使用者提供对其决策有用的信息。税法则是以课税为目的，根据国家有关税收法律、法规的规定，确定一定时期内纳税人应交纳的税额，从所得税的角度，确定企业的应纳税所得额，以对企业的经营所得征税。

所得税会计的形成和发展是所得税法规和新会计准则规定相互分离的必然结果，两者分离的程度和差异的种类、数量直接影响和决定了所得税会计处理方法的改进。

《企业会计准则第18号——所得税》(以下简称"所得税准则")是从资产负债表出发，通过比较资产负债表上列示的资产、负债，按照会计准则规定确定的账面价值与按照税法规定确定的计税基础，对于两者之间的差异分别应纳税暂时性差异与可抵扣暂时性差异，确认相关的递延所得税负债与递延所得税资产，并在此基础上确定每一会计期间利润表中的所得税费用。

对暂时性差异统一采用资产负债表债务法进行会计核算，对应纳税暂时性差异和可抵扣暂时性差异分别确认递延所得税负债和递延所得税资产，以后年度申报所得税时可直接依据账面应转回的金额填制企业所得税纳税申报表。

运用资产负债表债务法明细核算每一项暂时性差异，可以彻底取代纳税调整台账(或备查账)，解决会计与所得税法的差异问题。

一、资产负债表债务法

所得税会计是会计与税收规定之间的差异在所得税会计核算中的具体体现。《所得税准则》采用资产负债表债务法核算所得税。

资产负债表债务法较为完整地体现了资产负债观，在所得税的会计核算方面贯彻了资产、负债的界定。从资产负债表角度考虑，资产的账面价值代表的是企业在持续持有及最终处置某项资产的一定期间内，该项资产为企业带来的未来经济利益，而其计税基础代表的是在这一期间内，就该项资产按照税法规定可以税前扣除的金额。一项资产的账面价值小于其计税基础的，表明该项资产于未来期间产生的经济利益流入低于按照税法规定允许税前扣除的金额，产生可抵减未来期间应纳税所得额的因素，减少未来期间以应交所得税的方式流出企业的经济利益，从其产生时点来看，应确认为资产。反之，一项资产的账面价值大于其计税基础的，两者之间的差额将会于未来期间产生应税金额，增加未来期间的应纳税所得额及应交所得税，对企业形成经济利益流出的义务，应确认为负债。

二、所得税会计核算的一般程序

采用资产负债表债务法核算所得税的情况下，企业一般应于每一资产负债表日进行所得税的核算。发生特殊交易或事项时，如企业合并，在确认因交易或事项取得的资产、负债时即应确认相关的所得税影响。企业进行所得税核算一般应遵循以下程序。

(1) 按照相关新会计准则规定确定资产负债表中除递延所得税资产和递延所得税负债以外的其他资产和负债项目的账面价值。其中资产、负债的账面价值，是指企业按照相关新会计准则的规定进行核算后在资产负债表中列示的金额。例如，企业持有的应收账款账面余额为 2 000 万元，企业对该应收账款计提了 100 万元的坏账准备，其账面价值为 1 900 万元，为该应收账款在资产负债表中的列示金额。

(2) 按照新会计准则中对于资产和负债计税基础的确定方法，以适用的税收法规为基础，确定资产负债表中有关资产、负债项目的计税基础。

(3) 比较资产、负债的账面价值与其计税基础，对于两者之间存在差异的，分析其性质，除新会计准则中规定的特殊情况外，分别应纳税暂时性差异与可抵扣暂时性差异并乘以所得税税率，确定资产负债表日递延所得税负债和递延所得税资产的应有金额，并与期初递延所得税负债和递延所得税资产的余额相比，确定当期应予进一步确认的递延所得税资产和递延所得税负债金额或应予转销的金额，作为构成利润表中所得税费用的一个组成部分——递延所得税。

(4) 按照适用的税法规定计算确定当期应纳税所得额，将应纳税所得额与适用的所得税税率计算的结果确认为当期应交所得税，作为利润表中应予确认的所得税费用的另外一个组成部分——当期所得税。

(5) 确定利润表中的所得税费用。利润表中的所得税费用包括当期所得税和递延所得税两个组成部分，企业在计算确定了当期所得税和递延所得税后，两者之和(或之差)，是利润表中的所得税费用。

所得税会计的关键在于确定资产、负债的计税基础。在确定资产、负债的计税基础时，应严格遵循税收法规中对于资产的税务处理以及可税前扣除的费用等的规定进行。

三、资产的计税基础

资产的计税基础，是指企业收回资产账面价值的过程中，计算应纳税所得额时按照税法规定可以自应税经济利益中抵扣的金额，即该项资产在未来使用或最终处置时，允许作为成本或费用于税前列支的金额。也就是说，资产在初始确认时，其计税基础一般为取得成本，即企业为取得某项资产支付的成本在未来期间准予税前扣除。在资产持续持有的过程中，其计税基础是指资产的取得成本减去以前期间按照税法规定已经税前扣除后的余额。如固定资产、无形资产等长期资产在某一资产负债表日的计税基础是指其成本扣除按照税法规定已在以前期间税前扣除的累计折旧额或累计摊销额后的金额。

资产的计税基础=未来可税前列支的金额

某一资产负债表日的计税基础=成本-以前期间已税前列支的金额

企业应当按照适用的税法规定计算确定资产的计税基础。

(一) 固定资产

以各种方式取得的固定资产，初始确认时入账价值基本上是被税法认可的，即取得时其账面价值一般等于计税基础。

固定资产在持有期间进行后续计量时，会计上的基本计量模式是"成本-累计折旧-固定资产减值准备"，税收上的基本计量模式是"成本-按照税法规定计算确定的累计折旧"。会计与税收处理的差异主要来自折旧方法、折旧年限的不同以及固定资产减值准备的计提。

1.折旧方法、折旧年限产生的差异

会计准则规定，企业可以根据固定资产经济利益的预期实现方式合理选择折旧方法，如可以按年限平均法计提折旧，也可以按照双倍余额递减法、年数总和法等计提折旧，前提是有关的方法能够反映固定资产为企业带来经济利益的实现情况。税法一般会

规定固定资产的折旧方法，除某些按照规定可以加速折旧的情况外，基本上可以税前扣除的是按照直线法计提的折旧。

另外，税法一般规定每一类固定资产的折旧年限，而会计处理时按照会计准则规定折旧年限由企业根据固定资产能够为企业带来经济利益的期限估计确定。因为折旧年限的不同，也会产生固定资产账面价值与计税基础的差异。

2. 因计提固定资产减值准备产生的差异

持有固定资产的期间内，在对固定资产计提了减值准备以后，因所计提的减值准备在计提当期不允许税前扣除，也会造成固定资产的账面价值与计税基础的差异。

会计：账面价值＝实际成本－累计折旧－减值准备

税收：计税基础＝实际成本－累计折旧

【例12-1】甲公司某项机器设备原价为1 000万元，预计使用年限为10年，会计处理时按照直线法计提折旧，税收处理允许加速折旧，企业在计税时对该项资产按双倍余额递减法计列折旧，预计净残值为零。计提了2年的折旧后，会计期末，企业对该项固定资产计提了80万元的固定资产减值准备。

则，账面价值＝1000－100－100－80＝720(万元)

计税基础＝1000－200－160＝640(万元)

资产的账面价值720万元与其计税基础640万元之间80万元的差额，是将于未来期间计入企业应纳税所得额的金额，未来期间应交所得税增加，该差额应确认为递延所得税负债。

【例12-2】甲公司于2023年1月1日开始计提折旧的某项固定资产，原价为3 000 000元，使用年限为10年，采用年限平均法计提折旧，预计净残值为0。税法规定类似固定资产采用加速折旧法计提的折旧可予税前扣除，该企业在计税时采用双倍余额递减法计提折旧，预计净残值为0。2024年12月31日，企业估计该项固定资产的可收回金额为2 200 000元。

那么，2024年12月31日，该项固定资产的账面价值＝3 000 000－300 000×2＝2 400 000(元)，可收回金额为2 200 000元，应当计提200 000元固定资产减值准备。计提该减值准备后，固定资产的账面价值为2 200 000元。

计税基础＝3 000 000－3 000 000×20%－2 400 000×20%＝1 920 000(元)

该项固定资产账面价值2 200 000元与其计税基础1 920 000元之间的280 000元差额，是将于未来期间计入企业应纳税所得额的金额，未来期间应交所得税增加，该差额应确认为递延所得税负债。

【例12-3】甲公司于2022年12月20日取得某设备，成本为16 000 000元，预计使用10年，预计净残值为0，采用年限平均法计提折旧。2025年12月31日，根据该设备生产产品的市场占有情况，甲公司估计其可收回金额为9 200 000元。假定税法规定的折旧方法、折旧年限与会计准则相同，企业的资产在发生实质性损失时可予税前扣除。

那么，2025年12月31日，甲公司该设备的账面价值＝16 000 000－1 600 000×3＝

11 200 000(元)，可收回金额为9 200 000元，应当计提2 000 000元固定资产减值准备。计提该减值准备后，固定资产的账面价值为9 200 000元。

该设备的计税基础＝16 000 000－1 600 000×3＝11 200 000(元)

资产的账面价值9 200 000元小于其计税基础11 200 000元，产生可抵扣暂时性差异，该差额应确认为递延所得税资产。

(二) 无形资产

除内部研究开发形成的无形资产以外，以其他方式取得的无形资产，初始确认时其入账价值与税法规定的成本之间一般不存在差异。

(1) 对于内部研究开发形成的无形资产，会计准则规定有关研究开发支出分为两个阶段，研究阶段的支出应当费用化计入当期损益，而开发阶段符合资本化条件的支出应当计入所形成无形资产的成本。税法规定，自行开发的无形资产，以开发过程中该资产符合资本化条件后至达到预定用途前发生的支出为计税基础。对于研究开发费用，税法规定可以加计扣除，即企业为开发新技术、新产品、新工艺发生的研究开发费用，未形成无形资产计入当期损益的，在据实扣除的基础上，再按照研究开发费用的75%加计扣除；形成无形资产的，按照无形资产成本的175%税前摊销。

对于内部研究开发形成的无形资产，初始确认时按照会计准则规定确定的成本与其计税基础通常是相同的。对于享受税收优惠的研究开发支出，在形成无形资产时，按照会计准则规定确定的成本为研究开发过程中符合资本化条件后至达到预定用途前发生的支出，而因税法规定按照无形资产成本的175%税前摊销，则其计税基础应在会计上入账价值的基础上加计75%，因而产生账面价值与计税基础在初始确认时的差异，但如果该无形资产的确认不是产生于企业合并交易，同时在确认时既不影响会计利润，也不影响应纳税所得额，按照所得税准则的规定，不确认该暂时性差异的所得税影响。

(2) 无形资产在后续计量时，会计与税收的差异主要产生于对无形资产是否需要摊销及无形资产减值准备的计提。会计准则规定，应根据无形资产使用寿命情况，区分为使用寿命有限的无形资产和使用寿命不确定的无形资产。对于使用寿命不确定的无形资产，不要求摊销，在会计期末应进行减值测试。税法规定，企业取得无形资产的成本，应在一定期限内摊销，有关摊销额允许税前扣除。

在对无形资产计提减值准备的情况下，因所计提的减值准备不允许税前扣除，也会造成其账面价值与计税基础的差异。

会计：账面价值＝实际成本-累计摊销-减值准备

但对于使用寿命不确定的无形资产，账面价值＝实际成本-减值准备

税收：计税基础＝实际成本-累计摊销

【例12-4】某项无形资产取得成本为100万元，因其使用寿命无法合理估计，会计上视为使用寿命不确定的无形资产，不予摊销，但税法规定按不短于10年的期限摊销。

取得该项无形资产1年后：

会计：账面价值＝100(万元)

税收：计税基础＝100-100÷10＝90(万元)

资产的账面价值100万元与其计税基础90万元之间的10万元差额，是将于未来期间计入企业应纳税所得额的金额，未来期间应交所得税增加，该差额应确认为递延所得税负债。

【例12-5】 甲公司当期发生研究开发支出共计10 000 000元，其中研究阶段发生支出2 000 000元，开发阶段符合资本化条件前发生的支出为2 000 000元，符合资本化条件后发生的支出为6 000 000元。假定开发形成的无形资产在当期期末已达到预定用途，但尚未进行摊销。

那么，甲公司当年发生的研究开发支出中，按照会计准则规定应予费用化的金额为4 000 000元，形成无形资产的成本为6 000 000元，即期末所形成无形资产的账面价值为6 000 000元。

甲公司于当期发生的10 000 000元研究开发支出，按照税法规定可在当期税前扣除的金额为7 000 000元(4 000 000×175%)；对于按照会计准则规定形成无形资产的部分，税法规定按照无形资产成本的175%作为计算未来期间推销额的基础，即该项无形资产在初始确认时的计税基础为10 500 000元(6 000 000×175%)。

该项无形资产的账面价值6 000 000元与其计税基础10 500 000元之间的差额4 500 000元为暂时性差异，该差异产生于无形资产的初始确认，并非产生于企业合并，在初始确认时既不影响会计利润，也不影响应纳税所得额，因此，不确认该暂时性差异的所得税影响。

【例12-6】 甲公司于2023年1月1日取得某项无形资产，成本为6 000 000元。企业根据各方面情况判断，无法合理预计其带来未来经济利益的期限，作为使用寿命不确定的无形资产。2023年12月31日，对该项无形资产进行减值测试表明未发生减值。企业在计税时，对该项无形资产按照10年的期间摊销，有关摊销额允许税前扣除。

那么，会计上将该项无形资产作为使用寿命不确定的无形资产，在未发生减值的情况下，其账面价值为取得成本6 000 000元。

该项无形资产在2023年12月31日的计税基础为5 400 000元(6 000 000−600 000)。

该项无形资产的账面价值6 000 000元与其计税基础5 400 000元之间的差额600 000元将计入未来期间的应纳税所得额，产生未来期间企业所得税税款流出的增加，为应纳税暂时性差异。

(三) 以公允价值计量且其变动计入当期损益的金融资产

按照《企业会计准则第22号——金融工具确认和计量》的规定，对于以公允价值计量且其变动计入当期损益的金融资产，其于某一会计期末的账面价值为公允价值。如果税法规定按照会计准则确认的公允价值变动损益在计税时不予考虑，即有关金融资产在某一会计期末的计税基础为其取得成本，会造成该类金融资产账面价值与计税基础之间的差异。

会计：期末按公允价值计量，公允价值变动计入损益

税收：成本

【例12-7】甲公司支付400万元取得一项交易性金融资产，当期期末市价为420万元。

那么，会计：账面价值＝420万元

税收：计税基础＝400万元

资产的账面价值420万元与其计税基础400万元之间20万元的差额，是将于未来期间计入企业应纳税所得额的金额，未来期间应交所得税增加，该差额应确认为递延所得税负债。

【例12-8】甲公司2023年7月以520 000元取得乙公司股票50 000股作为以公允价值计量且其变动计入当期损益的金融资产核算。2023年12月31日，甲公司尚未出售所持有乙公司股票，乙公司股票公允价值为每股12.4元。税法规定，资产在持有期间公允价值的变动不计入当期应纳税所得额，待处置时一并计算应计入应纳税所得额的金额。

那么，作为以公允价值计量且其变动计入当期损益的金融资产的乙公司股票在2023年12月31日的账面价值为620 000元(12.4×50 000)，其计税基础为取得成本，即520 000元，两者之间产生了100 000元的应纳税暂时性差异，应确认为递延所得税负债。

(四) 其他资产

因会计准则规定与税法规定不同，企业持有的其他资产可能造成其账面价值与计税基础之间存在差异。如计提了资产减值准备的其他资产、采用公允价值模式进行后续计量的投资性房地产等。

【例12-9】甲公司的C建筑物于2020年12月30日投入使用并直接出租，成本为6 800 000元。甲公司对投资性房地产采用公允价值模式进行后续计量。2024年12月31日，已出租C建筑物累计公允价值变动收益为1 200 000元，其中本年度公允价值变动收益为500 000元。根据税法规定，已出租C建筑物以历史成本扣除按税法规定计提折旧后作为其计税基础，折旧年限为20年，净残值为0，自投入使用的次月起采用年限平均法计提折旧。

那么，2024年12月31日，该投资性房地产的账面价值为8 000 000元，计税基础为6 120 000元(6 800 000−6 800 000÷20×2)。该投资性房地产账面价值与其计税基础之间的差额1 880 000元将计入未来期间的应纳税所得额，形成未来期间企业所得税税款流出的增加，为应纳税暂时性差异。

四、负债的计税基础

负债的计税基础，是指负债的账面价值减去未来期间计算应纳税所得额时按照税法规定可予抵扣的金额，即假定企业按照税法规定进行核算，在其按照税法规定确定的资

产负债表上有关负债的应有金额。

负债的确认与偿还一般不会影响企业未来期间的损益，也不会影响其未来期间的应纳税所得额，因此未来期间计算应纳税所得额时按照税法规定可予抵扣的金额为0，计税基础即为账面价值。但是，某些情况下，负债的确认可能会影响企业的损益，进而影响不同期间的应纳税所得额，使其计税基础与账面价值之间产生差额，如按照会计准则规定确认的某些预计负债。

(一) 预计负债

根据相关规定，对于不能作为单项履约义务的质量保证，将预计提供售后服务发生的支出在销售当期确认为费用，同时确认预计负债。如果税法规定，与销售产品相关的支出应于发生时税前扣除，因该类事项产生的预计负债在期末的计税基础为其账面价值与未来期间可税前扣除的金额之间的差额，如有关的支出实际发生时可全额税前扣除，其计税基础为0。

因其他事项确认的预计负债，应按照税法规定的计税原则确定其计税基础。某些情况下，某些事项确认的预计负债，税法规定其支出无论是否实际发生均不允许税前扣除，即未来期间按照税法规定可予抵扣的金额为0，则其账面价值与计税基础相同。

【例12-10】甲公司2023年因销售产品承诺提供3年的保修服务，在当年年度利润表中确认了8 000 000元销售费用，同时确认为预计负债，当年度发生保修支出2 000 000元，预计负债的期末余额为6 000 000元。假定税法规定，与产品售后服务相关的费用可以在实际发生时税前扣除。

那么，该项预计负债在甲公司2023年12月31日的账面价值为6 000 000元。

该项预计负债的计税基础＝账面价值－未来期间计算应纳税所得额时按照税法规定可予抵扣的金额＝6 000 000－6 000 000＝0(元)。

该项负债的账面价值为6 000 000元，计税基础为0万元。该项负债的账面价值大于计税基础，产生可抵扣暂时性差异。

【例12-11】2023年10月5日，甲公司因为乙公司银行借款提供担保，乙公司未如期偿还借款，而被银行提起诉讼，要求其履行担保责任；12月31日，该案件尚未结案。甲公司预计很可能履行的担保责任为3 000 000元。假定税法规定，企业为其他单位债务提供担保发生的损失不允许在税前扣除。

那么，2023年12月31日，该项预计负债的账面价值为3 000 000元，计税基础为3 000 000元(3 000 000－0)。该项预计负债的账面价值等于计税基础，不产生暂时性差异。

【例12-12】企业因销售商品提供售后服务等原因于当期确认了200万元的预计负债。税法规定，有关产品售后服务等与取得经营收入直接相关的费用于实际发生时允许税前列支。假定企业在确认预计负债的当期未发生售后服务费用。

那么，预计负债账面价值＝200(万元)

预计负债计税基础=账面价值−可从未来经济利益中扣除的金额=200−200=0(万元)

该项负债的账面价值为200万元，计税基础为0万元。该项负债的账面价值大于计税基础，产生可抵扣暂时性差异。

(二) 合同负债

企业在收到客户预付的款项时，因不符合收入确认条件，会计上将其确认为负债。税法对于收入的确认原则一般与会计准则规定相同，即会计上未确认收入时，计税时一般亦不计入应纳税所得额，该部分经济利益在未来期间计税时可予税前扣除的金额为0，计税基础等于账面价值。

如果不符合会计准则规定的收入确认条件，但按照税法规定应计入当期应纳税所得额时，未来期间无须纳税，有关合同负债的计税基础为0。

(三) 应付职工薪酬

会计准则规定，企业为获得职工提供的服务给予的各种形式的报酬以及其他相关支出均应作为企业的成本、费用，在未支付之前确认为负债。税法对于合理的职工薪酬基本允许税前扣除，相关应付职工薪酬负债的账面价值等于计税基础。

会计：所有与取得职工服务相关的支出均计入成本费用，同时确认负债。

税收：现行内资企业所得税法仍规定可以税前扣除的计税工资标准、福利费标准等。

【例12-13】某企业当期确认应支付的职工工资及其他薪金性质支出计3 000万元，尚未支付，按照税法规定的计税工资标准可以于当期扣除的部分为2 200万元。

那么，应付职工薪酬账面价值=3 000(万元)

计税基础=账面价值−可从未来应税利益经济利益中扣除的金额=3000−0=3 000(万元)

该项负债的账面价值为3 000万元，计税基础为3 000万元。该项负债的账面价值等于计税基础，不产生暂时性差异。

(四) 其他负债

企业的其他负债项目，如应交的罚款和滞纳金等，在尚未支付之前按照会计准则规定确认为费用，同时作为负债反映。按照税法规定，罚款和滞纳金不允许税前扣除，其计税基础为账面价值减去未来期间计税时可予税前扣除的金额0之间的差额，即计税基础等于账面价值。

【例12-14】甲公司因未按照税法规定缴纳税金，需在2023年缴纳滞纳金1 000 000元，至2023年12月31日，该款项尚未支付，形成其他应付款1 000 000元。按照税法规定，企业因违反国家法律、法规规定缴纳的罚款、滞纳金不允许税前扣除。

那么，因应缴滞纳金形成的其他应付款账面价值为1 000 000元，因税法规定该支出不允许税前扣除，其计税基础=1 000 000−0=1 000 000(元)。

对于罚款和滞纳金支出，会计与税法规定存在差异，但该差异仅影响发生当期，对未来期间计税不产生影响，因而不产生暂时性差异。

五、暂时性差异

暂时性差异，是指资产、负债的账面价值与其计税基础不同产生的差额。由于资产、负债的账面价值与其计税基础不同，产生了在未来收回资产或清偿负债的期间内，应纳税所得额增加或减少并导致未来期间应交所得税增加或减少的情况，形成企业的递延所得税资产和递延所得税负债。

应予说明的是，资产负债表债务法下，仅确认暂时性差异的所得税影响，原按照利润表下纳税影响会计法核算的永久性差异。因为从资产负债表角度考虑，不会产生资产、负债的账面价值与其计税基础的差异，即不形成暂时性差异，对企业在未来期间计税没有影响，不产生递延所得税。

根据暂时性差异对未来期间应纳税所得额的影响，分为应纳税暂时性差异和可抵扣暂时性差异。

除因资产、负债的账面价值与其计税基础不同产生的暂时性差异以外，按照税法规定可以结转以后年度的未弥补亏损和税款抵减，也视同可抵扣暂时性差异处理。

(一) 应纳税暂时性差异

应纳税暂时性差异，是指在确定未来收回资产或清偿负债期间的应纳税所得额时，将导致产生应税金额的暂时性差异，该差异在未来期间转回时，会增加转回期间的应纳税所得额，即在未来期间不考虑该事项影响的应纳税所得额的基础上，由于该暂时性差异的转回，会进一步增加转回期间的应纳税所得额和应交所得税金额。在应纳税暂时性差异产生当期，应当确认相关的递延所得税负债。

应纳税暂时性差异通常产生于以下情况。

1. 资产的账面价值大于其计税基础

一项资产的账面价值代表的是企业在持续使用或最终出售该项资产时将取得的经济利益的总额，而计税基础代表的是一项资产在未来期间可予税前扣除的金额。资产的账面价值大于其计税基础，该项资产未来期间产生的经济利益不能全部税前抵扣，两者之间的差额需要交税，产生应纳税暂时性差异。例如，一项无形资产账面价值为200万元，计税基础如果为150万元，两者之间的差额会造成未来期间应纳税所得额和应交所得税的增加。在其产生当期，符合确认条件的情况下，应确认相关的递延所得税负债。

2. 负债的账面价值小于其计税基础

一项负债的账面价值为企业预计在未来期间清偿该项负债时的经济利益流出，而其计税基础代表的是账面价值在扣除税法规定未来期间允许税前扣除的金额之后的差额。因负债的账面价值与其计税基础不同产生的暂时性差异，本质上是税法规定就该项负债在未来期间可以税前扣除的金额(即与该项负债相关的费用支出在未来期间可予税前扣除的金额)。负债的账面价值小于其计税基础，则意味着就该项负债在未来期间可以税前抵扣的金额为负数，即应在未来期间应纳税所得额的基础上调增，增加应纳税所得额和应交所得税金额，产生应纳税暂时性差异，应确认相关的递延所得税负债。

(二) 可抵扣暂时性差异

可抵扣暂时性差异，是指在确定未来收回资产或清偿负债期间的应纳税所得额时，将导致产生可抵扣金额的暂时性差异。在可抵扣暂时性差异产生当期，应当确认相关的递延所得税资产。

可抵扣暂时性差异一般产生于以下情况。

1. 资产的账面价值小于其计税基础

从经济含义来看，资产在未来期间产生的经济利益少，按照税法规定允许税前扣除的金额多，则就账面价值与计税基础之间的差额，企业在未来期间可以减少应纳税所得额并减少应交所得税，符合有关条件时，应当确认相关的递延所得税资产。例如，一项资产的账面价值为200万元，计税基础为260万元，则企业在未来期间就该项资产可以在其自身取得经济利益的基础上多扣除60万元。从整体上来看，未来期间应纳税所得额会减少，应交所得税也会减少，形成可抵扣暂时性差异，符合确认条件时，应确认相关的递延所得税资产。

2. 负债的账面价值大于其计税基础

负债产生的暂时性差异实质上是税法规定就该项负债可以在未来期间税前扣除的金额。相关的计算公式为

负债产生的暂时性差异=账面价值−计税基础=账面价值−(账面价值−未来期间计税时按照税法规定可予以税前扣除的金额)=未来期间计税时按照税法规定可予以税前扣除的金额

一项负债的账面价值大于其计税基础，意味着未来期间按照税法规定与该项负债相关的全部或部分支出可以自未来应税经济利益中扣除，减少未来期间的应纳税所得额和应交所得税。例如，企业对将发生的产品保修费用在销售当期确认预计负债200万元，但税法规定有关费用支出只有在实际发生时才能够税前扣除，其计税基础为0；企业确认预计负债的当期相关费用不允许税前扣除，但在以后期间有关费用实际发生时允许税前扣除，使得未来期间的应纳税所得额和应交所得税减少，产生可抵扣暂时性差异，符合有关确认条件时，应确认相关的递延所得税资产。

(三) 特殊项目产生的暂时性差异

1. 未作为资产、负债确认的项目产生的暂时性差异

某些交易或事项发生以后，因为不符合资产、负债的确认条件而未体现为资产负债表中的资产或负债，但按照税法规定能够确定其计税基础的，其账面价值与计税基础之间的差异也构成暂时性差异。

例如，企业为扩大其产品或劳务的影响而在各种媒体上做广告宣传所发生的广告

费，不得预提和待摊。如果有确凿证据表明(按照合同或协议约定等)企业实际支付的广告费，其相对应的有关广告服务将在未来几个会计年度内获得，则本期实际支付的广告费应作为预付账款，在接受广告服务的各会计年度内，按照双方合同或协议约定的各期接受广告服务的比例分期计入损益。如果没有确凿的证据表明当期发生的广告费是为了在以后会计年度取得有关广告服务，则应将广告费与相关广告见诸媒体时计入当期损益。《企业所得税法实施条例》第四十四条规定："企业发生的符合条件的广告费和业务宣传费支出，除国务院财政、税务主管部门另有规定外，不超过当年销售(营业)收入15%的部分，准予扣除；超过部分，准予在以后纳税年度结转扣除。" 由此可见，广告宣传费在媒体发布时或媒体发布的期间据实列支，而税法将其作为一项资产处理。

2. 可抵扣亏损及税款抵减产生的暂时性差异

对于按照税法规定可以结转以后年度的未弥补亏损及税款抵减，虽不是因资产、负债的账面价值与计税基础不同产生的，但本质上可抵扣亏损和税款抵减与可抵扣暂时性差异具有同样的作用，均能够减少未来期间的应纳税所得额和应交所得税，视同可抵扣暂时性差异，在符合确认条件的情况下，应确认与其相关的递延所得税资产。

【例12-15】甲公司2023年发生广告费10 000 000元，至年末已全额支付给广告公司。根据税法规定，企业发生的广告费、业务宣传费不超过当年销售收入15%的部分允许税前扣除，超过部分允许结转以后年度税前扣除。甲公司2023年实现销售收入60 000 000元。

那么，因广告费支出形成的资产的账面价值为0，其计税基础=10 000 000-60 000 000×15%=1 000 000(元)。

广告费支出形成的资产的账面价值0与其计税基础1 000 000元之间形成1 000 000元可抵扣暂时性差异。

【例12-16】甲公司2023年因政策性原因发生经营亏损4 000万元，按照《企业所得税法》第十八条规定，该亏损可用于抵减以后5个年度的应纳税所得额。该公司预计其于未来5年期间能够产生足够的应纳税所得额弥补该经营亏损。

本例中，该经营亏损虽不是因比较资产、负债的账面价值与其计税基础产生的，但从其性质上来看可以减少未来期间的应纳税所得额和应交所得税，因此该经营亏损产生可抵扣暂时性差异。在企业预计未来期间能够产生足够的应纳税所得额利用该可抵扣亏损时，该经营亏损应确认相关的递延所得税资产。

任务二 递延所得税负债和递延所得税资产的确认与计量

企业在计算确定了应纳税暂时性差异与可抵扣暂时性差异后，应当按照所得税准则规定的原则确认与应纳税暂时性差异相关的递延所得税负债以及与可抵扣暂时性差异相关的递延所得税资产。

一、递延所得税负债的确认和计量

递延所得税负债产生于应纳税暂时性差异。因应纳税暂时性差异在转回期间将增加企业的应纳税所得额和应交所得税，导致企业经济利益的流出，在其发生当期，构成企业应支付税金的义务，应作为负债确认。

确认应纳税暂时性差异产生的递延所得税负债时，交易或事项发生时影响到会计利润或应纳税所得额的，相关的所得税影响应作为利润表中所得税费用的组成部分；与直接计入所有者权益的交易或事项相关的，其所得税影响应减少所有者权益(如交易性金融资产公允价值变动、作为存货或固定资产的房地产转换为按公允价值计量的投资性房地产、权益结算的股份支付等)；与企业合并中取得资产、负债相关的，递延所得税(递延所得税资产)影响应调整购买日应确认的商誉或是计入合并当期损益(营业外收入)的金额。

(一) 递延所得税负债的确认

1. 确认的一般原则

企业在确认因应纳税暂时性差异产生的递延所得税负债时，应遵循以下原则：除所得税准则中明确规定可不确认递延所得税负债的情况以外，企业对于所有的应纳税暂时性差异均应确认相关的递延所得税负债。

为了充分反映交易或事项发生后，对未来期间的计税影响，除特殊情况可不确认相关的递延所得税负债外，企业应尽可能地确认与应纳税暂时性差异相关的递延所得税负债。

2. 需要确认递延所得税负债的事项

(1) 影响利润表的交易事项。

【例12-17】甲公司某项利息收入，预计每年100万元，5年后收到。在计算会计利润时包含100万元，但税法上要求按收付实现制确认应税利润，税率为25%。

那么，此项利息收入产生一项应纳税暂时性差异100万元，确认递延所得税负债25万元。

(2) 影响资产负债表的交易事项。

【例12-18】甲公司某一固定资产原值为5 000万元，账面金额为3 000万元，计税折旧为3 000万元，税率为25%。

那么，该资产的计税基础＝2 000(万元)

该资产的应纳税暂时性差异＝账面金额－计税基础3 000－2 000＝1 000(万元)

应确认的递延所得税负债＝1 000×25%＝250(万元)

(3) 公允价值调整和重估价。

【例12-19】甲公司某项资产的成本为100万元，账面金额由 80万元重估为150万元，计税时没有作相应的调整。税法计税折旧为30万元，税率为25%，假设企业预期通过使用该资产收回其账面金额。

那么，该资产的计税基础＝100－30＝70(万元)

应纳税暂时性差异＝150－70＝80(万元)

应确认的递延所得税负债＝80×25%＝20(万元)

3. 不确认递延所得税负债的特殊情况

有些情况下，虽然资产、负债的账面价值与其计税基础不同，产生了应纳税暂时性差异，但出于各方面考虑，所得税准则中规定不确认相应的递延所得税负债，主要包括以下几项。

(1) 商誉的初始确认。非同一控制下的企业合并中，企业合并成本大于合并中取得的被购买方可辨认净资产公允价值份额的差额，确认为商誉。因会计与税收的划分标准不同，按照税法规定作为免税合并的情况下，税法不认可商誉的价值，即从税法角度，商誉的计税基础为0，两者之间的差额形成应纳税暂时性差异。但是，确认该部分暂时性差异产生的递延所得税负债，则意味着将进一步增加商誉的价值。因商誉本身即是企业合并成本在取得的被购买方可辨认资产、负债之间进行分配后的剩余价值，确认递延所得税负债进一步增加其账面价值会影响到会计信息的可靠性，而且增加了商誉的账面价值以后，可能很快就要计提减值准备，同时其账面价值的增加还会进一步产生应纳税暂时性差异，使得递延所得税负债和商誉价值量的变化不断循环。因此，会计上作为非同一控制下的企业合并，同时按照税法规定作为免税合并的情况下，商誉的计税基础为0，其账面价值与计税基础不同形成的应纳税暂时性差异，会计准则规定不确认相关的递延所得税负债。

【例12-20】甲公司以增发市场价值为60 000 000元的本企业普通股为对价购入乙公司100%的净资产，假定该项企业合并符合税法规定的免税合并条件，且乙公司原股东选择进行免税处理。乙公司适用的所得税税率为25%，购买日乙公司各项可辨认资产、负债的公允价值及其计税基础如表12-1所示。

表12-1　乙公司各项可辨认资产、负债的公允价值及计税基础

单位：元

项目	公允价值	计税基础	暂时性差异
固定资产	27 000 000	15 500 000	11 500 000
应收账款	21 000 000	21 000 000	0
存货	17 400 000	12 400 000	5 000 000
应付账款	(3 000 000)	0	(3 000 000)
其他应付款	(12 000 000)	(12 000 000)	0
不包括递延所得税的可辨认资产、负债的公允价值	50 400 000	36 900 000	13 500 000

那么，该项交易中应确认递延所得税负债及商誉的金额计算如下：

企业合并成本　　　　　　　　　　　　　　　　　　　　　　60 000 000

可辨认净资产公允价值	50 400 000
递延所得税资产(3 000 000×25%)	750 000
递延所得税负债[(11 500 000+5 000 000×25%]	4 125 000
考虑递延所得税后可辨认资产、负债的公允价值	
(50 400 000+3 000 000×25%−16 500 000×25%)	47 025 000
商誉(60 000 000−47 025 000)	12 975 000

所确认的商誉金额12 975 000元与其计税基础0之间产生的应纳税暂时性差异，不再进一步确认相关的递延所得税影响。

应予说明的是，按照会计准则规定在非同一控制下企业合并中确认了商誉，并且按照税法规定该商誉在初始确认时计税基础等于账面价值的，该商誉在后续计量过程中因会计准则与税法规定不同产生暂时性差异的，应当确认相关的所得税影响。

(2) 除企业合并以外的其他交易或事项中，如果该项交易或事项发生时既不影响会计利润，也不影响应纳税所得额，则所产生的资产、负债的初始确认金额与其计税基础不同，形成应纳税暂时性差异的，交易或事项发生时不确认相应的递延所得税负债。该规定主要是考虑到由于交易发生时既不影响会计利润，也不影响应纳税所得额，确认递延所得税负债的直接结果是增加有关资产的账面价值或是降低所确认负债的账面价值，使得资产、负债在初始确认时，违背历史成本原则，影响会计信息的可靠性。

【例12-21】企业打算使用一项账面价值为100万元的固定资产，使用年限为5年，然后再处置，残值为0。税率为25%。该资产的折旧在计税时不能抵扣。一旦处置，任何资本利得不纳税，任何资本损失不可抵扣。

那么，企业不确认由此产生的递延所得税负债25万元，原因在于此次交易既不影响会计利润，也不影响应纳税所得额，它是由该资产的初始确认所产生的。第2年，该资产的账面金额为80万元，企业不确认递延所得税负债20万元，原因在于它是由该资产的初始确认所产生的后续确认。

(3) 准则要求对与子公司、联营企业及合营企业投资相关的应纳税暂时性差异，应当确认相应的递延所得税负债。但是，同时满足下列条件的除外：一是投资企业能够控制暂时性差异转回的时间；二是该暂时性差异在可预见的未来很可能不会转回。

【例12-22】假如甲公司投资乙公司1 000万元，占40%的股权，对该公司拥有控制权，当年投资发生后，乙公司实现净利100万元。

那么，按照权益法核算，甲公司长期股权投资账面价值增加 100×40%=40万元，同时确认投资收益40万元，但税法按照收付实现制确认投资收益，从而产生了应纳税暂时性差异。如果甲公司适用的所得税税率为25%，乙公司税率为20%，则甲公司应确认的递延所得税负债=100/20%×(25%−20%)×40%=10万元。

(二) 递延所得税负债的计量

递延所得税负债应以相关应纳税暂时性差异转回期间适用的所得税税率计量。在我国，除享受优惠政策的情况以外，企业适用的所得税税率在不同年度之间一般不会发生变化，企业在确认递延所得税负债时，可以现行适用所得税税率为基础计算确定。对于享受优惠政策的企业，如国家重点扶持的高新技术企业，享受一定时期的税率优惠，则所产生的暂时性差异应以预计其转回期间的适用所得税税率为基础计量。另外，无论应纳税暂时性差异的转回期间如何，递延所得税负债不要求折现。

二、递延所得税资产的确认和计量

(一) 递延所得税资产的确认

1. 确认的一般原则

递延所得税资产产生于可抵扣暂时性差异。资产、负债的账面价值与其计税基础不同产生可抵扣暂时性差异的，在估计未来期间能够取得足够的应纳税所得额用以利用该可抵扣暂时性差异时，应当以很可能取得用来抵扣可抵扣暂时性差异的应纳税所得额为限，确认相关的递延所得税资产。

同递延所得税负债的确认相同，有关交易或事项发生时，对税前会计利润或是应纳税所得额产生影响的，所确认的递延所得税资产应作为利润表中所得税费用的调整；有关的可抵扣暂时性差异产生于直接计入所有者权益的交易或事项的，确认的递延所得税资产也应计入所有者权益(如交易性金融资产公允价值变动、作为存货或固定资产的房地产转换为按公允价值计量的投资性房地产、权益结算的股份支付等)；企业合并中取得的有关资产、负债产生的可抵扣暂时性差异(递延所得税资产)，其所得税影响应相应调整合并中确认的商誉或是应计入合并当期损益的金额(营业外收入)。

确认递延所得税资产时，应遵循以下原则。

(1) 递延所得税资产的确认应以未来期间很可能取得的用来抵扣可抵扣暂时性差异的应纳税所得额为限。在可抵扣暂时性差异转回的未来期间内，企业无法产生足够的应纳税所得额用以利用可抵扣暂时性差异的影响，使得与可抵扣暂时性差异相关的经济利益无法实现的，则不应确认递延所得税资产；企业有明确的证据表明其于可抵扣暂时性差异转回的未来期间能够产生足够的应纳税所得额，进而利用可抵扣暂时性差异的，则应以很可能取得的应纳税所得额为限，确认相关的递延所得税资产。

在判断企业于可抵扣暂时性差异转回的未来期间是否能够产生足够的应纳税所得额时，应考虑以下两个方面的影响：一是通过正常的生产经营活动能够实现的应纳税所得额，如企业通过销售商品、提供劳务等所实现的收入，扣除有关的成本费用等支出后的金额。该部分情况的预测应当以经企业管理层批准的最近财务预算或预测数据以及该预算或者预测期之后年份稳定的或者递减的增长率为基础。二是以前期间产生的应纳税暂时性差异在未来期间转回时将增加的应纳税所得额。考虑到可抵扣暂时性差异转回的期间内可能取得应纳税所得额的限制，因无法取得足够的应纳税所得额而未确认相关的递延所得税资产的，应在会计报表附注中进行披露。

(2) 对与子公司、联营企业、合营企业的投资相关的可抵扣暂时性差异，同时满足下列条件的，应当确认相关的递延所得税资产：一是暂时性差异在可预见的未来很可能转回；二是未来很可能获得用来抵扣可抵扣暂时性差异的应纳税所得额。

对联营企业和合营企业等的投资产生的可抵扣暂时性差异，主要产生于权益法下被投资单位发生亏损时，投资企业按照持股比例确认应予承担的部分相应减少长期股权投资的账面价值，但税法规定长期股权投资的成本在持有期间不发生变化，造成长期股权投资的账面价值小于其计税基础，产生可抵扣暂时性差异。可抵扣暂时性差异还产生于对长期股权投资计提减值准备的情况下。

(3) 对于按照税法规定可以结转以后年度的未弥补亏损(可抵扣亏损)和税款抵减，应视同可抵扣暂时性差异处理。在预计可利用可弥补亏损或税款抵减的未来期间内很可能取得足够的应纳税所得额时，应当以很可能取得的应纳税所得额为限，确认相应的递延所得税资产，同时减少确认当期的所得税费用。

应予说明的是，可抵扣亏损是指企业按照税法规定计算确定准予用以后年度的应纳税所得弥补的亏损。在确定可抵扣亏损时，一般应以适当方式与税务部门沟通，取得税务部门的认可。与可抵扣亏损和税款抵减相关的递延所得税资产，其确认条件与其他可抵扣暂时性差异产生的递延所得税资产相同，在估计未来期间是否能够产生足够的应纳税所得额用以利用该部分可抵扣亏损或税款抵减时，应考虑以下相关因素的影响：①在可抵扣亏损到期前，企业是否会因以前期间产生的应纳税暂时性差异转回而产生足够的应纳税所得额；②在可抵扣亏损到期前，企业是否可能通过正常的生产经营活动产生足够的应纳税所得额；③可抵扣亏损是否产生于一些在未来期间不可能重复发生的特殊原因；④是否存在其他的证据表明在可抵扣亏损到期前能够取得足够的应纳税所得额。

企业在确认与可抵扣亏损和税款抵减相关的递延所得税资产时，应当在会计报表附注中说明在可抵扣亏损和税款抵减到期前，企业能够产生足够的应纳税所得额的估计基础。

2. 需要确认递延所得税资产的事项

(1) 影响利润表的交易事项。

【例12-23】甲公司将应计入产品包修成本的1 000万元确认为一项负债。该产品包修成本在该企业支付索赔时才能抵扣税款，税率为25%。

那么，该负债的计税基础=0

可抵扣的暂时性差异=账面金额－计税基础=1000－0=1 000(万元)

应确认的递延所得税资产=1000×25 %=250(万元)

(2) 公允价值调整和重估。

【例12-24】甲公司某项固定资产的成本为1 000万元，账面金额由 800万元重估为600万元，计税时没有作相应的调整。累计计税折旧为300万元；税率为25%。

那么，该资产的计税基础=1 000－300=700(万元)

产生的可抵扣暂时性差异＝700－600＝100(万元)

应确认的递延所得税资产＝100×25%＝25(万元)

(3) 企业合并。

【例12-25】假如甲公司以450万元购入乙公司，购买日各项资产、负债的公允价值及其计税基础如表12-2所示。假定乙公司适用的所得税税率为25%。

表12-2　购买日各项资产、负债的公允价值及计税基础

单位：万元

项目	公允价值	计税基础	暂时性差异
固定资产	200	250	(50)
应收账款	150	150	0
存货	120	100	20
其他应付款	(20)	0	(20)
合计	450	500	(50)

那么，递延所得税资产＝50×25%＝12.5(万元)

净资产的公允价值＝450＋12.5＝462.5(万元)

商誉＝450－462.5＝12.5(万元)

需要注意的是，会计准则规定，不确认负商誉所产生的递延所得税资产。

(4) 按照税法规定允许抵减以后年度利润的可抵扣亏损，也视同可抵扣暂时性差异。

另外，可抵扣的亏损视同可抵扣暂时性差异，以未来期间可取得的应纳税所得额为限，来确认相关的递延所得税资产。如果亏损较大，且缺乏证据表明企业未来期间将会有足够的应纳税所得额时，不应确认递延所得税资产。

【例12-26】假设甲公司亏损1 000万元，按照税法规定可向后递延弥补亏损5年，假设有证据表明企业未来将会有足够的应纳税所得额，适用的税率为26%。

那么，可抵扣暂时性差异＝1 000(万元)

递延所得税资产＝1 000×25%＝250(万元)

3. 不确认递延所得税资产的特殊情况

某些情况下，如果企业发生的某项交易或事项不是企业合并，并且交易发生时既不影响会计利润，也不影响应纳税所得额，且该项交易中产生的资产、负债的初始确认金额与其计税基础不同，产生可抵扣暂时性差异的，会计准则规定在交易或事项发生时不确认相关的递延所得税资产。其原因同该种情况下不确认相关的递延所得税负债相同，如果确认递延所得税资产，则需调整资产、负债的入账价值，对实际成本进行调整将有违历史成本原则，影响会计信息的可靠性，该种情况下不确认相关的递延所得税资产。

同时具有以下特征的交易中因资产或负债的初始确认所产生的递延所得税资产不予确认：该项交易不是企业合并；交易发生时既不影响会计利润，也不影响应纳税所得额(或可抵扣亏损)。

例如，甲公司融资租入一项固定资产，会计上入账价值按照公允价值与最低租赁付款额现值中较低者确认为90万元，而税法上是按照租赁合同或协议中约定的租赁款确认为100万元。那么初始确认金额与计税基础之间存在的可抵扣暂时性差异10万元，就不能确认相关的递延所得税资产。

又如，甲公司2023年发生资本化研究开发支出8 000 000元，至年末研发项目尚未完成。税法规定，按照会计准则规定资本化的开发支出按其175%作为计算摊销额的基础。那么，甲公司按照会计准则规定资本化的开发支出为8 000 000元，其计税基础为14 000 000元(8 000 000×175%)，该开发支出及所形成无形资产在初始确认时其账面价值与计税基础即存在差异，因该差异并非产生于企业合并，同时在产生时既不影响会计利润，也不影响应纳税所得额，按照所得税准则规定，不确认与该暂时性差异相关的所得税影响。

(二) 递延所得税资产的计量

1. 适用税率的确定

同递延所得税负债的计量原则相一致，确认递延所得税资产时，应估计相关可抵扣暂时性差异的转回时间，采用转回期间适用的所得税税率为基础计算确定。另外，无论相关的可抵扣暂时性差异转回期间如何，递延所得税资产均不予折现。

2. 递延所得税资产的减值

与其他资产相一致，资产负债表日，企业应当对递延所得税资产的账面价值进行复核。如果未来期间很可能无法取得足够的应纳税所得额用以利用递延所得税资产的利益，应当减记递延所得税资产的账面价值。对于预期无法实现的部分，一般应确认为当期所得税费用，同时减少递延所得税资产的账面价值；对于原确认时计入所有者权益的递延所得税资产，其减记金额也应计入所有者权益，不影响当期所得税费用。

递延所得税资产的账面价值因上述原因减记以后，继后期间根据新的环境和情况判断能够产生足够的应纳税所得额用以利用可抵扣暂时性差异，使得递延所得税资产包含的经济利益能够实现的，应相应恢复递延所得税资产的账面价值。

三、特定交易或事项涉及递延所得税的确认

与当期及以前期间直接计入所有者权益的交易或事项相关的当期所得税及递延所得税应当计入所有者权益。直接计入所有者权益的交易或事项主要有以下几项：对会计政策变更采用追溯调整法或对前期差错更正采用追溯重述法调整期初留存收益、以公允价值计量且其变动计入其他综合收益的金融资产的公允价值的变动计入其他综合收益、自用房地产转为采用公允价值模式计量的投资性房地产时公允价值大于原账面价值的差额计入其他综合收益等。

【例12-27】甲公司于2023年4月自公开市场以每股6元的价格取得A公司普通股200万股，作为以公允价值计量且其变动计入其他综合收益的非交易性权益工具投资核算

(假定不考虑交易费用)，2023年12月31日，甲公司该股票投资尚未出售，当日市价为每股9元。假定按照税法规定，资产在持有期间公允价值的变动不计入应纳税所得额，待处置时一并计算计入应纳税所得额。甲公司适用的所得税税率为25%，假定在未来期间不会发生变化。

甲公司在期末的账务处理如下：

借：其他权益工具投资   6 000 000
  贷：其他综合收益   6 000 000
借：其他综合收益   1 500 000
  贷：递延所得税负债   1 500 000

假定甲公司以每股11元的价格将该股票于2024年对外出售，结转该股票出售损益，则甲公司的账务处理如下：

借：银行存款   22 000 000
  贷：其他权益工具投资   18 000 000
    留存收益   4 000 000
借：其他综合收益   4 500 000
  递延所得税负债   1 500 000
  贷：留存收益   6 000 000

四、所得税税率变化对递延所得税资产和递延所得税负债影响的确认与计量

因适用税收法规的变化，企业在某一会计期间适用的所得税税率发生变化的，企业应对已确认的递延所得税资产和递延所得税负债进行重新计量。递延所得税资产和递延所得税负债并不代表真正意义上的企业所拥有的经济资源或企业所承担的经济责任，代表的是有关可抵扣暂时性差异或应纳税暂时性差异于未来期间转回时，导致应交所得税金额减少或增加的情况。适用所得税税率的变化必然导致应纳税暂时性差异或可抵扣暂时性差异在未来期间转回时产生增加或减少应交所得税金额的变化，在适用所得税税率变化的情况下应对原已确认的递延所得税资产和递延所得税负债的金额进行调整，反映所得税税率变化带来的影响。

除直接计入所有者权益的交易或事项产生的递延所得税资产和递延所得税负债其相关的调整金额应计入所有者权益以外，其他情况下因所得税税率变化产生的递延所得税资产和递延所得税负债调整金额应确认为变化当期的所得税费用(或收益)。

任务三 所得税费用的确认和计量

企业核算所得税，主要是为确定当期应交所得税以及利润表中的所得税费用，从而确定各期实现的净利润。确认递延所得税资产和递延所得税负债，最终目的也是解决不

同会计期间所得税费用的分配问题。按照资产负债表债务法进行核算的情况下，利润表中的所得税费用由两个部分组成：当期所得税和递延所得税费用(或收益)。

一、当期所得税

当期所得税是指企业按照税法规定计算确定的针对当期发生的交易和事项，应缴纳给税务机关的所得税金额，即应交所得税。当期所得税应以适用的税收法规为基础计算确定。企业在确定当期所得税时，对于当期发生的交易或事项，会计处理与税收处理不同的，应在会计利润的基础上，按照适用税收法规的要求进行调整(即纳税调整) 计算出当期应纳税所得额，按照应纳税所得额与适用所得税税率计算确定当期应交所得税。一般情况下，应纳税所得额可在会计利润的基础上，考虑会计准则与税法规定之间的差异，按照以下公式计算确定：

应纳税所得额＝会计利润＋纳税调整增加额－纳税调整减少额＋境外应税所得弥补境内亏损－弥补以前年度亏损

当期所得税＝当期应交所得税＝应纳税所得额×适用税率－减免税额－抵免税额

二、递延所得税费用(或收益)

递延所得税费用(或收益)是指按照会计准则规定应予确认的递延所得税资产和递延所得税负债在会计期末应有的金额相对于原已确认金额之间的差额，即递延所得税资产和递延所得税负债的当期发生额，但不包括计入所有者权益的交易或事项的所得税影响。用公式表示为：

递延所得税费用(或收益)＝当期递延所得税负债的增加＋当期递延所得税资产的减少－当期递延所得税负债的减少－当期递延所得税资产的增加

值得注意的是，如果某项交易或事项按照会计准则规定应计入所有者权益，由该交易或事项产生的递延所得税资产或递延所得税负债及其变化也应计入所有者权益，不构成利润表中的递延所得税费用(或收益)。

【例12-28】丙公司2023年9月取得的某项以公允价值计量且其变动计入其他综合收益的其他债权投资，成本为2 000 000元，2023年12月31日，其公允价值为2 400 000元。丙公司适用的所得税税率为25%。甲公司的账务处理如下：

(1) 会计期末在确认400 000元(2 400 000－2 000 000)的公允价值变动时。

借：其他债权投资——公允价值变动　　　　　　　　　　400 000
　　贷：其他综合收益　　　　　　　　　　　　　　　　　　400 000

(2) 确认应纳税暂时性差异的所得税影响时。

借：其他综合收益(400 000×25%)　　　　　　　　　　100 000
　　贷：递延所得税负债　　　　　　　　　　　　　　　　100 000

另外，非同一控制下的企业合并中因资产、负债的入账价值与其计税基础不同产生的递延所得税资产或递延所得税负债，其确认结果直接影响购买日确认的商誉或计入利润表当期损益的金额，不影响购买日的所得税费用。

三、所得税费用的计算与列报

计算确定了当期所得税及递延所得税费用(或收益)以后，利润表中应予确认的所得税费用为两者之和，计算公式为

所得税费用＝当期所得税＋递延所得税费用(或收益)

【例12-29】甲公司2023年度利润表中利润总额为12 000 000元，适用的所得税税率为25%，预计未来期间适用的所得税税率不会发生变化，未来期间能够产生足够的应纳税所得额用以抵扣可抵扣暂时性差异。递延所得税资产及递延所得税负债不存在期初余额。

该公司2023年发生的有关交易和事项中，会计处理与税收处理存在差别的有以下几个。

(1) 2022年12月31日取得的一项固定资产，成本为6 000 000元，使用年限为10年，预计净残值为0，会计处理按双倍余额递减法计提折旧，税收处理按直线法计提折旧。假定税法规定的使用年限及预计净残值与会计规定相同。

(2) 向关联企业捐赠现金2 000 000元。假定税法规定，企业向关联方的捐赠不允许税前抵扣。

(3) 当年度发生研究开发支出5 000 000元，较上年度增长20%。其中3 000 000元予以资本化；截至2023年12月31日，该研发项目仍在开发过程中。假定税法规定，企业费用化的研究开发支出按175%税前扣除，资本化的研究开发支出按资本化金额的175%确定应予摊销的金额。

(4) 应付违反环保法规定罚款1 000 000元。

(5) 期末对持有的存货计提了300 000元的存货跌价准备。

该公司2023年12月31日资产负债表相关项目金额及其计税基础如表12-3所示。

表12-3　甲公司2023年12月31日资产负债表相关项目金额及其计税基础

单位：万元

项目	账面价值	计税基础
存货	8 000 000	8 300 000
固定资产	25 400 000	26 000 000
开发支出	3 000 000	5 250 000
其他应付款	1 000 000	1 000 000

要求：计算2023年度当期应交所得税、递延所得税、利润表中应确认的所得税费用，并写出分录。

(1) 2023年度当期应交所得税。

应纳税所得额＝12 000 000＋(6 000 000÷10×2－6 000 000÷10)＋2 000 000－(5 000 000－

3 000 000)×75%+1 000 000+300 000＝14 400 000(元)

应交所得税＝14 400 000×25%＝3 600 000(元)

(2) 2023年度递延所得税。

2023年12月31日，甲公司资产负债表的相应暂时性差异如表12-4所示。

表12-4　甲公司2023年12月31日资产负债表的相应暂时性差异

单位：元

项目	账面价值	计税基础	差异	
			应纳税暂时性差异	可抵扣暂时性差异
存货	8 000 000	8 300 000		300 000
固定资产	25 400 000	26 000 000		600 000
开发支出	3 000 000	5 250 000		2 250 000
其他应付款	1 000 000	1 000 000		
合计				3 150 000

本例中，由于存货、固定资产的账面价值和其计税基础不同，产生可抵扣暂时性差异900 000元，确认了递延所得税收益225 000元；对于资本化的开发支出3 000 000元，其计税基础为5 250 000元(3 000 000×175%)，该开发支出及所形成无形资产在初始确认时其账面价值与计税基础即存在差异，因该差异并非产生于企业合并，同时在产生时既不影响会计利润也不影响应纳税所得额，按照所得税准则规定，不确认与该暂时性差异相关的所得税影响。所以，递延所得税收益＝900 000×25%＝225 000 (元)。

(3) 利润表中应确认的所得税费用。

所得税费用＝3 600 000－225 000＝3 375 000(元)

借：所得税费用　　　　　　　　　　　　　　　　3 375 000

　　递延所得税资产　　　　　　　　　　　　　　　225 000

　　贷：应交税费——应交所得税　　　　　　　　　　3 600 000

【例12-30】丁公司2023年初的递延所得税资产借方余额为1 900 000元，递延所得税负债贷方余额为100 000元，具体构成项目如表12-5所示。

表12-5　丁公司递延所得税资产和递延所得税负债

单位：元

项目	可抵扣暂时性差异	递延所得税资产	应纳税暂时性差异	递延所得税负债
应收账款	600 000	150 000		
交易性金融资产			400 000	100 000
其他债权投资	2 000 000	500 000		
预计负债	800 000	200 000		
可税前抵扣的经营亏损	4 200 000	1 050 000		

该公司2023年度利润表中利润总额为16 100 000元，适用的所得税税率为25%，预计未来期间适用的所得税税率不会发生变化，未来期间能够产生足够的应纳税所得额用以抵扣可抵扣暂时性差异。

该公司2023年发生的有关交易和事项中，会计处理与税收处理存在差别的有以下几个。

(1) 年末转回应收账款坏账准备200 000元。假定税法规定，转回的坏账损失不计入应纳税所得额。

(2) 年末根据交易性金融资产公允价值变动确认公允价值变动收益200 000元。假定税法规定，交易性金融资产公允价值变动收益不计入应纳税所得额。

(3) 年末根据其他债权投资公允价值变动增加其他综合收益400 000元。假定税法规定，其他债权投资公允价值变动金额不计入应纳税所得额。

(4) 当年实际支付产品保修费用500 000元，冲减前期确认的相关预计负债；当年确认产品保修费用100 000元，增加相关预计负债。假定税法规定，实际支付的产品保修费用允许税前扣除，但预计的产品保修费用不允许税前扣除。

(5) 当年发生业务宣传费8 000 000元，至年末尚未支付。该公司当年实现销售收入50 000 000元。假定税法规定，企业发生的业务宣传费支出，不超过当年销售收入15%的部分，准予税前扣除；超过部分，准予结转以后年度税前扣除。

2023年12月31日，丁公司资产负债表相关项目金额及其计税基础如表12-6所示。

表12-6 丁公司2023年12月31日资产负债表相关项目金额及其计税基础

单位：万元

项目	账面价值	计税基础
应收账款	3 600 000	4 000 000
以公允价值计量且其变动计入当期损益的金融资产	4 200 000	3 600 000
可供出售金融资产	4 000 000	5 600 000
预计负债	400 000	0
其他应付款	8 000 000	7 500 000

要求：计算2023年度当期应交所得税、递延所得税、利润表中应确认的所得税费用，并写出分录。

(1) 2023年度当期应交所得税。

应纳税所得额＝16 100 000−4 200 000−200 000−200 000−500 000+100 000+(8 000 000−50 000 000×15%)＝11 600 000(元)

应交所得税＝11 600 000×25%＝2 900 000(元)

(2) 2023年度递延所得税。

该公司2023年12月31日资产负债表的相应暂时性差异如表12-7所示。

表12-7　丁公司2023年12月31日资产负债表的相应暂时性差异

单位：元

项目	账面价值	计税基础	差异	
			应纳税暂时性差异	可抵扣暂时性差异
应收账款	3 600 000	4 000 000		400 000
交易性金融资产	4 200 000	3 600 000	600 000	
其他债权投资	4 000 000	5 600 000		1 600 000
预计负债	4 000 000	0		400 000
其他应付款	8 000 000	7 500 000		500 000

递延所得税费用＝(600 000×25％－100 000)－[(400 000＋400 000＋500 000)×25％－(150 000＋200 000＋1 050 000)]＝1 125 000(元)

(3) 利润表中应确认的所得税费用。

所得税费用＝2 900 000＋1 125 000＝4 025 000(元)

借：所得税费用　　　　　　　　　　　　　　　4 025 000

　　贷：应交税费——应交所得税　　　　　　　　2 900 000

　　　　递延所得税资产　　　　　　　　　　　　1 075 000

　　　　150 000＋200 000＋1 050 000)－(400 000＋400 000＋500 000)×25％

　　　　递延所得税负债(600 000×25％－10 0000)　　50 000

借：其他综合收益400 000×25％　　　　　　　　100 000

　　贷：递延所得税资产　　　　　　　　　　　　100 000

【例12-31】甲公司从2022年12月31日购入价值15 000万元的设备，预计使用期限5年，无残值。会计采用直线法计提折旧，税法采用年数总和法计提折旧。2023年和2024年的所得税税率为40％，从2025年起适用的所得税税率改为30％。假定各年税前会计利润均为5 000万元，无其他纳税调整事项。甲公司企业所得税的相关会计处理如下：

(1) 确定各年应交所得税，如表12-8所示。

表12-8　应交所得税计算表

单位：万元

年份	税前会计利润 ①	纳税调整数 ②	应纳税所得额 ③＝①＋②	税率 ④	本期应交所得税 ⑤＝③×④
2023	5000	(2000)	3000	40％	1200
2024	5000	(1000)	4000	40％	1600
2025	5000	0	5000	30％	1500
2026	5000	1000	6000	30％	1800
2027	5000	2000	7000	30％	2100

注：其中②是由于会计和税法折旧方法的不同而产生的纳税调整数。

(2) 确定应纳税暂时性差异，并确定递延所得税负债本期发生额，如表12-9。

表12-9　递延所得税计算表

单位：万元

年份	账面价值⑥	计税基础⑦	应纳税暂时性差异期末余额⑧=⑥-⑦	税率⑨	递延所得税负债期末余额⑩=⑧×⑨	递延所得税负债期初余额⑪=⑩上年期末余额	递延所得税负债本期发生额⑫=⑩-⑪
2023	12 000	10000	2 000	40%	800	0	800
2024	9 000	6 000	3 000	40%	1 200	800	400
2025	6 000	3 000	3 000	30%	900	1 200	(300)
2026	3 000	1 000	2 000	30%	600	900	(300)
2027	0	0	0	30%	0	600	(600)

(3) 确定本期所得税费用，如表12-10。

表12-10　所得税费用计算表

单位：万元

年份	本期应交所得税⑤	递延所得税负债本期发生额⑫	本期所得税费用⑬=⑫+⑤
2023	1 200	800	2 000
2024	1 600	400	2 000
2025	1 500	(300)	1 200
2026	1 800	(300)	1 500
2027	2 100	(600)	1 500

(4) 各年份的会计分录如下(单位：万元)：

① 2023年

借：所得税费用　　　　　　　　　　　　　　　　　　　2 000

　　贷：递延所得税负债　　　　　　　　　　　　　　　　　800

　　　　应交税费——应交所得税　　　　　　　　　　　　1 200

② 2024年

借：所得税费用　　　　　　　　　　　　　　　　　　　2 000

　　贷：递延所得税负债　　　　　　　　　　　　　　　　　400

　　　　应交税费——应交所得税　　　　　　　　　　　　1 600

③ 2025年

借：所得税费用　　　　　　　　　　　　　　　　　　　1 200

　　递延所得税负债　　　　　　　　　　　　　　　　　　300

　　贷：应交税费——应交所得税　　　　　　　　　　　　1 500

④ 2026年

借：所得税费用　　　　　　　　　　　　　　　　　　　1 500

　　递延所得税负债　　　　　　　　　　　　　　　　　　300

　　贷：应交税费——应交所得税　　　　　　　　　　　　1 800

⑤ 2027年

借：所得税费用   1 500

  递延所得税负债   600

  贷：应交税费——应交所得税   2 100

【例12-32】企业在2023—2026年间每年应税收益分别为：-1000、400、200、500，适用税率始终为20%，假设无其他暂时性差异。企业会计处理为：

① 2023年

借：递延所得税资产   200

  贷：所得税费用——补亏减税   200

② 2024年

借：所得税费用   80

  贷：递延所得税资产   80

③ 2025年

借：所得税费用   40

  贷：递延所得税资产   40

④ 2026年

借：所得税费用   100

  贷：递延所得税资产   80

    应交税费——应交所得税   20

我国现行税法允许企业亏损向后递延弥补5年，新准则要求企业对能够结转后期的尚可抵扣的亏损，应当以可能获得用于抵扣尚可抵扣的亏损的未来应税利润为限，确认递延所得税资产。

应予说明的是，企业应当对5年内可抵扣暂时性差异是否能在以后经营期内的应税利润充分转回做出判断；如果不能，不应确认递延所得税资产。

【例12-33】假设甲公司递延所得税资产为200万元，期末对递延所得税资产进行复核，企业未来期间有100万元的应纳税所得额不可抵扣，该企业适用的所得税税率为25%，甲公司会计处理为：

借：资产减值损失——递延所得税资产减值   250 000

  贷：递延所得税资产   250 000

如果以后获得足够的应纳税所得额，那么可冲回原分录，恢复递延所得税资产的价值。

借：递延所得税资产   250 000

  贷：资产减值损失——递延所得税资产减值 250 000

对于所确认的递延所得税资产，要求在每一个资产负债表日，企业应当对递延所得税资产的账面价值进行复核。如果企业未来期间不可能获得足够的应纳税所得额可供抵扣，应当减记递延所得税资产的账面价值。

四、合并财务报表中因抵销未实现内部交易损益产生的递延所得税

企业在编制合并财务报表时，因抵销未实现内部销售损益导致合并资产负债表中资产、负债的账面价值与其在纳入合并范围的企业按照适用税法规定确定的计税基础之间产生暂时性差异的，在合并资产负债表中应当确认递延所得税资产或递延所得税负债，同时调整合并利润表中的所得税费用，但与直接计入所有者权益的交易或事项及企业合并相关的递延所得税除外。

企业在编制合并财务报表时，应将纳入合并范围的企业之间发生的未实现内部交易损益予以抵销。因此，对于所涉及的资产负债项目在合并资产负债表中列示的账面价值与其在所属的企业个别资产负债表中的价值会不同，并进而可能产生与有关资产、负债所属纳税主体计税基础的不同，从合并财务报表作为一个完整经济主体的角度看，应当确认该暂时性差异的所得税影响。

项目小结

本项目着重讲述了所得税的会计处理，介绍了什么是资产(负债)的账面价值、什么是资产(负债)的计税基础，前者指按会计准则规定计算确认的金额；后者指按税法规定计算确认的金额。资产(负债)账面价与资产(负债)计税基础之间的差异，称为暂时性差异。暂时性差异按其性质可以分为应纳税暂时性差异和可抵减暂时性差异两类，应纳税暂时性差异对计税的影响计入递延所得税负债，可抵减暂时性差异对计税的影响计入递延所得税资产。企业当期的所得税费用受当期应交所得税与当期确认或转销的递延所得税负债(递延所得税资产)的影响。

练习题

客观题

业务题

1. 甲公司适用的所得税税率为25%，预计未来期间适用的企业所得税税率不会发生变化，未来期间能够产生足够的应纳税所得额用以抵减可抵扣暂时性差异。税法规定，金融资产在持有期间确认的公允价值变动不计入当期应纳税所得额，待处置时一并计算计入应纳税所得额。假定甲公司按照净利润的10%提取法定盈余公积。不考虑其他因素。有关资料如下：

资料一：甲公司于2023年4月自公开市场以每股6元的价格取得A公司普通股1 000万股，指定为以公允价值计量且其变动计入其他综合收益的非交易性权益工具投资。2023年12月31日，甲公司该股票投资尚未出售，当日市价为每股9元。

资料二：2024年3月甲公司以每股11元的价格将上述股票投资全部对外出售。所有款项均以银行存款收付。(答案中的金额单位用"万元"表示)

要求：(1) 编制甲公司2023年相关会计分录。

(2) 编制甲公司2024年相关会计分录。

2. 2023年1月1日，甲公司董事会批准研发某项新产品专利技术，有关资料如下：

资料一：截至2023年7月3日，该研发项目共发生支出5 000万元，其中费用化支出1 000万元，该项新产品专利技术于当日达到预定用途。甲公司预计该新产品专利技术的使用寿命为10年，采用直线法摊销，预计净残值为零。假定税法规定，企业费用化的研发支出按175%税前扣除，资本化的研发支出按资本化金额的175%确定应予摊销的金额，摊销年限和摊销方法与会计相同。

资料二：①甲公司每年的税前利润总额均为10 000万元；甲公司适用的所得税税率为25%。预计未来期间适用的企业所得税税率不会发生变化，未来期间能够产生足够的应纳税所得额用以抵减可抵扣暂时性差异。②甲公司2023年年初不存在暂时性差异。假定不考虑其他因素。

(答案中的金额单位用"万元"表示)

要求：(1) 计算2023年年末无形资产的账面价值、计税基础、应交所得税，并编制会计分录。

(2) 计算2024年年末无形资产的账面价值、计税基础、应交所得税，并编制会计分录。

3. 甲公司适用的所得税税率为25%。预计未来期间适用的企业所得税税率不会发生变化，假定期初递延所得税资产和递延所得税负债的余额均为零，甲公司预计未来年度能够产生足够的应纳税所得额用以抵扣可抵扣暂时性差异。不考虑其他因素，2024年度会计处理与税务处理存在差异的交易或事项如下：

资料一：持有的交易性金融资产公允价值上升40万元。根据税法规定，交易性金融资产持有期间公允价值的变动金额不计入当期应纳税所得额。

资料二：计提与担保事项相关的预计负债600万元。根据税法规定与上述担保事项相关的支出不得税前扣除。

资料三：持有的其他债权投资公允价值上升200万元。根据税法规定，其他债权投资持有期间公允价值的变动金额不计入当期应纳税所得额。

资料四：计提固定资产减值准备140万元。根据税法规定，计提的资产减值准备在未发生实质性损失前不允许税前扣除。

资料五：甲公司自行研发无形资产于2024年12月31日达到预定用途，其账面价值为

1 000万元，假定计税基础为无形资产成本的175%。

资料六：因销售产品承诺提供保修服务，当期确认预计负债300万元。按照税法规定，与产品售后服务相关的费用在实际发生时允许税前扣除。

资料七：因销售商品而确认合同负债的账面价值为100万元，计税基础为0。

资料八：2024年发生了160万元广告费支出，发生时已作为销售费用计入当期损益。税法规定，该类支出不超过当年销售收入15%的部分允许当期税前扣除，超过部分允许以后年度结转税前扣除。2024年实现销售收入1 000万元。(答案中的金额单位用"万元"表示)

要求：(1) 根据上述资料，逐项指出甲公司上述交易或事项是否形成暂时性差异。如果形成暂时性差异说明属于应纳税暂时性差异还是可抵扣暂时性差异；如果不形成暂时性差异，请说明理由。

(2) 计算甲公司2024年度应确认的递延所得税资产、递延所得税负债和递延所得税费用。

4. A公司属于高新技术企业，适用的所得税税率为15%。递延所得税资产和递延所得税负债的期初余额均为零。

资料一：2019年12月31日，A公司购入价值500万元的设备，预计使用年限为5年，无残值，采用年限平均法计提折旧。税法规定采用双倍余额递减法计提折旧，预计使用年限、残值与会计规定相同。

资料二：假定A公司各年利润总额均为1 000万元。

资料三：根据相关规定，A公司2021年年末得知自2022年开始不再属于高新技术企业，所得税税率将变更为25%。不考虑其他因素。(答案中的金额单位用"万元"表示)

要求：(1) 根据题目资料，填列暂时性差异计算表(见表12-11)。

表12-11 暂时性差异计算表

单位：万元

项目	2020年年末	2021年年末	2022年年末	2023年年末	2024年年末
设备账面价值					
设备计税基础					
累计应纳税暂时性差异					
递延所得税负债余额					

(2) 编制A公司各年有关所得税的会计分录，并列示计算过程。

5. AS公司2024年年末利润表中"利润总额"项目金额为5 000万元。2024年年初递延所得税资产和递延所得税负债的余额都为0。AS公司适用的所得税税率为25%，预计未来期间适用的企业所得税税率不会发生变化，未来期间能够产生足够的应纳税所得额用以抵减可抵扣暂时性差异。AS公司与所得税有关的经济业务如下：

资料一：2024年计提存货跌价准备45万元，年末存货账面价值为500万元。

资料二：2023年12月购入一项固定资产，原值为900万元，折旧年限为10年，预计净残值为零，会计采用双倍余额递减法计提折旧，税法要求采用年限平均法计提折旧，折旧年限和净残值与会计规定相同。

资料三：2024年支付非广告性赞助支出300万元。假定税法规定该支出不允许税前扣除。

资料四：2024年企业为开发新技术发生研究开发支出100万元，其中资本化支出为60万元，于本年7月1日达到预定可使用状态，未发生其他费用，当年摊销10万元。假定按照税法规定，企业开展研发活动发生的研究开发费用，未形成无形资产计入当期损益的，在按照规定据实扣除的基础上，按照研究开发费用的75%加计扣除；形成无形资产的，按照无形资产成本的175%摊销。

资料五：2024年取得的其他权益工具投资初始成本为100万元，年末公允价值变动增加50万元。

资料六：2024年支付违反税收法规罚款支出150万元。

(答案中的金额单位用"万元"表示；计算结果保留小数点后两位小数)

要求：(1) 计算AS公司2024年年末暂时性差异，将计算结果填入表12-12中。

表12-12　2024年年末暂时性差异计算表

单位：万元

项目	账面价值	计税基础	暂时性差异	
			应纳税暂时性差异	可抵扣暂时性差异
存货				
固定资产				
无形资产				
其他权益工具投资				
总计				

(2) 计算AS公司2024年应交所得税的金额。

(3) 计算AS公司2024年递延所得税资产和递延所得税负债的发生额。

(4) 计算AS公司2024年所得税费用和计入其他综合收益的金额。

(5) 编制AS公司2024年有关所得税的会计分录。

项目十三 | 财务报告

我们要坚持以推动高质量发展为主题，把实施扩大内需战略同深化供给侧结构性改革有机结合起来，增强国内大循环内生动力和可靠性，提升国际循环质量和水平，加快建设现代化经济体系，着力提高全要素生产率，着力提升产业链供应链韧性和安全水平，着力推进城乡融合和区域协调发展，推动经济实现质的有效提升和量的合理增长。

摘自2022年10月16日习近平总书记在中国共产党第二十次全国代表大会上的报告

👤 引导案例

起步股份有限公司财务造假虚增利润1.3亿

起步股份有限公司(以下简称"公司")于2022年1月17日收到中国证券监督管理委员会(以下简称"中国证监会")的《立案告知书》(编号：证监立案字0382022029号)。因公司涉嫌信息披露违法违规等事项，根据《中华人民共和国证券法》《中华人民共和国行政处罚法》等法律法规，中国证券监督管理委员会决定对公司立案。

经查明，起步股份及相关人员涉嫌违法的事实如下：

起步股份2018年、2019年及2020年上半年度虚增营业收入、营业成本及利润总额。起步股份收入及成本的财务核算基础数据采自道讯系统，起步股份通过道讯系统以虚构采购、销售业务等方式虚增营业收入、营业成本、利润总额。2018年年度报告中，起步股份虚增营业收入6 947.84万元，占当年营业收入的4.97%；虚增营业成本4 633.25万元；虚增利润总额2 314.59万元，占当年利润总额的10.39%。2019年年度报告中，起步股份虚增营业收入18 190.52万元，占当年营业收入的11.94%；虚增营业成本11 599.19万元；虚增利润总额6 591.33万元，占当年利润总额的37.42%。2020年半年度报告中，起步股份虚增营业收入10 948.61万元，占当期营业收入的19.54%；虚增营业成本6 911.29万元；虚增利润总额4 037.32万元，占当期利润总额的50.30%……

上述违法事实，有起步股份相关定期报告和公开发行文件、会议决议、财务资料、采购合同、情况说明、银行账户资料、服务器全量备份电子数据、道讯系统相关数据、相关客户、供应商提供的财务资料、工商资料、会计师事务所提供的2020年报审计重点问题汇报、微信聊天记录、相关人员询问笔录等证据证明。

起步股份上述公开发行文件编造重大虚假内容等行为涉嫌违反了《公司债券发行与交易管理办法》(证监令第113号)第四条、第十七条第一项、第二项，《证券法》第五条、第十九条第一款的规定，构成《证券法》第一百八十条第一款所述违法行为。

👤 **学习目标**

掌握财务报告的概念和组成；掌握资产负债表、利润表、现金流量表的编制；熟悉所有者权益变动表的编制方法。

任务一　认识财务报告

财务报告(又称"财务会计报告")是指企业对外提供的反映企业某一特定日期的财务状况和某一会计期间的经营成果、现金流量等会计信息的文件。

财务报告是企业财务会计确认与计量的最终结果体现，是向投资者等财务报告使用者提供决策有用信息的媒介和渠道，是投资者、债权人等使用者与企业管理层之间信息沟通的桥梁和纽带。

财务报告包括财务报表和其他应当在财务报告中披露的相关信息和资料。财务报表是财务报告的核心内容。

一、财务报表概述

财务报表是会计要素确认、计量的结果和综合性描述，会计准则中对会计要素确认、计量过程中所采用的各项会计政策被企业实际应用后将有助于企业可持续发展，反映企业管理层受托责任的履行情况。财务报表的构成和分类如图13-1所示。

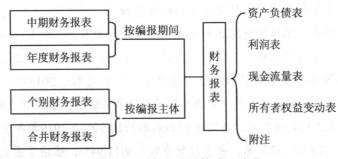

图13-1　财务报表的构成和分类

(一) 财务报表的构成

财务报表由报表本身及其附注两部分构成。一套完整的财务报表至少应当包括"四表一注"，即资产负债表、利润表、现金流量表、所有者权益(或股东权益，下同)变动表以及附注。

(1) 资产负债表是反映企业在某一特定日期的财务状况的会计报表。企业编制资产负债表的目的是通过如实反映企业的资产、负债和所有者权益金额及其结构情况。它有助于使用者评价企业资产的质量以及短期偿债能力、长期偿债能力、利润分配能力等。

(2) 利润表是反映企业在一定会计期间的经营成果和综合收益的会计报表。企业编制利润表的目的是通过如实反映企业实现的收入、发生的费用以及应当计入当期利润的利得和损失、其他综合收益、综合收益等金额及其结构情况。它有助于使用者分析评价企业的盈利能力及其构成与质量。

(3) 现金流量表是反映企业在一定会计期间的现金和现金等价物流入和流出的会计报表。企业编制现金流量表的目的是通过如实反映企业各项活动的现金流入和现金流出从而有助于使用者评价企业生产经营过程，特别是经营活动中所形成的现金流量和资金周转情况。

(4) 所有者权益变动表是反映构成企业所有者权益的各组成部分当期增减变动情况的报表。所有者权益变动表应当全面反映一定时期所有者权益变动的情况，不仅包括所有者权益总量的增减变动，还包括所有者权益增减变动的重要结构性信息，特别是要反映直接计入所有者权益的利得和损失，让使用者准确理解所有者权益增减变动的根源。

(5) 附注是对在财务报表中列示项目所作的进一步说明，以及对未能在这些报表中列示项目的说明等。附注由若干附表和对有关项目的文字性说明组成。企业编制附注的目的是通过对报表本身作补充说明，以更加全面、系统地反映企业财务状况、经营成果和现金流量的全貌。

(二) 财务报表的分类

财务报表可以按照不同的标准进行分类。

(1) 按编报期间的不同，财务报表可分为中期财务报表和年度财务报表。

中期财务报表是以短于一个完整会计年度的报告期间为基础编制的财务报表，包括月报、季报和半年报等。中期财务报表至少应当包括资产负债表、利润表、现金流量表和附注，其中，中期资产负债表、利润表和现金流量表应当是完整报表，其格式和内容与年度财务报表相一致。与年度财务报表相比，中期财务报表中的附注披露可适当简略。

(2) 按编报主体的不同，财务报表可分为个别财务报表和合并财务报表。

个别财务报表是由企业在自身会计核算基础上对账簿记录进行加工而编制的财务报表，它主要用以反映企业自身的财务状况、经营成果和现金流量情况。合并财务报表是以母公司和子公司组成的企业集团为会计主体，根据母公司和所属子公司的财务报表，由母公司编制的综合反映企业集团财务状况、经营成果及现金流量的财务报表。

二、财务报表列报的基本要求

(一) 依据各项会计准则确认和计量的结果编制财务报表

企业应当根据实际发生的交易和事项，遵循基本准则、各项具体会计准则及解释的规定进行确认和计量，并在此基础上编制财务报表。企业不应以在附注中披露代替对交易和事项的确认和计量，即企业采用的不恰当的会计政策，不得通过在附注中披露等其他形式予以更正，企业应当对交易和事项进行正确的确认和计量。

(二) 列报基础

持续经营是会计的基本前提，是会计确认、计量及编制财务报表的基础。在编制财务报表的过程中，企业管理层应当全面评估企业的持续经营能力。企业管理层在对企业持续经营能力进行评估时，应当利用其所有可获得的信息，评估涵盖的期间应包括企业自报告期末起至少12个月，评估需要考虑的因素包括宏观政策风险、市场经营风险、企业目前或长期的盈利能力、偿债能力、财务弹性以及企业管理层改变经营政策的意向等。评价结果表明对持续经营能力产生重大怀疑的，企业应当在附注中披露导致对持续经营能力产生重大怀疑的影响因素。

(三) 权责发生制

除现金流量表按照收付实现制编制外，企业应当按照权责发生制编制其他财务报表。

(四) 列报的一致性

可比性是会计信息质量的重要指标之一，目的是使同一企业不同期间和同一期间不同企业的财务报表相互可比。这就要求财务报表项目的列报应当在各个会计期间保持一致，不得随意变更。这一要求不仅针对财务报表中的项目名称，还包括财务报表项目的分类、排列顺序等方面。

当会计准则要求改变，或者企业经营业务的性质发生重大变化或重大的购买或处置事项等对企业经营影响较大的交易或事项发生后，变更财务报表项目的列报能够提供更可靠、更相关的会计信息时，财务报表项目的列报是可以改变的，此时企业应当按照准则的规定提供编制的比较信息。

(五) 重要性和项目列报

财务报表是企业对大量的交易或事项进行确认、计量、分类、加工、处理后编制的用以说明企业财务状况和经营成果的书面文件，这些交易或事项按其性质或功能汇总归类列入财务报表中的相关项目。项目在财务报表中是单独列报还是合并列报，应当依据重要性原则来判断。如果某项目单个看不具有重要性，则可将其与其他项目合并列报；如果具有重要性，则应当单独列报。具体而言，应当遵循以下原则。

(1) 性质或功能不同的项目，一般应当在财务报表中单独列报。如存货和固定资产在性质上和功能上都有本质差别，必须分别在资产负债表上单独列报。

(2) 性质或功能类似的项目，一般可以合并列报。如原材料、低值易耗品等项目在性质上类似，均通过生产过程形成企业的产品存货，因此可以合并列报，合并之后的类别统称为"存货"，在资产负债表上单独列报。

(3) 项目单独列报的原则不仅适用于报表，还适用于附注。某些项目的重要程度不足以在资产负债表、利润表、现金流量表或所有者权益变动表中单独列示，但是可能对附注而言却具有重要性，在这种情况下应当在附注中单独披露。仍以存货为例，对某制造业企业而言，原材料、包装物及低值易耗品、在产品、库存商品等项目的重要程度不足以在资产负债表上单独列示，但是鉴于其对该制造业企业的重要性，应当在附注中单独披露。

(4) 无论是财务报表列报准则规定单独列报的项目，还是其他具体会计准则规定单独列报的项目，企业都应当予以单独列报。

重要性是判断项目是否单独列报的重要标准。企业在进行重要性判断时，应当根据所处环境，从项目的性质和金额大小两方面予以判断：一方面，应当考虑该项目的性质是否属于企业日常活动，是否显著影响企业的财务状况、经营成果和现金流量等因素；另一方面，判断项目金额大小的重要性，应当通过单项金额占资产总额、负债总额、所有者权益总额、营业收入总额、营业成本总额、净利润、综合收益总额等直接相关或所属报表单列项目金额的比重加以确定。此外，对于同一项目而言，其重要性的判断标准一经确定，不得随意变更。

(六) 财务报表项目金额间的相互抵销

财务报表项目应当以总额列报，资产和负债、收入和费用、直接计入当期利润的利得项目和损失项目的金额不能相互抵销，即不得以净额列报。如果相互抵销，所提供的信息就不完整，信息的可比性大为降低，难以在同一企业不同期间以及同一期间不同企业的财务报表之间实现相互可比，报表使用者难以据以做出判断。如企业欠客户的应付款不得与其他客户欠本企业的应收款相抵销，因为相互抵销就掩盖了交易的实质。再如收入和费用反映了企业投入和产出之间的关系，是企业经营成果的两个方面，为了更好地反映经济交易的实质、考核企业经营管理水平以及预测企业未来现金流量，收入和费用不得相互抵销。

(七) 比较信息的列报

企业在列报当期财务报表时，至少应当提供所有列报项目上一可比会计期间的比较数据，以及与理解当期财务报表相关的说明。其目的是向报表使用者提供对比数据，提高信息在会计期间的可比性，以反映企业财务状况、经营成果和现金流量的发展趋势，提高报表使用者的判断与决策能力。列报比较信息的这一要求既适用于资产负债表、利润表、现金流量表、所有者权益变动表，也适用于附注。

企业列报所有列报项目上一可比会计期间的比较数据，至少包括两套报表及其相关附注；当企业追溯应用会计政策或追溯重述，或者重新分类财务报表项目时，企业应当在一套完整的财务报表中列报最早可比期间期初的财务报表，即应当至少列报三份资产负债表、两份其他各报表及其相关附注。其中，列报的三份资产负债表分别指当期期末的资产负债表、上一期末(即当期期初)的资产负债表，以及最早可比期间的期初资产负债表。

在财务报表项目的列报确需发生变更的情况下，企业应当对上期比较数据按照当期的列报要求进行调整，并在附注中披露调整的原因和性质，以及调整的各项目金额，通常应当列报两期各报表和相关附注。但是，对上期比较数据进行调整是不切实可行的，企业应当在附注中披露不能调整的原因，以及假设金额重新分类可能进行的调整的性质。

(八) 财务报表表首部分的列报要求

财务报表通常与其他信息(如企业年度报告等)一起公布，按照企业会计准则编制的财务报表应当与一起公布的同一文件中的其他信息相区分。财务报表一般分为表首，正表两部分。企业应当在表首部分概括地说明下列基本信息：①编报企业的名称，如企业名称在所属当期发生变更的，还应明确标明；②对资产负债表而言，须披露资产负债表日，对利润表、现金流量表、所有者权益变动表而言，须披露报表涵盖的会计期间；③货币名称和单位，按照我国企业会计准则的规定，企业应当以人民币作为记账本位币列报，并标明金额单位，如人民币元、人民币万元等；④财务报表是合并财务报表的，应当予以标明。

(九) 报告期间

企业至少应当编制年度财务报表。《中华人民共和国会计法》的规定，会计年度自公历1月1日起至12月31日止。编制年度财务报表涵盖的期间短于一年的情况下，如企业在年度中间(如3月1日)开始设立等，企业应当披露年度财务报表的实际涵盖期间及其短于一年的原因，并应当说明由此引起的财务报表项目与比较数据不具可比性这一事实。

任务二　资产负债表

一、资产负债表概述

资产负债表是指反映企业在某一特定日期的财务状况的报表。资产负债表主要反映资产、负债和所有者权益三方面的内容，并满足"资产=负债+所有者权益"等式。

(一) 资产

资产，反映由过去的交易、事项形成并由企业在某一特定日期所拥有或控制的、预期给企业带来经济利益的资源。资产应当按照流动资产和非流动资产两大类别在资产负债表中列示，在流动资产和非流动资产类别下进一步按性质分项列示。

流动资产是指预计在一个正常营业周期中变现、出售或耗用，或者主要为交易目的而持有，或者预计在资产负债表日起一年内(含一年)变现的资产，或者自资产负债表日起一年内交换其他资产或清偿负债的能力不受限制的现金或现金等价物。资产负债表中列示的流动资产项目通常包括货币资金、交易性金融资产、应收票据、应收账款、预付款项、应收利息、应收股利、其他应收款、存货和一年内到期的非流动资产等。

非流动资产是指流动资产以外的资产。资产负债表中列示的非流动资产项目通常包括债权投资、其他债权投资、长期股权投资、固定资产、在建工程、工程物资、固定资产清理、无形资产、开发支出、长期待摊费用以及其他非流动资产等。

(二) 负债

负债，反映在某一特定日期企业所承担的、预期会导致经济利益流出企业的现时义务。负债应当按照流动负债和非流动负债在资产负债表中进行列示，在流动负债和非流动负债类别下再进一步按性质分项列示。

流动负债是指预计在一个正常营业周期中清偿，或者主要为交易目的而持有，或者自资产负债表日起一年内(含一年)到期应予以清偿，或者企业无权自主地将清偿推迟至资产负债表日后一年以上的负债。资产负债表中列示的流动负债项目通常包括短期借款、应付票据、应付账款、预收款项、应付职工薪酬、应交税费、应付利息、应付股利、其他应付款、一年内到期的非流动负债等。

非流动负债是指流动负债以外的负债。非流动负债项目通常包括长期借款、应付债券和其他非流动负债等。

(三) 所有者权益

所有者权益是企业资产扣除负债后的剩余权益，反映企业在某一特定日期股东(或投资者)拥有的净资产的总额，它一般按照实收资本(或股本)、其他权益工具、资本公积、盈余公积和未分配利润等分项列示。

二、资产负债表的结构

资产负债表的格式主要有两种：一种是账户式，一种是报告式。

我国企业的资产负债表采用账户式结构。账户式资产负债表分左右两方，左方为资产项目，大体按资产的流动性大小排列，流动性大的资产如"货币资金""交易性金融资产"等排在前面，流动性小的资产如"固定资产""无形资产"等排在后面。右方为负债及所有者权益项目，一般按要求清偿时间的先后顺序排列："短期借款""应付票据""应付账款"等需要在一年以内或者长于一年的一个正常营业周期内偿还的流动负债排在前面，"长期借款"等在一年以上需偿还的非流动负债排在中间，在企业清算之前不需要偿还的所有者权益项目排在后面。

账户式资产负债表中的资产各项目的合计等于负债和所有者权益各项目的合计，即资产负债表左方和右方平衡。因此，账户式资产负债表可以反映资产、负债、所有者权益之间的内在关系，即资产＝负债＋所有者权益。

报告式资产负债表，又称垂直式资产负债表，是依据"资产－负债＝所有者权益"等式，将各项目垂直排列，资产负债表由上而下分别列示资产项目、负债项目和所有者权益项目，上下对照达到平衡。

根据财政部2019年4月30日发布的《关于修订印发2019年度一般企业财务报表格式

的通知》，资产负债表的格式和内容如表13-1所示。

表13-1 资产负债表(简表)

会企01表

编制单位： 年 月 日 单位：元

资 产	期末余额	年初余额	负债及所有者权益	期末余额	年初余额
流动资产：			流动负债：		
货币资金			短期借款		
交易性金融资产			交易性金融负债		
应收票据			应付票据		
应收账款			应付账款		
预付账款			预收账款		
应收利息			应付职工薪酬		
其他应收款			应交税费		
存货			应付利息		
一年内到期的非流动资产			其他应付款		
其他流动资产			一年内到期的非流动负债		
流动资产合计			其他流动负债		
非流动资产：			流动负债合计		
可供出售金融资产			非流动负债：		
持有至到期投资			长期借款		
长期应收款			应付债券		
长期股权投资			长期应付款		
投资性房地产			专项应付款		
固定资产			预计负债		
在建工程			递延所得税负债		
工程物资			其他非流动负债		
固定资产清理			非流动负债合计		
生产性生物资产			负债合计		
油气资产			所有者权益：		
无形资产			实收资本(或股本)		
开发支出			其他权益工具		
商誉			资本公积		
长期待摊费用			减：库存股		
递延所得税资产			盈余公积		
其他非流动资产			未分配利润		
非流动资产合计			所有者权益合计		
资产总计			负债及所有者权益合计		

三、资产负债表的编制

(一) 资产负债表的资料来源

按照会计准则的要求，报表应提供比较数据，因此，资产负债表的各项目均需填列"年初余额"和"期末余额"两栏。"年初余额"栏内各项数字，应根据上年年末资产负债表的"期末余额"栏内所列数字填列。如果本年度资产负债表规定的各项目的名称和内容与上年不一致，则应对上年年末资产负债表各项目的名称和数字按照本年度的规定进行调整，填入本表"年初余额"栏内。相对"年初余额"，"期末余额"栏的填制则要复杂得多。"期末余额"栏内各项数字按照会计报表编制时间，可分为月末、季末或年末的数字，应根据会计账簿记录填列。其中，大多数项目可以直接根据有关账户的余额填列，少数项目则要根据有关账户的余额进行分析、计算后填列。

具体来说，我国资产负债表各项目"期末余额"栏的数据，主要通过以下几种方式取得。

(1) 根据总分类账户余额填列。如"短期借款""应付职工薪酬""应交税费"等项目，可根据"短期借款""应付职工薪酬""应交税费"等各总分类账户的余额直接填列。有些项目则需根据几个总分类账户的期末余额计算填列，如"货币资金"项目，需根据"库存现金""银行存款""其他货币资金"三个总分类账户的期末余额的合计数填列。

(2) 根据明细账科目余额计算填列。如"应付账款"项目，需要根据"应付账款"和"预付账款"两个科目所属的相关明细科目的期末贷方余额计算填列；"应收账款"项目，需要根据"应收账款"和"预收账款"两个科目所属的相关明细科目的期末借方余额计算填列。

(3) 根据总分类账户和明细分类账户余额分析计算填列。如"长期借款"项目，需要根据"长期借款"总分类账户余额扣除"长期借款"账户所属的明细分类账户中将在一年内到期且企业不能自主地将清偿义务展期的长期借款后的金额计算填列。

(4) 根据有关科目余额减去其备抵科目余额后的净额填列。如资产负债表中的"应收账款""长期股权投资"等项目，应根据"应收账款""长期股权投资"等科目的期末余额减去"坏账准备""长期股权投资减值准备"等科目余额后的净额填列；"固定资产"项目，应根据"固定资产"科目期末余额减去"累计折旧""固定资产减值准备"科目余额后的净额填列；"无形资产"项目，应根据"无形资产"科目期末余额减去"累计摊销""无形资产减值准备"科目余额后的净额填列。

【例13-1】甲公司2023年12月31日结账后"应收账款"科目所属各明细科目的期末借方余额合计450 000元，贷方余额合计220 000元，对应收账款计提的坏账准备为50 000元，假定"预收账款"科目所属明细科目无借方余额。

那么，该企业2023年12月31日资产负债表中的"应收账款"项目金额＝450 000－50 000＝400 000(元)。

本例中，企业应当以"应收账款"科目所属明细科目借方余额450 000元，减去对应收账款计提的坏账准备50 000元后的净额，作为资产负债表"应收账款"项目的金额，即400 000元。应收账款科目所属明细科目贷方余额，应与"预收账款"科目所属明细科目贷方余额加总，填列为"预收款项"项目。

(5) 综合运用上述填列方法分析填列。如资产负债表中的"存货"项目，应根据"原材料""材料采购""在途物资""材料成本差异""生产成本""库存商品""委托加工物资""周转材料""发出商品"等总分类账户期末余额的合计数减去"存货跌价准备"账户期末贷方余额后的金额填列。

【例13-2】甲公司采用计划成本核算材料，2023年12月31日结账后有关科目余额为："材料采购"科目余额为140 000元(借方)，"原材料"科目余额为2 400 000元(借方)，"周转材料"科目余额为1 800 000元(借方)，"库存商品"科目余额为1 600 000元(借方)，"生产成本"科目余额为600 000元(借方)，"材料成本差异"科目余额为120 000元(贷方)，"存货跌价准备"科目余额为210 000元(贷方)。

那么，甲公司2023年12月31日资产负债表中的"存货"项目金额＝140 000＋2 400 000＋1 800 000＋1 600 000＋600 000－120 000－210 000＝6 210 000(元)。

本例中，企业应当以"材料采购"(表示在途材料采购成本)、"原材料""周转材料"(比如包装物和低值易耗品等)、"库存商品""生产成本"(表示期末在产品金额)各总账科目余额加总后，加上或减去"材料成本差异"总账科目的余额(若为贷方余额，应减去；若为借方余额，应加上)，再减去"存货跌价准备"总账科目余额后的金额。作为资产负债表中"存货"的项目金额。

(二) 资产负债表各项目"期末余额"的具体填列方法

根据《企业会计准则》的规定，资产负债表中主要项目的具体填列方法如下。

1. 资产项目的填列方法

(1) "货币资金"项目，反映企业库存现金、银行结算户存款、外埠存款、银行汇票存款、银行本票存款、信用卡存款、信用证保证金存款等的合计数。本项目应根据"库存现金""银行存款""其他货币资金"科目期末余额的合计数填列。

(2) "交易性金融资产"项目，反映资产负债表日企业分类为以公允价值计量且其变动计入当期损益的金融资产，以及企业持有的直接指定为以公允价值计量且其变动计入当期损益的金融资产的期末账面价值。该项目应根据"交易性金融资产"科目的相关明细科目期末余额分析填列。自资产负债表日起超过一年到期且预期持有超过一年的以公允价值计量且其变动计入当期损益的非流动金融资产的期末账面价值，在"其他非流动金融资产"项目反映。

(3)"应收票据"项目,反映资产负债表日以摊余成本计量的、企业因销售商品、提供服务等收到的商业汇票,包括银行承兑汇票和商业承兑汇票。该项目根据"应收票据"科目的期末余额,减去"坏账准备"科目中相关坏账准备期末余额后的金额分析填列。

(4)"应收账款"项目,反映资产负债表日以摊余成本计量的,企业因销售商品、提供服务等经营活动应收取的款项。该项目应根据"应收账款"科目的期末余额,减去"坏账准备"科目中相关坏账准备期末余额后的金额分析填列。

(5)"应收款项融资"项目,反映资产负债表日以公允价值计量且变动计入其他综合收益的应收票据和应收账款等。

(6)"预付款项"项目,反映企业按照购货合同规定预付给供应单位的款项等。本项目应根据"预付账款"和"应付账款"科目所属各明细科目的期末借方余额合计数,减去"坏账准备"科目中有关预付款项计提的坏账准备期末余额后的金额填列。如"预付账款"科目所属各明细科目期末有贷方余额的,应在资产负债表"应付票据及应付账款"项目内填列。

(7)"其他应收款"项目,反映企业对其他单位和个人的各种应收、暂付的款项。本项目应根据"应收利息""应收股利""其他应收款"科目的期末余额合计数,减去对应的"坏账准备"的期末余额后的金额填列。

(8)"存货"项目,反映企业期末在库、在途和在加工中的各种存货的可变现净值。本项目应根据"原材料""材料采购""在途物资""材料成本差异""生产成本""库存商品""委托加工物资""周转材料""发出商品"等科目期末余额的合计数减去"存货跌价准备"科目期末贷方余额后的金额填列。

(9)"合同资产"项目,反映企业已向客户转让商品而有权收取对价的权利,且该权利取决于时间流逝外的其他因素。企业应按照《企业会计准则第14号——收入》(2017年修订)的相关规定,根据本企业履行履约义务与客户付款之间的关系在资产负债表中列示合同资产或合同负债。"合同资产"项目、"合同负债"项目,应分别根据"合同资产"科目、"合同负债"科目的相关明细科目期末余额分析填列,同一合同下的合同资产和合同负债应当以净额列示,其中净额为借方余额的,应当根据其流动性在"合同资产"或"其他非流动资产"项目中填列,已计提减值准备的,还应减去"合同资产减值准备"科目中相关的期末余额后的金额填列;其中净额为贷方余额的,应当根据其流动性在"合同负债"或"其他非流动负债"项目中填列。

(10)"持有待售资产"项目,反映资产负债表日划分为持有待售类别的非流动资产及划分为持有待售类别的处置组中的流动资产和非流动资产的期末账面价值。该项目应根据"持有待售资产"科目的期末余额,减去"持有待售资产减值准备"科目的期末余额后的金额填列。持有待售资产主要是指已签出售合同但尚未正式出售的固定资产、无形资产等,要按签合同日的固定资产、无形资产的账面价值与出售的公允价值净额两者中的较低者入账。

(11) "一年内到期的非流动资产"项目，通常反映预计自资产负债表日起一年内变现的非流动资产。对于按照相关会计准则采用折旧(或摊销、折耗)方法进行后续计量的固定资产、使用权资产、无形资产和长期待摊费用等非流动资产，折旧(或摊销、折耗)年限(或期限)只剩一年或不足一年的，或预计在一年内(含一年)进行折旧(或摊销、折耗)的部分，不得归类为流动的资产，仍在各该非流动资产项目中填列，不得转入"一年内到期的非流动资产"项目。

(12) "其他流动资产"项目，反映企业除以上流动资产项目外的其他流动资产。本项目应根据"待处理财产损溢""应交税费"(增值税明细)、"合同取得成本""应收退货成本"的期末余额分析填列。若期限超过一年或一个正常营业周期的，在"其他非流动资产"项目中填列，已计提减值准备的，还应减去相关减值准备科目期末余额。

(13) "债权投资"项目，反映资产负债表日企业以摊余成本计量的长期债权投资的期末账面价值。该项目应根据"债权投资"科目的相关明细科目期末余额，减去"债权投资减值准备"科目中相关减值准备的期末余额后的金额分析填列。自资产负债表日起一年内到期的长期债权投资的期末账面价值，在"一年内到期的非流动资产"项目反映。企业购入的以摊余成本计量的一年内到期的债权投资的期末账面价值，在"其他流动资产"项目反映。

(14) "其他债权投资"项目，反映资产负债表日企业分类为以公允价值计量且其变动计入其他综合收益的长期债权投资的期末账面价值。该项目应根据"其他债权投资"科目的相关明细科目期末余额分析填列。自资产负债表日起一年内到期的长期债权投资的期末账面价值，在"一年内到期的非流动资产"项目反映。企业购入的以公允价值计量且其变动计入其他综合收益的一年内到期的债权投资的期末账面价值，在"其他流动资产"项目反映。

(15) "长期应收款"项目，反映企业融资租赁产生的应收款项、采用递延方式具有融资性质的销售商品和提供劳务等产生的长期应收款项等。本项目应根据"长期应收款"科目期末余额，减去一年内到期的部分、"未确认融资收益"科目期末余额、"坏账准备"科目中按长期应收款计提的坏账准备后的金额填列。

(16) "长期股权投资"项目，反映企业持有的对子公司、联营企业和合营企业的长期股权投资。本项目应根据"长期股权投资"科目的期末余额，减去"长期股权投资减值准备"科目的期末余额后的金额填列。

(17) "其他权益工具投资"项目，反映资产负债表日企业指定为以公允价值计量且其变动计入其他综合收益的非交易性权益工具投资的期末账面价值。该项目应根据"其他权益工具投资"科目的期末余额填列。

(18) "投资性房地产"项目，反映企业持有的投资性房地产。企业采用成本模式计量投资性房地产的，本项目应根据"投资性房地产"科目的期末余额，减去"投资性房地产累计折旧(摊销)"和"投资性房地产减值准备"科目余额后的金额填列；企业采用公允价值模式计量投资性房地产的，本项目应根据"投资性房地产"科目的期末余额填列。

(19) "固定资产"项目，反映企业实物资产的情况。本项目应根据"固定资产"科目的期末余额，减去"累计折旧"和"固定资产减值准备"科目的期末余额后的金额，再加减"固定资产清理"科目的期末余额填列。

(20) "在建工程"项目，反映企业期末各项未完工程的实际支出，包括交付安装的设备价值、未完建筑安装工程已经耗用的材料、工资和费用支出、预付出包工程的价款等的可收回金额。本项目应根据"在建工程"科目的期末余额，减去"在建工程减值准备"科目的期末余额后的金额，再加上"工程物资"科目的期末余额，再减去"工程物资减值准备"科目的期末余额后的金额填列。

(21) "生产性生物资产"项目，反映企业(农业)持有的生产性生物资产净价。本项目应根据"生产性生物资产科目"期末余额，减去"生产性生物资产累计折旧"和"生产性生物资产减值准备"科目期末贷方余额后填列。

(22) "油气资产"项目，反映企业(石油天然气开采)持有的矿区权益和油气井及相关设施减去累计折耗和累计减值准备后的净价。本项目应根据"油气资产"科目的期末余额减去"累计折耗"账户期末余额和相应减值准备后的金额填列。

(23) "无形资产"项目，反映企业持有的无形资产，包括专利权、非专利技术、商标权、著作权、土地使用权等。本项目应根据"无形资产"科目的期末余额，减去"累计摊销"和"无形资产减值准备"科目期末余额后的金额填列。

(24) "开发支出"项目，反映企业开发无形资产过程中能够资本化形成无形资产成本的支出部分。本项目应根据"研发支出"科目中所属的"资本化支出"明细科目期末余额填列。

(25) "商誉"项目，反映企业商誉的价值。本项目应根据"商誉"科目期末余额减去相应减值准备后的金额填列。

(26) "长期待摊费用"项目，反映企业已经发生但应由本期和以后各期负担的分摊期限在一年以上的各项费用。长期待摊费用中在一年内(含一年)摊销的部分，在资产负债表"一年内到期的非流动资产"项目填列。本项目应根据"长期待摊费用"科目的期末余额减去将于一年内(含一年)摊销的数额后的金额填列。

(27) "递延所得税资产"项目，反映企业确认的递延所得税资产。本项目根据"递延所得税资产"科目期末余额填列。

(28) "其他非流动资产"项目，反映企业除以上资产以外的其他非流动资产。本项目应根据有关科目的期末余额填列。如其他长期资产价值较大的，应在报表附注中披露其内容和金额。

2. 负债项目的填列方法

(1) "短期借款"项目，反映企业向银行或其他金融机构等借入的期限在一年以下

(含一年)的各种借款。本项目应根据"短期借款"科目的期末余额填列。

(2) "交易性金融负债"项目，反映资产负债表日企业承担的交易性金融负债，以及企业持有的指定为以公允价值计量且其变动计入当期损益的金融负债的期末账面价值。该项目应根据"交易性金融负债"科目的相关明细科目的期末余额填列。

(3) "应付票据"项目，反映资产负债表日以摊余成本计量的，企业因购买材料、商品和接受服务等开出、承兑的商业汇票，包括银行承兑汇票和商业承兑汇票。该项目应根据"应付票据"科目的期末余额填列。

(4) "应付账款"项目，反映资产负债表日以摊余成本计量的，企业因购买材料、商品和接受服务等经营活动应支付的款项，该项目应根据"应付账款"和"预付账款"科目所属的相关明细科目的期末贷方余额合计数填列。

(5) "预收款项"项目，反映企业按合同规定预收的款项。本项目应根据"预收账款"和"应收账款"科目所属明细科目的期末贷方余额合计数填列。如"预收账款"科目所属明细科目期末有借方余额的，应在资产负债表"应收账款"项目内填列。

(6) "合同负债"项目，反映企业已收或应收客户对价而应向客户转让商品的义务。本项目应根据"合同负债"科目的相关明细科目期末余额分析填列。

(7) "应付职工薪酬"项目，反映企业根据有关规定应付给职工的工资、职工福利、社会保险费、住房公积金、工会经费、职工教育经费、非货币性福利、辞退福利等各种薪酬。外商投资企业按规定从净利润中提取的职工奖励及福利基金，也在本项目列示。本项目应根据"应付职工薪酬"科目的期末贷方余额填列，如"应付职工薪酬"科目期末为借方余额，以"－"号填列。

(8) "应交税费"项目，反映企业期末未交、多交或未抵扣的各种税费。本项目应根据"应交税费"科目的期末贷方余额填列。如"应交税费"科目期末为借方余额，应以"－"号填列。

(9) "其他应付款"项目，反映企业除应付票据、应付账款、预收款项、应付职工薪酬、应交税费等经营活动以外的其他各项应付、暂收的款项。本项目应根据"应付利息""应付股利"和"其他应付款"科目的期末余额相加填列。

(10) "持有待售负债"项目，反映企业持有待售的处置组中的负债。本项目应根据"持有待售负债"科目的期末余额填列。

(11) "一年内到期的非流动负债"项目，反映企业非流动负债中将于资产负债表日后一年内到期部分的金额。如将于一年内偿还的长期借款。本项目应根据有关非流动负债科目的期末余额分析计算填列。

(12) "长期借款"项目，反映企业向银行或其他金融机构借入的期限在一年以上(不含一年)的各项借款。本项目应根据"长期借款"科目的期末余额填列。

(13) "应付债券"项目，反映企业为筹集长期资金而发行的债券本金和利息。本项目应根据"应付债券"科目的期末余额填列。

(14)"长期应付款"项目,反映资产负债表日企业除长期借款和应付债券以外的其他各种长期应付款项的期末账面价值。本项目应根据"长期应付款"科目的期末余额,减去相关的"未确认融资费用"科目的期末余额后的金额,以及"专项应付款"科目的期末余额填列。

(15)"预计负债"项目,反映企业计提的各种预计负债。本项目应根据"预计负债"科目期末贷方余额填列。

(16)"递延所得税负债"项目,反映企业根据应纳税暂时性差异确认的递延所得税负债。本项目应根据"递延所得税负债"科目期末贷方余额填列。

(17)"其他非流动负债"项目,反映企业除长期借款、应付债券等负债以外的其他非流动负债。本项目应根据有关科目的期末余额填列。

3. 所有者权益项目的填列方法

(1)"实收资本(或股本)"项目,反映企业投资者实际投入的资本(或股本)总额。本项目应根据"实收资本"(或"股本")科目的期末余额填列。

(2)"其他权益工具"项目,反映企业发行的除普通股以外的归类为权益工具的各种金属工具。应根据"其他权益工具"科目的期末余额填列。

(3)"资本公积"项目,反映企业资本公积的期末余额。本项目应根据"资本公积"科目的期末余额填列。

(4)"库存股"项目,反映企业收购转让或注销的本公司股份金额。本项目根据"库存股"科目期末借方余额填列。

(5)"其他综合收益"项目,反映企业根据企业会计准则规定未在损益中确认的各项利得和损失扣除所得税影响后的净额。本项目应根据"其他综合收益"科目的期末余额填列。其他综合收益一般涉及四类业务:长期股权投资权益法下享有的被投资单位其他综合收益变动的份额、自用房地产或存货转换为公允价值模式计量的投资性房地产时公允价值大于账面价值的差额、债权投资转换为以公允价值计量且其变动计入其他综合收益的金融资产时公允价值与账面价值的差额、以公允价值计量且其变动计入其他综合收益的金融资产的公允价值变动。

(6)"盈余公积"项目,反映企业盈余公积的期末余额。本项目应根据"盈余公积"科目的期末余额填列。

(7)"未分配利润"项目,反映企业尚未分配的利润。本项目应根据"本年利润"科目和"利润分配"科目的余额计算填列。未弥补的亏损在本项目内以"-"号填列。

(三) 资产负债表编制实例

【例13-3】甲公司2023年12月31日有关账户余额如表13-2所示。

表13-2 甲公司2023年 12月 31日相关账户余额表

计量单位：元

总分类科目	借方余额	贷方余额
库存现金	13 350	
银行存款	3 315 000	
交易性金融资产	67 500	
应收票据	1 107 000	
应收账款	1 350 000	
预付账款	450 000	
其他应收款	22 500	
原材料	7 620 000	
周转材料	1 125 000	
库存商品	3 390 000	
长期股权投资	1 125 000	
固定资产	6 000 000	
累计折旧		1 800 000
在建工程	6 750 000	
无形资产	3 600 000	
短期借款		1 350 000
应付票据		900 000
应付账款		1 292 100
其他应付款		975 000
应付职工薪酬		495 000
应交税费		164 700
长期借款		6 450 000
实收资本		21 825 000
盈余公积		683 550
合计	35 935 350	35 935 350

1. 该公司2024年度发生如下经济业务

(1) 1月1日，该公司发行了5年期一次还本、分次付息公司债券7 500 000元，每年1月1日支付债券利息，票面利率6%，市场利率5%，发行价格7 824 525元，每年末付息一次，按照实际利率法摊销。

(2) 1月5日，获取甲公司30%的股权，支付价款750 000元，取得投资时甲公司可辨认净资产账面价值2 250 000元，假设甲公司辨认净资产公允价值与账面价值相同，采用权益法核算。

(3) 公司一张不带息银行承兑汇票到期，面值为900 000元，款项已存入银行。

(4) 收到应收账款229 500元，存入银行。

(5) 购入一批原材料，收到增值税发票上注明的原材料价款1 124 100元，增值税进项税额146 133元，款项已通过银行转账支付，材料已验收入库。

(6) 购入不需要安装的一台设备，收到增值税专用发票上注明的设备价款750 000元，增值税进项税额97 500元，另支付运费15 000元、增值税1 350元。全部价款均用银行存款支付，设备已交付使用。

(7) 销售一批产品，价款为4 500 000元，增值税销项税额为585 000元，该批产品已经发出，已收货款5 085 000元。公司于期末一次结转销售产品成本。

(8) 用银行存款偿还长期借款3 750 000元。

(9) 分配应支付的职工工资2 250 000元(不包括在建工程应负担的工资)，其中生产人员薪酬1 987 500元，车间管理人员薪酬120 000元，行政管理部门人员薪酬142 500元。

(10) 用银行存款支付职工薪酬2 250 000元。

(11) 发生产品广告费、展览费合计315 000元，用银行存款支付。

(12) 预收客户购买产品的货款375 000元，存入银行。

(13) 收到外单位捐赠的现金45 000元，用银行存款支付。

(14) 向希望工程捐款45 000元，用银行存款支付。

(15) 销售一批产品，价款为1 125 000元，增值税销项税额为146 250元，该批产品已经发出，货款尚未收到。

(16) 11月20日，购入乙公司股票50 000股，每股4.5元，支付交易税费3 750元，全部款项用银行存款支付。

(17) 接受外商捐赠一项专利权，价值375 000元。

(18) 提取应计入当期损益的短期借款利息56 250元。

(19) 归还短期借款本息1 181 250元(其中利息56 250元已预提)。

(20) 计提固定资产折旧450 000元，其中，生产车间负担360 000元，行政管理部门负担90 000元。

(21) 本期应该缴纳的教育费附加为9 000元。

(22) 用银行存款交纳增值税450 000元；教育费附加9 000元。

(23) 本月销售库存积压的一批材料，价款150 000元，增值税19 500元，款项已收存银行。

(24) 结转已销库存材料的成本127 500元。

(25) 结转本期主营业务成本3 375 000元。

(26) 12月31日，乙公司股票每股市价为5.1元。

(27) 从银行借入3年期借款1 800 000元，借款已存入银行账户。

(28) 摊销无形资产成本150 000元。

(29) 12月31日，计提固定资产减值准备225 000元。

(30) 12月31日，甲公司实现净利润450 000元。

(31) 12月31日，对公司债券计息，并摊销溢折价。

(32) 将各损益类账户余额结转至"本年利润"。

(33) 将本年利润结转至"利润分配——未分配利润"明细账。

(34) 计算并结转本期应交所得税。

(35) 提取法定盈余公积(提取比例为净利润的10%)。

(36) 将"利润分配"有关明细账余额结转至"未分配利润"明细账。

2. 该公司2024年度发生的经济业务的账务处理如下

(1) 借：银行存款   7 824 525

   贷：应付债券——面值   7 500 000

       ——利息调整   324 525

(2) 借：长期股权投资——成本   750 000

   贷：银行存款   750 000

(3) 借：银行存款   900 000

   贷：应收票据   900 000

(4) 借：银行存款   229 500

   贷：应收账款   229 500

(5) 借：原材料   1 124 100

   应交税费——应交增值税(进项税额) 146 133

   贷：银行存款   1 270 233

(6) 借：固定资产   765 000

   应交税费——应交增值税(进项税额) 98 850

   贷：银行存款   863 850

(7) 借：银行存款   5 085 000

   贷：主营业务收入   4 500 000

    应交税费——应交增值税(销项税额) 585 000

(8) 借：长期借款   3 750 000

   贷：银行存款   3 750 000

(9) 借：生产成本   1 987 500

   制造费用   120 000

   管理费用   142 500

   贷：应付职工薪酬   2 250 000

(10) 借：应付职工薪酬   2 250 000

    贷：银行存款   2 250 000

(11) 借：销售费用   315 000

    贷：银行存款   315 000

(12) 借：银行存款   375 000

    贷：合同负债   375 000

(13) 借：银行存款   75 000

    贷：营业外收入   75 000

(14) 借：营业外支出   45 000

   贷：银行存款   45 000

(15) 借：应收账款   1 271 250

   贷：主营业务收入   1 125 000

    应交税费——应交增值税(销项税额)   146 250

(16) 借：交易性金融资产——成本   225 000

   投资收益   3 750

   贷：银行存款   228 750

(17) 借：无形资产   375 000

   贷：营业外收入   375 000

(18) 借：财务费用   56 250

   贷：应付利息   56 250

(19) 借：短期借款   1 125 000

   应付利息   56 250

   贷：银行存款   1 181 250

(20) 借：制造费用   360 000

   管理费用   90 000

   贷：累计折旧   450 000

(21) 借：税金及附加   9 000

   贷：应交税费——应交教育费附加   9 000

(22) 借：应交税费——应交增值税(已交税金)   450 000

   应交税费——应交教育费附加   9 000

   贷：银行存款   459 000

(23) 借：银行存款   169 500

   贷：其他业务收入   150 000

    应交税费——应交增值税(销项税额)   19 500

(24) 借：其他业务成本   127 500

   贷：原材料   127 500

(25) 借：主营业务成本   3 375 000

   贷：库存商品   3 375 000

(26) 借：交易性金融资产——公允价值变动   30 000

   贷：公允价值变动损益   30 000

(27) 借：银行存款   1 800 000

   贷：长期借款   1 800 000

(28) 借：管理费用   150 000

   贷：累计摊销   150 000

(29) 借：资产减值损失　　　　　　　　　　　　　225 000

　　　贷：固定资产减值准备　　　　　　　　　　　　225 000

(30) 借：长期股权投资——损益调整　　　　　　　135 000

　　　贷：投资收益　　　　　　　　　　　　　　　135 000

(31) 借：财务费用　　　　　　　　　　　　　391 226.25

　　　应付债券——利息调整　　　　　　　　58 773.75

　　　贷：应付利息　　　　　　　　　　　　　　　450 000

(32) 借：主营业务收入　　　　　　　　　　　5 625 000

　　　其他业务收入　　　　　　　　　　　　　150 000

　　　营业外收入　　　　　　　　　　　　　　450 000

　　　公允价值变动损益　　　　　　　　　　　30 000

　　　投资收入　　　　　　　　　　　　　　　131 250

　　　贷：本年利润　　　　　　　　　　　　　　6 386 250

　　借：本年利润　　　　　　　　　　　　4 926 476.25

　　　贷：主营业务成本　　　　　　　　　　　3 375 000

　　　　其他业务成本　　　　　　　　　　　　127 500

　　　　销售费用　　　　　　　　　　　　　　315 000

　　　　税金及附加　　　　　　　　　　　　　　9 000

　　　　管理费用　　　　　　　　　　　　　　382 500

　　　　财务费用　　　　　　　　　　　　447 476.25

　　　　营业外支出　　　　　　　　　　　　　45 000

　　　　资产减值损益　　　　　　　　　　　　225 000

(33) 借：本年利润　　　　　　　　　　　　1 459 773.75

　　　贷：利润分配——未分配利润　　　　　　　1 459 773.75

(34) 应纳所得税=1 459 773.75-135 000-30 000+225 000=1 519 773.75(元)

　　应交所得税=1 519 773.75×25%=379 943.44(元)

　　递延所得税资产=225 000×25%=56 250(元)

　　递延所得税负债=30 000×25%=7 500(元)

　　所得税费用=379 943.44+7 500-56 250=331 193.44(元)

　　借：所得税费　　　　　　　　　　　　　331 193.44

　　　递延所得税费　　　　　　　　　　　　　56 250

　　　贷：应缴税费——应交所得税　　　　　　　379 943.44

　　　　递延所得税负债　　　　　　　　　　　　7 500

(35) 净利润=1 459 773.75-331 193.44=1 128 580.31(元)

　　计提的法定盈余公积金=1 128 580.31×10%=112.858.03(元)

	借：利润分配——提取法定盈余公积	112.858.03
	贷：盈余公积——法定盈余公积	112.858.03
(36)	借：利润分配——未分配利润	112.858.03
	贷：利润分配——提取法定盈余公积	112.858.03

3. 根据上述资料，编制该有限有任公司2024年12月31日资产负债表(见表13-3)。

表13-3 资产负债表

编制单位：甲公司　　　　　　　　　　2024年12月31日　　　　　　　　　　会企01表
单位：元

资产	期末余额	年初余额	负债和所有者权益(或股东权益)	期末余额	年初余额
流动资产：			流动负债：		
货币资金	8 673 792	3 328 350	短期借款	225 000	1 350 000
交易性金融资产	322 500	67 500	交易性金融负债	0	0
衍生金融资产	0	0	衍生金融负债	0	0
应收票据	207 000	1 107 000	应付票据	900 000	900 000
应收账款	2 391 750	1 350 000	应付账款	1 292 100	1 292 100
应收款项融资	0	0	预收款项	0	0
预付款项	450 000	450 000	合同负债	375 000	
其他应收款	22 500	22 500	应付职工薪酬	495 000	495 000
存货	12 224 100	12 135 000	应交税费	600 410.44	164 700
合同资产			其他应付款	1 425 000	975 000
持有代售资产	0	0	持有待售负债	0	0
一年内到期的非流动资产	0	0	一年内到期的非流动负债	0	0
其他流动资产	0	0	其他流动负债	0	0
流动资产合计	24 291 642	18 460 350	流动负债合计	5 312 510.44	5 176 800
非流动资产：			非流动负债：		
债权投资	0	0	长期借款	4 500 000	6 450 000
其他债权投资	0	0	应付债券	7 765 751.25	0
长期应收款	0	0	其中：优先股	0	0
长期股权投资	2 010 000	1 125 000	永续债	7 765 751.25	0
其他权益工具投资			租赁负债	0	0
其他非流动金融资产			长期应付款	0	0
投资性房地产	0	0	预计负债	0	0
固定资产	4 290 000	4 200 000	递延收益	0	0
在建工程	6 750 000	6 750 000	递延所得税负债	7 500	0
生产性生物资产	0	0	其他非流动负债	0	0
油气资产	0	0	非流动负债合计	12 273 251.25	6 450 000
使用权资产			负债合计	17 585 761.69	11 626 800

(续表)

资产	期末余额	年初余额	负债和所有者权益 (或股东权益)	期末余额	年初余额
无形资产	3 825 000	3 600 000	所有者权益 (或股东权益):		
开发支出	0	0	实收资本 (或股本)	21 825 000	21 825 000
商誉	0	0	其他权益工具	0	0
长期待摊费用	0	0	其中: 优先股	0	0
递延所得税资产	56 250	0	永续债	0	0
其他非流动资产	0	0	资本公积	0	0
非流动资产合计	16 931 250	15 675 000	减: 库存股	0	0
			其他综合收益	0	0
			专项储备	0	0
			盈余公积	796 408.03	683 550
			未分配利润	1 015 722.28	0
			所有者权益合计	23 637 130.31	22 508 550
资产总计	41 222 892	34 135 350	负债和所有者权益合计	41 222 892	34 135 350

任务三 利润表

一、利润表的概念

利润表又称损益表,是指反映企业在一定会计期间的经营成果的报表。利润表是动态会计报表,能够提供企业在一定时期内实现的营业利润、利润总额、净利润及其构成等会计信息。

二、利润表的作用

利润既是企业经营业绩的综合体现,又是企业进行利润分配的主要依据,因此,利润表是会计报表中的一张基本报表。它的作用主要体现在以下方面。

(1) 利润表提供的信息,是企业投资人、债权人及外部信息使用者进行相关经济决策的主要依据。通过利润表提供的反映企业经营成果的数据,及对不同时期利润表数据的比较,可以分析企业的获利能力和偿债能力,预测未来收益,分析企业今后利润的发展趋势。

(2) 利润表提供的信息,是企业管理人员加强管理、做出经营决策的重要依据。通过利润表,比较和分析收益表中各种构成要素,可知悉各项收入、成本、费用与收益之间的消长趋势,发现各方面工作中存在的问题,改善经营管理,做出合理的经营决策。

(3) 利润表提供的信息,是考核和评价企业经营管理人员经营业绩和经营管理水平的一个重要依据。

(4) 利润表提供的利润数据，是政府及其有关部门制定相关政策法规的重要参考资料。此外，利润表还是国民经济核算中计算国民收入的主要资料来源。

三、利润表的格式和内容

(一) 利润表的格式

利润表是以"收入－费用(成本)＝利润"这一会计等式作为编制依据的，根据对该公式运用方法的不同，利润表的格式有单步式和多步式两种。

1. 单步式利润表

单步式利润表，将企业所有的收入列在一起，然后将所有的成本费用列在一起，最后用全部收入减去全部成本费用，通过一次计算便求出当期损益。

单步式利润表的优点是比较直观、简单，并且易于编制。它的缺点是无法反映收入和费用之间的配比关系，也无法揭示各构成要素之间的内在联系，不便于报表使用者对其进行具体分析，也不便于同行业企业之间的比较。

2. 多步式利润表

多步式利润表，将利润表上的收入、成本费用项目加以分类及配比，多次运用"收入－费用(成本)＝利润"的计算公式，经过多步计算，得出利润总额，然后减去所得税费用，最后得出净利润。多步式利润表基本上弥补了单步式利润表的局限，是国际上通用的格式。按照会计准则的规定，我国企业的利润表采用多步式，因此多步式利润表是我们研究的重点。

(二) 利润表的内容

我国企业利润表的报表项目按照形成营业利润、利润总额及净利润这些中间指标的顺序排列，分三个步骤进行，最后得到净利润，反映不同经营环节利润的实现情况。企业应当根据编制利润表的多步式步骤，确定利润表中各主要项目的金额。

1. 营业利润的计算公式

营业利润＝营业收入－营业成本－税金及附加－销售费用－管理费用－财务费用＋其他收益＋投资收益(或－投资损失)＋净敞口套期收益(或－净敞口套期损失)＋公允价值变动收益(或－公允价值变动损失)－资产减值损失－信用减值损失＋资产处置收益(或－资产处置损失)

其中，营业收入＝主营业务收入＋其他业务收入

营业成本＝主营业务成本＋其他业务成本

2. 利润总额的计算公式

利润总额＝营业利润＋营业外收入－营业外支出

3.净利润的计算公式

净利润＝利润总额－所得税费用

上市公司需要在利润表中单独列示基本每股收益和稀释每股收益。

根据财政部2019年4月30日发布的 《关于修订印发2019年度一般企业财务报表格式的通知》，我国企业利润表的格式和内容如表13-4所示。

表13-4 利润表(简表)

会企02表

编制单位：　　　　　　　　　　年　　月　　　　　　　　　　单位：元

项目	本期金额	上期金额
一、营业收入		
减：营业成本		
税金及附加		
销售费用		
管理费用		
财务费用		
资产减值损失		
加：公允价值变动收益(损失以"－"号填列)		
投资收益(损失以"－"号填列)		
其中：对联营企业和合营企业的投资收益		
其他收益		
二、营业利润(亏损以"－"号填列)		
加：营业外收入		
减：营业外支出		
其中：非流动资产处置损失		
三、利润总额(亏损总额以"－"号填列)		
减：所得税费用		
四、净利润(净亏损以"－"号填列)		
五、其他综合收益税后净额		
(一)以后不能重分类进损益的其他综合收益		
(二)以后将重分类进损益的其他综合收益		
六、综合收益总额		
七、每股收益：		
(一)基本每股收益		
(二)稀释每股收益		

四、利润表的编制

(一) 利润表的资料来源

按照会计准则的要求，利润表各项目均需填列"上期金额"和"本期金额"两栏。

"上期金额"栏内各项数字，应根据上年该期利润表的"本期金额"栏内所列数字填列。如果本期利润表中规定的各项目的名称与内容与上年该期不一致，应对上年该期利润表各项的名称和数字按照本期的规定进行调整，再将调整后的数字填入表中"上期金额"栏。

"本期金额"栏内各期数字，除"基本每股收益"和"稀释每股收益"项目外，应当按照相关科目的发生额分析填列。

应注意的是，在编制中期利润表时，"本期金额"栏应分为"本期金额"和"年初至本期末累计发生额"两栏，分别填列各项目本中期(月、季或半年)各项目实际发生额，以及自年初起至本中期(月、季或半年)末止的累计实际发生额。"上期金额"栏应分为"上年可比本中期金额"和"上年初至可比本中期末累计发生额"两栏，应根据上年可比中期利润表"本期金额"下对应的两栏数字分别填列。上年度利润表与本年度利润表的项目名称和内容不一致的，应对上年度利润表项目的名称和数字按本年度的规定进行调整。

(二) 利润表各项目"本期金额" 的具体填列方法

(1) "营业收入"项目，反映企业经营主要业务和其他业务所确认的收入总额。本项目应根据"主营业务收入"和"其他业务收入"科目的发生额分析填列。

(2) "营业成本"项目，反映企业经营主要业务和其他业务所发生的成本总额。本项目应根据 "主营业务成本"和"其他业务成本"科目的发生额分析填列。

(3) "税金及附加"项目，反映企业经营业务应负担的消费税、城市建设维护税、资源税、土地增值税和教育费附加，以及最新调整增加的房产税、土地使用税、印花税、车船税。本项目应根据 "税金及附加"科目的发生额分析填列。

(4) "销售费用"项目，反映企业在销售商品过程中发生的包装费、广告费等费用和为销售本企业商品而专设的销售机构的职工薪酬、业务费等经营费用。本项目应根据"销售费用"科目的发生额分析填列。

(5) "管理费用"项目，反映企业为组织和管理生产经营而发生的管理费用。本项目应根据"管理费用"科目下除"研发费用"以外的明细科目的发生额分析填列。

(6) "研发费用"项目，反映企业进行研究与开发过程中发生的费用化支出，以及计入管理费用的自行开发无形资产的摊销。该项目应根据 "管理费用"科目下的 "研发费用"明细科目发生额，以及 "管理费用"科目下的 "无形资产摊销"明细科目的发生额分析填列。

(7) "财务费用"项目，反映企业筹集生产经营所需资金等而发生的筹资费用。本项目中 "利息费用"项目，反映企业为筹集生产经营所需资金而发生的应予费用化的利息支出，应根据 "财务费用"科目的相关明细科目的发生额分析填列；"利息收入"项目，反映企业按照相关会计准则确认的应冲减财务费用的利息收入。该项目应根据 "财务费用"科目的相关明细科目的发生额分析填列。

(8) "其他收益"项目,反映与企业日常活动相关的政府补助。该项目应根据"其他收益"科目的发生额分析填列。

(9) "投资收益"项目,反映企业以各种方式对外投资所取得的收益。本项目应根据"投资收益"科目的发生额分析填列;如为投资损失,本项目以"-"号填列。

(10) "净敞口套期收益"项目,反映净敞口套期下被套期项目累计公允价值变动转入当期损益的金额或现金流量套期储备转入当期损益的金额。该项目应根据"净敞口套期损益"科目的发生额分析填列;如为套期损失,以"-"号填列。

(11) "公允价值变动收益"项目,反映企业应当计入当期损益的资产或负债公允价值变动收益。本项目应根据"公允价值变动损益"科目的发生额分析填列;如为净损失,本项目以"-"号填列。

(12) "资产减值损失"项目,反映企业各项资产发生的减值损失。本项目应根据"资产减值损失"科目的发生额分析填列。

(13) "信用减值损失"项目,反映企业按照《企业会计准则第22号——金融工具确认和计量》(2017年修订)的要求计提的各项金融工具减值准备所形成的预期信用损失。该项目应根据"信用减值损失"科目的发生额分析填列。

(14) "资产处置收益"项目,反映企业出售划分为持有待售的非流动资产或处置组时确认的处置利得或损失,以及处置未划分为持有待售的固定资产、在建工程、生物性生物资产及无形资产而产生的处置利得或损失。债务重组中因处置非流动资产产生的利得或损失和非货币性资产交换中换出的非流动资产产生的利得或损失也包括在本项目内。该项目应根据"资产处置损益"科目的发生额分析填列;如为处置损失,以"-"号填列。

(15) "营业利润"项目,反映企业实现的营业利润。本项目应根据前述有关项目的金额计算填列。如为亏损,本项目以"-"号填列。

(16) "营业外收入"项目,反映企业发生的除营业利润以外的收益,主要包括与企业日常活动无关的政府补助、盘盈利得、捐赠利得(企业接受股东或股东的子公司直接或间接的捐赠,经济实质属于股东对企业的资本性投入的除外)等。本项目应根据"营业外收入"科目的发生额分析填列。

(17) "营业外支出"项目,反映企业发生的除营业利润以外的支出,主要包括公益性捐赠支出、非常损失、盘亏损失、非流动资产毁损报废损失等。本项目应根据"营业外支出"科目的发生额分析填列。"非流动资产报废损失"通常包括因自然灾害发生毁损、已丧失使用功能等原因而报废清理产生的损失。企业在不同交易中形成的非流动资产毁损报废利得和损失不得相互抵消,应分别在"营业外收入"项目和"营业外支出"项目进行填列。

(18) "利润总额"项目,反映企业实现的利润。本项目应根据前述有关项目的金额计算填列;如为亏损,本项目以"-"号填列。

(19) "所得税费用"项目,反映企业应从当期利润总额中扣除的所得税费用。本项目根据"所得税费用"科目的发生额分析填列。

(20) "净利润"项目，反映企业实现的净利润。本项目应根据前述有关项目的金额计算填列；如为亏损，本项目以"-"号填列。

(21) "持续经营净利润"和"终止经营净利润"项目，分别反映净利润中与持续经营相关的净利润和与终止经营相关的净利润；如为净亏损，以"-"号填列。该两个项目应按照《企业会计准则第42号——持有待售的非流动资产、处置组和终止经营》的相关规定分别列报。

(22) "其他综合收益的税后净额"项目，反映企业根据企业会计准则规定未在当期损益中确认的各项利得和损失扣除所得税影响后的净额，包括不能重分类进损益的其他综合收益和将重分类进损益的其他综合收益两类。该项目应根据"其他综合收益"科目相关明细的发生额计算分析填列。

(23) "综合收益总额"项目，应根据"净利润"项目和"其他综合收益的税后净额"项目汇总后填列。

(24) "基本每股收益"和"稀释每股收益"项目，反映普通股股东每持有一股所能享有的企业净利润或需承担的企业净亏损。

应注意的是，年终结账时，全年的收入和支出已全部转入"本年利润"科目，并且通过收支对比结出本年净利润的数额，因此应将年度利润表中的"净利润"数字，与"本年利润"科目结转到"利润分配——未分配利润"科目的数字相核对，以检查账簿记录和报表编制的正确性。

(三) 利润表编制实例

【例13-4】沿用例13-3相关资料，编制该公司2024年度利润表。该公司2024年度各有关损益类账户全年累计发生额资料如表13-5所示。

表13-5 2024年度各损益类账户本年累计发生额

单位：元

科目	借方发生额	贷方发生额
主营业务收入		5 625 000
其他业务收入		150 000
税金及附加	9 000	
主营业务成本	3 375 000	
其他业务成本	127 500	
销售费用	315 000	
管理费用	382 500	
财务费用	447 476.25	
公允价值变动损益		30 000
投资收益		131 250
营业外收入		450 000

(续表)

科目	借方发生额	贷方发生额
营业外支出	45 000	
所得税费用	331 193.44	

甲公司2024年度的利润表如表13-6所示。

表13-6 利润表(简表)

会企 02表

编制单位：甲公司　　　　　　　　2024年度　　　　　　　　单位：元

项目	本期金额	上期金额
一、营业收入	5 775 000	略
减：营业成本	3 502 500	
税金及附加	9 000	
销售费用	315 000	
管理费用	382 500	
研发费用	0	
财务费用	447 476.25	
其中：利息费用	447 476.25	
利息收入	0	
加：其他收益	0	
投资收益 (损失以"－"号填列)	131 250	
其中：对联营企业和合营企业的投资收益	0	
以摊余成本计量的金融资产终止确认收益(损失以"－"号填列)	0	
净敞口套期收益 (损失以"－"号填列)	0	
公允价值变动收益(损失以"－"号填列)	30 000	
信用减值损失(损失以"－"号填列)	0	
资产减值损失(损失以"－"号填列)	－225 000	
资产处置收益(损失以"－"号填列)	0	
二、营业利润(亏损以"－"号填列)	1 054 773.75	
加：营业外收入	450 000	
减：营业外支出	45 000	
三、利润总额(亏损总额以"－"号填列)	1 459 773.75	
减：所得税费用	331 193.44	
四、净利润 (净亏损以"－"号填列)	1 128 580.31	
(一) 持续经营净利润 (净亏损以"－"号填列)	略	
(二) 终止经营净利润 (净亏损以"－"号填列)		
五、其他综合收益的税后净额		
六、综合收益总额		
七、每股收益：		
(一) 基本每股收益		
(二) 稀释每股收益		

任务四　现金流量表

一、现金流量表的概念

现金流量表是反映企业在一定会计期间现金和现金等价物流入和流出的报表。

现金，是指企业库存现金以及可以随时用于支付的存款，包括库存现金、银行存款和其他货币资金等。不能随时用于支付的存款不属于现金。

现金等价物，是指企业持有的期限短、流动性强、易于转换为已知金额现金、价值变动风险很小的投资。期限短，一般是指从购买日起三个月内到期。现金等价物通常包括三个月内到期的债券投资等。权益性投资变现的金额通常不确定，因而不属于现金等价物。企业应当根据具体情况，确定现金等价物的范围，一经确定，不得随意变更。

二、现金流量表的结构与内容

现金流量表采用报告式结构，《企业会计准则第31号——现金流量表》第四条规定："现金流量表应当分别经营活动、投资活动和筹资活动列报现金流量。"现金流量表分类反映经营活动产生的现金流量、投资活动产生的现金流量和筹资活动产生的现金流量，最后汇总反映企业某一期间现金及现金等价物净增加额。

(一) 经营活动产生的现金流量

经营活动，是指企业投资活动和筹资活动以外的所有交易和事项。经营活动产生的现金流量主要包括销售商品或提供劳务、购买商品、接受劳务、支付工资和交纳税款等流入和流出的现金和现金等价物。具体分为以下几项。

1. 销售商品或提供劳务收到的现金

本项目反映企业销售商品、提供劳务实际收到的现金，包括销售收入和应向购买者收取的增值税销项税额，具体包括本期销售商品、提供劳务收到的现金，以及前期销售商品、提供劳务本期收到的现金和本期预收的款项，减去本期销售本期退回的商品和前期销售本期退回的商品支付的现金。

需要注意的是，企业销售材料和代购代销业务收到的现金，也在本项目反映。

企业本期销售商品或提供劳务收到的现金可用如下公式计算得出：

销售商品或提供劳务收到的现金＝本期销售商品或提供劳务收到的现金＋本期收到前期的应收账款＋本期收到前期的应收票据＋本期的预收账款－本期因销售退回而支付的现金＋本期收回前期核销的坏账损失

2. 收到的税费返还

本项目反映企业收到返还的各种税费，如收到的增值税、所得税、消费税、关税和教育费附加返还款等。

3. 收到其他与经营活动有关的现金

本项目反映企业除上述各项目外,收到的其他与经营活动有关的现金,如经营租赁收到的租金、罚款收入、流动资产损失中由个人赔偿的现金收入等。其他与经营活动有关的现金,如果价值较大的,应单列项目反映。

4. 购买商品或接受劳务支付的现金

本项目反映企业购买材料、商品、接受劳务实际支付的现金,包括支付的货款以及与货款一并支付的增值税进项税额,具体包括本期购买商品、接受劳务支付的现金,以及本期支付前期购买商品、接受劳务的未付款项和本期预付款项,减去本期发生的购货退回收到的现金。

企业购买材料和代购代销业务支付的现金,也在本项目反映。

企业本期购买商品或接受劳务支付的现金可用如下公式计算得出:

购买商品、接受劳务支付的现金=本期购买商品或接受劳务支付的现金+本期支付前期的应付账款+本期支付前期的应付票据+本期预付的账款-本期因购货退回收到的现金

5. 支付给职工以及为职工支付的现金

本项目反映企业实际支付给职工的现金以及为职工支付的现金,包括本期实际支付给职工的工资、奖金、各种津贴和补贴等职工薪酬(包括代扣代缴的职工个人所得税),不包括支付的离退休人员的各项费用和支付给在建工程人员的工资等。支付的离退休人员的各项费用,包括支付的统筹退休金以及未参加统筹的退休人员的费用,在"支付的其他与经营活动有关的现金"项目中反映;支付的在建工程人员的工资,在"购建固定资产、无形资产和其他长期资产所支付的现金"项目中反映。

需要注意的是,企业为职工支付的养老、失业等社会保险基金、企业年金(补充养老保险),支付给职工的住房困难补助,企业为职工交纳的商业保险金,企业支付给职工或为职工支付的其他福利费用等,应根据职工的工作性质和服务对象,分别在"购建固定资产、无形资产和其他长期资产所支付的现金"和"支付给职工以及为职工支付的现金"项目中反映。

6. 支付的各项税费

本项目反映企业按规定支付的各项税费,包括本期发生并支付的税费,以及本期支付以前各期发生的税费和预交的税金,如支付的增值税款、支付的所得税款、支付的除增值税、所得税以外的其他税费(支付的教育费附加、矿产资源补偿费、印花税、房产税、土地增值税、车船使用税)等;不包括计入固定资产价值、实际支付的耕地占用税等,也不包括本期退回的增值税、所得税。本期退回的增值税、所得税,在"收到的税费返还"项目中反映。

7. 支付其他与经营活动有关的现金

本项目反映企业除上述各项目外，支付的其他与经营活动有关的现金，如经营租赁所支付的现金、罚款支出、支付的差旅费、业务招待费、保险费等。其他与经营活动有关的现金，如果价值较大的，应单列项目反映。

(二) 投资活动产生的现金流量

投资活动，是指企业长期资产的购建和不包括在现金等价物范围内的投资及其处置活动。投资活动产生的现金流量主要包括购建固定资产、处置子公司及其他营业单位等流入和流出的现金和现金等价物。具体分为以下几项。

1. 收回投资所收到的现金

本项目反映企业出售、转让或到期收回除现金等价物以外的对其他企业的权益工具、债务工具和合营中的权益。

本项目不包括长期债权投资收回的利息，以及收回的非现金资产。长期债权投资收回的利息，不在本项目中反映，而在"取得投资收益所收到的现金"项目中反映。

2. 取得投资收益收到的现金

本项目反映企业除现金等价物以外的对其他企业的权益工具、债务工具和合营中的权益投资分回的现金股利和利息等。

需要注意的是，股票股利不在本项目中反映；包括在现金等价物范围内的债券性投资，其利息收入在本项目中反映。

3. 处置固定资产、无形资产和其他长期资产收回的现金净额

本项目反映企业出售固定资产、无形资产和其他长期资产所取得的现金，减去为处置这些资产而支付的有关费用后的净额。处置固定资产、无形资产和其他长期资产所收到的现金，与处置活动支付的现金，两者在时间上比较接近，以净额反映更能反映处置活动对现金流量的影响，且由于金额不大，故以净额反映。由于自然灾害等原因所造成的固定资产等长期资产的报废、毁损而收到的保险赔偿收入，也在本项目中反映。

需要注意的是，固定资产报废、毁损的变卖收益以及遭受灾害而收到的保险赔偿收入等，也包括在本项目中反映；如处置固定资产、无形资产和其他长期资产所收回的现金净额为负数，则应作为投资活动产生的现金流量，在"支付的其他与投资活动有关的现金"项目中反映。

4. 处置子公司及其他营业单位收到的现金净额

本项目反映企业处置子公司及其他营业单位所取得的现金减去相关处置费用以及子公司及其他营业单位持有的现金和现金等价物后的净额。

5. 收到其他与投资活动有关的现金

本项目反映企业除上述各项目外，收到的其他与投资活动有关的现金。其他与投资活动有关的现金，如果价值较大的，应单列项目反映。

6. 购建固定资产、无形资产和其他长期资产支付的现金

本项目反映企业购买、建造固定资产，取得无形资产和其他长期资产所支付的现金，包括购买机器设备所支付的现金及增值税款、建造工程支付的现金、支付在建工程人员的薪酬等现金支出，不包括为购建固定资产而发生的借款利息资本化部分，以及融资租入固定资产所支付的租赁费。为购建固定资产而发生的借款利息资本化部分，以及融资租入固定资产所支付的租赁费，应在"筹资活动产生的现金流量——支付其他与筹资活动有关的现金"项目中反映，不在本项目中反映。企业以分期付款方式购建的固定资产，其首次付款支付的现金在本项目中反映，以后各期支付的现金在"筹资活动产生的现金流量——支付的其他与筹资活动有关的现金"项目中反映。

7. 投资支付的现金

本项目反映企业取得除现金等价物以外的对其他企业的权益工具、债务工具和合营中的权益所支付的现金以及支付的佣金、手续费等附加费用。

企业购买债券的价款中含有债券利息的，以及溢价或折价购入的，均按实际支付的金额反映。

需要注意的是，企业购买股票和债券时，实际支付的价款中包含的已宣告但尚未领取的现金股利或已到付息期但尚未领取的债券利息，应在"支付的其他与投资活动有关的现金"项目中反映；收回购买股票和债券时支付的已宣告但尚未领取的现金股利或已到付息期但尚未领取的债券利息，应在"收到的其他与投资活动有关的现金"项目中反映。

8. 取得子公司及其他营业单位支付的现金净额

本项目反映企业购买子公司及其他营业单位购买出价中以现金支付的部分，减去子公司及其他营业单位持有的现金和现金等价物后的净额。

整体购买一个单位，其结算方式是多种多样的，如购买方全部以现金支付或一部分以现金支付而另一部分以实物清偿。同时，企业购买子公司及其他营业单位是整体交易，子公司和其他营业单位除有固定资产和存货外，还可能持有现金和现金等价物。这样，整体购买子公司或其他营业单位的现金流量，就应以购买出价中以现金支付的部分减去子公司或其他营业单位持有的现金和现金等价物后的净额反映。

9. 支付其他与投资活动有关的现金

本项目反映企业除上述各项目外，支付的其他与投资活动有关的现金。其他与投资活动有关的现金，如果价值较大的，应单列项目反映。

(三) 筹资活动产生的现金流量

筹资活动，是指导致企业资本及债务规模和构成发生变化的活动。筹资活动产生的

现金流量主要包括吸收投资、发行股票、分配利润、发行债券、偿还债务等流入和流出的现金和现金等价物。偿付应付账款、应付票据等商业应付款等属于经营活动，不属于筹资活动。具体分为以下几项。

1. 吸收投资收到的现金

本项目反映企业以发行股票、债券等方式筹集资金实际收到的款项净额(发行收入减去支付的佣金等发行费用后的净额)。

需要注意的是，以发行股票、债券等方式筹集资金而由企业直接支付的审计、咨询等费用，不在本项目中反映，而在"支付的其他与筹资活动有关的现金"项目中反映；由金融企业直接支付的手续费、宣传费、咨询费、印刷费等费用，从发行股票、债券取得的现金收入中扣除，以净额列示。

2. 取得借款收到的现金

本项目反映企业举借各种短期、长期借款而收到的现金。

3. 收到其他与筹资活动有关的现金

本项目反映企业除上述各项目外，收到的其他与筹资活动有关的现金。其他与筹资活动有关的现金，如果价值较大的，应单列项目反映。本项目可根据有关科目的记录分析填列。

4. 偿还债务支付的现金

本项目反映企业以现金偿还债务的本金，包括归还金融企业的借款本金、偿付企业到期的债券本金等。

需要注意的是，企业偿还的借款利息、债券利息，在"分配股利、利润或偿付利息所支付的现金"项目中反映，不在本项目中反映。

5. 分配股利、利润或偿付利息支付的现金

本项目反映企业实际支付的现金股利、支付给其他投资单位的利润或用现金支付的借款利息、债券利息所支付的现金。

需要说明的是，"分配股利或利润所支付的现金""偿付利息所支付的现金"项目，应在"分配股利、利润或偿付利息所支付的现金"项目中反映。此外，不同用途的借款，其利息的开支渠道不一样，如在建工程、财务费用等，但均在本项目中反映。

6. 支付其他与筹资活动有关的现金

本项目反映企业除上述各项目外，支付的其他与筹资活动有关的现金(如"发生筹资费用所支付的现金""融资租赁所支付的现金""减少注册资本所支付的现金")。其他与筹资活动有关的现金，如果价值较大的，应单列项目反映。

我国企业现金流量表的格式如表13-7所示。

表13-7　现金流量表

会企03表

编制单位：　　　　　　　　　　　　　　　　年　　　　　　　　　　　　　　　单位：元

项目	本期金额	上期金额
一、经营活动产生的现金流量：		
销售商品、提供劳务收到的现金		
收到的税费返还		
收到的其他与经营活动有关的现金		
经营活动现金流入小计		
购买商品、接受劳务支付的现金		
支付给职工以及为职工支付的现金		
支付的各项税费		
支付其他与经营活动有关的现金		
经营活动现金流出小计		
经营活动产生的现金流量净额		
二、投资活动产生的现金流量：		
收回投资收到的现金		
取得投资收益收到的现金		
处置固定资产、无形资产和其他长期资产收回的现金净额		
处置子公司及其他营业单位收到的现金净额		
收到的其他与投资活动有关的现金		
投资活动现金流入小计		
购建固定资产、无形资产和其他长期资产支付的现金		
投资支付的现金		
取得子公司及其他营业单位支付的现金净额		
支付其他与投资活动有关的现金		
投资活动现金流出小计		
投资活动产生的现金流量净额		
三、筹资活动产生的现金流量：		
吸收投资收到的现金		
取得借款收到的现金		
收到其他与筹资活动有关的现金		
筹资活动现金流入小计		
偿还债务支付的现金		
分配股利、利润或偿付利息支付的现金		
支付其他与筹资活动有关的现金		
筹资活动现金流出小计		
筹资活动产生的现金流量净额		
四、汇率变动对现金及现金等价物的影响		
五、现金及现金等价物净增加额		
加：期初现金及现金等价物余额		

(续表)

项目	本期金额	上期金额
六、期末现金及现金等价物余额		
补　充　资　料		
1.将净利润调节为经营活动现金流量：		
净利润		
加：信用减值准备		
固定资产折旧、油气资产折耗、生产性生物资产折旧		
无形资产摊销		
长期待摊费用摊销		
处置固定资产、无形资产和其他长期资产的损失(减：收益)		
固定资产报废损失		
公允价值变动损失		
财务费用(减：收益)		
投资损失(减：收益)		
递延所得税资产减少(减：增加)		
递延所得税负债增加(减：减少)		
存货的减少(减：增加)		
经营性应收项目的减少(减：增加)		
经营性应付项目的增加(减：减少)		
其他		
经营活动产生的现金流量净额		
2. 不涉及现金收支的重大投资和筹资活动：		
债务转为资本		
一年内到期的可转换公司债券		
融资租入固定资产		
3. 现金及现金等价物净变动情况：		
现金的期末余额		
减：现金的期初余额		
加：现金等价物的期末余额		
减：现金等价物的期初余额		
现金及现金等价物净增加额		

三、现金流量表的编制

(一) 现金流量表的编制目的

现金流量表，是反映企业一定会计期间现金和现金等价物流入和流出的报表。编制现金流量表的主要目的，是为会计报表使用者提供企业一定会计期间内现金和现金等价物流入和流出的信息，以便会计报表使用者了解和评价企业获取现金和现金等价物的能力，并据以预测企业未来现金流量。

(二) 现金流量表的编制基础

绝大多数国家以现金和现金等价物作为现金流量表的编制基础。只有英国是例外的，它的编制基础是现金和流动资源。《企业会计准则第31号——现金流量表》采用现金和现金等价物作为现金流量表的编制基础，并将现金定义为企业的库存现金以及可以随时用于支付的存款。这一定义与世界上大多数国家对现金的定义基本相似。

会计上所说的现金通常指企业的库存现金，而现金流量表中的"现金"不仅包括"现金"账户核算的库存现金，还包括企业"银行存款"账户核算的存入金融企业、随时可以用于支付的存款，也包括"其他货币资金"账户核算的银行汇票存款、银行本票存款、信用卡存款、信用证保证金存款和存出投资款等其他货币资金。

需要注意的是，银行存款和其他货币资金中有些不能随时用于支取的存款。例如，不能随时支取的定期存款等，不应作为现金，而应列作投资；提前通知金融企业便可支取的定期存款，则应包括在现金范围内。

《企业会计准则第31号——现金流量表》将现金等价物定义为企业持有的期限短、流动性强、易于转换为已知金额现金、价值变动风险很小的投资。其中所称的期限较短，一般是指从购买之日起，三个月内到期。具体到一个企业来说，哪些投资可以确认为现金等价物，需要根据具体情形加以判断。典型的现金等价物是自购买之日起三个月内到期的短期债券。企业作为交易性金融资产而购买的、市场上可以流通的股票，虽然期限短、变现能力强，但是其变现的金额并不确定，变现价值并不稳定，所以不属于现金等价物。

(三) 现金流量表的编制的基本要求

(1) 企业应在年末编制年报时编报现金流量表。

(2) 现金流量表应标明企业名称、会计期间、货币单位和报表编号。

(3) 现金流量表应由制表人、单位负责人和主管会计工作的负责人、会计机构负责人(会计主管人员)签名并盖章；设置总会计师的单位，还须由总会计师签名并盖章。

(4) 企业应当根据编制现金流量表的需要，做好有关现金账簿、有关辅助账簿的设置等会计基础工作。

(5) 企业应当就现金等价物的确认标准，做出明确规定，并加以披露。现金等价物的确认标准如有变更，应对其加以说明，并应披露确认标准变更对现金流量的影响程度。

(四) 现金流量表的编制方法

编制现金流量表时，列报经营活动现金流量的方法有两种：一种是直接法；另一种是间接法。这两种方法通常也称为编制现金流量表的方法。

1. 直接法

所谓直接法，是指按现金收入和现金支出的主要类别直接反映企业经营活动产生的现金流量，如销售商品、提供劳务收到的现金；购买商品、接受劳务支付的现金等就是按现金收入和支出的来源直接反映的。

在直接法下，一般是以利润表中的营业收入为起算点，调节与经营活动有关的项目的增减变动，然后计算出经营活动产生的现金流量。

在我国，采用直接法编制现金流量表时经营活动产生的现金流入项目主要包括以下几项：①销售商品、提供劳务收到的现金；②收到的税费返还；③收到的其他与经营活动有关的现金。

经营活动产生的现金流出项目主要包括以下几项：①购买商品、接受劳务支付的现金；②支付给职工以及为职工支付的现金；③支付的各项税费；④支付的其他与经营活动有关的现金。

采用直接法编报的现金流量表，便于分析企业经营活动产生的现金流量的来源和用途，预测企业现金流量的未来前景；采用间接法编报现金流量表，便于将净利润与经营活动产生的现金流量净额进行比较，了解净利润与经营活动产生的现金流量差异的原因，从现金流量的角度分析净利润的质量。所以，《企业会计准则第31号——现金流量表》规定，企业应当采用直接法编报现金流量表，同时要求提供在净利润基础上调节为经营活动产生的现金流量的信息。也就是说，同时采用直接法和间接法两种方法编报现金流量表。

2. 间接法

所谓间接法，是指以净利润为起算点，调整不涉及现金的收入、费用、营业外收支等有关项目，据此计算出经营活动产生的现金流量。

由于净利润是按照权责发生制原则确定的，且包括了投资活动和筹资活动收益和费用，将净利润调节为经营活动现金流量，实际上就是将按权责发生制原则确定的净利润调整为现金净流入，并剔除投资活动和筹资活动对现金流量的影响。

具体来说，需要在净利润基础上进行调节的项目主要包括以下几项。

(1) 信用减值损失。这里所指的信用减值损失反映企业本期计提的应收账款等的确认的信用减值损失。企业计提的信用减值损失，包括在利润表中，属于利润的减除项目，但没有发生现金流出。所以，在将净利润调节为经营活动现金流量时，需要加回。

(2) 资产减值准备。这里所指的资产减值准备包括存货跌价准备、长期股权投资减值准备、投资性房地产减值准备、固定资产减值准备、在建工程减值准备、无形资产减值准备、商誉减值准备、生产性生物资产减值准备、油气资产减值准备等。企业计提的资产减值准备，包括在利润表中，属于利润的减除项目，但没有发生现金流出。所以，在将净利润调节为经营活动现金流量时，需要予以加回。

(3) 固定资产折旧、油气资产折耗、生产性生物资产折旧。"固定资产折旧""油气资产折耗""生产性生物资产折旧"项目，分别反映企业本期计提的固定资产折旧、油气资产折耗、生产性生物资产折旧。

企业计提的固定资产折旧，有的包括在管理费用中，有的包括在制造费用中。计入管理费用中的部分，作为期间费用在计算净利润时从中扣除，但没有发生现金流出，所以，在将净利润调节为经营活动现金流量时，需要予以加回。计入制造费用中的已经变现的部分，在计算净利润时通过销售成本予以扣除，但没有发生现金流出；计入制造费用中的没有变现的部分，在调节存货时，已经从中扣除，但是，也不涉及现金收支，所以，在此处将净利润调节为经营活动现金流量时，需要予以加回。本项目可根据"累计折旧"科目的贷方发生额分析填列。

(4) 无形资产摊销、长期待摊费用摊销。企业摊销无形资产时，计入管理费用；长期待摊费用摊销时，有的计入管理费用，有的计入销售费用，有的计入制造费用。计入管理费用、销售费用中的部分，作为期间费用在计算净利润时已从中扣除，但没有发生现金流出，所以，在将净利润调节经营活动现金流量时，需要予以加回。计入制造费用中的已经变现的部分，在计算净利润时通过销售成本已经扣除，但没有发生现金流出；计入制造费用中的没有变现部分，由于在调节存货时，已经从中扣除，但不涉及现金收支，在此处将净利润调节为经营活动现金流量时，需要予以加回。这两个项目可根据"无形资产""长期待摊费用"科目的贷方发生额分析填列。

(5) 处置固定资产、无形资产和其他长期资产的损失。本项目反映企业本期处置固定资产、无形资产和其他长期资产发生的损失。

企业处置固定资产、无形资产和其他长期资产发生的损益，属于投资活动产生的损益，不属于经营活动产生的损益，所以在将净利润调节为经营活动现金流量时，需要予以剔除。如为损失，在将净利润调节为经营活动现金流量时，应当加回；如为收益，在将净利润调节为经营活动现金流量时，应当扣除。

(6) 固定资产报废损失。本项目反映企业本期固定资产盘亏发生的损失。

企业发生的固定资产报废损益，属于投资活动产生的损益，不属于经营活动产生的损益，所以在将净利润调节为经营活动现金流量时，需要予以剔除。如为净损失，在将净利润调节为经营活动现金流量时，应当加回；如为净收益，在将净利润调节为经营活动现金流量时，应当扣除。

(7) 公允价值变动损失。本项目反映企业持有的采用公允价值计量且其变动计入当期损益的金融资产、金融负债等的公允价值变动损益。

(8) 财务费用。企业发生的财务费用中，有些项目属于筹资活动或投资活动。例如，购买固定资产所产生的汇兑损益属于投资活动；支付的利息属于筹资活动。为此，应当将其从净利润中剔除。本项目可根据"财务费用"科目的本期借方发生额分析填列；如为收益，以"－"号填列。

在实务中，企业的"财务费用"明细账一般是按费用项目设置的，为了编制现金流量表，企业可在此基础上，再按"经营活动""筹资活动""投资活动"分设明细分类账。每一笔财务费用发生时，即将其归入"经营活动""筹资活动"或"投资活动"中。

(9) 投资损失。企业发生的投资损益，属于投资活动产生的损益，不属于经营活动产生的损益，所以在将净利润调节为经营活动现金流量时，需要予以剔除。如为净损失，在将净利润调节为经营活动现金流量时，应当加回；如为净收益，在将净利润调节为经营活动现金流量时，应当扣除。

(10) 递延所得税资产减少、递延所得税负债增加。本项目反映企业资产负债表"递延所得税资产"项目的期初余额与期末余额的差额。"递延所得税负债增加"项目，反映企业资产负债表"递延所得税负债"项目的期初余额与期末余额的差额。

(11) 存货的减少。期末存货比期初存货减少，说明本期生产经营过程耗用的存货有一部分是期初的存货，耗用这部分存货并没有发生现金流出，但在计算净利润时已经扣除，所以在将净利润调节为经营活动现金流量时，应当加回。期末存货比期初存货增加，说明当期购入的存货除耗用外，还余留了一部分，这部分存货也发生了现金流出，但在计算净利润时没有包括在内，所以在将净利润调节为经营活动现金流量时，需要扣除。当然，存货的增减变化过程还涉及应付项目，这一因素在"经营性应付项目的增加(减：减少)"中考虑。

需要注意的是，如果存货的增减变化过程属于投资活动，应当将这一因素剔除。

(12) 经营性应收项目的减少。本项目反映企业本期经营性应收项目(包括应收票据、应收账款、预付款项、长期应收款和其他应收款中与经营活动有关的部分及应收的增值税销项税额等)的期初余额与期末余额的差额。

经营性应收项目期末余额小于经营性应收项目期初余额，说明本期收回的现金大于利润表中所确认的销售收入，所以在将净利润调节为经营活动现金流量时，需要加回。经营性应收项目期末余额大于经营性应收项目期初余额，说明本期销售收入中有一部分没有收回现金，但是，在计算净利润时这部分销售收入已包括在内，所以在将净利润调节为经营活动现金流量时，需要予以扣除。

(13) 经营性应付项目的增加。本项目反映企业本期经营性应付项目(包括应付票据、应付账款、预收款项、应付职工薪酬、应交税费、应付利息、应付股利、长期应付款、其他应付款中与经营活动有关的部分及应付的增值税进项税额等)的期初余额与期末余额的差额。

经营性应付项目期末余额大于经营性应付项目期初余额，说明本期购入的存货中有一部分没有支付现金，但是，在计算净利润时却通过销售成本包括在内，所以在将净利润调节为经营活动现金流量时，需要予以加回；经营性应付项目期末余额小于经营性应付项目期初余额，说明本期支付的现金大于利润表中所确认的销售成本，所以在将净利润调节为经营活动产生的现金流量时，需要予以扣除。

(五) 现金流量表常用的具体编制方法

1. 工作底稿法

采用工作底稿法编制现金流量表，就是以工作底稿为手段，以利润表和资产负债表数据为基础，对每一项目进行分析并编制调整分录，从而编制出现金流量表。

在直接法下，整个工作底稿纵向分成三段，第一段是资产负债表项目，其中又分为借方项目和贷方项目两部分；第二段是利润表项目；第三段是现金流量表项目。工作底稿横向分为五栏，在资产负债表部分，第一栏是项目栏，填列资产负债表各项目名称；第二栏是期初数，用来填列资产负债表项目的期初数；第三栏是调整分录的借方；第四栏是调整分录的贷方；第五栏是期末数，用来填列资产负债表各项目的期末数。在利润表和现金流量表部分，第一栏也是项目栏，用来填列利润表和现金流量表项目名称；第二栏空置不填；第三栏、第四栏分别是调整分录的借方和贷方；第五栏是本期数，利润表部分的数字应和本期利润表数字核对相符，现金流量表部分的数字可直接用来编制正式的现金流量表。

采用工作底稿法编制现金流量表的程序如下所述。

(1) 将资产负债表的期初数和期末数归入工作底稿的期初数栏和期末数栏。

(2) 对当期业务进行分析并编制调整分录。调整分录大体有这样几类：第一类涉及利润表中的收入、成本和费用项目以及资产负债表中的资产、负债及所有者权益项目，通过调整，将权责发生制下的收入、费用转换为现金基础；第二类是涉及资产负债表和现金流量表中的投资、筹资项目，反映投资和筹资活动的现金流量；第三类是涉及利润表和现金流量表中的投资和筹资项目，目的是将利润表中有关投资和筹资方面的收入和费用列入现金流量表投资、筹资现金流量中去。此外，还有一些调整分录并不涉及现金收支，只是为了核对资产负债表项目的期末、期初变动。

在调整分录中，有关现金和现金等价物的事项，并不直接借记或贷记现金，而是分别记入"经营活动产生的现金流量""投资活动产生的现金流量""筹资活动产生的现金流量"有关项目，借记表明现金流入，贷记表明现金流出。

(3) 将调整分录归入工作底稿中的相应部分。

(4) 核对调整分录，借贷合计应当相等，资产负债表项目期初数加减调整分录中的借贷金额以后，应当等于期末数。

(5) 根据工作底稿中的现金流量表项目部分编制正式的现金流量表。

2. T形账户法

采用T形账户法，就是以T形账户为手段，以利润表和资产负债表数据为基础，对每一项目进行分析并编制调整分录，从而编制出现金流量表。

采用T形账户法编制现金流量表的程序如下所述。

(1) 为所有的非现金项目(包括资产负债表项目和利润表项目)分别开设T形账户，并将各自的期末期初变动数归入各该账户。

(2) 开设一个大的"现金及现金等价物"T形账户，每边分为经营活动、投资活动和筹资活动三个部分，左边记现金流入，右边记现金流出。与其他账户一样，归入期末期初变动数。

(3) 以利润表项目为基础，结合资产负债表分析每一个非现金项目的增减变动，并据此编制调整分录。

(4) 将调整分录归入各T形账户，并进行核对，该账户借贷相抵后的余额与原先过入的期末期初变动数应当一致。

(5) 根据大方面的"现金及现金等价物"T形账户编制正式的现金流量表。

3．分析填列法

分析填列法是指直接根据资产负债表、利润表和有关会计科目明细账的记录，分析计算出现金流量表各项目的金额，并据以编制现金流量表的一种方法。

五、现金流量表的编制举例

【例13-5】沿用例13-4和例13-3的相关资料，编制甲公司2024年度的现金流量表。

1．甲公司2024年度的现金流量表相关金额如下所示。

(1) 销售商品、提供劳务收到的现金=5 775 000+5 775 000×13%+(1 350 000-1 391 750)+(1 107 000-207 000)+(375 000-0)=6 759 000(元)

(2) 购买商品、接受劳务支付的现金=1 124 100+(1 124 100×13%+98 850)=1 369 083(元)

(3) 支付给职工以及为职工支付的现金=2 250 000(元)

(4) 支付的各项税费=450 000+9 000=459 000(元)

(5) 支付其他与经营活动有关的现金=315 000(元)

(6) 购建固定资产、无形资产和其他长期资产支付的现金=765 500(元)

(7) 投资支付的现金=750 000+228 750=978 750 (元)

(8) 吸收投资收到的现金=7 824 525(元)

(9) 取得借款收到的现金=1 800 000(元)

(10) 收到其他与筹资活动有关的现金=75 000(元)

(11) 偿还债务支付的现金=4 875 000(元)

(12) 分配股利、利润或偿付利息支付的现金=56 250(元)

(13) 支付其他与筹资活动有关的现金=45 000(元)

2．甲公司2024年度的现金流量表如表13-8所示。

表13-8　现金流量表

编制单位：甲公司　　　　　　　　　　2024年　　　　　　　　　　会企03表
单位：元

项目	本期金额
一、经营活动产生的现金流量：	
销售商品、提供劳务收到的现金	6 759 000
收到的税费返还	0
收到的其他与经营活动有关的现金	0
经营活动现金流入小计	6 759 000
购买商品、接受劳务支付的现金	1 369 083

（续表）

项目	本期金额
支付给职工以及为职工支付的现金	2 250 000
支付的各项税费	459 000
支付其他与经营活动有关的现金	315 000
经营活动现金流出小计	4 393 083
经营活动产生的现金流量净额	2 365 917
二、投资活动产生的现金流量：	
收回投资收到的现金	0
取得投资收益收到的现金	0
处置固定资产、无形资产和其他长期资产收回的现金净额	0
处置子公司及其他营业单位收到的现金净额	0
收到的其他与投资活动有关的现金	0
投资活动现金流入小计	0
购建固定资产、无形资产和其他长期资产支付的现金	765 500
投资支付的现金	978 750
取得子公司及其他营业单位支付的现金净额	0
支付其他与投资活动有关的现金	0
投资活动现金流出小计	1 743 750
投资活动产生的现金流量净额	−1 743 750
三、筹资活动产生的现金流量：	
吸收投资收到的现金	7 824 525
取得借款收到的现金	1 800 000
收到其他与筹资活动有关的现金	75 000
筹资活动现金流入小计	9 699 525
偿还债务支付的现金	4 875 000
分配股利、利润或偿付利息支付的现金	56 250
支付其他与筹资活动有关的现金	45 000
筹资活动现金流出小计	4 976 250
筹资活动产生的现金流量净额	4 723 275
四、汇率变动对现金及现金等价物的影响	
五、现金及现金等价物净增加额	5 345 442
加：期初现金及现金等价物余额	3 328 350
六、期末现金及现金等价物余额	8 673 792

3. 甲公司2024年度将净利润调整为经营活动现金流量各项目，计算分析如下所示。

(1) 资产减值准备＝225 000(元)

(2) 固定资产折旧＝450 000(元)

(3) 无形资产摊销＝150 000(元)

(4) 财务费用＝447 476.25(元)

(5) 投资损失(减：收益)＝−(135 000−3 750)＝−131 250(元)

(6) 公允价值变动损失(减：收益)=−30 000(元)

(7) 递延所得税资产减少=0−56 250=−56 250(元)

(8) 递延所得税负债增加=7 500−0=7 500(元)

(9) 存货的减少=(12 135 000−12 224 100)=−89 100(元)

(10) 经营性应收项目的减少=(1 107 000−207 000)+(1 350 000−2 391 750)=−141 750(元)

(11) 经营性应付项目的增加=(375 000−0)+(600 410.44−164 700)=810 710.44(元)

(12) 其他(获赠利得)=−(75 000+375 000)=−450 000(元)

(13) 其他(捐赠支出)=45 000(元)

4. 甲公司2024年度现金流量表补充资料表如表13-9所示。

表13-9 现金流量表补充资料表

单位：元

补充资料	本期金额	上期金额
1. 将净利润调节为经营活动现金流量：		
净利润	1 128 580.31	
加：信用减值损失	0	
资产减值准备	225 000	
固定资产折旧、油气资产折耗、生产性生物资产折旧	450 000	
无形资产摊销	150 000	
长期待摊费用摊销	0	
处置固定资产、无形资产和其他长期资产的损失(减：收益)	0	
固定资产报废损失	0	
公允价值变动损失(减：收益)	−30 000	
财务费用(减：收益)	447 476.25	
投资损失(减：收益)	−131 250	
递延所得税资产减少(减：增加)	−56 250	
递延所得税负债增加(减：减少)	7 500	
存货的减少(减：增加)	−89 100	
经营性应收项目的减少(减：增加)	−141 750	
经营性应付项目的增加(减：减少)	810 710.44	
其他	−405 000	
经营活动产生的现金流量净额	2 365 917	
2. 不涉及现金收支的重大投资和筹资活动：		
债务转为资本	0	
一年内到期的可转换公司债券	0	
融资租入固定资产	0	
3. 现金及现金等价物净变动情况：		

(续表)

补充资料	本期金额	上期金额
现金的期末余额	8 673 792	
减：现金的期初余额	3 328 350	
加：现金等价物的期末余额	0	
减：现金等价物的期初余额	0	
现金及现金等价物净增加额	5 345 442	

任务五　所有者权益变动表

一、所有者权益变动表的概念和作用

所有者权益(或股东权益)变动表是用以反映构成所有者权益的各组成部分当期的增减变动情况的报表。所有者权益变动表有以下几方面的作用。

(1) 可以反映各种交易或事项导致所有者权益增减变动的情况。权益的增减变动直接反映主体在一定期间的总收益和总费用。

(2) 可以反映所有者权益各组成部分增减变动的结构性信息。

(3) 在一定程度上反映企业的综合收益。所有者权益变动表除列示直接计入所有者权益的利得和损失外，同时包含最终属于所有者权益变动的净利润，从而构成企业的综合收益。

因为所有者权益变动表中已经列示了净利润及其利润分配情况，所以不需再单独编制利润分配表。

二、所有者权益变动表的内容

为了清晰地表明构成所有者权益的各组成部分当期的增减变动情况，所有者权益变动表应当以矩阵的形式列示。一方面，列示导致所有者权益变动的交易或事项，从所有者权益变动的来源对一定时期所有者权益变动情况进行全面反映；另一方面，按照所有者权益各组成部分 (包括实收资本、资本公积、盈余公积、未分配利润和库存股)及其总额列示交易或事项对所有者权益的影响。此外，按照会计准则的要求，报表应提供比较数据，所有者权益变动表还应将各项目再分为"本年金额"和"上年金额"两栏分别填列。

三、所有者权益变动表的格式

根据财政部2019年4月30日发布的《关于修订印发2019年度一般企业财务报表格式的通知》，所有者权益变动表的格式和内容如表13-10所示。

表13-10 所有者权益变动表(简表)

编制单位： 202×年度 会企04表
单位：万元

项目	本年金额										上年金额									
	实收资本(或股本)	其他权益工具			资本公积	减：库存股	其他综合收益	专项储备	盈余公积	未分配利润	所有者权益合计	实收资本(或股本)	其他权益工具			资本公积	减：库存股	其他综合收益	专项储备	盈余公积	未分配利润	所有者权益合计
		优先股	永续债	其他									优先股	永续债	其他							
一、上年年末余额																						
加：会计政策变更																						
前期差错更正																						
其他																						
二、本年年初余额																						
三、本年增减变动金额(减少以"-"号填列)																						
(一)综合收益总额																						
(二)所有者投入和减少资本																						
1.所有者投入的普通股																						
2.其他权益工具持有者投入资本																						
3.股份支付计入所有者权益的金额																						
4.其他																						

（续表）

项目	本年金额											上年金额										
	实收资本(或股本)	其他权益工具			资本公积	减：库存股	其他综合收益	专项储备	盈余公积	未分配利润	所有者权益合计	实收资本(或股本)	其他权益工具			资本公积	减：库存股	其他综合收益	专项储备	盈余公积	未分配利润	所有者权益合计
		优先股	永续债	其他									优先股	永续债	其他							
(三)利润分配																						
1. 提取盈余公积																						
2. 对所有者(或股东)的分配																						
3. 其他																						
(四)所有者权益内部结转																						
1. 资本公积转增资本(或股本)																						
2. 盈余公积转增资本(或股本)																						
3. 盈余公积弥补亏损																						
4. 设定受益计划变动额结转留存收益																						
5. 其他综合收益结转留存收益																						
6. 其他																						
四、本年年末余额																						

四、所有者权益变动表的编制

(一)"上年金额"栏的填列方法

所有者权益变动表"上年金额"栏内各项数字,应根据上年度所有者权益变动表"本年金额"栏内所列数字填列。如果上年度所有者权益变动表中的各个项目的名称和内容同本年度不相一致,应对上年度所有者权益变动表各项目的名称和数字按照本年度的规定进行调整,填入所有者权益变动表"上年金额"栏内。

(二)"本年金额"栏的填列方法

所有者权益变动表"本年金额"栏内各项数字一般应根据"实收资本(或股本)""资本公积""盈余公积""利润分配""库存股""以前年度损益调整"等科目的发生额分析填列。

任务六　会计报表附注

一、会计报表附注概念

会计报表中所规定的内容具有一定的固定性和规定性,只能提供定量的会计信息,其所能反映的会计信息受到一定的限制。附注是会计报表的重要组成部分,是对会计报表本身无法或难以充分表达的内容和项目,以及对未能在报表中列示的项目所作的补充说明和详细解释。编制会计报表附注,有助于会计报表使用者理解会计报表的内容,包括会计报表的编制基础、编制依据、编制原则和方法及主要项目等。

二、会计报表附注的作用

(一) 增进会计信息的可理解性

附注将对有关重要的数据做出解释或说明,将抽象的数据具体化,有助于报表使用者正确理解会计报表,合理利用所需的会计信息。

(二) 促使会计信息充分披露

附注主要以文字说明的方式,充分披露会计报表所提供的信息以及会计报表以外但与报表使用者决策有关的重要信息,从而便于广大投资者全面掌握企业财务状况、经营成果和现金流量情况,为投资者正确决策提供信息服务。

(三) 提高会计信息的可比性

会计报表主要是依据会计准则编制而成的,但会计准则在某些方面提供了多种会计处理方法,企业可以根据具体情况进行选择,这就造成了不同行业或同一行业的不同企业所提供的会计信息之间的差异。另外，在某些情况下，企业所采用的会计政策也可能允许有所变动，这就容易造成企业因所选用的会计政策发生变动而导致不同会计期间的会计信息失去可比基础。编制会计报表附注，有利于了解会计信息的上述差异及其影响，从而提高会计信息的可比性。

由于会计报表附注拓展了企业财务会计等方面的信息，在一定程度上可以满足信息相关性、可靠性要求，对决策具有有用性和重要性、针对性和可比性等优点，应当引起报表使用者的重视。

三、会计报表附注的主要内容

附注是财务报表的重要组成部分。根据企业会计准则的规定，企业应当按照如下顺序编制披露附注的主要内容。

1. 企业简介和主要财务指标

(1) 企业名称、注册地、组织形式和总部地址。

(2) 企业的业务性质和主要经营活动。

(3) 母公司以及集团最终母公司的名称。

(4) 财务报告的批准报出者和财务报告的批准报出日。

(5) 营业期限有限的企业，还应当披露有关营业期限的信息。

(6) 截至报告期末公司近3年的主要会计数据和财务指标。

2. 财务报表的编制基础

财务报表的编制基础是指财务报表是在持续经营基础上还是在非持续经营基础上编制的。企业一般是在持续经营基础上编制财务报表，清算、破产属于非持续经营基础。

3. 遵循企业会计准则的声明

企业应当声明编制的财务报表符合企业会计准则的要求，真实、完整地反映了企业的财务状况、经营成果和现金流量等有关信息，以此明确企业编制财务报表所依据的制度基础。

4. 重要会计政策和会计估计

企业应当披露采用的重要会计政策和会计估计，不重要的会计政策和会计估计可以不披露。在披露重要会计政策和会计估计时，企业应当披露重要会计政策的确定依据和财务报表项目的计量基础，以及会计估计中所采用的关键假设和不确定因素。

会计政策的确定依据，主要是指企业在运用会计政策过程中所作的对报表中确认的项目金额最具影响的判断，其有助于财务报表使用者理解企业选择和运用会计政策的背景，增加财务报表的可理解性。财务报表项目的计量基础，是指企业计量该项目采用的是历史成本、重置成本、可变现净值、现值还是公允价值，这直接影响财务报表使用者对财务报表的理解和分析。

在确定财务报表中确认的资产和负债的账面价值过程中，企业需要对不确定的未来事项在资产负债表日对这些资产和负债的影响加以估计，如企业预计固定资产未来现金流量采用的折现率和假设。这类假设的变动对这些资产和负债项目金额的确定影响很大，有可能会在下一个会计年度内做出重大调整，因此，强调这一披露要求，有助于提高财务报表的可理解性。

5. 会计政策和会计估计变更以及差错更正的说明

企业应当按照会计政策、会计估计变更和差错更正会计准则的规定，披露会计政策和会计估计变更以及差错更正的有关情况。

6. 报表重要项目的说明

企业对报表重要项目的说明，应当按照资产负债表、利润表、现金流量表、所有者权益变动表及其项目列示的顺序，采用文字和数字描述相结合的方式进行披露。报表重要项目的明细金额合计应当与报表项目金额相衔接，主要包括以下重要项目：应收款项、存货、长期股权投资、投资性房地产、固定资产、无形资产、职工薪酬、应交税费、短期借款和长期借款、应付债券、长期应付款、营业收入、公允价值变动收益、投资收益、资产减值损失、营业外收入、营业外支出、所得税费用、其他综合收益、政府补助、借款费用。

7. 或有事项和承诺事项、资产负债表日后非调整事项、关联方关系及其交易等需要说明的事项

8. 有助于财务报表使用者评价企业管理资本的目标、政策及程序的信息

四、财务报告信息披露的要求

(一) 财务报告信息披露的概念

财务报告信息披露，又称会计信息披露，是指企业对外发布有关其财务状况、经营成果、现金流量等财务信息的过程。按照我国会计准则的规定，披露主要是指会计报表附注的披露。广义的信息披露除财务信息外，还包括非财务信息。信息披露是公司治理的决定性因素，是保护投资者合法权益的基本手段和制度安排，也是会计决策有用性目标所决定的内在必然要求。就上市公司而言，信息披露是企业的法定义务和责任。

(二) 财务报告信息披露的基本要求

财务报告信息披露基本要求，又称财务报告信息披露的基本质量，主要有真实、准确、完整、及时和公平五个方面。

企业应当真实、准确、完整、及时、公平地披露信息，不得有虚假记载、误导性陈述或者重大遗漏，信息披露应当同时向所有投资者公开披露信息。

真实，是指上市公司及相关信息披露义务人披露的信息应当以客观事实或者具有事

实基础的判断和意见为依据，如实反映客观情况，不得有虚假记载和不实陈述。虚假记载，是指企业在披露信息时，将不存在的事实在信息披露文件中予以记载的行为。

准确，是指上市公司及相关信息披露义务人披露的信息应当使用明确、贴切的语言和简明扼要、通俗易懂的文字，不得含有任何宣传、广告、恭维或者夸大等性质的词句，不得有误导性陈述。公司披露预测性信息及其他涉及公司未来经营和财务状况等信息时，应当合理、谨慎、客观。误导性陈述，是指在信息披露文件中或者通过媒体，做出使投资人对其投资行为发生错误判断并产生重大影响的陈述。

完整，是指上市公司及相关信息披露义务人披露的信息应当内容完整、文件齐备，格式符合规定要求，不得有重大遗漏。信息披露完整性是公司信息提供给使用者的完整程度。企业不得忽略、隐瞒重要信息，使信息使用者了解公司治理结构、财务状况、经营成果、现金流量、经营风险及风险程度等。重大遗漏，是指信息披露义务人在信息披露文件中，未将应当记载的事项完全或者部分予以记载。不正当披露，是指信息披露义务人未在适当期限内或者未以法定方式公开披露应当披露的信息。

企业应当忠实、勤勉地履行披露信息职责，保证披露信息的真实、准确、完整、及时、公平。企业应当本着对投资者等利害关系者、对国家、对社会、对职业高度负责的精神，爱岗敬业，勤勉高效，严谨细致，认真履行会计职责，保证会计信息披露工作质量。

企业应当在附注中对"遵循企业会计准则"做出声明。同时，企业不应以在附注中披露代替对交易和事项的确认和计量，即企业采用的不恰当的会计政策，不得通过在附注中披露等其他形式予以更正，企业应当对交易和事项进行正确的确认和计量。此外，如果按照各项会计准则规定披露的信息不足以让报表使用者了解特定交易或事项对企业财务状况、经营成果和现金流量的影响时，企业还应当披露其他的必要信息。

项目小结

财务会计报告，是指企业对外提供的反映企业某一特定日期的财务状况和某一会计期间的经营成果、现金流量等会计信息的文件。会计报表是财务会计报告的核心部分。

会计报表是在日常会计核算资料的基础上，按规定的表格形式定期加工整理而成，总括反映企业某一特定日期的财务状况和某一会计期间经营成果和现金流量等信息的书面文件，它包括各种基本会计报表及会计报表附注。一套完整的、对外报送的会计报表至少应当包括资产负债表、利润表、现金流量表、所有者权益变动表和附注。

🧑 练习题

客观题

业务题

1. 甲公司2024年度"主营业务收入"科目的贷方发生额为5 000万元，借方发生额为100万元(系10月发生的购买方退货)；"其他业务收入"科目的贷方发生额为300万元；"主营业务成本"科目的借方发生额为4 000万元，2024年10月10日，收到购买方退货，其成本为60万元；"其他业务成本"科目借方发生额为200万元；2024年12月10日，收到销售给某单位的一批产品，由于质量问题被退回，其收入为60万元，成本为40万元。

要求：根据上述资料，计算利润表中的营业收入和营业成本项目金额。

2. 甲公司2024年12月31日结账后有关科目余额如表13-11所示。

表13-11　甲公司结账后有关科目余额

科目名称	借方余额/万元	贷方余额/万元
应收账款	600	40
坏账准备——应收账款		80
预收账款	100	800
应付账款	20	400
预付账款	320	60

要求：根据上述资料，计算资产负债表中应收账款、预付款项、应付款项、预收款项的金额。

3. 乙公司2024年12月31日有关资料如下：

(1) 长期借款资料(见表13-12)。

表13-12　乙公司长期借款资料

借款起始日期	借款期限/年	金额/万元
2024年1月1日	3	300
2022年1月1日	5	600
2021年6月1日	4	450

(2) "长期待摊费用"项目的期末余额为50万元，将于一年内摊销的数额为20万元。

根据上述资料，计算资产负债表中长期借款、长期借款中应列入"一年内到期的非流动负债"项目的金额、长期待摊费用、长期待摊费用中应该列入"一年内到期的非流动资产"项目的金额。

4. 丁公司截至2024年12月31日结账后有关科目发生额如表13-13所示。

表13-13　丁公司结账后有关科目发生额

科目名称	借方发生额/万元	贷方发生额/万元
主营业务收入	150	4 500
主营业务成本	2 400	120
其他业务收入		300

(续表)

科目名称	借方发生额/万元	贷方发生额/万元
其他业务成本	225	
税金及附加	150	
销售费用	75	
管理费用	270	
财务费用	30	
资产减值损失	240	15
公允价值变动损益	60	105
投资收益	90	150
营业外收入		135
营业外支出	60	
所得税费用	450	

要求：根据上述资料，编制丁公司2024年度利润表(见表13-14)。

表13-14 利润表

编制单位　　　　　　　　　　　　　年度　　　　　　　　　　　　单位：万元

项 目	本期金额
一、营业收入	
减：营业成本	
税金及附加	
销售费用	
管理费用	
财务费用	
资产减值损失	
加：公允价值变动收益(损失以"－"号填列)	
投资收益(损失以"－"号填列)	
二、营业利润(亏损以"－"号填列)	
加：营业外收入	
减：营业外支出	
三、利润总额(亏损总额以"－"号填列)	
减：所得税费用	
四、净利润(净亏损以"－"号填列)	

5. 甲公司为增值税一般纳税企业，适用的增值税税率为13%，适用的企业所得税税率为25%。商品销售价格中均不含增值税额。按每笔销售业务分别结转销售成本，2024年6月，甲公司发生的经济业务及相关资料如下：

(1) 向A公司销售一批商品。该批商品的销售价格为600 000元，实际成本为350 000元。商品已经发出，开具了增值税专用发票，并收到购货方签发并承兑的一张不带息商业承兑汇票，面值678 000元。

(2) 委托B公司代销商品1 000件。代销合同规定甲公司按已售商品售价的5%向B公司支付手续费，该批商品的销售价格为400元/件，实际成本为250元/件。甲公司已将该批商品交付B公司。

(3) 甲公司月末收到了B公司的代销清单。B公司已将代销的商品售出1 000件，款项尚未支付给甲公司，甲公司向B公司开具了增值税专用发票，并按合同规定确认了应向B公司支付的代销手续费。

(4) 以交款提货方式向C公司销售一批商品。该批商品的销售价格为100 000元，实际成本为60 000元，提货单和增值税专用发票已交C公司，收到款项存入银行。

(5) 6月30日，交易性金融资产公允价值上涨50 000元。

(6) 6月30日，计提存货跌价准备50 000元。

(7) 除上述经济业务外，甲公司6月份有关损益类账户的发生额如表13-15所示。

表13-15 甲公司6月份有关损益类账户的发生额

单位：元

账户名称	借方发生额	贷方发生额
其他业务收入		30 000
其他业务成本	20 000	
营业税金及附加	15 000	
管理费用	60 000	
财务费用	22 000	
营业外收入		70 000
营业外支出	18 000	

(8) 计算本月应交所得税(假定甲公司不存在纳税调整因素)。

要求：

(1) 编制甲公司上述(1) 至(6) 和(8) 项经济业务相关的会计分录("应交税费"科目要求写出明细科目及专栏)。

(2) 编制甲公司6月份的利润表(见表13-16)。

表13-16 利润表

编制单位： 年 月 单位：元

项 目	本期金额
一、营业收入	
减：营业成本	
税金及附加	
销售费用	
管理费用	
财务费用	
资产减值损失	
加：公允价值变动收益(损失以"-"号填列)	
投资收益(损失以"-"号填列)	
二、营业利润(亏损以"-"号填列)	

(续表)

项　目	本期金额
加：营业外收入	
减：营业外支出	
三、利润总额(亏损总额以"－"号填列)	
减：所得税费用	
四、净利润(净亏损以"－"号填列)	

6. 天宇股份有限公司系增值税一般纳税人,所得税核算采用资产负债表债务法,所得税率为25%,增值税税率为13%。库存材料采用计划成本核算,材料成本差异率为1%,该公司2023年年末未分配利润为670万元。该公司2024年度内发生如下有关经济业务:

(1) 销售一批产品,增值税专用发票上注明的价款为200万元,增值税为26万,销售成本为120万元,款项尚未收到。

(2) 取得罚款收入6万元,存入银行。

(3) 结转固定资产清理净损失6.8万元。

(4) 以银行存款支付违反税收规定的罚款3万元,非公益性捐赠支出5万元。

(5) 以银行存款支付广告费7万元。

(6) 销售一批材料,该批材料计划成本为7万元,销售价格为10万元,款项已经收到并存入银行。

(7) 计提本期应负担的城市维护建设税30万元。

(8) 计提本年销售应负担的教育费附加1万元。

(9) 计提短期借款利息5万元。

(10) 天宇公司拥有A企业的10%股权,A企业本年度宣告现金股利66万元(假设分回的利润均是投资后产生的)。该被投资企业适用的所得税率为25%。

(11) 计提管理部门使用的固定资产年折旧,该固定资产系2023年12月购入并投入使用,其原价为50.5万元,折旧年限为4年,假使预计净残值为0.5万元,采用直线法计提折旧。

(12) 公司本年度发生其他管理费用3万元,已用银行存款支付。

(13) 计算本年所得税费用和应交所得税。(本题目不考虑纳税调整事项)

要求：(1) 编制2024年度有关经济业务的会计分录。

(2) 编制2024年度利润表(见表13-17)。

表13-17　利润表

编制单位：　　　　　　　　　　　年度　　　　　　　　　　　单位：元

项　目	本期金额
一、营业收入	
减：营业成本	
税金及附加	
销售费用	
管理费用	

(续表)

项　目	本期金额
财务费用	
资产减值损失	
加：公允价值变动收益(损失以"－"号填列)	
投资收益(损失以"－"号填列)	
其中：对联营企业和合营企业的投资收益	
二、营业利润(亏损以"－"号填列)	
加：营业外收入	
减：营业外支出	
其中：非流动资产处置损失	
三、利润总额(亏损总额以"－"号填列)	
减：所得税费用	
四、净利润(净亏损以"－"号填列)	
五、每股收益：	
(一)基本每股收益	
(二)稀释每股收益	

7. 某企业2023年有关资料如下：

(1) 2023年12月31日结账后资产负债表部分项目如表13-18所示。

表13-18　某企业结账后资产负债表部分项目

单位：元

项　目	年初数	期末数
应收账款	30 000	20 000
应收票据	10 500	18 000
预收账款	15 000	8 000
应付账款	10 000	9 500
预付账款	9 000	8 000
存　　货	40 000	30 000

(2) 2023年度主营业务收入为500 000元，主营业务成本为300 000元。

(3) 其他有关资料如下：

增值税销项税额为85 170元，进项税额为40 000元；增值税销项税额中含有工程项目领用本企业产品产生的增值税170元(该产品成本为800元，计税价1 000元)，另外，存货本期减少额中含有一项存货盘亏损失2 000元；存货本年增加额中，与购买商品无关的项目有：发生制造费用8 000元，分配生产工人工资10 000元；应收票据减少额中含有一项票据贴现业务，其贴现利息为1 000元。除上述业务外，均为正常购销业务。

要求：

(1) 计算销售商品、提供劳务收到的现金(含收到的增值税销项税额)。

(2) 计算购买商品、接受劳务支付的现金(含支付的增值税进项税额)。

受学时限制，关于中级财务会计的相关知识不能全面介绍，如果同学们学有余力，可以进一步自学以下知识。

或有事项

非货币性资产交换

债务重组

参考文献

[1] 财政部会计资格评价中心. 初级会计实务[M]. 北京：中国财政经济出版社，2023.

[2] 财政部会计资格评价中心. 中级会计实务[M]. 北京：经济科学出版社，2023.

[3] 中华人民共和国财政部，企业会计准则编审委员会. 企业会计准则——应用指南(含会计准则及会计科目)[M]. 上海：立信会计出版社，2019.

[4] 中华人民共和国财政部. 企业会计准则2017[M]. 北京：经济科学出版社，2017.

[5] 财政部会计司编写组. 企业会计准则讲解[M]. 北京：人民出版社，2022.

[6] 全国会计专业技术资格考试财政部会计资格评价中心. 中级会计实务[M]. 北京：中国经济科学出版社，2023.

[7] 企业会计准则实务操作指南编委会. 企业会计准则——实务操作指南[M]. 北京：经济管理出版社，2022.